孙　勤　主编

友声集

——来新夏教授九十初度暨从教65周年纪念集

中华书局

图书在版编目(CIP)数据

友声集:来新夏教授九十初度暨从教65周年纪念集/孙勤主编.
－北京:中华书局,2012.5
ISBN 978－7－101－08506－8

Ⅰ.友… Ⅱ.孙… Ⅲ.来新夏－纪念文集 Ⅳ.K825.46－53

中国版本图书馆CIP数据核字(2012)第009720号

书　　名　友声集——来新夏教授九十初度暨从教65周年纪念集
主　　编　孙　勤
责任编辑　李晨光
出版发行　中华书局
　　　　　(北京市丰台区太平桥西里38号　100073)
　　　　　http://www.zhbc.com.cn
　　　　　E－mail:zhbc@zhbc.com.cn
印　　刷　北京瑞古冠中印刷厂
版　　次　2012年5月北京第1版
　　　　　2012年5月北京第1次印刷
规　　格　开本/710×1000毫米　1/16
　　　　　印张28¼　插页2　字数350千字
印　　数　1－2000册
国际书号　ISBN 978－7－101－08506－8
定　　价　88.00元

来新夏先生

永远的乡情

（代序）

孙　勤

2012 年，来新夏教授九十初度暨从教六十五周年。孔子说："知者乐,仁者寿。"来新夏教授当之无愧！他的家乡人祝贺他！

浙江萧山,钟灵毓秀,代有人出。来教授祖上于南宋建都临安时迁居于此,是当地的大姓望族,至今老屋犹在。虽然他少小离家,却心系故土,他曾满怀深情地回忆说："我离乡七十余载,犹不忘冠山青绿、祗园梵呗。我来氏家族世居长河,而舅家经商西兴……忆少时寄住舅家,每雨中着钉鞋,踏行于老街青石板路间,叮叮音响,重绕耳畔……"每读至此,我心中就会涌起一股热流。这是多么浓厚的乡情！

来教授对故乡的一片赤子之心体现在他对萧山发展的由衷关切,尤其关注萧山的文化建设。改革开放以来,来教授与家乡的联系日益密切。上世纪 80 年代初,他悉心指导萧山地方志的编纂工作,使《萧山县志》在全国第一轮修志工作中取得了骄人成绩。90 年代,他多次莅临萧山,为家乡的发展建言献策,萧山图书馆、方志办、档案馆都曾得到过他的支持和具体指导。至本世纪初,来教授年过八旬,却离而不休,仍然笔耕不辍。勤奋和执着的收获是硕果累累,名满天下,而他对萧山的炽热乡情不仅丝毫未减,且又做出了更多的奉献。2007年2月,座落在萧山城区江寺藏经楼的"来新夏方志馆"和设在萧山图书馆内的"来新夏著述专藏阅览馆"相继成立,来教授把自己毕生收藏的地方志和专业书籍四千余种无偿地捐献出来,为家乡的文化建设添砖加瓦。这是多么高尚的情怀!

我与来教授相识于我任萧山图书馆地方文献部主任之时。多次的工作接触,他在我心目中不仅是博学弘通、令人尊敬的大学问家,更是一位仁厚蔼然的长者。"来新夏著述专藏阅览馆"的设立,不仅提升了萧山图书馆的文化品位,更成为弘扬萧山地方文化、彰显乡人成就的一座标志,萧山人引以为自豪!为此,我们也要把这一份故土对游子的乡情回馈给他。于是,便有了编辑这本《友声集》的创意。2011年孟夏,趁来教授到杭参会之机,我向他表达了这个意愿。随后,即开始收集相关资料,邀约诸友撰稿。令我深受鼓舞的是,此举得到海内外友人的热情响应,三个月之内即收到相关文章四十余篇。作为这些文章的第一读者,我不仅被其中诚挚的友情、亲情、师生情所感动,更每每被专家学者们所记述的来教授孜孜不倦的治学精神所叹服!这是我编辑这本《友声集》意外的、也是最大的收获。

本书稿于10月底顺利集结,主要内容包括两方面,一是收集了自2003年即来教授八十岁以后见于各报刊对其人其书的评论,二是邀约近年多所交往的一些同道、书友的文章。限于篇幅,对前一类文章进行了筛选,并取每位作者仅存一篇的原则后,共得 篇。又根据内容,分为上、下两卷:卷上主要涉及著述与事功,卷下则记述交往与友情。其后附录"来新夏著述提要",以概括来教授的学术生涯。可以说,无论是对其书的评论,还是对其人的嘉许,每一篇文章都饱含着深情,每一位作者都是来教授的知者。正由于此,编排起来颇感难分轩轾,于是采取了如此简易的方法——每卷中的文章均按作者姓氏的汉语拼音顺序排列,遂使书稿大致就绪。

感谢每一位作者,是你们的论与述让人们更了解来新夏教授的人品、书品

和生活细节;

感谢协助编辑本书的南开大学图书馆和萧山图书馆的同仁们,是你们的工作让萧山人的一片乡情融入字里行间;

感谢中华书局和责编李晨光先生,是本书的出版把九旬游子的荣耀带给萧山。

家乡是生命的根,这本书中所承载的,正是永远的乡情!

2011 年岁末

目　录

卷 下

附 录

卷
上

为人之学著新编

——读《近三百年人物年谱知见录（增订本）》有感

柴剑虹

　　来新夏教授出了新著《近三百年人物年谱知见录（增订本）》。来公长我 21 岁，诚为学术前辈，因系吾师启功先生在辅仁大学早年任教时高足，谦虚自抑，常呼我为"同门学弟"，令我每不敢应。来公是研究中国近代史大家，又长于图书馆学，尤精于方志、谱牒之学。《近三百年人物年谱知见录（增订本）》乃厚积宏著，我学识浅陋，于古今人物年谱所知甚少，岂可妄加评骘。只能略叙一二感想，以求方家教正。

　　我国以谱牒叙事记人载史，据司马迁所说，始于周秦。《史记·三代世表》："自殷以前诸侯不可得而谱，周以来乃颇可著。""余读谍记，黄帝以来皆有年数。"太史公并说明谱、谍（牒）类的《五帝德》、《帝繫》、《春秋历谱牒》等，是他撰写《三代世表》、《十二诸侯年表》的资料来源。人类社会历史以人物的活动、事迹为中心，为重心，自司马迁以来我国优秀的历史学家都紧紧地抓住了这一点，治史传统一直延续至今。至于人物年谱，如来新夏教授所论："它是以谱主为中心，以年月为经纬，比较全面细致地胪述谱主一生事迹的一种传记体裁。""它杂糅了记传与编年二体，并从谱牒、年表、宗谱、传状等体逐渐发展演变而自成一体。"年谱之作，肇始宋代，元、明二代继有所作，至清而极盛。人物年谱产

3

生、发展的缘由,编撰的形式、体例,刊行及流传方式,等等,来公在《清人年谱的初步研究》一文中都有精辟分析,兹不赘述。尽管年谱的史料及文化价值早有公论,但是,自19世纪中叶至20世纪中叶百年间,我国社会动荡,外强侵侮,革命接踵,政权更迭,随着对"英雄史观"的批判,对历史人物的臧否亦大起大落,不但旧有年谱的遗存保护遭遇危机,而且新谱著作也呈低潮。正是在这种背景下,来公抱定以"为人之学"为宗旨,寻访爬梳,焚膏继晷,历时十载,于1964年撰成《近三百年人物年谱知见录》六卷;不料尚未付梓,又遭"文革"厄运,书稿散落,仍在"下放劳动"之余重理笔墨,再成书稿后又多次整理补订,终于得以在他年届花甲之时由上海人民出版社出版。更令人感佩的是,《知见录》问世后,来公诚恳听取各方意见,决意增订此书,于是再写叙录,并引朋援友,同为《知见录》纠谬正误,拾遗补阙,二十多年间孜孜矻矻,以苦为乐,完成《知见录(增订本)》,由中华书局在2010年底印行,使"为人之学"又添新编,推进学术,功莫大焉。

《知见录(增订本)》较之原编,来公自己在是书《序言》中归纳了五点:其一,扩展内容。(原书收叙录778篇、谱主680人,新增803篇、572人;增加了谱主别名和字号索引。)其二,增添版本著录多家;一些稀见稿本、抄本多注其藏家,以便用者求书。其三,重分卷次,改六卷为十卷,完善了编纂体例。其四,增补订正,内容不独增加,而且有许多重要订正。其五,指引史料,以省却研究者翻检之劳,亦增加了此书的资料价值。除这些之外,我个人觉得此书还有下面两个特点值得我们注意:

第一点,据此书"凡例",著录年谱谱主系"近三百年人物",实为出生于明末清初至清末的"清代人物",但特别注重增录生于1911年之前的近、当代著名人物的年谱。据我大略统计,全书收录近、现代人物(生活至辛亥革命之后)谱主410余位,约占全体的三分之一;其中生活至上世纪60年代者(可称当代人物)142人,又占了三分之一强。而这些人物的谱记,许多是我们研究近、现代史的关键资料,也是我前面所述因种种原因而稀缺或还来不及关注的材料。近百年中国乃至世界政治史、军事史、经济史、文化史上的许多风云人物的年谱或传记，此书都有著录，而且有许多堪称最新的材料。如去世不久的文学大家施蛰存（1905—2003）、臧克家（1905—2004）、巴金（1904—2005）的谱记均有收录，其中施先生的著译年表还曾经他本人审阅修订，臧先生的年谱则有他夫人、女儿参加编撰，也都是前几年刚刚出版的。来公还把搜录年谱的视野扩展到香港及海峡对面的史学界、出版界，此书著录的年谱中就不乏香港三联、台湾商务印书馆、台湾传记文学出版社、台湾联经出版公司、台湾新文丰出版公司等一些著名出版社的权威出版物。

　　第二点，来公对所收年谱及各著录版本都经过了认真的考辨，而非简单叙录。据我统计，他在著录中所加按语（即"新夏按"）有803则之多。这些按语，或指正各家著录之误（谱主生卒年、姓名、籍贯等），或考辨年谱版本、编者、谱主行事系年，少则十几二十字，多则五百余字，均有研究心得融入其间，大大提高了此书的学术价值。目前学术界浮躁之风盛行，往往只强调搜集、罗列材料，而不重视对材料的科学辨析和准确运用，致使基础不牢，结论架空。来公治学之严谨，对改进学风应该有启示意义。

　　人物年谱及活动事迹往往是各种地方志的核心内容，故而来新夏教授对方志之学情有独钟，老而弥笃。他于耄耋之年支持家乡萧山设立"来新夏方志馆"，将自己历年收藏的各类方志289种528册和相关论著、工具书347种捐赠给方志馆，为家乡的文化建设与方志学的发展做出了贡献。2002年，启功先生曾亲笔书写了一首七律，命我带给来公，祝贺他的八十大寿。诗云：

　　　　难得人生老更忙，新翁八十不寻常。

　　　　鸿文浙水千秋胜，大著瓴园世代长。

　　　　往事崎岖成一笑，今朝典籍满堆床。

　　　　拙诗再做期颐颂，里句高吟当举觞。

如今,来公已过米寿之庆,仍神清气爽,体健心壮,文思敏捷,笔耕不辍,此乃来公之福、学界之幸。我们在衷心祝愿来公康泰吉祥的同时,也期盼他仍有大著不断问世。

（柴剑虹,中华书局编审）

《书目答问》研究及出版史上具有里程碑意义的集大成之作

——评来新夏先生等的《书目答问汇补》

陈东辉

古籍数量众多，人的精力有限，许多古籍没有时间也没有必要精读甚至泛读，对于大多数读者而言，很多古籍仅需了解其大体情况。虽然近现代曾先后推出了多种古籍导读著述，但就总体而言，至今还没有可以完全替代《书目答问》之作。《书目答问》作为一部带有导读性质的重要著作，曾经影响了几代学者，至今仍为此类读物之翘楚。笔者每年为浙大古典文献专业学生讲授"古典文献学"课程时，均将《书目答问》列为首部向学生重点推荐的精读之书，避免学生在学习以及今后的工作中"只见树木，不见森林"。学生在初读之时，确实感到满纸书名、人名，颇为枯燥，但渐渐入门之后，感觉收获甚大。笔者将《书目答问补正》视为案头必备之书，收有该书的多种版本，当时感觉江苏古籍出版社2000年刊布的方菲点校整理的《书目答问补正》颇具特色，因为它加入了部分重要图书在1949年以后的整理出版情况。关于《书目答问》的增补之作，数量不少，但分散各处，并且大多印数较少（有的还是稿本），流布欠广。当时曾想，如果有一部著作能把上述增补之作汇成一编，必将给广大读者带来极大的便利,同时也将使《书目答问》的学术价值大为增强。中华书局于 2011 年 4 月推出的来新夏、韦力、李国庆三位先生共同完成的《书目答问汇补》(以下简称《汇补》),就是这样一部著作。笔者见到此书后,如获至宝,爱不释手,在较短的时间内将这部 120 万字的著作通读一过,在受益匪浅的同时,深感该书具有很高的学术价值。该书之性质有点类似于邵懿辰撰、邵章续录的《增订四库简明目录标注》①和杜泽逊的《四库存目标注》②,不但嘉惠读者良多,而且必将极大地推动《书目答问》的研究,堪称《书目答问》研究及出版史上具有里程碑意义之著作。具体而言,该书之特色至少有以下三大方面:

(一)底本选择妥当。因当时条件所限,来先生之旧稿以民国二十年南京国学图书馆排印本作为底本。清光绪五年王秉恩所刻的贵阳本(简称"贵阳本"),改正了光绪二年刻本多处误字而成较善之本,编者遂决定改用贵阳本作为《书目答问汇补》之底本。柴德赓曾经先后撰写了《记贵阳本〈书目答问〉兼论〈答问补正〉》③和《重印〈书目答问补正〉序》④,揭示了贵阳本的价值。柴氏曰:"《答问》由光绪五年王秉恩贵阳刻本,与原刻颇有异同,予尝校得二百八十余条,大率原刻本误而贵阳本是,范氏补正,殆未见此本。今观范氏所补正者,贵阳本每先有之,贵阳本所已正者,范氏或沿旧未改,则范书虽佳,贵阳本亦自有其价值。"⑤此外,吕幼樵在《〈书目答问〉王秉恩刻本述论》⑥一文中,也充分肯定了贵阳本的价值。但吕氏在文中得出的"王秉恩学术水平、目录学眼光,均超过范希曾"这一结论,尚可商榷。范氏未能见到贵阳本确实是一大遗憾,《书目答问补正》之所以出现多处沿袭旧本讹误的情况,很重要的原因就是没有利用

---

① 上海古籍出版社,1979 年。
② 上海古籍出版社,2007 年。
③ 《辅仁学志》第 15 卷第 1—2 合期(1947 年 12 月);收入柴德赓《史学丛考》,中华书局,1982 年。
④ 载《书目答问补正》,中华书局,1963 年;收入柴德赓《史学丛考》,中华书局,1982 年。
⑤ 柴德赓:《记贵阳本〈书目答问〉兼论〈答问补正〉》,载柴德赓《史学丛考》,中华书局,1982 年,第 216 页。
⑥ 《贵州社会科学》2007 年第 12 期。

贵阳本。然而就总体而言,范氏的重要贡献是显而易见的,前人已多有指出,此不赘述。从《书目答问汇补》所收录的 16 位学者、藏书家的增补批校也可以看出来,范氏所补之内容最为丰富,除了订正原书之误外,既有大量增补,又有不少点评,应该说总体上最有价值。

(二)材料丰富,内容完备,堪称《书目答问》的集大成之作。该书汇集了江人度、叶德辉、伦明、孙人和、赵祖铭、范希曾、蒙文通、邵瑞彭、刘明阳、李笠、高熙曾、张振珮、吕思勉、韦力等清末至当代 16 位学者、藏书家的增补批校(含两位佚名氏批校本),其中大多乃首次公开刊布。如伦明批校本今藏北京大学图书馆。邵瑞彭批校本乃稿本(如今已不知去向),来先生早年曾自书肆借录一过,今将校文汇补于该书。刘明阳批校本乃稿本(如今已不知去向),来先生早年曾自书肆借录一过,今将校文汇补于该书。诚如该书"后记"所云,刘明阳批校本考订精审,见解独到,品评是非,冰释疑窦,实有点睛之效。如在该书第 769 页《笠泽丛书》一条下,刘氏批"陆本、顾本两本行格同,显明区别,只在卷末'清朝'两字抬不抬"。高熙曾批校本乃稿本(如今已不知去向),来先生早年曾借录一过,今将校文汇补于该书。韦力批校本乃稿本,今藏韦氏芷兰斋,此前从未公布。该书中有不少汇补者按语,对各家校语及贵阳底本略作说明,同时兼采其他学人的研究成果,以断是非。正文中为来先生所加,附录中为李先生所加。如第 261 页的按语指出,张锡瑜《史表功比说》一卷,范希曾误"表"为"记"。第 277 页的按语指出,孙联薇,范希曾误"薇"为"微"。第 284 页的按语指出,《补辽金元三史艺文志》四川初刻本著者作倪璠,笺补本作倪粲,并误,应作倪燦。第 325 页的按语指出,《穆天子传郭璞注》七卷平津馆本刊于嘉庆丙寅(十一年),嘉庆无庚寅,叶氏题"庚寅",佚名及伦氏并题"庚申"(嘉庆五年),亦皆误。第 358 页的按语指出,范希曾题"旷照阁",当系"照旷阁"之误。第 370 页的按语指出,《武林旧事》十卷的知不足斋本刊于乾隆癸丑(五十八年),叶氏所题"癸亥"当误。第 393 页的按语指出,《曾文正公奏议》三十二卷,《书目答问》初刻本作薛氏编,苏州刻本、贵阳本有增改。第 458 页的按语指出,宋刘邠撰《汉官仪》三卷,晁志作刘敞撰,非。有绍兴九年刻本,阮元有影宋钞本缮写本。第788页按语指出,刘氏误"嘉靖"为"万历","己巳"应作"乙巳"。关于宋苏过《斜川集》六卷《附录》上下二卷,该书第784页的按语指出,《宋史·苏过本传》,有集二十卷,久已散佚。乾隆时吴长元得旧钞残本,复从各书纂辑成帙。阮元从旧本重加缮录,釐定诗文六卷。除了上述正讹纠谬、补充材料、考辨原委之类的按语外,尚有一些按语乃言简意赅之点评。如第259页按语谓明凌稚隆刻本《史记评林》和《汉书评林》乃"精刊大本"。

郝懿行的《尔雅义疏》与邵晋涵的《尔雅正义》同为清代尔雅学最有影响之论著。关于郝、邵二书之高下,多数学者认为郝书胜于邵书,但也有一些学者持不同意见,如梁启超就是典型的挺"郝"派①。《汇补》第154页《尔雅义疏》条下,张之洞曰:"郝胜于邵。"叶德辉斠补云:"按邵书胜郝,谓郝胜于邵,耳食之言也。"第154页《尔雅正义》条下,李笠批曰:"不及郝。郝取材极富,精读之,识字之道思过半矣。"《尔雅义疏》、《尔雅正义》孰高孰低,孰优孰劣涉及许多方面的问题,并且此类评价见仁见智,不易断定。在此我们无意评论郝、邵之高下,但《汇补》所收录的上述相关资料,对于中国语言学史的研究颇有价值。

(三)附录完备,索引详细,在编纂体例方面颇具特色。《汇补》之附录包括"书目答问版本图释"、"书目答问刊印序跋"、"书目答问题识"和"书目答问通检表三种",从而大大增强了该书的学术价值。其中"书目答问版本图释"详细著录了编者经眼的49种《书目答问》的书名、著者、出版者、行款以及收藏者。此外,编者还选择其中有代表性的、较为重要的版本,配以清晰之书影,共计53幅,以达版本比勘之功效。《书目答问》问世之后,各家不断翻雕递印,由此产生了大量版本。各家翻刻时多有序跋述其刊刻原委。"书目答问刊印序跋"收录了8家11种序跋,包括潘霨的《书目答问序》、王秉恩的《书目答问跋》、李元度

---

① 参见梁启超《中国近三百年学术史》,收入朱维铮校注《梁启超论清学史二种》,复旦大学出版社,1985年,第317—318页。

的《重刻輶轩语书目答问序》、舒龙甲的《书目答问笺补序》、江人度的《书目答问笺补自序》、《上南皮张相国论目录学书》和《书目答问笺补凡例》、叶德辉的《书目答问斠补序》和《书目答问斠补后序》、柳诒徵的《书目答问补正序》、范希曾的《书目答问补正跋》。这些序跋对于明了各家刊印《书目答问》之旨趣，以及该书之流布颇有助益。《书目答问》乃影响巨大之重要书籍，不少学者和藏书家常常把相关感想记在所得书上或所编书志中。"书目答问题识"收录了陈彰的《书目答问》墨笔题识、叶德辉的《书目答问》题识十二则、秦更年的《书目答问》墨笔题识、伦明的《书目答问》朱笔题识、孙人和的《书目答问》蓝笔题识二则、王伯祥的《书目答问补正》墨笔题识二则、袁行云的《书目答问补正》墨笔题识二则、王秉恩的《书目答问》墨笔题识二则、潘景郑的《书目答问》墨笔题识、罗惇曧的《书目答问笺补》墨笔题识、高熙曾的《书目答问》墨笔题识三则、来新夏的《书目答问》墨笔题识五则、刘明阳的《补书目答问补正》墨笔题识五则、邵瑞彭的《书目答问补正》墨笔题识。这些题识虽然多为短札片语，但不乏真知灼见，并且刊有这些题识的《书目答问》大多珍藏在各大图书馆，故对于《书目答问》的研究当属不可多得之宝贵资料。"书目答问通检表三种"包括《书目答问所谓著述家之姓名、籍贯、学派、著述表》、《书目答问著录之书籍而作者未列著述家之书名表》、《书目答问未列著述家而著作著录于书目答问中之各家姓名、著述表》，系来先生1943年就读于北平辅仁大学历史系时，在其师余嘉锡的指点下，利用暑假编制而成，有点类似于课外作业，但至今仍有重要学术价值。

《汇补》附录中有不少精到的考辨文字。如第1119页指出，清光绪二年四川初刻初印本《书目答问》四卷、清光绪二年四川修订重刻本《书目答问》四卷的行款字数相同，而其他版刻方面则完全不同，实为两个版本。二者相异之处如下：一、两个版本经部正文从第四行双行小字开始文字不同；二、两个版本的刊刻字体不同；三、两个版本的版框大小不同，初刻初印本大，修订重刻本小；四、卷端下书口所题刻工姓名不同，初刻初印本题"邹履和"，修订重刻本题"彭焕亭"。又如第1121页著录了清光绪四年吴县潘霨影刻本，认为此本与清光绪二年四川修订重刻本的行款字数、卷端下书口题"彭焕亭"刻工姓名,以及经部正文第四行双行小字始题"阮本最于学者有益"均相同,当据以影刻。再如第1131页著录了民国十年上海朝记书庄石印本《增辑书目答问》四卷(题艺风老人辑),初学者仅看书名,容易产生此乃《书目答问》增补之作的误解。其实,此书行款字数及正文内容几与上海扫叶山房石印本相同,唯边栏不同。同时,附录还纠正了某些版本著录之讹,如该书第1120页著录了《书目答问》四卷有近年《中华汉语工具书书库》影印清光绪三年濠上书斋重刻本,指出:影印本卷首载《书目答问》提要云"此为光绪元年刻本",当错。上述种种,显示出汇补者在版本目录学领域之深厚功底。

该书之所以能成为精品书,其中一个重要原因是三位编者的精诚合作。来先生撰有《"文人相轻"与"文人相亲"》①一文。从古至今,"文人相轻"固然十分普遍,但"文人相亲"亦代不乏人。该书可谓"文人相亲"之硕果,堪称典范。该书凝聚了来先生近七十年的心血。来先生学识博洽,德高望重,提携后进,自不待言。《书目答问》在来先生的学术道路上占有十分重要的特殊地位。他曾满怀深情地说道:"四十多年读了一些书。如果有人问我何书最熟? 答曰:《书目答问补正》;如果有人问我有何经验? 答曰:《补正》当是治学起点。"②同时值得一提的是,来先生精通古典目录学,在"文革"的动乱年代中克服种种困难撰写了《古典目录学浅说》这一高质量的著作。此书由中华书局于1981年刊布后,受到广大读者的普遍欢迎,至今已重印多次,被全国多所大学选为教材或指导参考书,另外还被译为韩文出版③。笔者长期在浙江大学中文系古典文献专业开设"目录学"课程,即以此书作为教材。来先生在古典目录学领域的高深造诣以及对《书目答问》的烂熟于心,乃《汇补》取得成功之基础。另外,私藏古籍善本之富超过不少省级图书馆的韦力先生,很爽快地将自己"所写存私藏古籍

---

① 《东方文化》2003年第6期;收入《皓首学术随笔·来新夏卷》,中华书局,2006年。
② 来新夏:《我与〈书目答问〉》,载来新夏《古典目录学》卷首,中华书局,1991年,第5—6页。
③ 来新夏:《韩译〈古典目录学浅说〉序》,《澳门文献信息学刊》第1期(2009年11月)。

著录成稿"纳入《书目答问汇补》，来先生颇为感动，喟然而叹曰："韦力君，固今之刘杳也！"①韦氏之补内容较多，版本丰富，尤其是收录了不少和刻本。从该书的"叙"和"后记"可以看出，李国庆先生对该书贡献颇大。当时来先生年事已高，精力不济，甚至以前自己在书上批注的那些墨笔小字也因目力不逮而模糊看不清。李先生利用整整五年的业余时间，通过艰辛的努力，终于将来先生"毛笔行楷，蝇头细字，上下勾画，左右移写，密布于字里行间与天头地脚处，几无隙地，形如乱麻，如入迷宫"之旧稿整理成符合出版要求之清稿，并增补了大量内容。值得一提的是，李先生还从全国各大图书馆搜集了珍贵的《书目答问》之图录。再则，他还在《书目答问》原书卷末所附的《国朝著述诸家姓名略》中加了按语，其内容是在每位学者之下增补字号、籍贯、主要履历及著述等，使《国朝著述诸家姓名略》带有简明清代学术史之性质，从而进一步增强了该书的学术价值。此外，李国庆还撰写了学术性很强的《书目答问汇补后记》，既显示出他在相关领域的深厚功底，又为该书锦上添花。

（陈东辉，副教授，浙江大学中文系古典文献专业副主任）

---

① 刘杳（479—528），字士深，平原（今山东平原）人，撰有《古今四部书目》5卷，是一部传抄行世之稿本。当他获悉另一位学者阮孝绪（479—536）在编撰《七录》时，刘杳便将自己所搜集的资料全部赠给阮孝绪，从而助其编成中国古典目录学名著《七录》。

年谱研究的经典之作

——读《近三百年人物年谱知见录（增订本）》

崔文印

来新夏先生虽已过了米寿之年,但正如他在八十初度时所讲,"热力犹在","只要早晨起床,依然天天向上"。近些年来,先生在继续他的"衰年变法",不断推出学术随笔之外,还积极组织学有专长的年轻人参加,编纂大型工具书,而最近由中华书局出版的《近三百年人物年谱知见录》之增订本,就是这种工具书的一种。

《近三百年人物年谱知见录》,最初由上海人民出版社出版于1983年,该书共有谱主680人,年谱叙录778篇,凡56万字。该书出版之后,来先生继续搜辑这方面的资料,经过多年的努力,又得谱主572人,年谱叙录803篇。这样,这个增订本《近三百年人物年谱知见录》,即已收录谱主1252人,而年谱叙录则达1581篇,篇幅视初版几增了一倍,字数已达110万字。可以说,举凡明末以来重要人物的年谱,本书皆收录无遗。

该书按谱主生卒年原分6卷,另附谱主索引和谱名索引两种。增订之后,该书分为10卷,即卷一:生于明卒于清的人物;卷二:生于顺治、康熙、雍正时期人物;卷三:生于乾隆时期人物;卷四:生于嘉庆时期人物;卷五:生于道光时期人物;卷六:生于咸丰、同治时期人物;卷七:生于光绪元年至十九年前人物;卷八:生于光绪二十年后人物;卷九:知而未见录;卷十则是索引4种。可以看出,这种分卷勾勒的是历史结构,展示的是历史画卷。同时,其索引除初版两种外,新增补了编者索引和谱主别名字号索引两种,极大提高了作为工具书的实用效力。

这部《年谱知见录》已远远突破了一般书目著录的模式,而是先叙该谱著录情况及谱主生平大略,次叙各年谱之特点,并间有编纂者评论。如本书共著录了明末清初著名学者钱谦益的年谱4种,即:清葛万里编《牧斋先生年谱》;清彭城退士编《钱牧翁先生年谱》;金鹤冲编《钱牧斋先生年谱》;张联骏编《清钱牧斋先生年谱》。每种年谱都首先介绍了它们的著录情况。如《牧斋先生年谱》,就介绍了从李士涛《中国历代名人年谱目录》到江庆柏《清代人物生卒年表》等12种目录,都对该书有所著录。令人赞赏的是,本书对每一位谱主都撰了一篇小传。例如钱谦益,小传写道:

> 谱主钱谦益,字受之,号牧斋,晚号蒙叟,自称东涧老人。南直隶常熟人。明万历十年(1582)生,清康熙三年(1664)卒,年83岁。明万历三十八年(29岁)进士。历任编修、中允、詹事、礼部侍郎、侍读学士等官。南明福王立,任礼部尚书。清顺治二年降清,任内秘书院学士兼礼部侍郎。所著有《初学集》等。

这篇小传,概括了《清史稿·钱谦益传》及《明史》的相关记载,对其生卒年、里贯、字号等,都有明确记载,其便参考。这样的小传,每位谱主都有一篇,构成了本书一个很有价值的看点,它实际上以这些人物小传串起了中国近三百年来的历史。

本书最见功力的地方,是对一人多个年谱分别所作的评介,一一指出其特点,这些,没有对这些年谱的研究之功是很难做到的。即以上述4种钱谦益年谱为例,其对葛编《牧斋先生年谱》的评介是:"是谱记谱主读书、生活、仕历及游览等等,内容简略。其记事视有无内容而定,不逐年胪列。"而对于彭城退士所编《钱牧斋先生年谱》,则云:"是谱记谱主仕历、诗文创作及家事等。内容较葛编稍增。"特别是对金鹤冲所编《钱牧斋先生年谱》,指出:"是谱乃编者有意为谱主降清一事辩解而作。其编者跋语竟称:'先生当危亡之际,将留身以有待,出奇以制胜,迄无所成,而为腐儒所诟詈,亦先生之不幸也。'并即以此观点搜集资料,恣意论列,故谱中除一般记述谱主之仕历、交游与刊行诗文集等事外,尤详于谱主之参加东林党活动,与郑成功、瞿式耜等密通音问,以及与黄宗羲、归庄等人之交往等行事,而于降清一节则讳解为事出无奈,是此谱固不足称信史。"评价可谓一针见血。

张联骏所编《清钱牧斋先生年谱》是一民国间的报纸剪贴本。来先生指出,这部年谱"记谱主出生后至明崇祯末年六十三年间经历与仕历。主要记其著述与酬作"。并特别指出:"所写书序、跋多全文载录,简介相关人物,可供研究谱主学术思想参考。"具有非常清楚的导读作用。

对于前人著录的错误,本书皆以"新夏按"的形式一一指出。如《陈章白先生年谱》二卷,谢巍《中国历代人物年谱考录》著录谱主生于光绪二年(1876),卒于民国十一年(1922),年四十七。并云,该书为"象山(近)陈汉章(倬云)编"。这里有"新夏按"云:

> 所著录谱主生卒年及题编者均误。谱著谱主光绪三年(1877)生,1923年卒,是谱编者题为陈谧。

从谢巍先生在其版本项著录该书"稿本(待访),著者家属原藏"看,谢先生似没有见过这个稿本,所以出现了著录错误,而来先生则是照上海图书馆藏本著录,当然信实可靠。

顺便提及,本书所著录的每一种年谱,都注明了收藏者或收藏单位,为研究而索取者提供了极大方便。

本书留心所收各位谱主的别名、字号、笔名等,在所撰小传中详加著录,如近现代著名学者郑振铎先生,其小传便介绍说:

> 谱主郑振铎,字警民,一字铎民,小名木官,抗日战争时在敌伪统治区曾用化名陈思训(一说陈敬夫)。常用笔名有:西谛、C.T、郭新源等;由名字与常用笔名衍化的笔名有:振铎、铎、郑西谛、西、谛、C、源新、源、新、谷远、谷、远等;还曾用过笔名 S.C、慕、子汶、Y.K、文基、西源、宾芬、何谦、禾忠、云纹等;抗日战争时期用于影印出版古籍和署于藏书题跋的笔名有:玄览居士、幽芳居士、纫秋居士,以及幽芳客主、幼舫、友荒、纫秋山馆主人、纫秋主人、纫秋馆主、纫秋等。

把郑振铎所用过的笔名等,几乎网罗殆尽。尤其可贵的是,本书这次增补了《谱主别名字号索引》,只要知道谱主某一个别名、字号或笔名等,我们同样可以查到该谱主的年谱。如果我们把这部书比作打开历史的一把钥匙的话,那么,这把钥匙显然也是多功能的。读者不仅可以从谱主、谱名,而且还可以从年谱的编者,以及谱主的别名、字号等多个角度进入本书,找到其需要的相关内容。

这部内容丰富、实用价值颇高的工具书,始撰于上个世纪 50 年代中期,至 1964 年,完成了 6 卷共 50 多万字的初稿,分装成 12 册。但"文革"期间,这 12 册手稿被抄走,待发还时,仅剩两册了。1970 年夏,作者又在被撕毁南开大学工作证的情况下,被遣放津郊农村整整 4 年。而来先生正是凭着他坚韧的毅力和对学术孜孜以求的精神,在简陋的农舍,借着 15 瓦的灯光,每晚都用近 3 个小时的工夫,整理这部《知见录》的残稿和幸存的卡片,经过两年的努力,终于初具规模。1974 年秋,来先生结束了在农村的遣放,终于又回到了南开大学,他继续修订和完善这部初稿,并终于于 1983 年出版。我们不难看出,这部书从开始撰作到最终出版,差不多用了 30 年的时间。

　　本书初版之后,来新夏先生即萌生继续增订的打算,并且在众多好友的相助之下,于 2008 年得以增订完成,这就是摆在我们面前的这部《近三百年人物年谱知见录》增订本。这部书对著录的每一部年谱都经过再三玩味,信实可靠。本书特列的"知而未见录",则充分体现了作者实事求是、认真负责的精神,这是当今多么难得的严谨学风啊。

（崔文印,中华书局编审）

勤奋　深思　博学

——读来新夏先生《三学集》

戴　逸

　　来新夏先生是一位知识渊博、造诣精深的学者。几年前，我读他的《北洋军阀史》，敬佩他的功力深厚，取材丰富。后来知道，他撰写此书自青年时代积累材料起，长期寝馈其中，三次成书，屡加修订，厚积薄发，才能有此研究成果。

　　来新夏先生研究领域之广泛在同辈学者中鲜有匹比。他的文集取名为《三学集》，自称"包括我一生致力于学术的三个方面，即历史学、方志学、图书文献学"。一位学者在这三个广阔的学术领域中能做出突出的成绩，已非寻常，而他的成就还不止于此。他常写散文、杂文，曾出版文集《冷眼热心》、《一苇争流》等，颇多精品，享誉文坛。他还写过戏剧《火烧望海楼》，涉猎文史两界，均有卓越成就。他的文章纵论古今，意境清新，文笔优美，具有学者的书卷气。

　　专与博是治学中的一对矛盾，一般学者难得兼有，而来新夏先生是一位既专又博的学者。他何以能达到这种境界？虽有家学渊源、名师授业等因素，但最重要的还是他个人的努力。他治学勤奋，锲而不舍。你看他在辅仁大学攻读四年，每年以全班第一名获"勤"字奖章并奖学金；你看他二十五岁以前即潜心阅读，博览群书，先读前四史和两唐书，后读其他正史，今世青年中谁能通读全史；你看他在受审查下放劳动的日子里，还孜孜不倦地修订《林则徐年谱》，以排遭闷愁;你看他年近花甲才落实政策,迎来一生中的辉煌时期,兢兢业业,奋笔著述,终于写下了许多精品佳作。由此可见,是勤奋推动来新夏先生不断前进,是勤奋使得他在学术上取得成功。摆在我们面前的这部《三学集》就是来新夏先生勤奋研究的见证和勤奋治学的成果。他的勤奋精神值得我们敬佩,也值得后人学习。

(戴逸,国家清史编纂委员会主任,中国人民大学教授)

知名学者来新夏与他的著述专藏阅览馆

方晨光

来新夏先生是中国近代史、方志学及文献学等学术领域的领军人物。

"来新夏著述专藏阅览馆"设于投资 1.3 亿元的萧山图书馆新馆。这是萧山图书馆除日常外借、阅览、少儿、地方文献等功能外,举起的一面文化名人的旗帜。

一、来新夏先生是全国知名学者

来新夏,浙江萧山长河人,1923 年 6 月出生于杭州,1946 年 6 月,毕业于北平辅仁大学历史学系,获文学士。1949 年从师于华北大学范文澜教授,专攻中国近代史。曾任南开大学教授、系主任、校图书馆馆长、南开大学出版社社长兼总编辑,为《中国地方志集成》指导委员会委员、林则徐基金会第一届理事会理事、国家教委图书资料专业职评委副主任委员等职。现任教育部古委会所属地方文献研究室主任,社会兼职有中国近现代史史料学会名誉会长、文渊阁本《四库全书》学术委员会委员、天津市地方志编纂委员会顾问,以及美国俄亥俄大学图书馆顾问等职务。

来新夏先生专攻中国史、方志学及文献学,具有较高的学术造诣,并有独特的见解。将中国书史、中国目录学史和中国图书馆史等,实施三史合一,撰著

《中国古代图书事业史》和《中国近代图书事业史》等著作,并在南开大学图书馆学系进行教学实践。他的主要著作有《清人笔记随录》、《近三百年人物年谱知见录》、《古典目录学》、《林则徐年谱》、《北洋军阀史》、《中国近代史述丛》、《志域探步》及10余种随笔集等50余部。

来新夏先生一生得了不少奖。如1984年被评为天津市市级劳动模范,2003年获教育部人文社会科学优秀成果二等奖。但最突出的是,美国华人图书馆员协会鉴于来新夏教授在图书馆领导工作期间的卓越业绩、在学术领域中的众多优秀成果和推动中外国际交流所做出的努力,经过世界各地图书馆人的提名评选(每年一人),特授予来新夏先生2002年度"杰出贡献奖"。这是我国自新中国成立以来被授奖的第二人(1992年北京大学图书馆馆长庄守经首次被评授)。

二、"来新夏著述专藏阅览馆"体现的价值

关于"来新夏著述专藏阅览馆"设立的目的和意义,在建设"来新夏著述专藏阅览馆"的协议中这样写道:"为创建新馆的文化氛围和提升文化品位,弘扬萧山地方文化,彰显乡人成就"。事实上,这样的提法是远远不够的。2006年全省公共图书馆地方文献工作会议上,我专门介绍筹建"来新夏著述专藏阅览馆"的经验,说明了这件事的重要和在浙江省的影响。

萧山因有来新夏先生这样的文化名人,值得引以为自豪;设立"来新夏著述专藏阅览馆",是萧山的荣耀。谁都知道,一部地方史,经大浪淘沙,最终剩下的是名人的历史。萧山的历史亦如此,曾产生诸多历史名人。西施、许询、贺知章、杨时、毛奇龄、蔡东藩、葛云飞、任伯年、来楚生、沈定一、杨之华等等,在历史的长河中熠熠闪光。来新夏先生无疑是现代文化名人。设立专馆,应该说具有远见卓识。

在萧山图书馆设立"来新夏著述专藏阅览馆",集中展示了来先生一生追求

的文化目标,便于各级领导和广大市民了解深层次的文化内涵,为更多的学者研究来先生的学术成果提供方便。通过对"来新夏著述专藏阅览馆"的策划宣传,让更多人走进萧山图书馆,了解图书馆学,以及图书馆与社会政治、经济等各方面的关系。从而,把图书馆作为自己终身学习的重要场所。

通过"来新夏著述专藏阅览馆"的设立,以此可以带动"萧山名人专柜"的设立。在萧山图书馆新馆的四楼,已设立了"萧山名人著述专藏阅览馆",以专柜的方式展示萧山名人的书籍,同时供学者研究。"萧山名人著述专藏阅览馆"入藏的萧山文化名人有:邵燕祥(诗人)、任大霖、任大星、倪树根(儿童文学作家)、郭汉诚(戏剧家)、汪洋(电影家)、章柏青(电影评论家)、高帆(摄影家)等;还展示了历年来萧山文人出版的多种书籍,体现萧山的文化成果。

三、"来新夏著述专藏阅览馆"及开放效应

2007 年 2 月 2 日,萧山区文广新局在新落成的文化中心专门举行"来新夏著作捐赠仪式",向来先生颁发收藏证书。

"来新夏著述专藏阅览馆"汇聚了来先生毕生心血的文献学、历史学、方志学等 50 余种著述、7 个方面研究方向的 3000 余种书籍(以后还陆续检赠)和 100 余件物品。这些著述、物品反映了来先生各个时期的文化探索和文化追求,它是萧山人民的宝贵财富。

来先生向萧山图书馆捐赠的书籍、杂志、手稿、实物、照片、书画及用品等,萧山图书馆将永久地妥善保存,不因人员调动、场地变化等而受到影响;所捐赠的图书按专题单独编目,不编入萧山图书馆现有对外目录,仅供读者在馆阅览。为办好"来新夏著述专藏阅览馆",图书馆特聘来先生夫人焦静宜女士担任终身顾问,以指导"来新夏著述专藏阅览馆"的工作。

经过提出方案、搜集资料、展厅设计、装修装饰、陈列布展等 9 个月时间,"来新夏著述专藏阅览馆"于 2007 年 2 月正式开馆。"阅览馆"设在新馆四楼,

地方文献室的东面出入比较方便的地方。面积130余平方米,靠南,有小阳台。"阅览馆"分内外两间,以屏风式圆洞门隔开。外间为序厅和书房,内间为陈列阅览室。序厅布局为:陈列来新夏先生画像(刘波画、范曾题)、简介、大幅照片及风景装饰物。所设书房名称为启功先生题写的来先生书斋"邃谷",内置来新夏先生使用过的书桌、转椅、书架等,桌上放置笔墨纸砚及图书、辞书等。四壁悬挂来新夏先生工作照,顾廷龙先生手书"邃谷"真迹,来先生自书《邃谷楼记》真迹。陈列阅览室则周围悬挂"来新夏先生生平展"图板,100余幅照片分别展示了来先生成长过程和学术生涯中主要事迹;周边8只展柜分别陈列来先生的文献学、图书馆学、历史学、方志学、语言文学、剧本手稿等不同学科的著述和媒体评说;中间书柜上方分别按家学、师承、历史学、文献学、荣誉证书等分类陈列手稿和原件;书柜内陈列来先生捐赠的用于研究的按图书馆学、历史学、方志学、哲学理论、文学、杂著等分类的书籍。迎面墙上分别悬挂来先生亲笔写的"临渊羡鱼,不如退而结网"的座右铭、中国政法大学教授杨玉圣写的"纵横三学,自成一家"立轴、书画家傅耕野先生写的"宠辱不惊看庭前花开花落;去留无意望天空云卷云舒"一对评介来先生的立轴真迹、大书法家启功先生为来先生八十寿辰写的"难得人生老更忙"的赞语镜框和2002年度美国华人图书馆协会颁发的"杰出贡献奖"铜牌。

"来新夏著述专藏阅览馆"采取一厅多用,平时日常开放,供广大读者了解来先生的生平,供专家学者研究来先生及来先生的著述,并查阅相关资料。专藏阅览馆还承担接待领导和专家学者的任务。

"来新夏著述专藏阅览馆"具有宣传、展示、研究的作用。其品牌效应不断扩大,至此已接待观众8余万人次。图书馆利用"世界读书日"、"图书馆服务宣传周"、"未成年人读书节"等节日大力宣传,通过"来新夏著述专藏阅览馆"的影响力,扩大萧山图书馆的社会作用。

"来新夏著述专藏阅览馆"建设,极大地丰富了萧山城市文化的底蕴,张扬萧山城市文化的个性,增添萧山城市文化的亮点,显示萧山文化的力量,体现了萧山文化的积累;它具有本土化、个性化、直观化的特征,是人们最清晰、最深切地凝视地方特色文化的窗口。它是萧山人除经济强区外引以自豪的文化资源,是萧山的宝贝,这种资源是不能被夺走、不能再生的珍贵资源,全国仅此一处。可以说,它是萧山人乃至浙江图书馆人引以为自豪的文化标志和文化形象,有利于提升文化工作者的创业精神和精神境界。

"来新夏著述专藏阅览馆"是萧山图书馆的一种文化探索,是高雅文化走入平常百姓视野的全新实践,事实表明,这种尝试非常成功。

（方晨光,浙江社会科学院研究员,《杭州研究》副主编）

披沙拣金　独具新见

——评来新夏《清人笔记随录》

焦静宜

　　来新夏先生所撰《清人笔记随录》，作为国家清史编纂工程中《研究丛刊》之一种，近日已由中华书局出版问世。这部五十余万字的著述是作者在五十余年舌耕笔耘之余，为了广涉猎，拓眼界，回翔于清人笔记而随读随录的札记。不意积之时日，集腋成裘，积稿盈箧，又几历寒暑，终经研究、整理而成为一部提要性著述。作者虽谦称著此类书仅供学人翻检之需，实则为一文献目录之专门性学术著作，为清史之编纂增一新史源。

　　清人笔记内容极为丰富，举凡学术、典制、人事、风情、传闻、异说、物产、奇技，无不涉及，如顾炎武的《日知录》，姜宸英的《湛园札记》，王士禛的《居易录》、《分甘余话》，高士奇的《天禄识余》，谈迁的《枣林杂俎》，宋荦的《筠廊偶笔》等等，这些笔记，虽体例不一致，价值有高下，但有论有叙，或庄或谐，各有所取。更由于笔记多是作者兴之所至随笔而写，情意率真，较少做作，故多清新可读，有的甚至是上乘佳作。尤为可贵的是其中保留了若干真实的历史资料，可补正史之不足，如朱子素《嘉定县乙酉纪事》直书清兵下江南，北兵淫掠之惨状。陈县《邝斋杂记》与薛福成《庸盦笔记》之记和珅家产，叶梦珠的《阅世篇》和钱泳的《履园丛话》所记田价、米价、银价以及其他物价之涨落，皆可为治史之参考,可见清人笔记确为研究清史之史料宝藏之一。

《清人笔记随录》乃作者札录所经眼清人笔记二百余种之成果。所收笔记作者,上起生于明而卒于清者,下止生于清而卒于民国、但需其所著成于清者,共得一百五十余人。全稿以撰者生年为序,以姓氏笔画为次。其难定撰者生年者,则列于有具体生年者之后。

《清人笔记随录》所涉书籍甚多,但其各篇随录则文字简练平实,大多能括其要点卓见,论其评说得失,显示出作者在文献学方面的功底。作者以缜密、严谨的科学方法深入研究清人笔记,大力考证其作者,精心甄别其版本,还有许多别具新见的评说议论。例如李慈铭诋刘献廷《广阳杂记》,"糅杂无序,偶一考古,大率浅谬",来先生不以为然,为刘献廷辩护称:"此书识见甚新颖可喜,他对厚今、求实之说是当时不可多得的高论。"而李慈铭为人狂傲乖僻,所著《越缦堂日记》,亦为人所诟病,但来先生不囿成见,收入其《萝庵游赏小志》,并评称其"文笔优美,清新细腻,每一小段皆可当游记美文读"。对于一些名人名作,来先生亦不盲目推崇,而是实事求是地指出其缺点。如梁绍壬的《两般秋雨盦随笔》是清代畅销海内外的著名笔记,来先生虽亦推重其"采择广博,雅善诗文";但亦批评它"格调不高,内容芜杂"。又如焦循是清代中叶著名学者,但所写笔记《忆书》也受到来先生的批评,说其书帖部分尚"可资考证","其他各卷,类多怪诞不经之事,或语涉因果报应,似不足以与焦氏著作之林"。

清人笔记可谓洋洋大观矣,据《听雨轩笔记》作者以《昭代丛书》初、二集所收笔记粗略估计"不下数百种"。来先生亲加过目者近三百种。《清人笔记随录》所收笔记,虽远未能囊括所有,但系作者以一人之力,经五十余年披沙拣金般地甄选著录,对奇谈怪论、因果劝诫之说,而于证史论事无补者,皆摒而不录。如乾隆时史震林所撰《西青散记》四卷,主要记仙子临坛乩语,多荒诞不伦。沈起凤的《谐铎》十二卷,颇有声名,但所记不外因果报应、善善恶恶之说,虽已写就提要,而定稿时毅然撤除。他如《江南春梦盦随笔》《爝火丛钞》等伪书更不予收录。

二十多年前,来新夏先生曾撰《论清人笔记的史料价值》一文,全面阐述了笔记一体的缘起、分类及其史料价值。他曾大声疾呼地说:"这样一批数量众多,内容宏富的文化遗产,理应受到人们,尤其是清史研究者的重视,并作为重要的史源加以开发。"他利用笔记中的文献资料,撰成《清代前期的商业》、《清代前期的商人和社会风尚》、《清代前期地主阶级结构的变化问题》、《清代前期江浙地区的饮食行业》以及《从〈阅世编〉看明清之际的物价》等学术论文,以例证清人笔记史料价值之所在。如今《清人笔记随录》自成体例,出版问世,不仅为学界开拓了探索新史源的途径,更展示了某种治学的基本方法。

(焦静宜,南开大学出版社编审)

来新夏先生与图书馆学教育

柯　平

来新夏先生是南开大学图书馆学系创办人,也是改革开放以后我国当代图书馆学教育的早期开拓者。在来新夏先生九十初度暨从教六十五周年之际,特撰此文,表示衷心的祝贺。

一、创办两个图书馆学系,开创天津图书馆学教育事业

世界图书馆学教育始于1887年杜威在哥伦比亚大学创办的图书馆管理学校,我国图书馆学教育发端于1920年创办的文华图专。长期以来,我国图书馆学办学点主要是南北两大家:北有"北大",南有"武大",图书馆学教育整体规模小,发展缓慢,无法满足图书馆事业的发展要求。

改革开放迎来了高等教育事业的春天,也迎来了全国图书馆学教育的春天。就在图书馆事业百废待兴之际,全国急缺图书馆专业人才,于是各地开始酝酿兴办图书馆学专业。

在教育界落实政策之际,1978年来新夏先生的"历史问题"得以结论。1979年,南开大学随大学兴办分校之风,在八里台就近办起了一所分校。当分校开始分专业之时,来新夏先生受命到分校筹建图书馆学专业,任图书馆学专业主任,从此便与图书馆学教育事业结下了不解之缘。来新夏先生以高度的责

任感,全力以赴,阅读了大量图书馆学著作,掌握了图书馆专业知识,在半年时间里,组织起了生源。当时分校的学生是预科班,没有分专业,学生们纷纷选报外语和企管类专业,图书馆学专业不足一个班,来新夏先生给学生们作了一次专业演讲,十分成功,学生选择图书馆学专业的积极性高涨,图书馆学专业一下了增加到三个班。我刚来南开时,就接触了一批分校的毕业生,说当年来新夏先生的演讲特别吸引人,把图书馆学的前途讲得鼓舞人心,他们当年就是听了来新夏先生的演说最后选定了图书馆学专业,走上了图书馆的道路。

在分校,没有专职教师,来新夏先生就四处邀聘;没有教材,就组织编印。很快让图书馆学专业在分校办得有声有色。分校图书馆学专业稳步发展,也积累了新专业的办学经验。

1980年,来新夏先生在主持创办南开大学分校图书馆学专业实践的基础上,开始考虑创建南开大学图书馆学系,但是当时的图书馆学处于酝酿期,批准设立新专业非常困难。来新夏先生决心很大,他不仅邀请教育部图工委主任庄守经教授(原北京大学图书馆学系系主任、北京大学图书馆馆长)进行了实地考察,还得到了教育部科教司力易周同志非常积极地支持。1982年夏,来新夏先生开始起草申请设立图书馆学系的相关材料,并造访当时的教育部高教司司长季啸风同志,得到了他的赞同。同时滕维藻校长对于创办图书馆学专业给予了大力支持,因此,学校向教育部提出了筹建图书馆学专业和图书发行专业的申请。

兴办图书馆学专业恰逢其时,1982年11月,教育部正式将图书馆学情报学教育的问题提到议事日程,列入了工作计划。1983年4月,全国图书馆学情报学教育工作座谈会在武汉召开。1983年8月8日,教育部批复同意南开大学筹建图书馆学专业。11月12日,学校正式决定设立图书馆学系,并由来新夏先生负责筹建。

来新夏先生在《烟雨平生:邃谷主人自述》回忆中说"1983至1984年是我一生中被人称为'辉煌'的顶点"(见《天津记忆》第50期第44页),的确,这两年重要职务接踵而至,1983 年 6 月晋升教授,1984 年连任南开大学图书馆学系主任、图书馆馆长、出版社社长兼总编辑,还有其他众多学术兼职。在一个大学,一人同时管理三个单位,对于一般人来说不可想象,非卓越之才能不可为。可能在他人看来,此诸多职务都是荣耀,而没有想到承受着更多的责任与使命,个中辛苦谁能知晓。我曾在郑州大学,同时担任了图书馆学系主任和图书馆馆长,颇有些体悟,但与来新夏先生相比,无论是职务、影响和能力都相差甚远。在我看来,这许多兼职,虽然辛苦,却有利于图书馆学系的建设与发展。

1984 年是南开大学图书馆学系创办之年,这一年来新夏先生为一个刚刚诞生的图书馆学教育"新生命"而奔波,为图书馆学新专业进行了充分准备、精心设计并付出了心血。先是组建了以来新夏先生为主任、张格为副主任、耿书豪为党支部副书记的三人领导班子,接着来新夏先生就带人到南方考察图书馆学系办学经验,访问了南京大学图书馆学专科班、华东师大图书馆学系、复旦大学分校图书馆学系以及武汉大学图书情报学院。回来后就着手制订首届本科生及进修班教学计划,确定任课教师。

来新夏先生勇于任事,既能干事,又能成事。1984 年 9 月,图书馆学专业开始招收本科生 33 人。至 1986 年共招本科生 100 人。来新夏先生当选南开大学校务委员会委员,体现了来新夏先生在南开大学的影响,也说明了图书馆学系在学校是很有地位的。

一人创办两个图书馆学系,并且同时担任图书馆学系主任、图书馆馆长和出版社社长,这在中国图书馆学教育史上是罕见的。

二、明确图书馆学系办系思想与发展道路

众所周知,图书馆学是一门实践性强的学科,图书馆学教育重视技能培养是理所当然。然而,来新夏先生对图书馆学教育有更深的理解,他从教育博与专的关系出发、从图书馆的实际特点出发,培养以博为基础的专业人才。在南

开大学分校,他提出的办学方针是,不仅要学习图书馆管理方面的有关技能性操作课程,还要求学生能植根于"博"。于是广泛开设各种人文和自然学科方面的课程,培养了一批有学术根基和掌握管理技术的人才。在分校,来新夏先生亲自讲授图书馆史,还请名家来上课,如请涂宗涛先生主讲工具书,请潘明德先生主讲社会科学概论,请王颂余先生主讲书法课等。

来新夏先生以一个教育家的气魄,白手起家,把图书馆学系办起来,并明确图书馆学系的办系思想与发展道路,重点抓"两才(材)"建设。

一个"才"是人才建设。办一个系,首先得有人,人才从哪里来,来新夏先生采取了"引""派""聘"并举之法。

"引"——引进教师和行政管理人员。图书馆学系一成立,最难的是没有教师,因此来新夏先生就花大力气调进教师,有图书馆学专业背景的,如李晓新(1982 年北京大学图书馆学专业本科毕业)、钟守真(1960 年北京大学图书馆学专业本科毕业)、王德恒(1983 年南开大学分校图书馆学专业本科毕业)、李培(1986 年西安电子科技大学情报工程专业毕业)、于良芝(1987 年华东师大图书馆学硕士毕业)、邵元溥(1987 年武汉大学图书馆学硕士毕业),也有非图书馆学专业背景的,如杨子竞(1954 年南开大学历史学本科毕业)、刘玉照(1969 年南开大学物理学专业本科毕业)。这些教师中,有刚从大学毕业慕名而来的,更多的是从工作单位"挖"来了,其间涉及调动,包括调动手续、住房安排、家属等许多问题都需要解决,实在不易。

引来了人如何使用,来新夏先生真正做到了人尽其才,才尽其用。根据教师的学科背景安排教学,例如,《历史教学》月刊编辑杨子竞调入后,利用其历史学背景,开展外国图书馆史、咨询、图书馆学教育等方面的教学与科研。南开大学物理系刘玉照调入后,利用其技术优势,投入到实验室建设中。那时,该系引进教师的学科背景比较丰富,从历史学到天文学,再从化学到物理学等,与之相配套的,课程的设置兼具专业性和多样化。此外,来新夏先生重视教师的职称,重视教师的发展,并在教师中发现人才、培养干部。例如,钟守真从天津市电子工业局情报室调入后一年就担任了系副主任,1992 年接任系主任。

　　"派"——派教师出国进修提高。建系不久即争取名额派遣多名教师、学生到美国、英国、澳大利亚等地深造,如钟守真教授 1987 年 9 月赴美国纽约州立大学(奥本尼)做访问学者一年。来新夏先生尤其重视青年教师的成长与提高,青年教师于良芝来系五年,来新夏先生派她前往英国拉夫堡大学攻读博士学位并从事博士后研究。

　　"聘"——聘请兼职教师。例如,1986 年聘请美国奥本尼纽约州立大学情报与图书馆学院院长霍尔希为客座教授,并聘请美籍华人吴廷华为副教授。1987 年聘请美国加州大学洛杉矶分校图书情报研究生院院长、教授罗伯特·M. 海斯为客座教授。1991 年聘请美国俄亥俄大学图书馆馆长、研究员李华伟为客座教授等。

　　另一个"材"是教材建设。联合组织编写教材不仅推动图书馆学系的教学合作,而且也提高了教材的整体质量与水平。来新夏先生组织中山大学、南京大学等十一所高校联合编写一套"图书馆学情报学教程",这套教材从 1986 年–1995 年之间陆续推出,由南开大学出版社出版,一共 8 本,分别是《理论图书馆学教程》、《社会科学文献检索与利用》、《科技文献检索与利用》、《目标管理与图书情报工作》、《国际联机检索概论》、《外国图书馆史简编》、《文献编目教程》、《图书馆学情报学档案学简明辞典》等,这套教材不仅在教学中使用,而且被许多高校所采纳,在图书馆学专业广泛使用,产生了较大的影响。

　　除了"两才",来新夏先生还重视资料室和实验室的"两室"建设,为专业教学提供了支持和保障。图书馆学系资料室收藏有较丰富的专业资料,有图书3676 册,期刊 155 种(其中专业期刊 102 种,相关期刊 53 种,外文期刊 11 种),过刊 780 册。此外,地方文献研究室有图书 2574 册,期刊 213 册。1986 年 12月,现代技术实验室及图书保护技术实验室成立,管理规则、考核制度等健全,管理严格,对实验室工作人员有严格的培训和考核制度,在文科类实验室发展历史上具有开创性和模范性,多次得到学校的表彰,比如,1990 年 5 月该实验室被评为校级实验室工作先进集体,刘玉照被评为先进个人。

三、探索图书馆学人才培养模式

20世纪80年代中期,全国图书馆学专业办学点迅速增多,据1985年统计,本科办学点达到13个,专科25个,中专教育从空白发展到30个。然而,图书馆学专业人才的标准是什么,应当如何培养,成为图书馆学教育界面临的重要问题。

1983年4月,在武汉会议上,来新夏先生提出了著名的"三层楼"制,是对应图书馆事业需要不同类型人员而设想的,即将原有的四年制划为二二制,再加上研究生制,构成三层楼的结构模式。还进行了具体设计并论证其优越性,第一阶段两年侧重技能操作训练,设学科知识、语言工具、专业知识三类课程;经过考试进行第二阶段两年学习,向理论阶段发展,扩大知识面,掌握多种技能,设语言训练、专业理论、选修课三类课程;第三阶段以实行研究生班为宜,改革那种师徒相承的一脉单传方法,培养图书馆急需的高级专门人才。他的发言引起了高度关注,这一思想形成了论文《"三层楼"制初议》,发表于《大学图书馆学报》1983年第5期,并被广泛引用,成为20世纪80年代我国图书馆学教育思想库的重要来源之一。

来新夏先生关于图书馆学教育的思想与"三层楼"制模式设计在图书馆学教育界产生了重要影响,他提出的从本科到研究生的一体化培养思想具有重要意义,所提出课程设计具有普遍的参考借鉴作用,提出的选修课程如"古籍整理"、"书画鉴定"、"建筑设计与科学管理"、"少年儿童图书馆学"、"视听资料管理与利用"、"图书保护学"等不仅在当年十分前卫,至今还有指导意义。

来新夏先生关于人才培养,不仅有理论探索,而且亲自实践。在南开图书馆学系,来新夏先生领导教师们进行了实践探索。以"两才"和"两室"建设作为图书馆学教育的坚实基石,逐步形成图书馆学人才培养的南开模式。

一是突显文化素质基础的课程设计。创建之初,按照学分制制定了教学计划,必修课为104学分,选修课为31学分,共135学分,并将选修课分为四组,前三组为外语、社会科学和自然科学方面的课程,第四组为图书馆学情报学方面的课程。

为重视本科生综合素质的培养,开设有书法、世界文化史、社会科学概论、科学史、天文学概论、信息科学导论等课程,而且聘请相关专业的知名人士任教,另外,南开历来重视本科生计算机和英语能力的培养,除了学校必修的大学英语外,每年开设普通英文文献选读、专业英语等课程,而且举办英语演讲比赛或英语角;计算机课程已经占到总课程数量的三分之一。

二是馆系合作模式。由于任系主任的来新夏先生从1984年至1989年一直兼任南开大学图书馆馆长,因此使馆系业务得以密切合作,联合举办大型学术活动,合作开展专业研究,理论与实践相结合,充分共享资源,在国内形成了馆系相互独立又融合一体的办学模式。图书馆学系与南开大学图书馆于1990年开创了系列系馆科学讨论会,并于1990年至1992年期间连续举办了三届,取得丰硕成果,通过加强系馆合作,共同提高了学术研究水平。

今天来看,这些探索仍然具有现实意义,突显文化素质基础正是近十年来一直强调的素质教育和宽口径培养,而馆系合作加强理论实践结合,也是今天开展实践教学的大趋势。

四、培养人才,重视质量

来新夏先生是著名的历史学家、方志学家和图书文献学家,也是一位图书馆学教育家,他潜心教学,不仅积累了丰富的历史学教学经验,还积累了丰富的文献学、图书馆学教学经验。1985年9月,来新夏教授获南开大学教学质量优秀奖一等奖,并当选为天津市市级劳动模范。

来新夏先生主张教学改革从课程改革开始,他在"纵横'三学'求真知——

来新夏先生访谈录"接受采访时说到,当时办学"首先是改变传统的图书馆学课程设置。原先的图书馆学专业课程有重见叠出的弊病,如中国书史、中国目录学史和中国图书馆史这三门课程在讲到图书的源流、分类、编目时都要涉及刘向、刘歆父子,所以,当时有学图书馆学要'七见向歆父子'的说法。于是,我就构想实施三史合一的课程,即以图书为中心,而将涉及与图书有关的各种事业,包括制作、搜求、典藏、分类和再编纂等包容进来,不仅最大限度地容纳了原来三种课程的内容,而且重新进行了编排和整合。为了将这一构想付诸实践,我就拟定提纲,组织人员,并亲自承担章节编写和删订通稿,先后完成了《中国古代图书事业史》和《中国近代图书事业史》的编写,应用于课堂,不仅使课程设置更趋科学合理,而且减轻了学生的学习负担"(见《天津记忆》第54期第54页)。

在图书馆学系,来新夏教授高度重视教学,亲自授课,以多年来的教学艺术奉献给了图书馆学专业教学之中。他为学生主讲"中国古代图书事业史"、"社会科学文献检索与利用"、"图书馆学名著选读"、"文献整理"等课程。在教学中,他以渊博的学识,旁征博引,融会贯通,教学内容格外丰富,让学生大开眼界;他以非凡的口才,抓住学生的心理,让学生感觉到听课的享受。我虽没有听过来新夏先生的本科和研究生课,但听过他在图书馆学系和图书馆的讲座,他站在讲台前,开宗明义,转过身,一行板书,刚劲有力,让人赞不绝口,坐下来便是滔滔不绝。他的记忆力非凡,不带资料,一切尽在胸中,让人领略一个饱学之大家如何解说。他善口才,又善文章,正达一个优秀教师的教学科研双杰。

来新夏先生的教育思想,不只是重学生知识的"博"和专业的"技能",而且要让学生具有研究基础和学术素质。在教学的同时,他注重培养学生的科研兴趣,提高学生初步的科研能力。1986年5月,在来新夏先生的指示下,图书馆学系举办了首届"五四"科学讨论会,学生的21篇论文涉及图书馆学、情报学、目录学、方志学等多个领域。

五、大力开展科研与学科建设

　　大学必须教学与科研并重,要办好图书馆学教育,必须以专业人才培养为目标,以学科建设为依托。没有好的科研就没有好的教学,来新夏先生鼓励教师开展科研,发表论文,从 1984 年到 1993 年,全系教师共出版著作 49 种,发表论文 157 篇。在来新夏先生的努力下,图书馆学系形成良好的学术氛围,也形成了早期三大学科优势。

　　古典目录学。来新夏教授受教于著名史学家陈垣、余嘉锡等先生,具有深厚的历史学与古典文献学功底,其《古典目录学浅说》(中华书局,1981 年)是"文革"后较早的一部古典目录学专著,对我国古典目录学研究产生了较大影响。十年之后,经过修订出版了《古典目录学》(中华书局,1991 年)。其后,他主持了国家教委古委会和国家教委社科基金项目,主编出版了《清代目录提要》(齐鲁书社,1997 年)、《古典目录学研究》(天津古籍出版社,1997 年)。他的研究生徐建华、徐健留系任教并在古典目录学上均有研究成果。

　　中国图书事业史。来新夏教授对中国图书事业史很有研究,并组织了系内科研力量出版了相关著作,如 1987 年来新夏教授所著的《中国古代图书事业史概要》由天津古籍出版社出版;1990 年来新夏教授等著的《中国古代图书事业史》由上海人民出版社出版,该书列入周谷城主编《中国文化史丛书》;2000 年来新夏教授以及多名硕士研究生所著的《中国近代图书事业史》由上海人民出版社出版。这一系列著作的出版,使南开图书馆学系在中国图书事业史研究上占有重要地位。

　　地方文献研究。建系以来,在来新夏教授的带领下,我系形成了具有一定特色的地方文献研究团队,并取得了突出成绩。在地方志研究方面,1987 年 10 月,时任系副主任张格和教师王德恒代表地方文献研究室出席全国各省市自治区方志办公室负责人在桂林的集会,商定编写《中国地方志综览》事宜。南开大学地方文献研究室被推举为两个发起单位之一。1988 年黄山书社出版了由来新夏教授主编的《中国地方志综览 1949~1987》。1990 年 8 月,日本国独协大学经济学部部长齐藤博教授来校访问,协商独协大学与我校地方文献研究室合作进行"中日地方史志比较研究"及研究人员交流事宜,议定《中日地方史志比较研究》以中日两种文字分别在中国和日本出版,经双方共同努力,圆满、顺利地完成了这项国际合作。

研究机构在学科建设与发展中具有不可替代的重要作用。为加强学科建设,来新夏教授创建专门研究机构。1984 年 4 月,学校研究并同意图书馆学系与图书馆共同建立地方文献资料研究室,来新夏教授任主任,系副主任张格和图书馆党支部书记张宪春任副主任,该研究室为教育部古籍整理研究工作委员会研究机构,挂靠图书馆学系。1984 年下年,图书馆学系与图书馆、地方文献研究室、南大分校图书情报系联合举办学术讨论会。1986 年,由来新夏教授主编、张格和张宪春任副主编的《天津地方风土丛书》第一辑(10 种)由天津古籍出版社出版。1987 年 4 月,地方文献研究室与图书馆还联合举办了古籍整理培训班。

六、发展图书馆学研究生教育

在来新夏先生的努力下,建立图书馆学硕士点,培养研究生。1986 年 7 月,经国家教委批准,图书馆学系获得图书馆学硕士学位授予权,是当时全国高校图书馆学专业五个硕士点(北京大学、武汉大学、华东师大、南京大学、南开大学)之一。1987 年开始招收图书馆学专业的硕士研究生。在来新夏教授的主持下,硕士研究生以少而精为特色,选拔严格,培养严格,从最初的每年招收 2 人到 1991 年增加为招生 5 人,1987 年到 1991 年共培养研究生 19 人。其间,设有图书与图书馆事业(来新夏与杨子竞担任导师)、文献信息理论(钟守真担任导师)、文献计量研究(苏宜担任导师)三个方向。后来增设了科技文献检索、情报理论与实践、信息咨询等方向。

来新夏教授重视研究生教育还体现在他亲自指导研究生,每年指导 1 至 2 人,从 1987 年至 1992 年共培养图书馆学硕士研究生 8 人:徐健、王立清、刘小军、常军、余文波、秦迎华、陈红艳、黄颖,他们现都努力工作在不同岗位上。

七、重视继续教育

来新夏先生重视普及图书馆学教育,并身体力行开办多层次的学历教育与非学历教育,如 1987 年我系开始招收 3 年制的成人业余专科班学员,生源主要来自天津市、县的具有高中、中专学历的在职人员。1989 年 9 月还首次招收夜大图书馆学专科生共 56 人。

来新夏先生重视图书馆员培养。经国家教委全国高校图工委批准和委托,从 1984 年起举办高校图书馆干部进修班,面向全国高等学校招收学员,主要对象是具有大专以上学历、在各院校图书馆或信息部门从事文献信息工作的在职人员,每期一年,学习期满成绩合格者,颁发进修结业证书。首期学员 57 人来自全国 52 所高校图书馆。以后进修期限分为半年制和一年制,每期招生约 30 人,截至 1988 年底,为全国高等学校培养了大约 550 名专业干部。全国高校图书馆干部进修班办出了经验,为全国图书馆培养了急需的专业干部和优秀人才,进一步扩大了图书馆学情报学系在国内图书馆界的影响。

八、适应新形势发展新学科专业

在来新夏先生的领导下,图书馆学系根据发展需要,不断调整培养目标和方向。建系初,仅设图书馆学专业,培养图书馆专门人才。1987 年制定的图书馆学专业培养目标是"培养能胜任图书馆管理、图书馆学教学及科学研究的专门人才,学生通过一定时间的校内外实习,培养独立从事图书馆工作的全面技能,以及具有运用现代化手段从事图书馆学专业工作的能力"。由于毕业生分配去向大多为高等院校、科研部门和大中型图书馆等重要岗位,因此随着社会的发展和现代科技的进步,为适应社会需要,不断调整培养目标。80 年代末 90 年代初,根据社会发展形势以及专业发展方向,图书馆学专业把培养目标调整为:面对大力发展信息产业的新形势,以"文献信息管理"为方向,培养符合社会需求的一专多能的合格人才。

为适应新形势,在来新夏先生的领导下,进行了多项举措:一是更改系名。1987 年 3 月 19 日,第六次校长办公会议审议批准"图书馆学系"更名为"图书馆学情报学系"。二是建立新专业。图书馆学系更名后,着手筹办新专业。1988 年 4 月 22 日,学校校务会议审议同意图书馆学情报学系筹办社会科学情报专业,计划每年招生 15 至 20 人。同年 11 月 9 日,国家教育委员会批准南开大学图书馆学情报学系增设社会科学情报专业(四年制)。1990 年开始招收社会科学情报专业本科生。三是增加教研室。1989 年上半年,根据发展需要,图书馆学情报学系建立图书馆学、社科情报两个教研室,分别由钟守真、杨子竞担任教研室主任。

九、图书馆学教育的国内外交流与合作

来新夏先生重视我国图书馆学教育的国际交流,20 世纪中叶,领导发起了与美国图书馆界的广泛合作,在图书馆学教育的国际交流与合作上作出了重要贡献。1985 年 5 月 11 日至 6 月 12 日,来新夏先生随校教育考察团赴美访问 10 所大学。1991 年成为哥伦比亚大学东方研究图书馆和东方研究所的访问学者,1993 年成为俄亥俄大学图书馆海外华人文献研究中心顾问。

1993 年 11 月,来新夏教授应邀赴台湾参加"两岸 21 世纪高等教育研讨会",在大会作图书馆学教育的专题报告,并应台湾大学、政治大学、淡江大学等校邀请作"中国图书文化的历史价值"与"北洋军阀史的研究"等专题报告。

2002 年,在来新夏先生八十初度之际,大洋彼岸传来贺喜,美国华人图书馆员协会(Chinese American Librarian Association)授予来新夏教授 2002 年度"杰出贡献奖",那一年,我刚调入南开,得到喜讯,特别高兴,这不仅仅是南开的骄傲,也是中国图书馆学教育界的骄傲,因为此前在中国大陆,仅有北大图书馆庄守经馆长获过此奖,而在大陆图书馆学教育界获此殊荣的,来新夏教授是第一人。在美国华人图书馆员协会给来新夏教授的获奖通知中评价说:"作为图书馆学系的系主任,您聚拢了一支精干的教师队伍,为中国图书馆事业和图书馆教育培育了一大批人才。您使南开大学图书馆学系成为国际知名图书馆学教育机构,与国外建立了广泛的合作关系。"这一评价不仅包含了来新夏教授对中国图书馆学教育的贡献,也包含了来新夏教授对世界图书馆学教育的贡献。

十、继往开来

自 1992 年初因为年龄原因从系主任岗位离职之后,来新夏先生有更多的时间从事国内外讲学与学术交流活动。他所作过的讲座不计其数,从不忘记为图书馆学系师生作讲座,他以"撞击与塑造"、"中国图书文化的历史价值"、"中华传统文化与海外文化的双向关系"、"读书与治学"、"中国藏书文化漫谈"等为题,向不同层次的图书馆人表达自己的学术思想和关注图书馆事业发展的情怀。

今天,来新夏先生仍然坚守在教育战线,他到各地讲学,培养图书馆学专业后学和图书馆员。他还用另外一种方式育人,每次见到他,他总是在书房电脑前工作,勤于著述,韧于治学,传播知识,教育后人。

我于 2003 年接任了由来新夏先生创办的南开大学图书馆学系主任,成为图书馆学系的第四任"掌门人"。从来新夏先生那里,我懂得了一种压力,如何承继好前辈奠定的图书馆学教育优良传统,将来新夏先生创办的图书馆学系发扬光大,这压力是历史赋予的责任与使命。从来新夏先生那里,我获得了一种动力,来新夏先生不仅仅创办了图书馆学系,而且留下了图书馆学教育的宝贵财富,其教育思想、办学的精神始终激励着南开图书馆人不畏艰难、奋勇向前。

全心投入并发展教育事业是对老一辈图书馆学教育家的最好报答。可喜的是,这几年来,来新夏先生创办的图书馆学系有了较快的发展:图书馆学成为学校的重点学科,连续获得图书馆学、情报学两个博士点,又获得了一级学科博士后科研流动站,曾被作为全国图书情报系的"七大豪门",宣传南开模式与南开经验。2010年又获得了图书情报专业学位授权点,南开的图书情报教育在面向信息化、面向职业化、面向国际化等诸方面走在了全国的前列。

自我担任系主任以来,每年一到教师节,我都要带着新入校的硕士研究生和博士研究生去来新夏先生家,祝贺来新夏先生教师节快乐。在学生们献花之后,来新夏先生总要给学生们讲几句,然后和学生们一起合影留念。

今年的教师节,去的学生最多,来新夏先生的房子又在维修之中,只有分批拜见,来新夏先生还是那样热情地在"邃谷"书房接见学生,与学生交谈。他的教导、他的慈严、他的关心、他的爱护,乃至他那充满书香的书斋、他那凌晨就开启的电脑、他那正在写作的文稿,一点一滴都给学生们以极大的教育、启迪和鼓舞,让我领悟了一个图书馆人的精神,看到了一个教育家的伟大。

我心中便有了许多个美好的祝愿:祝来新夏先生健康长寿! 祝来新夏先生创办的图书馆学系更加辉煌! 祝来新夏先生奉献的图书馆学教育事业更加昌盛!

(柯平,教授,南开大学信息资源管理系系主任)

通古今之学　还历史于民

——读来新夏先生新作《交融集》

李冬君

几天前，又有一本新书置于我案头，乃来先生新著《交融集》。

这几年，我几乎每年都要收到一两本先生通过邮局寄来的新著。

每一次捧读，我都难免心潮起伏，感激之情，油然而生。我很少为先生做什么，却一直被先生关心着，但凡见我有了那么一丁点学术成果，便来鼓励，他自己每有所获，总不忘让我来分享。这些年，先生的著作是越来越多，有人说，是他的名字起得好，"来新夏"——那立于春天的人，才会"来新夏"。

记得去年，读先生所著《80后》，一位八十六岁的老人，居然以"80后"自居，还那么合情合理，那样一种灵感，令我惊叹不已，还有那样的文字，其优雅和从容，亦使我叹为观止，何以先生的学与思如此富于青春气息！

《交融集》里有一篇序，作序者是宁宗一。宁先生也是我的老师，虽未经他授业，却与之多有谈聚，听宁先生侃侃而谈，观其谈笑风生，真乃人生一大乐事。宁先生出书，是我的导师刘泽华先生为他作序，来先生出书，请宁先生作序，南开园里的老先生们，横遭世变，渡尽劫波，尚能雅聚，谈何容易！

这三位先生，依我看来，各有气象格局，他们在一起，就像这本书的名字——"交融集"。刘先生如山，自有巍峨之姿；宁先生如山泉，活泼泼的奔流而去;来先生如大平原,纳百川而成大河,学问望不到边,任你纵横其间。

宁序论来公,论学论人,无不真切,唯言"古稀变法",我以为,是知其一,而未见其二。先生年逾八旬,谓之"古稀",当无不可,以为"变法",则似有未察。据我浅见,先生交融文史,其来有自,祖父来裕恂,曾著《中国文学史》,以国学为"文学",与"科学"相对而言之,故名为"文学史",实乃学术史,以"文学"交融四部,自成一学术格局。先生本其家学,自是历来如此。

故先生所谓"交融",实有两种意味,一是"文史不分家",即文学与史学的交融,宁序于此,言之尽善,不仅道出"言之无文,行而不远"的社会化那一面,而且深入心灵史的底蕴,指出先生之作,本于自由的心灵,虽以史学为根柢,然发而为文,却易趋于更为自由化的文学形式。以文学的形式,写史学的文章,先生早年就写过历史剧,因受打击,自由的心灵几被窒息,不得已而沉抑之。近年来,先生大写历史随笔,仍多年沉抑的能量,如春蚕吐丝,徐徐释放。

还有一种意味,便是跨学科建设。今之学人言文史哲,多以个人学术素养言之,或以所谓"国学"统称之,其流实滥,其弊在虚。而先生则以多种学术工具,致力于公共学术平台建设,要在公共的学术平台上融文史哲于一冶。

综观先生治学,于目录学用功最深,何也?岂非以目录学最宜于公共学术平台建设,最宜于融合文史哲耶?论古今之学,汉注唐疏,宋明理学,皆不及清考据学。何也?岂非由考据学超越派别,而为公共学术平台建设,且于建设之中,发明并改进学术工具,能有效融合经、史、子之学耶?当今之世,皆尊科学,然科学者,人类之学也,以之阐发我国人之思想,发扬我民族之精神,似有未尽。如何在科学的前提下,通古今之变,交融文史哲,而成一时代新学?

以此,而有"国学热"兴起。然以"国学"称之,似不得已,此乃一时代之新学未成,而"强为之名"也。先生有见于此,故倾其毕生心血于目录学,除著有《古典目录学》外,近闻先生又将有数百万字的《书目答问汇补》问世。以八旬老人牵头,为此煌煌巨著,别说全书撰写,逐条考证,要费多大的功夫,就是过目一遍,哪怕一目十行,都是一件十分为难的事。而先生却为此巨撰之余,还写了近二百万字的随笔,我们除了惊叹其为天人,还能说什么好呢?

目录学和随笔,初看似风马牛不相及,细一想,便觉得它们在先生那里相通。先生那近二百万字的随笔,其实是打散了写的中国学术史和文化史,而这正是以目录学打底子的。先生以随笔的形式写作,但他并不随意,他是有着大众史学的抱负的。先生从科学化的精英式写作,转向文学化的平民式写作,并非以怡情养性为目的的脑力体操式的舞文弄墨,而是对大众史学的一种新探索。据先生说,他这样做,是要走出专业领域,把历史学还给民众。他觉得自己被民众供养了一生,无以为报,而心有不安。作为一个历史学家,他能回报给民众的最好的东西,便是大众史学,让民众了解真正的历史,在历史中找到自己的位子。

不过,先生精英化的那条腿并未却步,他一步步,走到《书目答问汇补》。愿天假先生以时日,让先生再展宏图,我期待先生以目录学为基础,从事中国学术史和文化史的建筑,我相信,那一定会是"究天人之际"的哥特式建筑,再以随笔充实其中,让精神奔向苍穹,而思想则通往"天听自我民听,天视自我民视"的古今之变中。大众史学的普及,尤其要站在科学的顶端上来提撕。

(李冬君,历史学博士,南开大学副教授)

笔耕不辍　真情用世

——敬贺来新夏先生九十初度

李广生　黄立新

晚年的来先生,学力益深,著述益丰;与时偕行,日新精进。八十初度时,启功先生赞其为"难得人生老更忙","今朝典籍满堆床"。近十年间,来先生主持学术工程、整理私撰巨著,奖掖后进、嘉惠士林,活力不减当年,直高龄少年矣。

与来先生交往益深,愈感其学问之精深、人品之高尚,令吾辈钻之弥坚、仰之弥高;其废寝忘食,不知老之将至之精神,直教吾辈汗颜。本文略举近闻,管窥先生学术、人品之一端,以为吾辈末学之学资,益欲藉此彰显先生之丰德,顺致先生九十寿祺! 思吾等学浅,错谬之处恐多,尚祈方家见谅。

笔耕不辍,硕果累累

八十初度以来,来先生老当益壮,非常人可以企及。近十年间,公开出版的著作有 40 多种,涉及清史研究、方志谱牒、天津地方文化、目录学、文献学、随笔等诸多方面。

来先生是清史、民国史研究的大家,在史学界言必称秦汉的时代,先生慧眼独具,一潜心于清史、民国史的研究,并多所创获,成绩斐然。受老师陈垣、余嘉锡等先生的影响,先生于裒集史料,用力甚勤,2005 年,先生以高龄担纲国家清史工程项目《清经世文选编》,再创辉煌。2011 年 3 月,先生主编的全套 l70 册的《清代经世文全编》出版,在此基础上形成的总字数达 200 万字的《清经世文选编》亦已结项并即将获得出版。与 2007 年出版的全 l0l 册的《清代科举人物家传资料汇编》一起,不仅仅是来先生高年成就,也是嘉惠清史研究者的大功德。笔者曾有幸忝列先生主编《清经世文选编》的点校队伍,亲睹先生果决高效的领导能力,亲炙先生不倦的教诲,受益匪浅,终生难忘。

　　研治清史、民国史之外,先生力倡方志、谱牒学研究,对于天津地方文献尤为关注,主持了多部旧志、风俗志的整理点校以及新志的编修工作。修志之余,先生还对人们注意不多的年谱、家谱用力尤多,尤以新版《近三百年人物年谱知见录(增订本)》为世人称道。近年来,随着各地方志的大量出版,如台湾成文出版社的《中国方志丛书》和大陆凤凰出版社的《中国方志集成》,大力推动了方志学研究的进程。故而有人谓先生为“复兴方志的功臣”①,筚路蓝缕,功不可没。

　　2010、2011 年中华书局前后出版的《书目答问汇补》和《近三百年人物年谱知见录(增订本)》两部著作为学界带来了质量上乘的精品,亦是对先生米寿最好的祝贺。中国古典目录学向为学者所重视,其最大的功用,乃如章学诚所言“考镜源流、辨章学术”,清末张之洞深知于此,作《书目答问》,嘉惠士林。该书较《四库提要》、《四库简明目录》更为简约精当、重点突出,是后学者入门之捷径。问世以后,深受学者钟爱,增修、订补者若叶德辉、刘明阳、邵瑞彭、高熙曾等等,尽皆版本目录学大家,范希曾氏《书目答问补正》更将其打造成为承续《四库提要》的经典之作。先生的老师近代目录学大师余嘉锡先生,更是以之作为教材,引领先生进入国学圣殿。来先生这部书就是从那时开始编写,其间风雨

---

①　曹振武.复兴方志的功臣——来新夏教授[J].沧桑,2002(04)

坎坷,竟用了近七十年的时间,方得以成稿面世,个中情节,令人唏嘘慨叹①。

先生爱书、懂书,常于不经意处着眼,益见其版本目录学之功力。如 2005年,应天津人民美术出版社之约,搜罗一批不为一般人所经眼、日益珍稀的古旧书籍,亲任主编,名之曰《老资料丛书》,影印出版,为清代及近代史研究增添了珍贵的图像资料,此亦为近十年来先生出版成果之一。

先生自"衰年变法"以来,一发而不可收,文思如泉涌、妙笔如生花。近十年来,随笔著作已经出版了近二十种,规模之盛、产量之多,令人叹为观止。先生的随笔著作分为几类,一是文史掌故,述往谈故,笔述历史是史家正途,亦具古代笔记遗风。如《邃谷师友》写师友交往,名人轶事,补正史之不足;《谈史说戏》正本清源、考证精详,雅俗共赏,别开生面的戏剧读物。二是学术随笔,《皓首学术随笔·来新夏卷》、《当代学者文史丛谈·依然集》、《交融集》等等,举凡历史、方志、谱牒、目录、文献等学科,涉猎既广、探究益深,行文清爽、深入浅出,大家风范、跃然纸上。三是谈书随笔,如《邃谷书缘》、《书前书后·来新夏书话续编》。先生爱书、好书、懂书、聚书,先生自述"抓周"时即与书结缘,时光荏苒,忽忽已近九十载,可谓书缘绵长,书文化的亲历与研究,和来先生的工作学习及生活息息相关,读书与藏书也成为先生绵久的话题。先生聚书源于他的爱书、好书、懂书,但并不执著,这也是近年来先生散书的原因,先生曾对笔者说,年轻时聚书,年老时散书,都是一种书缘吧。先生的藏书重在用,这与一般的藏书家有所区别,而堪破聚散之因缘,又高出一个境界。先生说:"藏书容易散书难,捐书之举实现了我'不散之散'的心愿。我的很多藏书来自民间,如今捐出给大众使用,这是为书找到了最好的归宿。益见其胸怀之宽,眼界之广。四是文史杂文。来先生文笔流畅自然,清新雅致,娓娓道来,如山间流水,余韵无穷。如《砚边馀墨》、《访景寻情》、《只眼看人》等,类皆如此。

---

① 崔文印.来新夏与《〈书目答问〉汇补》[N].北京:中国社会科学报,2007 - 06 - 21,第 017 版

奖掖后进,惠泽学林

来先生为人和蔼平易,慈祥真诚,对年轻后进关爱提携、奖掖鼓励,处处体现出长者风范。不仅对于求教者一概善待,知无不言,且善于发现人才,给以热情鼓励,慷慨襄助。

中国政法大学杨玉圣教授主持"学术批评网",推行学术规范,旗帜鲜明反对学术腐败,为先生所重,当先生听闻杨玉圣因难欲退的消息,特地属文,呼唤杨玉圣"回来",在文章中为之叫好助阵,使得年轻的杨玉圣倍感亲切与鼓舞,坚定了他永不退却的信心。在提到先生对他的鼓励与期许时,杨玉圣说道:"就是因了整整大我四十岁的来教授的'挽留',我没有把学术批评网交给朋友打理,而是坚持自己主持,因为我不能辜负了这位德高望重的前辈的嘱托,尽管为此招惹了不少莫名其妙的官司……但是,我无怨无悔,因为在我这个边缘小人物的背后,有包括来新夏老教授在内的一批学界前辈和挚友的关心、支持和爱护,我没有理由懈怠,更没有理由退却。"①

绍兴有位自学青年,叫孙伟良,他是一位失地农民,白天以换煤气为生,独好藏书,私藏几近万册,常利用晚上时间阅读文史书籍,尤好绍兴方志掌故,常年浸淫于斯,亦是一位小有成就的民间学者,他以勤奋读书、逆境就学在绍兴有一定知名度②。2006 年,他求教于先生,先生了解情况后,并不以为冒昧,谆谆教诲之外,竟慨允赠书,2006 年春,来先生应绍兴市政府之邀,出席祭禹大典后,莅临孙宅,并将所著《邃谷文录》相赠。是年冬,数次寄赠书籍逾千册,嘱孙伟良在自家开辟民众阅览室,让文化浸及大众。并在孙伟良所藏先生的多种著作上亲署题记,关爱之情,不可言表。自此二人常相往还,成就一番忘年佳话,亦可

---

① 杨玉圣.有师友的人生是幸福的人生——读来新夏教授《邃谷师友》[J]世界知识,2009(10)

② 《浙江日报》2007 年 1 月 1 月 18 日以《我白天换煤气晚晚上攻文史》。为题曾作报道。

见来先生关爱后学之拳拳爱心。

沧州几位民间学者成立了纪晓岚研究会,先生亦给予很大支持,2006年9月23日,应邀到沧州,为沧州文化名人研究及地方志修撰支招.先生说,地方文化的研究建设工作应该更加细致些,在整理出粗线条的文化"写意"后,应该向细致的"工笔"发展。对纪晓岚研究会注释《阅微草堂笔记》工程也提出了自己的观点。他认为,要把各大图书馆馆藏的有关学者对《阅微草堂笔记》批语整理下来,把这项学术工作做细。针对沧县地方志的编纂,来先生说,一是要注意原始资料的收集与积累,二要注意历史细节的把握。言之无文行之不远,更要注意语言美。

来先生的高义不单以个人行为来看待,其间不单倾注了老一辈学者对晚辈末学的关爱,体现了老辈学者对于学术薪传的重视,也是先生对于维系学术文脉的一种亲力亲为。正是由于这种传承精神,中华学术才有得以发扬光大的机会,中华文化才能重现辉煌。

倾情方志,服务桑梓

倾情方志、服务桑梓,可以说是来先生高年学术生活及社会活动的重头戏。旧志的整理和新志的编修,倾注了先生绝大精力,先生倾情方志,渊源有自,先生的祖父来裕恂先生既是一位研究中国语言文学的学者,又是一位方志专家,曾两度参与故乡《萧山县志》的编纂工作。1948年,在艰苦条件下,来裕恂先生一手完成七十余万字的民国时期最后一部志书——《萧山县志稿》。40年代,大学时代的来先生即开始有意识地利用方志资料研究史学问题,随着研究工作的不断深入,来先生越来越多的且得心应手地使用起当时不甚为学者所注重的方志资料,建国后,来先生有机会参与和主持旧志整理和新志修撰工作,成为方志学领域的带头人之一。

来先生虽然生于杭州萧山,但学习、生活和工作大都是在天津,已有七八十年,可以说天津和萧山都是先生的故乡,80年代以后,先生不遗余力地在全国推行新方志编修理论和实践经验,亲自指导全国新方志编修工作,还拿出大量时间亲自参与了大量的天津方志的具体工作,系列《天津通志》的出版,也凝聚了先生方志学思想和心血。

不仅如此,先生对于天津地方文化的兴趣始终如一,近十年来,不仅有新的天津地方文化新编出版(如 2004 年主编《天津建卫六百周年》系列丛书,天津古籍出版社版),还积极参加各类相关社会活动,如 2011 年 4 月召开的城市形象高层论坛上,来先生从天津城市文化定位上发表了重要观点,对天津文化建设提出了独到见解。

来先生情系桑梓,时刻关注天津文化的复兴和光大,除了官方渠道之外,对各种能够对推进天津文化建设的民间学者的研究成果也给予肯定和支持。2008 年以来,"天津市建筑遗产保护志愿者团队"提出了"以研究推动保护,以保护促进研究"的理念。一方面,进行大规模城市田野调查,确认了数以百计的已经湮没在时间尘埃中的历史建筑的身份,同时组织各种学术性会议来推广这些成果;另一方面,团队在天津历史建筑的保护上也做了几件有全国影响的大事,先后获得中国文物保护基金会颁发的中国文化遗产保护年度贡献奖和杰出人物奖,还受国务院发展研究中心之邀参加了中法文化交流年有关活动。来先生不但为团队的"队刊"——《天津记忆》题签,还欣然接受了团队的终身顾问之聘,多次参加团队组织的学术会议,并在中国文化遗产保护天津论坛上为团队和文化遗产保护大声疾呼。

先生对故乡萧山的文化事业也倾注了大量心血,特别是在萧山地方志事业发展中做出了重要的贡献。80 年代初,先生应邀担任《萧山县志》顾问,精心指导萧山的修志工作,最终使《萧山县志》成为建国后全国第一轮修志的典范。2003 年启动编纂的《萧山市志》,被列为全国第二轮修志工作试点单位。先生再次担当《萧山市志》的顾问,满腔热情、毫无保留地建言献计,为《萧山市志》编纂付出了大量的精力。2008 年,先生毅然决定,将自己编著的著作和收藏的地方志书籍以及学术研究文献、著作手稿等无偿捐献给故乡,以实际行动支持萧山的地方志事业。这是他回报故里的一份厚礼。对于繁荣和丰富萧山历史文化发展,具有积极而深远的意义。萧山区人民政府为表彰来先生对故乡的奉献精神,特在江寺民俗园中开辟"来新夏方志馆",供萧山人民研究使用。先生谦虚地说,他是一名萧山子弟,虽然一生漂泊四方,但时刻心系故乡,捐赠书籍建立方志馆,是希望给萧山的方志研究铺一点基础,也是希望有更多的有识之士来支持方志工作。

关注图书馆事业

来先生爱书、好书,家学渊源,40 年代在辅仁大学就读时,亲聆注重史料钩稽的陈垣先生的教诲,又选修目录学、文献学大师余嘉锡先生的目录学课程,深受其影响,可谓书缘匪浅。目录学、文献学研究始终是来先生的主要研究方向之一。

书缘深厚,注定了与图书馆的亲近,先生尝言"十分之八的研究完成在图书馆"[①],使用图书馆并不等于要从事图书馆工作,与众不同的是,先生与图书馆的缘分由来已久,早在南京上小学时就对当时的韵图书室情有独钟,"开始对图书馆产生特别的情愫"[②]。60 年代初,来先生受时任南开大学图书馆馆长的冯文潜教授之托,参与古籍选购与版本鉴定工作,多年后,一同与来先生选过书的元史研究大师杨志玖先生在文章中回忆起当时选书的情节时,还是记忆犹新[③],由此也可以想见几位先生当时畅游书海的愉悦,这实际上是在参与图书馆一部分工作了,与后来来先生出掌南开大学图书馆,可谓是因缘前定。

80 年代初,经历十年动乱洗礼,重新焕发青春的来先生,出掌南开大学分校

---

① 来新夏.十分之八的研究完成在图书馆[C].陈燮君,盛巽昌主编.二十一世纪图书馆与文化名人,上海:上海社会科学院出版社,2004

② 同上。

③ 杨志玖.我的教学科研工作离不开图书馆[C].南开大学图书馆编.南开大学图书馆建馆八十周年纪念集 l919－1999,天津:南开大学出版社,1999

图书馆专业,继而任南开大学图书馆馆长,正式与图书馆结缘。

来先生掌图书馆,做了几件大事,于今看来,亦是意义非凡。一是一手创办了分校、总校两个图书馆专业,对形成目前这个有着本科、硕士、博士多学历培养层次的,在全国和业内具有相当影响且实力强大的信息资源管理系(原称图书馆学系),奠定了坚实的基础,实现了来先生培养图书信息方面人才的最初愿望①。二是先生在这一时期对图书馆学教育教学方面兴利除弊的改革,及在图书馆学、目录学、文献学方面的成就,对于南开大学图书馆学系的纵深发展,形成高水平的图书馆学教育有着非同寻常的开拓作用。三是先生对于图书馆的管理与运作实行了一系列现代化改革,对于南开大学图书馆的规范化管理,和谐、严谨的馆风与浓厚学术气氛的形成,有着重要的贡献。四是首创华北地区高校图书馆协会,使得华北高校图书馆界有了共同合作的基础,以此带动了全国图书馆跨省协作、共建共享的运动,使读者最大限度地利用图书馆的资源成为现实。从这一点来看,先生的工作除了具有非凡的前瞻性之外,还有着中国图书馆发展史上里程碑的意义。

年高德劭的来先生,并没有因为从图书馆领导岗位上退下来而疏远了图书馆,相反,除了日常与图书馆的联系之外,先生还时时关心图书馆事业,对于图书馆的发展,先生在2000年召开的第十四届华北图协年会上提出了"把高校图书馆办成研究型图书馆"的主张,这无疑是为高校图书馆的生存与发展开出了一剂良药。从目前国内高校图书馆发展进程来看,原先传统的诸如采编、流通以及网络服务器管理等工作,正在被服务商的新型服务所逐渐代替,技术含量较低的工作逐渐被技术含量较高的工作所取代是一个大的趋势,而如何解决这个趋势下图书馆和馆员的生存与发展问题? 来先生的回答是,把高校图书馆建成研究型图书馆,围绕教学与科研做足文章,为读者提供个性化高端服务,这样一来,每一位馆员都是某一个方面的信息情报专家,具有相对的不可替代性,这

---

① 　韩淑举.人生也就如此——访南开大学教授来新夏先生[J]济南:山东图书馆学刊,2010(04)

样高校图书馆的生存与发展问题就会得到圆满解决，为稳妥过渡起见，来先生建议高校图书馆"分设为研究型图书馆与学生型图书馆"①，这一可操作的设计，就解决了日常事务性工作与研究性工作的矛盾，面对高校图书馆的生存现状，回望先生当年的观点，无疑是超前的。

高校图书馆相对于学校其他部门来说，馆员的生活和待遇相对较低，来先生了解这种现象，多次在各种场合呼吁重视图书馆人，令我们这些从业者备感振奋。由于工作性质较繁琐和重复，部分高校图书馆馆员容易安于现状、不思进取，甚至引起倦怠情绪，这是近年来研究者注意的一个问题，先生针对现实情况，适时地提出了图书馆人再塑造的问题②，先生承续前述观点，把高校图书馆办成研究型图书馆，关键在于人才，先生要求图书馆人做到五点：一是要贯通本行业的传统知识，不能数典忘祖，图书馆最值得学习的分类学和目录学知识，是进入任何学问殿堂的门径，因此从事这一行业的人必须掌握这些知识；二是要有动手能力，图书馆的日常工作还有很多需要亲力亲为，需要一些小的技巧，诸如高科技环境下，人们已经逐渐忘却的写字能力等等，都需要图书馆人重新训练掌握；三是要有现代化认识，跟上科技发展的步伐；四是每个人要有专精的努力方向，将事业和职业拧成一个；第五要有担当，"任重道远"，了解自己的处境和机遇，具备面临挑战的胆识和勇气以及超强的能力。

在身体条件允许的情况下，先生几乎每次华北图协的会议都要亲自参加，并且有重要发言，一方面谆谆教诲广大图书馆后进，一方面为改善图书馆待遇与处境鼓与呼，真正尽到了一位老图书馆工作者的职责与义务。

（李广生，研究馆员、天津市高校图工委常务副秘书长；黄立新，天津商业大学图书馆副研究馆员）

---

① 来新夏.把高校图书馆办成研究型图书馆（2000 年 9 月在"华北图协第十四届年会"上的讲话）[M].来新夏.出枥集——来新夏自选集,北京:新世界出版社,2002

② 来新夏.图书馆人的再塑造[J].河北科技图苑,2007(05)

一部汇录诸家补正成果的目录学力作

——《书目答问汇补》

李国庆

来新夏先生的目录学力作《书目答问汇补》（以下简称《汇补》），2011 年 4 月由中华书局出版。来新夏教授是我国当代著名历史学家、文献学家和图书馆学家。青年读书时，在文献大家余嘉锡先生的指导下研读《书目答问》。来先生传承师学，从那时开始，研治斯目，已历半个世纪之久。今来老登寿耄耋，其历史学、文献学及图书馆学专著，随着岁月的演进而递相出版问世，著作等身。来老才雄学赡，德高望重，能以历史学家视角，以文献学家笔法，看待并整理《书目答问》，洵与常人异趣。来老历数十年之功，访求当世诸家批校稿本及清季以来刊印之本，遵照各家成果取得之先后，于同一条目之下，一一胪列，复加按语，始成《书目答问汇补》一书。《汇补》所称之"汇"，乃汇录之意；所称之"补"，乃补正之意，亦即汇录诸家对张之洞《书目答问》的补正成果为一帙，故以"汇补"为名。范希曾作《书目答问补正》（以下简称《补正》）时，其前出诸本，希曾多没有见到，故没有采录；其后出诸本，希曾更不知晓，自然也没有采录。今在来老所著《汇补》中一并采录。在收录范围方面，《汇补》广于《补正》。这是《汇补》所具有的学术价值的一个方面。《汇补》共收录了十三家补正成果，多为民国时期和当代名家，尤为难得。包括王秉恩贵阳刻本、江人度笺补本、叶德辉斠补本、伦明批校本、孙人和批校本、范希曾补正本、蒙文通按语、刘明阳批校本、韦力批校稿本、赵祖铭校勘记、邵瑞彭批校本、高熙曾批校本及张振佩批校本,堪称是一部结集性的书目成果。

各家补正成果

《汇补》所收的十三家补正成果各有特点:

其一,王秉恩贵阳刻本。秉恩这次整理,订正了《书目答问》初刻本讹误二百余处。

其二,江人度笺补本。人度作《书目答问笺补》,于清光绪三十年刊行。他在刊书跋语中说:"因取南皮师是书,疏通证明,间亦搜补书目。"他说的"疏通证明",是指对原刊本中的起分类作用的"勾乙"符号(∟)进行必要说明和相应处理。一般做法是在一小类书之后,标出符号∟,再用"以上某某类"进行强调说明;所谓"搜补书目",就是补充原本缺漏之书。除一般四部书籍外,间采近人救时之作。编例与范本相近。

其三,叶德辉斠补本。叶德辉以撰我国第一部古籍版本学专著——《书林清话》名世。他为《书目答问》作斠补,有他个人的见识,他费三十年之力,多次批校《答问》,所批校之本今传世者不下十数部,所补之书,尤以经眼明版居多,成为《斠补》一大特色。《斠补》民国二十一年刊载于《苏州图书馆馆刊》。该馆还曾以铅字排印发行。

其四,伦明批校本。伦明依据光绪二年四川修订重刻本,先将叶德辉斠补文字过录其上,次加自己的批语。一本之中,他过录的叶校与自己的校语不分,成为伦明校本的一种特殊情况。《汇补》依据北大藏伦明批校稿本,将叶校与伦校逐一区分,为《汇补》增色不少。

其五,孙人和批校本。人和在伦明《书目答问》批校稿本基础上,又做了一次通校。其实在这个本子上,还有一位元无名氏批校文字,这就成为汇有叶、伦、孙及无名氏四人批校文字的稿本。可以认为,这实际上是一部未整理的《书目答问》的"汇补"本。拘于成见,张之洞在《书目答问》中,沿袭《四库总目》之例,也对词曲小说予以摒弃,故此类作品多所漏略,人和"择其最要者,分别补录焉",这一点成为人和校本的一个特色。

其六,范希曾补正本。所谓"补正"者,乃补《答问》问世后"五十年间新着新雕未及收入"者;所谓正乃订正《答问》存在的"小小讹失"。希曾补录了《答问》所缺之书凡一千二百种左右。纠正了《答问》漏略或讹误的书名、卷数、作者姓氏、刻书年代等近百处。希曾继承传统著述之成例,在部分书下附加按语。按语的内容,或揭示一书之内容,或品评一书价值之高下,或鉴别一书版刻之真赝与异同,或指出《答问》讹误之所在,凡此数等均给学人以启示。希曾《补正》初欲附张氏《答问》之骥尾,而后遂成一家之言,《补正》成为《答问》的一个最通行版本。

其七,蒙文通按语。民国二十年范希曾《书目答问补正》付印,蒙文通在该书上加了一些按语,以"蒙按"二字标出。后印本便将"蒙按"收入书中,成为《补正》唯一采纳者。蒙文通对范希曾所作补正作了进一步的说明,实是补正之补正。

其八,刘明阳批校本。明阳批校本,载有他写的题跋,其考订精审,见解独到,品评是非,实有点睛之效果。

其九,韦力批校稿本。韦力先生乃一位谦和儒商。从商之余,唯嗜藏书。1981年始对古籍发生兴趣,至今已逾廿载。经过辛勤耕耘,收获颇丰,遂成商界精英,私藏巨擘。韦力先生通批全书,以雄冠私藏之富,予以增补。所增版本之多,实有超迈前贤者。此为韦氏批校本之一大特色。

其十,赵祖铭校勘记。清光绪二十三年,湖北沔阳人卢靖将《书目答问》刊入慎始基斋丛书,民国十二年汇印之。祖铭通校全书,成校勘记,凡六十七条,多有发现。其对答问原载"学海堂本"记载的错误更改较多,尚有出于贵阳本之外者。

其十一,邵瑞彭批校本。瑞彭手批南京国学图书馆初印本《书目答问》。批校本原藏天津古籍书店王振永先生家。来老早年曾向振永先生借录一过。今校本不知流落何所矣。邵瑞彭与蒙文通交往甚密,商榷学术,两人曾在一起论及范氏补正《书目答问》事。今两人所补并纳汇补,亦《答问》之逸闻也。

其十二,高熙曾批校本。高熙曾对《答问》素有研究,曾通批全书。对补正斯目有自己的观点,来老早年曾借录一过,将校文汇补于本书。稿本今也不知流落何所矣。熙曾之外舅乃孙人和先生。人和批校在先,熙曾批校在后。今两人所补并入汇补,《答问》之逸闻又添一则。

其十三,张振珮批校本。振珮批校本二册,今藏自家中。振珮先生哲嗣新民先生介绍此本云"盖曩昔公讲授中国历史文化,多向青年学子推荐《书目答问》,以作研制国学之入门书籍,又因王秉恩贵阳刻本改正原刻处颇多,兼有范希曾补正未及者,故颇欲从新整理付刊。"此后,新民先生承其家学,续作辑补,始成《书目答问斠记》。附载吕幼樵《书目答问校补》书后。此校以《答问》诸版本为范围,比核校勘,钜细咸备,指出彼此之异同,尤具特色。看校语,犹睹众本;读条目,方见功力。张氏校本,别开生面,独具一格。《汇补》得此校本,予以增补,足为学人参稽。

《书目答问汇补》之价值

笔者认为,《书目答问汇补》除了具备张之洞《书目答问》所具有的价值和功用外,更进一步提升了其所具有的价值和功用。

早在清光绪元年,张之洞在四川学政任内,为诸生撰《輶轩语》和《书目答问》二书,于光绪二年写定问世。《答问》是为回答诸生来问"应读何书,书以何本为善"而撰,《答问》是一部推荐性国学目录,读者可以根据个人的水平和需要在使用中予以选择,不受时代的影响。当今,国学重新受到重视,《汇补》几乎对收录的每一部都有多家进行点评,因此其在向文史爱好者提供国学基本用书、普及国学知识、弘扬传统文化等方面,将发挥不可替代的重要作用。

《答问》收书两千二百种,这些书经过精心选录,绝大部分是历史上流传下来的重要书籍。有了这样一部举要性的书目,对一般大众读者是比较方便的。而《汇补》更增补了一些重要典籍,使这部举要性质的目录书更加完备,读者从中选择的余地更大、更多。

有清一代的学术研究,以考据学为中心。考据的范围由经学到史学、诸子及文学。乾隆时这种风气已经大开,《四库总目》之所以有较高的学术价值,是因为主要的撰述者就是所谓集一代之选的当时著名的考据学家。嘉庆以后,考据学更为缜密,学术研究专著愈衍愈多。《答问》能够将反映清代学术研究成果的著作收录进来。清代学者章学诚说,研究目录学的目的,在于"辨章学术,考镜源流,即类求书,因书究学",《答问》做到了这一点。《汇补》则更进一步,将清代学术成果进行了增补、品评和总结。

在体例上,《答问》在分类上不因袭前人书目体制,对《四库总目》的分类也敢于修正,它在经史子集四部之外,首次增加了"丛书"部,由四部分类变成立五部分类。在各个小类之中使用"勾乙"("乚"号)当做类分子目的标志,使人看起来门径秩然而不琐碎。各类多有创建,使读者可以由浅入深,渐识途径,推动了传统目录学发展。后出的大型古籍书目,多沿用五部分类法,足以说明其法科学与实用。《汇补》在此基础上,增加了书影和索引,做到一检即得,免去了读者躬亲翻阅之劳。

当今时代,古籍收藏逐步升温,爱书之人,也逐渐认可了《答问》的作用。而《汇补》为书友提供了更加丰富的素材,尤其是各家点睛之笔,藏书爱好者可以从中拣选自己认为有用之物,访求藏之。

(李国庆,天津图书馆文献部主任)

遗留与积存

——读《书文化的传承》

李永明

由著名史学家、南开大学教授来新夏先生著,山西古籍出版社出版的《书文化的传承》一书荣获 2007 年第三届"国家图书馆文津图书奖"推荐奖及 2006 年《中华读书报》百佳图书奖。作者跳出目录学、训诂学等学科限制,从宏观的角度梳理图书文化的传承。

在人类社会漫长的发展过程中,信息载体和传递方式不断得到改进和更新。文字逐渐产生,载体不断创新,图书得以历代珍藏,中华传统文化的演进可谓源远流长。如今,身处信息时代,互联网无处不在,电子图书、按需出版、无纸化出版已成趋势,对书文化的传承有所了解的人越来越少。无疑,细述中华传统文化薪火相传的脉络,具有重大意义。

图书承担着传递传统文化的重任,历代社会政治动乱所造成的厄运延缓了图书的发展进程,所谓"书厄"。秦始皇"焚书坑儒",造成了中国图书史上的第一次大灾难。司马迁在《史记·六国年表序》中写道:"史记独藏周室,以故灭。"两汉至魏晋南北朝,战乱兵燹不断,致使图籍散乱毁损。唐宋以还,书籍数量大增,但仍不断遭受毁损,故明胡应麟有"十厄"之论。清初以来,对图书的搜求、庋藏及编修颇为注重,至乾隆时纂修《四库全书》,前后共用 15 年时间,是中国传统文化发展到鼎盛时期的重大成果。但清统治者借修书为名,查禁并销毁了大量具有民族、民主思想价值的书籍,《四库全书》的修纂可谓"功魁祸首"。近代以来,中华文化遭到了外来灾患和内部纷乱的干扰。蒋复聪《最近中国图书事业之发展》一文估计:"七七战后,东南各省……图书损失在一千万册以上。"可谓怵目惊心。

身处盛世,传统文化获得了应有的地位。随着善本书的再造和老资料的发掘,中华传统文化的传递脉络亟有条理的必要。《书文化的传承》一书,适应读者的需求,以图书的发展历史为例,出以浅近文字,配以图片,撰写成书。

中华文化的传递,由最初的口耳相传,到结绳、契刻和图画记事。文字产生后以甲骨、钟鼎、石鼓为载体。简书是中国正式图书的开端,载体依次为竹木、帛、缣、纸。唐以后,新的印刷工艺出现,唐雕版、宋活字、明套印,加速了传统文化的传递和传播。纸书和印刷术的发明与发展,使中国文化的保存和传递得到了便利与推动。图书的装帧也随着保护和求美而日益完善和方便,先后出现了经折、龙鳞、蝴蝶、包背、线装等不同形式。中国文化遗产丰富,保护这些财富,主要靠官藏。唐宋以来,私家藏书日盛,唐代李泌就是"插架三万轴"的私人藏书家。大量传承积累的传统文化遗产依托于图书,历代王朝都对图书加以收集、整理、编目和典藏,故有"三坟、五典、八索、九丘"之说,汉有《别录》、《七略》,唐初《隋书·经籍志》,始正式确定了经史子集四部分类。域外流通使中华传统文化流布四方。为了使国人世代相传地继承和吸取丰富的传统文化遗产,秦汉以来,逐渐形成一套较完整的启蒙读物。魏晋以来,对图书加以再编纂,而有类书、丛书,对传统文化的保存和传递,具有重要价值。

《书文化的传承》一书梳理图书的发展脉络,科学精准,在推动中华文化的发展,启迪人民的智慧和发展各国间的文化交流诸方面,有着极为重要的意义。

(李永明,三晋出版社总编室主任)

邃谷楼的风景

——读来新夏随笔《学不厌集》

刘绪源

我最早买得来新夏先生的书，还是那本在学界颇获美誉的《近三百年人物年谱知见录》。书特好而价特廉，宝贝似地捧回家，当晚就读起来。我其实不是要用那些年谱，所以并不将它当工具书读，只感到书里有一种文化人特有的气息，透出静心读书的氛围，于是便觉难以割舍。以后又陆续读到来先生关于北洋军阀，关于林则徐，关于图书目录学等多种研究著作，内心佩服无已。再后来做了几年《文汇读书周报》的编辑，在稿件中发现有来先生的文章，顿觉喜出望外，连忙与之联系，此后便在版面上断续地刊发了一组"清人笔记叙录"。最近，听说他的《清人笔记叙录初编》也将出版，计五百余篇，有五六十万字，这可真是皇皇大著——须知这是必得看过一部笔记才能写出一篇的，能在芜杂繁复的笔记的大海里整理出这些文字，要花去多少读书工夫！从当年的"年谱知见录"到现在的"笔记叙录"，不难看出，这位现已八十一岁的老学者，是以扎实的硬功夫立足于学界的，一生都是在"干重活"的。这样的学人，今后可能是越来越少了。

《学不厌集》是来先生的一本随笔自选集，他多年所从事的各门学问书中都有涉及，他的治学门径与学术经历也能从中看出来，而随笔又是一种特别怡人的形式，所以此书令我十分喜爱，放在枕边看了好几天。

书中最让我着迷的就是那种日复一日潜心于书本的人生状态,在今天的浮躁的现实中,那样的氛围,简直算得上一种"审美理想"了。上世纪60年代初,作者受到不公正待遇,不能从事教学与研究,便又寄情于书,仿效《四库全书总目标注》之例,搜求各家批注,为张之洞的《书目答问》做汇补的工作。书中抄有他当年的工作记录云:

> 1962年8月2日至9日,温度在三十度以上。自晨至夜,过录江苏省立苏州图书馆馆刊(1932年4月)第三期所载叶德辉著《书目答问评补》全文。虽肘黏背湿而颇有所得,亦云快哉! 过录既竣,心胸为之豁然者久之。翌日即归还该刊于藏者北京图书馆。俟暇当再过录邵次公及刘明扬诸氏校本。

虽是在命运未卜的坎坷年代,但那种豁然快然的心境,却不由得让人歆羡。这是作者苦中作乐,然而又是真正的乐,甚至也可说是最高的快乐。当然,如没有读书和学问的积累,这样的乐是不可能得到并且也无从寻找的。来先生出身于书香门第,但这种读书习性也不是与生俱来的,同样也经过艰辛培养的过程。

1949年,作者年方二十六,在北平华北大学史地系读书,被副校长范文澜挑中到校属历史研究室读研究生(此研究室即后来中国科学院近代史所的前身)。作者这样描绘初入范门时的情景:

> 我们都集体住在东厂胡同一号的后院厢房,范老自居前院,终日坐在大玻璃窗下攻读,似乎是有意监督学生们,不让乱上街,以渐渐养成"下帷苦读"的习惯,真是用心良苦。每当我们想偷偷溜出去从他窗前经过时,范老总是手不释卷,笔不停挥,时不时抬头望一下窗外,我们只好惭愧地退回去,不久也就没有人再做这种试探了。范老还规定,工会分发影剧票,研究生一律不参加,以免分心。我们开始总是坐不住,或是坐在椅子上胡思乱

想,久之也就不再心猿意马,而惯于坐冷板凳了。书也读得进去了。这就为自己一生从事学术工作奠定了硬件的基本功。

书中还有一事值得一提,那就是作者自50年代中期起编撰有清以来人物年谱目录,检阅八百余种年谱,历时六年,终于编成;不料"文革"即起,十二册原稿被抄,发还时仅存两册残稿。在随队赴津郊"学农"时,友人巩绍英一路送行,谆嘱"鼓起勇气,学习谈迁,重新撰写",于是携残稿与零散卡片下乡,在"耕读生活和回城候差的几年里,我就以此排遣抑愤,忘却纷扰,终于在1975年秋又一次完成了《近三百年人物年谱知见录》的定稿"。这里既体现了前辈学人百折不挠的"谈迁精神",我以为,更显示了读书习性对于人生的重要,这种"排遣抑愤,忘却纷扰",既可说是为人的,为事业的,实在也可说是"为自己"的。

来先生以家中书斋狭窄,取斋名"邃谷";其儿时住地曾自名"邃谷楼";在出版六十年文集时,又题为"邃谷文录"。这"邃谷"二字,几乎伴随了他的一生。我想,上述种种所透出的读书氛围,大概就是邃谷楼最迷人的风景了。

这本《学不厌集》集中了来先生近年所写的随笔六十余篇,几乎都是与书有关的。我读来先生随笔集已不下七八种,觉得他不但创作的数量大,而且质量高,因其学识渊博,思想活跃,文字功底深厚,再加上丰富的人生经验,这都是写随笔所不可或缺的元素。纵观当下文坛,来先生随笔已然自成一家,令许多终年以散文随笔为生者难以望其项背。然窃以为,他的有些文章题目较大,写得过于正经,有点像压缩的论文;另有一些谈日常人生感受的,似应时的报刊文章,仿佛别个内涵不及来先生的也能写得出来;真正风标独具的,似是那种既体现他独特的学问见识,又写得从容而有"余情",读后大有所获却又充满回味者。如书中的《"文人相轻"与"文人相亲"》,思想独到,材料丰饶,写来峰回路转,情趣盎然,堪称来氏随笔中的精品。

其中一些引文,如康熙时的宋荦所撰《筠廊偶笔》中记侯方域作文求教一事,不是熟读清人笔记者恐怕是很难找到的。特录之以飨同好:

侯朝宗以文章名天下,睥睨千古,然每撰一篇,非经徐恭士点定,不敢存稿。一日灯下作《于谦论》,送恭士求阅,往返数次。恭士易矣字、也字数处,朝宗大叹服。时夜禁甚严,守栅者竟夜启闭不得眠,曰:"侯公子苦我乃尔!"此事余曾向汪钝翁、王阮亭言之,共为称快。钝翁常与人曰:"闻牧仲(宋荦字)谈朝宗事,令人神往!"

当然,随笔的好坏不能只看引文,书中不少与清人笔记全无关系的作品,也是非新夏先生莫属的上好文章,如那篇《读〈关于罗丹——熊秉明日记摘抄〉的札记》,其思想与人生的滋味淳厚透辟,清俊隽永,实在是来氏随笔的又一精品。

(刘绪源,上海《文汇报》专栏主编)

来新夏《邃谷师友》读后

刘艳梅

去年十月下旬,我赴湖州参加"皕宋楼暨江南藏书文化国际研讨会",在会上有幸拜见了同来参会的来新夏先生夫妇。

来先生是著名的历史学家和目录学专家。我因刚读完来先生的新版的学术随笔集《邃谷师友》(上海远东出版社 2007 年 8 月版),相信透过这些文字,可以更加真实地了解来先生。

《邃谷师友》是来先生的最新著作,由"追思·怀念"、"嘤鸣求友"、"一孔之见"、"访谈录"和"赠书录"五个部分组成,附录有"友人眼中的我"。数十篇文章详细地记述了他所缔结的师友情谊。

"追思·怀念"和"嘤鸣求友"部分,分别记叙作者与已故师友的故事、与在世诸友的交往;"一孔之见"是对文史哲等方面的学术观点;"访谈录"挑选作者接受媒体访谈所成文字收入;"赠书录"选入近年来部分为友人赠书所作题录;"友人眼中的我"选录了数篇友人为作者所写文章。这些文章对人物描述细致翔实,让我们随着这些文字,走近来先生的精神世界。

一

1946 年毕业于北平辅仁大学历史系的来先生,在那个生活艰苦的年代,有幸亲受著名学者陈垣(援庵)、余嘉锡(季豫)、张星烺(亮尘)、柴德赓(青峰)诸师的教诲,并有机会被著名史学家范文澜先生"领进门",启功老师也曾与其有过师生之谊。这些学术前辈们的治学处世精神,对他起到了言传身教的作用,为他以后在学术上的发展奠定了最初的基础。来先生这些"怀念、追思故友之篇什","所言多记授业、教诲之情,阐扬恩师学术之大略",既是他个人的忆文,却也给吾等后辈读者以深思和启迪。如范文澜先生"板凳宁坐十年冷,文章不写半句空"的精神,一直到今日,也是我们应当谨记在心的;而陈垣先生对待教学的态度,则有很大的启迪意义:

> 陈师不仅是位大学问家,还是位大教育家,他以大学校长之尊,仍然像普通教师一样,担任几门课程,达到现在一般教师满工作量的标准。他教学极其认真,一丝不苟,而且深谙教学方法。他授课时不像某些知名学者那样,天马行空,不着边际,也不炫奇逞博,使学生感到高不可攀;而是踏踏实实,循循善诱,使学生由浅入深,自然地走进学术之门。(《为"智者不为"的智者——记陈恒师》)

怀念恩师之文,篇篇字里行间可见真情,《痛悼启功老师》一文,更是令人读来感动。来先生曾跟随启功老师学习大学国文,后又学习书画,此后师生之情"六十余年不渝"。来先生读大学时多受启功先生帮助,他写道:

> 启功老师是一位永葆赤子之心的君子,他有恩必报,施恩不望报。他早孤,由太夫人与老姑姑含辛茹苦,抚养成人,所以启功老师事亲至孝。我曾多次看到他以而立之年仍在老人面前作嬉戏态,有时还讲一些笑话,让老人心情愉悦,颇得老莱子彩衣娱亲的遗意。启功老师曾受过陈垣(援庵)老师的帮助提携,一生以师礼敬奉……他对同辈很谦和友好……他对学生诲人不倦,爱护备至,倾囊相授。(《痛悼启功老师》)

我想启功老师对待亲人长辈、朋友学生的态度也必定影响了来先生,所以当恩师终于怀着一身学问离开人世,来先生念及六十余年师生情谊,难以不痛心疾首,只能"临风北拜,焚稿以祭","呜乎哀哉,呜乎痛哉",念一声"启功老师,走好火路,请安息吧!"

除却师门旧谊,在"追思·怀念"中还有来先生与诸友"数十年交游之契洽与往还之情状"。这些好友多是在学术上相交,在此记录下多年来的轶事,既是对学术生涯的回顾,也是往事真情的辑录。对来先生本人,这是记忆的存留;对读者,则有了更多的了解前人的机会。来先生与张公骍、曹禺、孙思白、穆旦等都有过交往,在其追忆故人的文章中,我们看到了那个年代的学者间的情谊,学到了治学的态度和处世的精神。

二

来先生和现世之人的学术往来,有信函往来,有为友作序之文,大多发诸性情而形诸文字。

杨玉圣,这位比来先生小了四十来岁的学者,是来先生的忘年小友和同道。他致力打击学术腐败,进行维护学术尊严。这样一位胸怀坦荡、快人快语的性情中人是来先生所欣赏的。因此,当杨玉圣决定专心于自己的美国史研究,而将"学术批评网"交由他人时,来先生发出了挽留他的声音。虽然他也知道,杨先生的离开,也许是因为受到了太多明枪暗箭的伤害,但性情耿直、绝不随波逐流的来先生还是希望玉圣"坚守阵地,继续战斗":"玉圣,鼓起勇气,会有许多人支持你,帮助你的。留下吧,玉圣!"这是来先生对小友发自肺腑的声音。

来先生是杭州人,但视天津为第二故乡。一部《天津艺文志》,收录了1949年以前津人著作1500种左右,具有极大的价值,但成书多年,却一直未能出版。来先生作为关心天津文化的一位普通学者,感到遗憾,并为其呼吁:

"藏之名山"的时代,已经过去。我真诚而负责地推荐《天津艺文志》,希望我们的出版家关注一下,用你们畅销书的余沥,促成其事,出些有价值、高品位的长销书吧!(《为高洪钧所著〈天津艺文志〉呼吁》)

在《二十四史全译》出版之后,来先生喊出了"全译到此打住"的呼声。缘由是这样浩大的工程所得到的产物,却往往限于各种因素制约,不能发挥它应有的作用,这样不管社会需要,你追我赶、劳民伤财的旋风,还是不刮为妙。否则,如这《二十四史全译》,耗费巨大的人力物力,到头来若是落得个装点厅堂的结局,怕不是其初衷吧。

也许我这是杞人忧天,但愿《二十四史全译》不至像《四库全书》那样引风!不过,我还要大呼一声:全译,到此打住!(《"全译"到此打住!》)

我们的社会,要提高精神和文化水准,正是需要更多这样的呼吁。而这样的呼吁,需要更多像来先生一样的学者。

三

来先生自谦对文史哲的见解为一孔之见,但他在学术上的研究和见解,却早已为社会所认同,更是历史学、方志学等领域的知名学者。

不谈这些学术上的成就,来先生这"一孔之见"中,却有另一些对我极有用的见解。那是 2004 年 10 月来先生在中国政法大学"人文中华"系列讲座上所做的演讲,围绕着读书与人生,来先生向青年学子们讲述了他的见解和经验。也许因为我正处在这样的年龄,来先生的许多见解吸引了我并令我信服:

我知道很多年轻人在自己过生日的时候会花大量的钱来开生日会,但是买书的时候却会考虑一下是不是要买。我们年轻的时候,生活条件远远不如你们,但是我们节衣缩食来买自己喜欢的书,尽量收藏书,因为藏书是日后读书、研究学问的起点。(《读书与人生》)

来先生介绍了古往今来许多藏书家围绕藏书发生的故事,意在告诉我们,这是一种优良的传统,任何时候,都不能忘记读书。而在现今社会,很多年轻人已经忘记了读书,浮躁的社会有着各种各样的诱惑,如何能在这样的环境中纯净自己的心灵,我想可以从读书中找到答案。然而藏书未必代表着读书:"有的人藏书是为了欣赏,还有一种为了读书而藏书。希望大家做后一类的藏书家。"(《读书与人生》)

读书的最终目的是为了求索未知和治学解疑,来先生说他一生鄙视这两种人:一是以知识为消遣的人,二是掠夺别人成果而自我满足却不为社会做再创造工作的人。的确,这两种人,都是没有向上的精神的社会寄生虫,我们应努力去做那为社会、为人类、为后学再创造有益知识的人,并和来先生一样,以他们为榜样,"春蚕到死丝方尽",奋斗一生。

要了解来先生其人,我想从《邃谷师友》一书第四部分可窥见一斑。因为接受媒体采访,多为即兴问答,不加修饰,方可见真性情。

在《人生感悟》专题访谈录中,我看到了一个本色的来新夏。有人说来先生学问大,但是"狂",瞧不起人。来先生真诚坦率地回答:

有人说我狂,但我主观上绝无蔑视他人,唯吾独能的想法。因为我本人不但谈不上天才,而且能力十分有限。我反而信奉"勤能补拙"的格言,我无论做事或治学都不怕使笨功,多费力……要说瞧不起人,有两种人我确乎瞧不起:一种是碰到困难、碰到挫折,就灰心丧气、自暴自弃,这是没有出息的可怜虫;一种是凡事都怨天尤人、说三道四,自己不干事、嫉妒成功者,这是没有志气的窝囊废。(《南朝四百八十寺 多少楼台烟雨中》)

来先生能够明确坦率地表达自己的想法,这样的勇气和精神,不是"狂",而是值得我们学习的"真"。

说到幸福,来先生认为:"人生幸福达为先"。他说:"视坎坷为人生必经之途,视一时辉煌为过眼云烟,视未被起用为淡泊明志,视生老病死为人人难逃之自然规律,视欢乐为一时之兴致,视离合为宴会之聚散,视家无余财为君子固穷,视家人父子若友朋相聚,视挨整受压为心无愧怍……"(《南朝四百八十寺多少楼台烟雨中》)

来先生在信奉"万事皆以通达处之,终有幸福之乐"的同时,他又是那个"老骥出枥,志在万里"的来新夏。在离休之后,他一方面继续进行各个领域未完成的学术研究,另一方面,以其深厚的学识、对人生的感悟、清新的文笔,创作出大量学术随笔,风格独树一帜,在十余年间写下了百万字的随笔文字……在七旬高龄又开始用电脑写文章。这就是"难得人生老更忙"的可敬可佩的来先生。

(刘艳梅,南京大学信息管理系硕士研究生)

萧山方志谱新篇

——来新夏方志馆建立侧记

柳田兴

明月清风著春秋,厚报故里品自高。

一年一度的春天即将来临,百万萧山人民欣喜地迎来了来新夏方志馆落成开馆的庆典。这是萧山地方志事业发展史上的一件盛事,不仅为萧山文化园地平添了一朵绚丽多姿的奇葩,而且对推动吴越文化研究也有着十分重要的意义。

一、修志结硕果,创办方志馆成为共同的夙愿

"国有史,邑有志"。

萧山作为具有八千年历史文化底蕴的厚重之地,古往今来,始终弘扬修志立书的优良传统,在全省乃至全国享有一定的知名度。

萧山修志始于明洪武十三年(1380),距今已有600余年的历史。在漫长的历史岁月中,富有聪明才智的萧山人,历尽艰辛,修志不辍,为后人留下了明代、清代、民国等不同时代的多部《萧山县志》,使萧山的历史文脉和发展轨迹得以全面、系统的记载。同时,还有《萧山湘湖志》、《湘湖水利志》等专业志存世,为

开发和保护湘湖起到了不可低估的作用。

　　特别是进入社会主义时期,萧山地方志事业迎来了一个艳阳天,修志立书工作如火如荼地展开,各种志书层出不穷,极大地丰富了萧山历史文化的内涵。面世于 20 世纪 80 年代中期的《萧山县志》(1987 年版),荣获全国新编地方志优秀成果一等奖,成为全国社会主义时期第一轮修志公认的典范。1986 年率先启动编纂的《萧山年鉴》,已连续出版 21 部,并多次获得全国特等奖、一等奖的殊荣。

　　进入 21 世纪,全国拉开了社会主义时期第二轮修志工作的序幕。2003 年初,萧山区在《国民经济和社会发展第十个五年计划纲要》(草案)中,把编纂《萧山市志》列入文化建设的重要内容之一,并作为本届政府任期目标的一项重要工作,从而保证了《萧山市志》编纂工作按计划、有步骤地全面展开。萧山区地方志办公室有幸被列为全国社会主义时期第二轮修志工作试点单位。与此同时,全区基层修志工作蓬勃兴起,一些专业志、部门志、镇村志相继问世,其中公开出版 18 部,内部印刷 34 部,使萧山地方志事业出现了百家争鸣、百花齐放的可喜景象。

　　方兴未艾的地方志事业,硕果累累的修志成就,无疑为发挥志书资政、存史、育人的功能奠定了基础,创造了条件。在此情形下,建设一个集收藏、研究、利用为一体,具有萧山特色的方志馆,创办吴越文化研究中心,成为每一位热衷于地方志工作和广大读者的共同心愿。

　　时代的呼唤,读者的心声,就是区政府职能部门努力的方向和奋斗的目标。作为肩负萧山地方志工作重任的区地方志办公室,在经过一番深入细致的调查研究,认真倾听各方面的意见和建议,深思熟虑,渐渐形成了一个以建设方志馆为先导,打造萧山吴越文化研究中心、地情资料信息中心、地情与研究咨询中心、地方文献中心的构想,力争使萧山的地方志事业登上一个新的台阶,为建设萧山文化名区添砖加瓦,锦上添花。

　　时至 2004 年上半年,萧山区地方志办公室按照先易后难、由小到大的工作思路,把建设吴越方志馆列入议事日程,率先创办来新夏方志馆,以此来带动吴越方志馆和"四个中心"的建设。

为尽快促成这项功在当代、利在千秋的公益事业,萧山区地方志办公室多管齐下:一是主动向萧山区委、区政府主要领导分别作了汇报,提出了建设吴越方志馆的设想,赢得领导的肯定和赞同。二是向中国地方志指导小组、浙江省地方志办公室等上级业务部门作了请示,他们纷纷表示全力支持萧山建设方志馆和推动吴越文化研究的设想和举措。三是向全国著名地方志专家来新夏进行联络和沟通,来先生表示愿意将毕生编著的地方志专著和收藏的志书无偿捐赠给故乡,以实际行动支持萧山的方志馆建设和吴越文化研究工作。

内外思想统一,上下形成共识,为萧山的方志馆建设,创办吴越文化研究中心铺平了道路。

二、吴越方志馆,列入萧山"十一五"规划

萧山区地方志办公室利用天时、地利、人和的优势,不失时机,趁热打铁,使方志馆建设迈出了实质性的第一步。2004 年 8 月,向萧山区委宣传部提出了《筹建来新夏方志馆的请示》,争取把创办方志馆列入全区文化建设的重要内容之一。

一石激起千层浪,一锤定音明方向。萧山区地方志办公室提出的建设吴越方志馆,创办"四个中心"的设想,与区委、区政府提出建设文化名区的目标不谋而合,很快被摆上加强文化名区建设的重要位置。

——2006 年初,在全区"两会"上通过的《杭州市萧山区国民经济和社会发展规划》中,在"加强文物保护和史志馆藏建设"的标题下,可以找到"筹建萧山吴越方志馆"。就是这掷地有声的 9 个字,掀开了萧山方志馆建设的序幕,标志着创办"四个中心"的启动。

——2006 年 11 月 10 日,中共萧山区委、萧山区人民政府做出《关于加快文

化名区建设的决定》(萧委〔2006〕23 号),提出大力发展社会主义先进文化,加快推进文化名区建设。在明确大力实施文化建设"七项工程"中,吴越方志馆名列其中,使方志馆建设在全区文化建设中有了应有的位置。

——2006 年 11 月 10 日,区委办公室、区政府办公室印发《关于加快文化名区建设的若干政策意见》(萧委办〔2006〕65 号),把吴越方志馆列为重点抓好的文化设施之一,鼓励社会捐赠公益性文化事业。这无疑为建设方志馆拓展了思路,提供了财力的保障。

三、筹建方志馆,各项工作有序展开

肩负贯彻落实区委、区政府决定职责的萧山区地方志办公室,按照分步实施的要求,决定率先走好创办来新夏方志馆的第一步棋,力争以此来带动和推进吴越方志馆和"四个中心"的建设。

2006 年 11 月,萧山区地方志办公室成立筹建领导小组,明确分工,各司其职,从而使各项筹备工作按计划、有步骤地展开。

为解决方志馆用房问题,萧山区地方志办公室一方面向区政府领导作专题汇报,请求支持方志馆建设;另一方面加强与区机关事务局的联系和协调,争取尽快解决方志馆临时用房。

在此基础上,萧山区地方志办公室又争取落实专项资金 20 余万元,组织施工队伍,按照方志馆布局的要求,对房屋内部进行全面装修,购置电脑、电话、书架等物品,使方志馆具备了先进的硬件设施。

时至 2006 年 12 月初,来新夏先生所捐赠的各种书籍分批运抵萧山,内部布馆工作进入紧张阶段。为解决人手不足问题,及时抽调 6 人到方志馆帮助工作,并向萧山区图书馆聘请 2 名专业人员,负责业务指导工作,使书目电脑输入、登记造册、张贴标签、书籍上架、书目分类等各项工作有条不紊地展开。经过大家的努力,到 2007 年 1 月底,由来新夏先生捐赠的书籍和其他书籍共 4700

余册(部)全部上架对号入座,排列有序,达到志馆藏书的要求。

在做好方志馆内部布置工作的同时,开馆仪式的各项准备工作也在紧锣密鼓地进行之中。

——制作志馆牌匾。为充分体现方志馆特色和个性,约请来新夏先生亲自题写馆名,然后制作牌匾。

——制作纪念章。按照庄重、典雅的要求,通过上海造币公司,落实制作一枚刻有来新夏肖像的银质纪念章。

——制作纪念封。通过中国集邮总公司,制作特发一枚来新夏方志馆开馆纪念封。

——印制捐赠目录。设计编印了一本图文并茂、集个人简介和书目为一体的《来新夏捐赠目录》。

——开馆仪式现场布置。按照简朴、典雅、庄重的要求,拟定设计方案,确保开馆仪式如期进行。

四、方志馆开馆,为创办"四个中心"迈出第一步

2007年2月1日,冬日的阳光普照着萧然大地,城区体育路上花团锦簇、红毯铺地,弥漫着喜庆的气氛,备受人们关注的来新夏方志馆开馆仪式将在这里举行。

现场的布置既喜庆又简朴:在方志馆外墙悬挂着一幅"解读萧山从地方志开始"的红色大横幅,主席台上方是一大串五彩缤纷的气球,红色的横额上书写着"来新夏方志馆开馆仪式"10个大字,主席台正中央背景图案上印有萧山历代编纂《萧山县志》的图案,一副"治天下者以史为鉴,治郡国者以志为鉴"的楹联十分醒目,台中央一字排开的红绸缎犹如盛开的花朵,在签到处的桌子上摆放着一本红色的贵宾签到簿,《来新夏捐赠目录》、来新夏方志馆开馆纪念封吸引众多市民驻足观看、索取。

8 时半许,应邀参加开馆仪式的贵宾络绎不绝地来到现场。来宾们胸前佩戴着精美的贵宾胸签,脸上荡漾着喜悦的笑容,各自挥笔在红色的签字簿上写下尊姓大名。

临近 9 时,南开大学教授来新夏教授偕夫人缓步来到现场。他们与各位老友新朋一一握手,互致问候,拍照留念。

中共萧山区委副书记谭勤奋,区委常委、副区长许岳荣和区委宣传部、区委党史研究室、区地方志办公室、区委党校、区文联、区文化广播电视新闻出版局、萧山广播电视台、萧山日报社等单位的负责人参加开馆仪式;省地方志办公室主任杨金荣、省农村发展研究中心副主任沈吾泉、省地方志学会会长魏桥、浙江大学教授陈桥驿、杭州市地方志办公室副主任贾大清等省、市领导和专家、学者应邀莅临仪式。

9 时 30 分,中共萧山区委常委、副区长许岳荣宣布来新夏方志馆开馆仪式开始。首先由中共萧山区委副书记谭勤奋代表区委、区政府向来新夏教授颁发了无偿捐赠的荣誉证书。在形如书籍的木质证书内,镌刻着来新夏的肖像,一句"家乡人民感谢您"简短的语言,表达了百万萧山人民对来新夏教授厚报故里拳拳之心的感激之情。就在来新夏教授接过荣誉证书的瞬间,现场掌声热烈,经久不息。

在掌声萦绕中,来新夏教授神采奕奕地走到麦克风前,发表了热情洋溢的讲话。他在鞠躬致谢家乡人民的厚爱后,说道:"我是一名萧山子弟,在故乡度过了童年,虽然一生漂泊四方,但时刻心系故乡,捐赠书籍建立方志馆,是希望给萧山的方志研究铺一点基础,也希望有更多的有识之士来支持方志工作。我的祖父早在民国时期,在极其困难的条件下,个人编修《萧山县志稿》,他这种不畏艰辛、修志立书的精神,使我终身受益。我已经八十五岁了,离开家乡也有七十多年了。不过,我一直记得自己是萧山人,我的根在萧山,所以我一直希望能为萧山做点事。我一生从事文史方面的研究,积累了不少的资料和书籍。这些书籍已经伴随了我一辈子,就像是自己的'儿女'一样亲。是萧山这片沃土养育了我,把这些书籍捐赠给家乡,就希望它们在萧山的乡亲特别是年轻一辈中发挥更大的价值,为萧山的地方志事业尽一点绵薄之力。"他情真意切的讲话,再次赢得热烈的掌声。

中共萧山区委副书记谭勤奋在仪式上作了重要讲话。他说:

"在辞旧迎新之际举行来新夏方志馆开馆仪式,这是萧山地方志事业发展史上的一件大喜事,是全区文化建设取得的又一个丰硕成果。我代表区委、区人大、区政府、区政协,对来新夏方志馆落成开馆表示热烈的祝贺,对来新夏教授情系桑梓、无偿捐赠、倾心支持萧山地方志事业的行动致以崇高的敬意!

"来新夏教授祖籍萧山,几十年如一日,以科学的态度,严谨的学风,孜孜不倦地从事历史学、方志学和图书文献学诸领域有关方面的研究和撰述,先后编著出版专著五十余部,是一位受人尊敬和爱戴的著名文献学家。

"来新夏教授一如既往地关心故乡的经济发展和社会进步,特别是在萧山地方志事业发展中,做出了重要的贡献。20世纪80年代初,他应邀担任《萧山县志》顾问,2003年又担任《萧山市志》的顾问,他满腔热情、毫无保留地出谋划策,建言献策,为把《萧山市志》编纂成为精品佳志倾注了大量的心血。

去年,来新夏教授毅然决定,将自己编著的著作和收藏的地方志书籍以及学术研究文献近千册无偿捐献给故乡,以实际行动支持萧山的地方志事业。"

谭勤奋要求区地方志办公室和方志馆的工作人员精心管理和爱护好来新夏所捐的书籍,行之有效地开展学术研究活动,使之真正成为吴越文化研究中心、地情资料信息中心、地情研究与咨询中心、地方文献中心,更好地发挥志书资政、存史、育人的功能。

谭勤奋副书记讲话结束后,在场的省、市、区领导和有关专家、学者一起为来新夏方志馆开馆剪彩。此时此刻,一束束绚丽的礼花在主席台的上空绽放,现场成为五彩缤纷的欢乐海洋,贵宾的击掌声、欢快的音乐声、观众的欢笑声连成一片,将方志馆开馆的喜庆推向了高潮。

开馆仪式落下帷幕,省、市、区领导和专家、学者及贵宾,饶有兴趣地登上位于二楼的来新夏方志馆参观。

在通往方志馆的楼梯旁，悬挂着数幅萧山历代的地图和《萧山赋》，显得古朴、典雅、凝重；面积约 70 多平方米的方志馆内，一字排开 6 个大书架，书架上整齐地排列着由来新夏先生捐赠的专著、志书和手稿，藏书总量达到 4700 余册（部），成为萧山地方志理论与实践的宝库；在左侧的墙面上，悬挂一幅来新夏先生开卷有益的巨幅照片，在旁有介绍他明月清风著春秋的事迹；下方的长桌上，摆放着古往今来萧山编纂的各种《萧山县志》，集中展示了萧山地方志事业所取得的累累硕果。

各位领导、专家、学者和贵宾进入弥漫着书香的方志馆时，很快将整个方志馆挤得水泄不通。当大家身临其境目睹来新夏先生捐赠的各种书籍时，纷纷向他投去敬佩的眼光，盛赞他的义赠善举为加快萧山方志馆建设起到了奠基石的作用。

桌面上摆放着一大摞不同时代的《萧山县志》，其中有一部特别引人注目，那就是由来新夏先生的祖父亲手编修的《萧山县志稿》。大家纷纷挤到桌边，一边聆听来新夏先生介绍祖父的修志历程，一边伸手触摸那本已经泛黄的志书，深深地被他们一家世代承传的优良修志传统而折服。

来新夏方志馆的诞生，既是来新夏先生情系桑梓、厚报故里的一个真诚善举的缩影，也是萧山地方志事业发展史上的一个里程碑，更是萧山建设文化强区取得的一个丰硕成果。我们深信，在不久的将来，吴越方志馆将应运而生，萧山有望真正成为吴越文化研究中心、地情资料信息中心、地情研究与咨询中心、地方文献中心。

（柳田兴，《萧山市志》编辑）

来新夏师与北洋军阀史研究

莫建来

一

25 年前的 1986 年，我从浙江师范大学历史系考入南开大学历史系，师从来新夏先生攻读中国近代史专业的硕士研究生。来师是北洋军阀史研究名家，当时他正应上海人民出版社之约，主持编纂《中国近代史资料丛刊》的最后一种专题资料——《北洋军阀》。为使我们几位新入门的弟子在资料搜集与整理这一史学研究的基本功方面得到一些实际的训练，来师安排我们在《北洋军阀》专题资料的编纂中做一些辅助性工作。我们先遵师嘱，认真学习了他主编的《北洋军阀史稿》一书及其他有关专著，同时又把新中国成立以来有关北洋军阀研究的论文基本上通览了一遍。在对北洋军阀史的基本史实和学术研究动态有了大致了解后，我们开始接触具体的资料，实际参与到《北洋军阀》专题资料的搜集与整理工作之中。在此过程中，我们很自然地确定了把北洋军阀史作为自己在硕士研究生阶段的研习方向。

研究生毕业后，我因留校奉职的关系，较之其他师兄弟有了更多聆听来师教诲的机会。特别是后来来师着手撰著《北洋军阀史》这一通史性学术专著时，可能觉得我在该领域已有一些研究功底和成果积累，邀约我加入了该书的作者队伍，承担其中一些章节的编写。在将近十年编写、磨砺该书的过程中，我与来师接触更多了,我们围绕北洋军阀史研究和《北洋军阀史》编写诸多具体问题而反反复复进行商讨与沟通的情景,至今历历在目。在来师的耳提面命和要求点拨下,我终于比较顺利地完成了书稿的撰写,同时经此历练,也多少领悟到了一些治学的方法和窍门。惟因自己智质樗栎,未能尽得来师真传而光大北洋军阀史的研究。记得来师在给我撰写的《皖系军阀统治史稿》一书所作的序言中勉励我道:"我甚望建来锲而不舍,更加广搜博采,精雕细刻,再尽十年潜研之功,由三十余万字之《皖系军阀统治史稿》走向五十余万字之《皖系军阀统治史》,俾我以逾九之年,获见桃李之盛开,又何其乐也!建来其勉旃!"时光飞逝,来师的九十大寿已经临近,而我并没能捧上他所希望获见的《皖系军阀统治史》为之寿,这是我颇感愧疚的地方。但我想,对于前辈的学术薪火,传承与光大固然重要,而梳理与总结也是不容或缺。梳理与总结不单是为了表达一份纪念,也是为了更好地传承与光大。从这个意义上说,在来师九十大寿即将来临之际,对他所涉及的一些主要学术研究领域,包括北洋军阀史领域的研究历程及成果进行梳理,并作出客观评价,还是很有必要的。因为,这毕竟是来师孜孜矻矻穷60年之功潜心耕作的一块学术园地,也是他确立在学界崇高地位与影响的一个重要研究领域。当然,对来师在北洋军阀研究领域的学术经历与建树进行梳理与总结,责无旁贷该由我这位北洋史专业方向的弟子来做。

二

北洋军阀是中国近现代史上一个恶名昭彰而又有着重要地位的政治军事集团。这一集团肇兴并活跃于辛亥革命前后中国社会经历重大震荡与变革的特殊历史时期,又曾在一定时期内把持了对全国的统治权(即使不够完整和有力)而叱咤风云、拨弄历史,它的兴衰起落及其制造的政争、割据、混战种种历史的客观现象,给人们留下了诸多需加认真研究与论定的重要课题。因此,北洋军阀史的研究无疑地应是中国近现代史研究中的重要领域之一。但在过去较长一段时间里,由于种种原因,这一研究领域却备受漠视与冷遇,没能像近现代史研究中的其他领域如太平天国、戊戌变法、辛亥革命、五四运动等那样掀起过热潮,受到更多人的青睐。业师来新夏先生独具卓识,早在建国初期即开始涉足这块多数人不屑一顾或不愿多顾的荒凉园地。60多年来,虽然物换星移,人事变幻,但来师对北洋军阀史却是痴情不改,一直无怨无悔地在这块园地里耕耘着,可谓毕生寝馈于此。他先后向学术界奉献了一系列令人称羡的重要成果,包括被称为北洋军阀史研究"三部曲"的《北洋军阀史略》、《北洋军阀史稿》、《北洋军阀史》三部学术专著和5卷300余万字的大型专题资料《中国近代史资料丛刊·北洋军阀》等。这些佳构巨制的接踵面世,使北洋军阀史研究无疑地成为来师博涉多通的学术研究中最令人瞩目的一个领域,也成为近现代史研究中熠熠生辉的一个亮点。

来师涉足北洋军阀史领域,最早是从整理有关北洋军阀的档案开始的。1949年9月,来师结束了在华北大学的政治学习,被分配到由该校副校长范文澜教授主持的历史研究室工作。当时,历史研究室的主要任务,是对入城后从北洋军阀人物家中和某些单位收缴移送来的百余麻袋藏档进行整理。在历时半年多的整理这批藏档的过程中,来师对北洋军阀从兴起以至覆灭的历史过程及其内部错综复杂的派系关系等有了较为清晰的认识,并很快对这一全新的学术领域产生了浓厚兴趣。从此,他便与北洋军阀史结下了不解之缘,成为这块学术园地里最执著的耕耘者。

1951年春,来师奉调到南开大学工作。在教学之余,他开始利用以前在整理档案时所积累的一些资料,对北洋军阀史正式进行专门性的研究,并于翌年在《历史教学》上连续发表了题为《北洋军阀统治时期》的讲稿,引起了学术界同仁的关注。不久,在范文澜、翦伯赞等史学界前辈的倡导与主持下,中国史学会开始启动《中国近代史资料丛刊》这一大型资料丛书的编辑整理工程。来师当时虽尚不及而立之年,但由于已在北洋军阀史研究领域崭露头角,因而也获邀参与了北洋军阀专题的资料搜集及整理工作。这一专题后来虽然因故中辍,没能像其他十余种专题那样结出硕果,但来师却意外地接触了不少有关资料,这为他后来继续从事这方面的研究打下了良好的基础。

1956 年,来师应湖北人民出版社的邀约,开始着手撰写北洋军阀方面的专著。他在《北洋军阀统治时期》一文的基础上加以扩充和改订,经过一年多时间的潜心撰写,终于在 1957 年完成了《北洋军阀史略》一书。这是来师的第一部学术专著,也是新中国第一部系统论述北洋军阀兴亡历史的专著。来师在撰写此书的过程中,力求以历史唯物主义的观点和方法,将北洋军阀集团的兴衰变化作为一个历史整体进行考察,探求其成败兴亡的历史根源与内在联系。因此,这部书虽然篇幅不大,才十几万字,但却是一气呵成,具有结构严谨,条理清晰,内容明畅的特点。这部书出版后,在学术界产生了较大影响,成为当时治近现代史者案头必备的参考书;而且被日本学者译成日文,先后由桃源社和风光社两家出版社出版,在日本学术界风行一时。

《北洋军阀史略》出版后不久,来师即遭致投闲置散的命运,被迫中断北洋军阀史的研究工作。直至 70 年代末,随着政治气氛的日渐宽松以及民国史研究的悄然兴起,他才又重理旧业,对北洋军阀史这块荒芜园地进行新一轮的耕耘。当时,学术界非常关心来师所从事的北洋军阀史研究,不少新知旧雨纷纷敦促他对其 20 年前的处女作《北洋军阀史略》进行修订再版,以应社会之需。来师受此鼓舞,立即投入了修订前作的紧张工作之中。他翻检查阅了大量的文献资料,并对北洋军阀史的研究对象、分期问题以及北洋军阀的特点、地位、影响等重大问题重新进行了审视和研究。在此基础上,他拟定了具体的修订方案,并邀约合作者,开始对《北洋军阀史略》一书进行全方位的修订。1983 年,修订工作完成。来师将修订稿易名为《北洋军阀史稿》,仍交由湖北人民出版社出版。《北洋军阀史稿》虽然脱胎于《北洋军阀史略》,是在《史略》的基础上修订而成的,但它并非一般意义上的修订之作,而是在量(篇幅)和质(内容)上都有较大的改观。民国史专家孙思白教授曾对《史稿》与《史略》的不同作了如下四方面的概括:(1)它在好些地方补充运用了已刊的档案、未刊的资料和译稿;

（2）它吸取了回忆性文章和近年来的研究成果；（3）它对若干问题作了新的分析和论断；（4）它丰富了若干具体情节内容。并由此得出结论：《史稿》与《史略》看似有递嬗的联系，但实际上它应说是一部新著了。将《史稿》定性为新著，无疑是贴切的。它表明来师在北洋军阀史研究方面已经超越过去，上了一个新的台阶。

《北洋军阀史稿》面世后，来师开始把研究工作的重心转到北洋军阀文献资料的整理这一北洋军阀史研究的基础性工作之上。他把目光再次投向了 30 年前曾参与编纂但却中途夭折的《中国近代史资料丛刊·北洋军阀》这一项目，并与亟谋完成丛刊补缺任务的上海人民出版社达成了合作意向。由于北洋军阀的资料涉及范围较广，有许多资料尚未经时间筛选和学术考辨；有的又往往由于当时不同派系的政治需要而真伪参半；有些不仅已有较多的印本，还有近期的重印本，因此，资料搜求与整理工作的难度之大是可想而知的。但来师知难而进，只用了三四年时间，即主持完成了这套大型专题资料的编辑整理工作。1993 年春，这套资料全部面世（第一册于 1988 年先期出版）。全书共三百余万字，分为五册。前四册系按北洋军阀兴亡历程中所呈现的阶段性，并围绕各阶段的几个重要问题选编而成，其中北洋军阀建军（1895～1912 年）为第一册，袁世凯的统治与洪宪帝制（1912～1916 年）为第二册，皖系军阀与直皖战争（1916～1920 年）为第三册，两次直奉战争与直奉军阀（1920～1928 年）为第四册，而第五册为参考检索工具书。就资料选编整理而言，这套书有以下几方面特点：（1）资料收录紧紧围绕北洋军阀兴亡这一主线。（2）资料的选录范围相当广泛，涉及档案、传记、专集、杂著、报刊和资料汇编等方面。（3）选录的资料均经严格筛选与考辨，可供研究者直接利用。这套大型专题资料的出版，弥补了《中国近代史资料丛刊》因最后一种专题长期阙如而迟迟未能配套的缺憾，使之终成完璧，也使来师了却一桩牵挂了 30 年的学术心愿；更为重要的，它为中国近现代史有关领域教学与研究的深入，包括来师自己在北洋军阀史研究领域百尺竿头，更进一步，提供了丰富的史料，打下了坚实的基础。

　　在编辑整理北洋军阀专题资料的过程中,来师接触了大量的文献资料,对北洋军阀史实的把握更加丰富,对诸多问题的认识也更为深入,因而益感《北洋军阀史稿》之不足而思重新编撰一部真正意义上的北洋军阀通史性著述。1993年《中国近代史资料丛刊·北洋军阀》出版后,已年届古稀的来师没顾得上稍事休息,又立即邀约合作者,紧张地投入了撰著北洋军阀通史的工作之中。经过近十个寒暑,数易其稿,一部洋洋洒洒一百余万言,完整、系统、详尽、客观地论述北洋军阀兴起、发展、纷争、衰落直到覆灭全过程的北洋军阀通史性专著——《北洋军阀史》,终于在2000年底由南开大学出版社出版面世。

　　《北洋军阀史》是一部专门研究和完整论述北洋军阀集团兴起、发展、纷争、衰落以至覆灭全过程的通史性著述,上起1895年袁世凯小站练兵,下迄1928年张学良"东北易帜"。这部著作凝结了来师毕生研究北洋军阀史的心血覃思,堪称他在该领域内的集大成之作;同时,这部尽显学术功力,饱含学术精髓,填补了北洋军阀通史性著述空白的著作,无疑也是代表了现阶段该领域总体研究水平的标志性成果。作者在撰著本书过程中,对该领域内一些关乎全局而又颇有疑义的问题进行了深入研究,对建国后五十年来北洋军阀史研究的基本情况进行了系统梳理,加上资料积累极其充分,又能坚持以马克思主义唯物史观为指导的著书原则,因此,这部书在章节架构、史实厘定、内容编排、观点论列、史料征引等方面,均有独到之处。为此,这部书出版后,立即赢得了学术界的肯定与好评。著名史学家戴逸教授评价该书是一部"功力深厚的佳作",认为它有三个明显的优点:一是内容充实,史事详明,条理清晰;二是史料丰富,辩证考信,根据充分,堪称信史;三是观点鲜明,颇多新意,自成一家之说。著名党史专家张注洪教授认为该书有三大特点:(1)选用资料原始翔实,力求反映历史真实;(2)论述观点正确得当,具有深刻的理论内涵;(3)整体结构严谨合理,形式内容堪称统一。并称誉它是:"史学界同类书中少有的范体","为北洋军阀史的总体研究的深入发展及其研究体系的形成奠定了良好的基础"。只要细心研读一下《北洋军阀史》这部书,就不难发现,这些分析与评价是客观中肯的,没有虚美的成分。2003 年,《北洋军阀史》荣获教育部第三届人文社会科学优秀学术成果历史类二等奖。2011 年 5 月,中国出版集团东方出版中心鉴于《北洋军阀史》的传世价值,重新印行了本书。

除上述这些代表性成果外,来师在北洋军阀史研究方面还发表有许多闪现着学术思想灵光与火花的论文,在学术界也颇有影响。如在北洋军阀史研究中,首先碰到的一个问题就是如何给"军阀"下定义、立界说。由于"军阀"这一称谓从其产生和使用情况看,只是用作贬义的政治性通俗名称,而非严格意义上的政治概念,因此,要对它作出科学的界定,殊属不易。但这一问题又不容含混其词、模糊处理,因为它直接关系到人们对军阀本质的认识,更关系到对诸多历史人物功过是非的评价。来师为此撰写了《论近代军阀的定义》一文,专门对这一问题进行探讨。他论列了中外学者关于"军阀"定义的各种观点,并对这些定义多集中于从私兵、地盘和武治(直接的军事统治)三方面来立论提出了异议。他认为私兵、地盘和武治只是作为军阀应具备的基本条件,而不是决定本质的东西;拿这三项和军阀特别是北洋军阀的现实情况相比量,往往有不相符合者;给军阀下定义固然应包含条件,但最终须取决于本质,而最体现本质的是在一定思想指导下的行为,或说行动准则。基于这样的认识,他给军阀下了如下定义:"以北洋军阀为代表的近代军阀是以一定军事力量为支柱,以一定地域为依托,在'中体西用'思想指导下,以封建关系为纽带,以帝国主义为奥援,参与各项政治、军事及社会活动,罔顾公义,而以只图私利为行使权力之目的之个人和集团。"显然,这一定义较之其他关于"军阀"的种种定义,立论更全面深刻、更缜密到位,也更有说服力。又如关于北洋军阀集团形成的原因问题,长期以来都认为它是近代中国半封建半殖民地社会的产物。民国史专家李新、彭明等均持此说。这一观点实际上是受到毛泽东在《中国的红色政权为什么能够存在》一文中论述军阀时所持观点的影响。从宏观上看这一观点无疑是可以被接受的,但缺乏深入具体的分析与说明。因为,中国自 1840 年第一次鸦片战争后就逐步沦为半封建半殖民地社会,为什么直到 19 世纪末才孕育北洋军阀这一怪胎呢？可见，仅仅从近代中国半封建半殖民社会性质的角度去揭示北洋军阀产生的原因，既显得笼统，也有些苍白。来师识见及此，又专门撰文对这一问题作进一步的论述，提出了更为接近历史的客观实际的观点。他认为，北洋军阀集团的成因，首先是由于鸦片战争后清朝的衰朽和旧军的腐败，迫使统治者为维持其政权的存在与延续而需要建立一支新式军队；其次是当时的社会思潮和资本主义的发展，为建设一支新式军队提供了思想和物质基础；再次是列强侵华策略改为通过支持代理人而物色了袁世凯这类人物；而袁世凯在掌握一定权势后，又善于运用权术，抓住时机，使这支武装力量日益发展壮大，终于形成了一个政治军事集团。由于北洋军阀史是新开辟的研究领域，因此，争议问题甚多，疑义迭出。来师对一些有较多争议又较为重要的理论问题，如北洋军阀的社会基础和阶级属性，北洋军阀的特点与历史作用，以及北洋军阀史的划阶段问题等，几乎都有专文论述。这些文章或力排众议，提出自己的独到见解；或折中诸说，断以已见，形成新的观点，论据充分，论述缜密，具有较强的说服力，每每有一锤定音之效。

　　来师对北洋军阀史的研究，经历了 60 余年的漫长路途。他的这一学术历程，既充满了普通人难以想象的坎坷艰难，也取得了一般人难以企及的学术成就。值此来师九十华诞之际，我谨行文对来师在北洋军阀史研究方面的大致情况作一梳理与介绍，以表达对先生的钦仰之情与纪念之意。我们衷心地祝愿来师身体健康，生命之树常青，学术之花常开！

（莫建来，南开大学出版社编审）

说《只眼看人》

穆　双

在史家看来,历史更在于人物的主体性,正是摇曳多姿的历史人物才使得波澜壮阔的历史大戏格外引人注目。所以,对于学者,独具只眼,就某些特定历史人物展开分析,既是一种学术追求,又含有其为人物所吸引而欲罢不能之一般性。换言之,在同历史人物的对话中,研究者所感受到的不只是历史的风尘,更有与历史人物灵魂的碰撞。

来新夏先生寄怀于小品文,论及历史人物,钩沉索隐,于文献中发掘历史人物的种种他证,于是,一个个历史人物在我们面前变得形象丰满了。自《晋书》中吴隐之一路数来,李清照、郑思肖、范钦、顾炎武、屈大钧、王士祯、纪晓岚、谢振定、昭梿,及至近代郑复光、林则徐、徐寿等人物,在来新夏先生用史料搭建的历史剧台上,各具风流,跃然纸上。以小品文收到"四两拨千斤"之效,使读者于轻松中知晓该人物之个性,所谓纸短意深,看似轻松,实非熟知史料的大家所不能为也。而来先生此书系积二十余年之点滴采撷,依一定之次序选编而成,是故,篇篇读来精彩,同时又不失其轻松活泼。该书所选之人物皆已作古,此亦为来先生刻意之举。"至于今人,则人心莫测,阴晴难定,随风转舵,卖友求荣,云云云云,实难一眼看透"。此语极是,同时又隐映出先生的人生历练,实为后辈深思的诤言。显然,这与先生以白内障戏语的"只眼观人"有天壤之别。从书中遴选的人物上,亦可明白"优选"之深意,此种种人物风流,何尝没有先生之某些寄托?

（穆双,原名王志坤,北京市人民检察院检察官）

文史之对接与契合

——来新夏先生的古稀"变法"

宁宗一

　　文史学界熟悉来公的读者和朋友，都深知他原是传统文化的饱学之士，在其心灵深处有着对自己传统文化的永难割舍的爱恋与执著，尽管他对之进行过精深的解剖和评骘。于是在我的印象中，改革开放30年的前十几年，他的著作似还未越过他长期积淀的专业范围，即使在我的小小书房中，伫立于书橱上的也是他的《近三百年人物年谱见知录》、《中国近代史述丛》、《林则徐年谱新编》、《中国地方志》、《志域探步》、《古典目录学》、《古籍整理散论》、《中国古代图书事业史》、《书文化的传承》、《北洋军阀史》等近二十种。可是，就是在近年，我突然发现来公的影响竟然超出了他的专业领域，他的文史随笔专辑联翩而至，仅在我的案头，就有了几近二百万字之大关的十多部散文选集，计《冷眼热心》、《路与书》、《依然集》、《枫林唱晚》、《学不厌集》、《出枥集》、《一苇争流》、《邃谷谈往》、《来新夏书话》、《且去填词》、《谈史说戏》和刚出版的《80后》。在我解读这些文本并追寻其古稀之年"变法"的演进轨迹时，我发现了一个我自认为能得来公学术和心灵真诠的现象：在史学和文学两条路并行的轨迹上，他进行了从容的对接。

　　这对我来说并不感到惊讶，因为一个时期以来我始终认为，历史从一定意义上说乃是人类的心灵史。也许正是根据这一认识,我主张把文学作为"心史"来研究。因此,如果说来公在几十年治近代史、地方志、目录学和图书事业发展史方面,是在铺陈文化和文化人的命运史,注重的是反映重大历史事件和文化衍演变革的话,那么与这种"编年史"的纵向宏观的叙述方式不同的是,他近年却在横断面上逼真地展示了人世百态和各有一方天空的学术文化,这既体现了他的学术见地,又说明了他文化焦虑和现实关怀之深。所以与他的"编年史"不同,作为横断面的随笔,其展示方式是描绘人、事、书、物、山川的品格与气韵、性质与形式,从而也就暗示了纵向的历史沉积过程。因此,读来公的大部分随笔,给人的强烈印象好像总是能不断地听到一连串的声音:这就是人生,这就是文化,这就是活着的历史! 于是它证明了一点,历史过程和发展及其诸种生活方式,影响着人们的心灵,而心理结构正是浓缩了的人类历史文明;于是史与文在来公的随笔中得到了契合。

有成就的文史大家总是有创造思想和介入现实的双重使命感,因此他们总是能把对历史的思考和现实的思考紧紧地统一起来。来公的随笔最突出的特点正是以当代意识审视历史,又在历史的背景上思考当代,真正做到了当代意识与历史深度的融合。比如来公对林则徐的研究用力最勤、也最见功力的是《林则徐年谱新编》(以下简称《年谱》),这是一部搜罗既广,采掇且备的长篇力作,它在学术史上的价值已是不争的事实。而作为典型的人物随笔《林则徐的取法前贤》、《林则徐的书札》、《林则徐死因之谜》、《林则徐的禁毒思想》、《林则徐的诗》、《林则徐禁烟与当前的肃毒》以及《林则徐对传统文化的接受与奉献》等篇什,我却并未把它们看做是厚重沉实的《年谱》的浓缩本或派生物;相反,我有意识地把它们看做是独立的人物速写。而当你面对这些人物速写时,你会很快地对这位伟大的历史人物有了文化血脉上的亲近感。在生命体验上,这几乎使我们更直接更强烈地触摸到了林则徐的一颗深邃伟岸而又高贵的灵魂。同时,我们也就发现了来公内心的浩瀚和力度。所以我们可以把有关林则徐这一组随笔视为《年谱》的姐妹篇,甚至可径直地与《年谱》并称为"文史双璧"。这里给我的启示是：以人性写历史的原则，即用理性、情感与人性来和历史人物沟通。

在《兼资文武、六艺旁通的女科学家王贞仪》、《自制望远镜的郑复光》和《化学家徐寿的生平与成就》等篇，来公给予我们的绝不仅仅是表层的历史知识和科学家们的伟大贡献，从而让人们了解我们民族文化史的光辉传统，其实更值得注意的倒是来公的当代意识，它让我们通过这些文化精英，真正领略到了他们禀天地之气、妙悟其潜藏的人生底蕴。来公笔触所至真是洞幽烛微，出神入化。于是人们从王贞仪、郑复光、徐寿等人物身上看到了我们民族文化的"龙虎真景"，这才是历史学家的眼光和文学家的感悟力的有机融合。

有一句读书人都很熟悉的话："人类一思考，上帝就发笑。"这当然是对人类理性思维的一种反讽。倒还是马克思说得更深刻："思考使人受伤，受难使人思考。"来公正是把自己经历的苦难，化作冷静的沉思，化作对历史的深刻理解。《也无风雨也无晴》乃是《依然集》的代序。我拜读此文，可以说是心潮起伏。而我之所以特别看重它，是因为该文是来公心灵的一次曝光或曰是他心灵的折射。他谈及在没有纷扰和半夜静思的时候，他不断地重温少时反复读过的东坡翁的《定风波》（莫听穿林打叶声）。他写道："……这首词确曾给我一种解脱，无论在明枪暗箭、辱骂诬蔑的风雨中，遭到天磨和人忌；还是在几度闪光的晴朗时，傲啸顾盼，我总在用这首词的内涵使我遇变不惊，泰然自处。"看了这样的文字，我真是大吃一惊。因为在我一贯的思路中，"无悲无喜"乃是一种极高明的参禅境界，像来公这样一个人，怎么会一下子上升到佛界四禅天呢？当然不是，他只是在追求一种淡泊宁静的情趣，一种回归到依然故我的纯真境界。一则短序，我发现先生倾注了浓烈的情感，因此你同样可以把它看做是作者心灵史的一角。我若有所悟：来公历经磨难。然而正是这人生的磨难才真正成为他的精神财富。而另一方面，如果不是文史之学支撑着他的理想与信念，他也许不会或不可能走到今天。他的历史随笔是比一般的倾诉更高一层的表达。

既然有了这样的心灵境界，于是为文时，你又可感受到先生内心虽难免仍有激愤,但却少大言,而大义自显。至于激烈的指责或者吹鼓手式的吹吹打打却与他的所有著作了无因缘。所以他的随笔少用断语,而提供给读者的乃是深层次生活的和心灵的真实,却又把判断的权利留给了读者。《漫说"势利眼"》、《谀墓之文》等都是有感而发之作,然而却无剑拔弩张之势,行文心平气和,娓娓道来。所以我常说,作家越老灵气越足,在自我消解的过程中,他们的"天目"洞开了,看见的再不是青壮年时代的梦中幻景,而是超越现象界的人性弱点。于是,在我们读惯了过去和现在那种急于臧否、勇于判断、致力于结论的文章,再来读来公的大作,不禁想到中国当代的随笔,原来可以有这样一种从容一些、具体一些、情绪平静一些的写法和路数! 在这个问题上,它给予我这样的启示:在历史的天平上,一个有社会良知、文化良知的知识分子,应该经受得住心灵的煎熬,而决不能以付出人格为代价。

来公说,他读的书除了用文字写成的书外,还读了大千世界芸芸众生的无字书(参见《路与书》序)。对于后者,人与人之间都不可重复,而对于前者,后学只有仰慕:来先生读的书真多! 请看十多部随笔集中就有那么多的读书札记式的"书话"。比如《依然集》中的那两组小品"清人笔记随录"和"清人北京风土笔记随录"尤堪一读。来公之文吞吐古今,胸中经纶,若浩浩烟波之无垠。这使我想到:进入成熟时代的作家,有在高层次上重新认同传统文化的能力。然而这认同并非无批判、无自省,而是一种智慧者的沉潜,既保持着现代人的理性批判意识,又力求对独特的民族文化之精要产生深邃的感悟。所以我说,来公乃是深谙书话写作之大家。因此我读他的这些书话小品,确实读出了他的学识,读出了他的才情,更读出了他的人生况味。

从心灵史角度来观照来公的写作和研究生涯,我认为还有一个绝不可忽略的特色,那就是除了他的一以贯之的学术文化使命感以外,还有一个知识分子至高无上的自怡性。人们也正是从他快进入古稀之年突然敲起了电脑,才更领略了他的性灵、哲理、兴会、机趣、妙谛。但这一切归根结底都是他心灵自由的产物,因为他写出的都是属于自己的东西。这样,文史的契合,是对自己心灵历程的呈现,展示的也必然是丰富的心灵史的一个重要侧面。

　　来公的这种境界,确也给人一种很有意味的启迪。学人应该有一种水的素质,自然一点,随意一点,不要有一种太定性的东西,通脱对一个学人来说是很必要的。已故青年作家王小波曾说过一段话:"一生中非常重要的是,是否有趣地生活过,接触了有趣的人,听过有趣的话,做过有趣的事。"是啊! 在你生命的流程中,如果你曾经有趣地生活过,你曾经做过有趣的事情,为别人做过有益的事情,作为一个一生从事教育事业的人来说,就是最有意义的了。

　　是的,只有把个人生命融入文化生命、民族生命,个人生命才能升华,人生才有意义,生命才有价值。我心目中的来公正是如此一位大学问家。

　　　　　　　　　　　　　　　　　　(宁宗一,学者,南开大学教授)

寂寞学者的情怀

——读来新夏《学不厌集》

任士英

一

2004 年正月初四,来新夏先生应邀自津门来京,又一次在国家图书馆作公益学术讲座,晚上我到他下榻的宾馆看望。因为鹭江出版社组编的《名师讲义》刚刚出版了他的《古籍整理讲义》,所以他也知道我与闽地出版社有些联系,席间就顺便提到因为《林则徐全集》的因缘而为海峡文艺出版社选编了一本个人随笔集。不意在暑假将尽时就收到了来先生赐示的《学不厌集》。集子还有副题:"来新夏学术随笔自选集《问学编》"。题签显是来先生手笔,"学不厌集"四字端严恭谨,稍逊法度而不失遒美;一如来先生其人,虽满头银丝自具威仪而又不拒人于千里之外,本色可爱。我拜读时,被本书"代序"——"享受寂寞"的标题吸引住了。因为知道前些日子他老伴仙游,在电话里表示慰问时,来先生就提到过"寂寞"二字。当时他语气的平缓和对同事帮助料理后事的感动深深地打动了我。现在又在集子开篇见"享受寂寞",我便不由自主地要关注一下他所经历的是怎样的"寂寞"、关注他又是如何地"享受"那寂寞。

他自言一生曾有过两次寂寞。第一次是在四十多年前,乃是被圈于牛棚,下放劳动的时间。这是人人尽知的新中国建立以后历次政治运动中发生的最为"惊天地、泣鬼神"的一幕。来先生在"难耐的寂寞"里用那些"曾被人踏过撕过的书稿中求解脱"，他不仅因此战胜了寂寞中的烦躁和恐惧，也使自己的心灵在肉体被禁锢的时候得到慰藉。在肉体被禁锢思想也不得自由的时期，如此能够享受的寂寞，岂非正是对逆境无道的蔑视和对自身生命力的顽强展示！他的几部书稿就是在这个时候恢复和撰写的，我想那几部书稿对于来先生而言已不单单是学术的积累与创获，而是印证着生存的意义、保留下的是生命旅程的痕迹。他再一次享受"寂寞"是在1990年代离休以后，由于有了更多可以自由支配的时间，越发随心所欲地读所愿读之书，为愿为之事，在极大的个人空间中恣意纵横、自由驰骋。特别是他不再甘心蜗居于"纯学术的象牙塔中"，自觉地追求"衰年变法"，开始以随笔的表达形式"说自己的话，写自己的文章"（第97页）。他以自己的多年的学术积累和人生见解浅吟低唱，竟一发而不可收，相继出版了《冷眼热心》、《路与书》、《邃谷谈往》、《一苇争流》、《且去填词》、《来新夏书话》等十余种随笔集。这一时期以来，来先生笔下常常表达对"时代"的感谢，因为是时代对他的赐予、支持与鼓动（第95页、第99页）。但早已是历经世情百态、觉悟人生奥义的学者，自可以一蓑烟雨任平生，"回首向来萧瑟处，归去，也无风雨也无晴"。他对苏东坡《定风波·莫停穿林》一词的解读（第128页），确乎是在心底里腾涌起一派宁静澹泊的纯真。不再呈其少年意气、踌躇满志，不再是轻言感动，那天门长啸、处乱不惊的泰然也跃然纸上。

二

享受寂寞的人是否就是孤独的，是否就是以自我为中心，是否就是自我欣赏、自我陶醉的呢？江山依然，人生故我，来先生"欲将心事付瑶琴"，倒没有疑虑"知音少，弦断有谁听"（岳飞《小重山·昨夜寒蛩》）。读罢这本《学不厌集》，可以体会到这位年过八旬的老者并不是躲进小楼成一统，对时事对社会漠不关心的。相反,他字里行间流露出自己享受寂寞时对学术的执著、对事业的追求、对故人的追怀、对师门旧谊的珍爱,尤其是不曾忘怀他作为一个学者的社会责任感。他把随笔作为表达自己一生学而不厌所得的形式,就是为了能够使自己的学问"回归民众、反哺民众"(代序)。对于近年来学术界的几多文化壮举与工程,他都直言坦陈个人意见。像重修清史一事,学界议论纷纷,这一工程已在戴逸先生主持下上马,来先生撰写了《关于编纂〈清史〉的体裁与体例》(第17页)、《发掘新编〈清史〉史源》(第29页)等献言献策,他在谈到此书的字数时说:"新编《清史》,无论如何,不能超过二十四史的总和。近定两三千万字,已属过大。姑定2000万字,如此巨大工程,至少需三稿定案,则总工作量为6000万字。以10年计,每年应完成经三审定稿之字数为600万字,每月应完成50万字,这是机械计算。而文字工作往往难以如此计算,旷日持久,是否能始终如一,至堪忧虑。"(第27页)这一忧虑应该不是杞人之忧。其实,戴先生自己为了新编《清史》的工作,基本放弃了个人的著述计划,他早年由人民出版社出版的《中国近代史(上)》在史学界享有盛誉,但是下卷的《洋务运动和中日甲午战争》初稿一直没有抽出时间整理。据说,来先生曾为新编《清史》送给戴先生一句话:"戴公是要鞠躬尽瘁",戴先生答以"死而不已"。令人闻之不禁感觉后背有冷风飒然而至。对于汤一介先生主持编纂的宏大文化工程《儒藏》,来先生又以《新编〈儒藏〉三疑》(第33页)发表评论。他先以报端对"儒藏"说辞不一而呼吁应"摈弃'文人相轻'之积习,树立'文人相亲'之新风",复对"儒藏"编纂史正本清源,更对其编纂是标点还是影印的处理谠言:"还是影印本好"。究竟作何选择,自然是另外一个问题,但是来先生提出的作标点本不妥的问题很符合情理:"标点一部大书,旷日持久,又算不得评职称的成果,谁肯担此重任?一拖就是几年。标而不校,等于半截子工程,又有谁来校定?标而有疑,又怎样来考订是非"!这番话虽并无深言奥义,却实在是高论。不仅涉及古籍整理的技术规范和要求,更涉及当今体制下的某些"规则",而往往正是这些规则决定了事情的成败。

三

宿儒耆年,回忆前尘,对旧交故友的追记是最可读的文字了。来先生此集中不仅卷五有"儒林观风"专作述说,而且在另外四卷的"学术管窥"、"书山有径"、"撮其指要"、"书海徜徉"中也处处闪烁着他记忆的碎片,就像尚未完全打开塞子的陈年老酒散发出阵阵醇香。他早年就读辅仁大学,以《汉唐改元释例》为毕业论文得陈援庵先生指点,故是陈垣老门下弟子。后又得范老(文澜)垂青得为研究生,聆听教诲,体会"坐冷板凳"和"吃冷猪肉"的"二冷"精神的深意(第89页)。他一生中所遇良师多多,像中外交通史大家张星烺(亮尘)、版本目录学巨擘余嘉锡(季豫)以及柴德赓(青峰)等先生,复有启功(元白)、赵光贤等,均一代大儒。来先生追忆师门掌故,自是有得天独厚的优势。他笔下的记录尽管断断续续,但凡是着墨之处均能曲尽其妙。如记录当年迎新会上模仿陈垣老漫步讲台、以手捋须的动作被批评后的自责、对陈垣老教学一丝不苟的回忆,都很能表达出一位大学者、真君子的自然神情(《师恩难忘》)。启功先生以诗书画创作与鉴定享誉海内外,来先生对其师书法自然也是喜爱有加,曰其"中年以后,飘逸潇洒,直逼明人董其昌与邢侗。八十岁以后,年高体弱,笔墨略见瘦削,但字体、行气、用笔等等,依然大家风度,足以示范后学。"(第241页)当他见启功先生以签名笔之类的硬笔为曾贻芬、崔文印著《中国历史文献学史述要》一书的题签,不禁引发阵阵辛酸:"我心酸于吾师老矣!"进而,来先生以启功先生因患眼疾难用毛笔仍以硬笔题签,是"为了不让晚辈失望"的揣度感慨这"难得的温暖友情",则又是来先生读书评书之际体味其中所装载的"人间冷暖",这情之所动,又岂可以寻常"寂寞"抒其胸怀!? 来先生《元白先生的豁达》记1996年初夏探望刚刚病愈出院的启功先生的一次谈话:

在那次谈话中,元白先生还问我的年龄,我答以今年七十三。不意元白先生忽然开怀大笑，我不解其故，赶紧补充说，这是"坎儿"。元白先生更大笑不止。稍停，他老人家才说："你七十三，我八十四，一个孔子，一个孟子，两个到'坎儿'的人，今天挤坐在一张沙发里，这一碰撞，可能两个人都过坎啦，岂不可喜！你说不该大笑么？"（第258页）

这一记载十分传神，展示了启功先生的豁达幽默可爱。启功先生的笑声的确动人。去年的一天，有人给他来电话请吃饭，启功先生在电话中这样说：

现在我什么也吃不了。比如说吃炖肉啊，瘦肉，我嚼不动；肥肉啊，它连着皮。我净吃那油儿，哈哈，也不行。皮我也嚼不动。这简直是要命啊。现在我在家里吃的东西，您笑话，有时候喝碗粥就完了。请您给Y先生说一下，我实在感谢他。好不好？哈哈。我现在营养真的不缺乏，但是我吃不了，他们还说笑话，说是我是吃素了、吃斋了。我说我要够了那吃斋的资格那我还高兴了呢！

说罢，又是一阵开怀大笑。年届九秩的老人童心不泯、毫无顾忌的朗朗笑声实在是给人留下深刻的印象。尚在上初中的犬子听到过启功小说这段录音，每逢他自己大快朵颐，也时不常地会提及启功先生吃"油"的趣事。

怀念师门旧谊，充沛的感情乃在情理之中。来先生不仅如此，他对那些在自己学术生涯中相知相交和帮助过自己的人也都充满了殷殷之情。他说，自己1951年在南开大学历史系任教不久有机会承担"中国近代史"，是因为吴廷璆教授到朝鲜前线慰问，回国以后认可他的教学能力就把主讲的任务交给他，于是这门课就成为他三尺杏坛上的主讲课之一。1957年来先生完成的《北洋军阀史略》是他的第一部专著，虽然只有十余万字，但这本书为他赢得了应有的学术声誉。此书出版的细节虽然历经约半个世纪，仍历历如昨，他说这是得到荣孟源先生的推荐才由湖北人民出版社邀约的。而1983年在此书基础上增订为36

万字的《北洋军阀史稿》,也是因为"许多新知旧雨频加关注敦促"才重整旗鼓的(第95页),后来来先生又尽其心力在2000年交付出版了百余万字的《北洋军阀史》,他也特别赞扬了自己的几位学生和两位日本学者的鼎力参与,而没有自贪天功。

即使是不曾相识的人,也因为喜欢读书,因为学术的魅力而毫不吝惜自己的拳拳之忱。书中所收《读〈关于罗丹——熊秉明日记摘抄〉的札记》,副题是"兼悼熊秉明先生"(第231页)就是这样的一篇文字。熊秉明先生是旅居法国的著名雕塑大师和艺术教育家,来先生曾为其名著《中国书法理论体系》做过评论,但他与熊秉明缘悭一面,本来约定的相晤,因为熊秉明先生的突然辞世而成为永恒的期待和难以弥补的缺憾。于是他把自己对熊秉明的阅读和理解作为悼念写成了上文。此文最初在《博览群书》2003年第3期刊发以后,一位大型书画艺术杂志月刊的主编曾流露出对刊发此文的艳羡。在天人永隔、人鬼殊途的感怀之中,来先生在阅读熊秉明、理解熊秉明对艺术的诠释与智慧时,又是以怎样的黯然神伤去消受那"寂寞"呢!

四

来先生是位有个性的学人。对学术的敬畏,他自表现出学人的操守。来先生是杭州人,但在津门寓居半个多世纪,他视天津为第二故乡。所以当天津市委以编写《天津近代史》一事相托之时,虽然自忖这是所任非人仍爽快地答应下来,并不理会耳边会有的一些"喊喊喳喳的声音"。为了早日完成,他不分日夜,竟至劳累过度病倒使心脏受损。虽然书稿未臻至善,而且又因为题签是请启功先生而不是领导以至于日后发行未获有力支持,说明编写《天津近代史》前后过程颇有不快。但来先生自言"毫无怨悔",他珍视自己与天津的一份珍贵情缘(第114页)。这份忠于所托、不避嫌隙与个人得失的史家情怀,岂是那些未曾享受过"寂寞"者流所能知悉!

来先生虽然自谦其晚年随笔不过是"以秃笔残墨率尔成文"(第133页),但他也自许为"瘦骆驼的水囊","也奢求师友们当行经荒漠感到干渴时能从这头瘦骆驼的水囊中姑且喝上一口"(第127页)。他对友朋后辈的奖掖、对师门诸公的敬仰,体现出温良恭敬的君子之风。说实在话,此集中所记满洲俗谓饺子为"饽饽"(第256页)的闲适、放眼人生幸福的"达"观(第119页、286页)、著作等身与二寸(第276页)的执泥、"老成凋谢"(第295页)的古道热肠,改"老骥伏枥,志在千里"为"老骥出枥,志在万里"的放旷,甚至是"我好想'考博'呦"(第279页),那谐而不虐,一副鹤发童颜的老辣与真趣,等等。所有这些,无不成为这部《学不厌集》使人难以释手罢读的理由。人生难得老更忙,来先生告其近著《清人笔记随录》已交付出版,我们期待他在"享受寂寞"时有更多的成果。

《学不厌集》是来先生又一部随笔新集。他来电话告知此集出版并问讯是否收到时,还特别提及这个集子主要是编选了学术层面的内容。而我在炎热的季节阅读时,没有也不敢在学术的层面上妄言短长,而是有感于一位前辈在享受寂寞时字里行间自然而然流露出的学人情怀。寂寞的学者是动人的,寂寞的学术是美丽的,学问是寂寞者的事业。从这一意义上说,来先生晚年为学之求新求变并致力学术随笔之举,收到了预期的效果。"学而不厌,诲人不倦"不惟是夫子自道,也是来先生指示如何感知"寂寞"的美丽和享受美丽的"寂寞"的不二法门!

相信来先生不是惟一享受这美丽"寂寞"的学人,也绝不是最后一位。因为,这寂寞的美丽是永恒的。

(任士英,中国公安大学教授)

从《书目答问》到《书目答问汇补》：一部举要书目的世纪阅读

荣方超

　　清光绪十九年（1893 年），康有为（1858—1927 年）在桂林讲学。他给学生讲授读书门径时说："精要且详，莫如《书目答问》，版本最佳"，而且"每部值银数分，可常置怀袖熟记，学问自进"①。这一治学箴言可追溯到康氏年少时的读书经验。光绪二年（1876 年），十九岁的康有为到清儒朱次琦（1807—1881 年）门下研学。这期间他接触到了张之洞（1837—1909 年）的《书目答问》，并深深为之折服②。在不可复制的历史进程中，却时有相似的情境发生。后来成为康氏弟子的梁启超（1873—1929 年），大约在光绪九年（1883 年）至十年（1884 年）间初读张之洞《輶轩语》、《书目答问》，此二书也给少年梁启超的读书求学带来益处，后来他论幼学时说："启超本乡人，曹不知学，年十一游坊间，得张南皮师之《輶轩语》、《书目答问》，归而读之，始知天地间有所谓学问者。"③

　　梁启超读《书目答问》是在拜师康有为之前，也就是说，梁氏读此书，并非受康氏影响。两个年轻学子，先后受益于《书目答问》，数年后又成为师生，并同为

----

①　康有为：《桂学答问》，见《康有为全集》第二集，上海古籍出版社 1990 年版，第 62 页。
②　朱维铮：《中国经学史十讲》，复旦大学出版社 2002 年版，第 194 页。
③　梁启超：《变法通议·论幼学》，见《饮冰室合集》，中华书局 1989 年版，第 55 页。

中国近代学界、政界的风云人物。我们不能确定这里是否存在历史的偶然,但自《书目答问》成书百余年来,阅读过并受益于它的学人却不在少数。其中必然有些道理。

一

清朝初年,在社会经济不断发展、政治局面逐渐稳定、学术思想有所革新的基础上,清代文献的生产和整理工作趋于繁荣。在官府和民间刻书、编辑、藏书等事业的推动之下,清代图书种类、数量大增,至晚清已累积了丰富的典籍。仅就《清史稿·艺文志》(章钰等编)及《清史稿·艺文志补编》(武作成编)所录,清代三百年间创作的图书至少在二万零七十一种、二十三万一千八百五十卷以上①。特别是乾隆四十七年(1782年)《四库全书》编成之后,面对三千余种、近八万卷的书山,年轻学子如何寻得捷径?

阅读《四库全书总目提要》(以下简称《四库提要》)自然是一个良方。如张之洞认为读书"宜有师承,然师岂易得? 书即师也。今为诸生指一良师,将《四库提要》读一过,即略知学问门径矣"②。余嘉锡(1884—1955年)也认为:"《提要》之作,前所未有,足为读书之门径,学者舍此,莫由问津",又说"余之略知学问门径,实受《提要》之赐"③。然而,《四库提要》内容庞大浩繁,不便初学者学习,而且自《提要》编成至清末,间隔近一个世纪,其间在学术研究领域上又涌现出质量颇高的著作。同治十二年(1873年),张之洞出任四川学政,学子常向他提问:"应读何书,书以何本为善",张氏认为:"读书不知要领,劳而无功。知某书宜读,而不得精校、精注本,事倍功半。"(《书目答问·略例》)因此,在他入川的第二年(1874年)就开始主持编撰一部供学子购书、读书参考的举要书目,并

---

① 陈力:《中国图书史》,文津出版社1996年版,第306页。
② 张之洞:《輶轩语·语学第二》,见《张之洞教育文存》,人民教育出版社2008年版,第19页。
③ 余嘉锡:《余嘉锡文史论集》,岳麓书社1997年版,第551~554页。

在缪荃孙(1844—1919 年)等人的协助之下,完成了一部举要书目——《书目答问》。

《书目答问》收录我国古代两千余部经典文献,书目分经、史、子、集四目,外加以丛书目、别录目、国朝著述姓名略,凡七类。每部书名下,注明作者姓名、版本出处、卷数异同,并择优为重要者酌加按语,皆以利于指示读书门径为前提。由于《书目答问》所列多为实用易得之书,因而自光绪二年(1876 年)刊行以来,"翻印重雕,不下数十余次,承学之士,视为津筏,几于家置一编"①。各地不断翻印、重刻,就产生了多种刻印本。又因为"藏书者不能尽收,读书者不能遍阅,虽以老人(缪荃孙)与相国(张之洞)之博览,亦不免有盖阙之疑"②,"初刻印本,疏漏甚多。采录之书,亦未足为定论。其后屡经修补剜改,或抽换版本,至于一再重刻,故出入详略,前后大有异同"③。因此,对于该书存在的缺失和讹误,后世各家相继进行补正,于是就有了多种校补本。据当代学者郑伟章先生统计,《书目答问》屡经翻印重刻、校补注疏、编制索引,至 2006 年左右已达百种,故称之为"大火爆书"④。

那么,现在又有了个"书以何本为善"的问题:《书目答问》诸多传世版本,哪种易读、易得、准确,或能集诸家补正之大成,更便于今日初学者使用呢?

其实,自 20 世纪 60 年代以来,历史学者、文献学家来新夏先生就着手汇集诸家校本(含校刻本、批校本及校语),增补《书目答问》。21 世纪初,来先生所作的《书目答问》补正笔记在天津图书馆历史文献部主任李国庆先生的帮助下,整理成出版稿。同时,藏书家韦力先生把自己所写"私藏古籍著录"成稿赠与来先生。由此,《书目答问汇补》一书终于编成,并由中华书局于 2011 年 4 月刊

---

① 范希曾:《书目答问补正·跋》,见《书目答问汇补》附录二,第 1207 页。
② 叶德辉:《书目答问斠补·后序》,见《书目答问汇补》附录二,第 1205 页。
③ 叶德辉:《书目答问斠补·序》,见《书目答问汇补》附录二,第 1201～1202 页。
④ 郑伟章:《〈书目答问〉版刻、校补纪略及著作人归属问题》,见《图书馆:文化的守望者》,上海科学技术文献出版社 2007 年版,第 29～48 页。

行。是书以编著者经眼的版本为取舍范围,进行了大量汇补工作,大体可分为以下三个方面:

(一)选定底本,汇录诸家校本(语)。

来新夏先生旧稿原以民国二十年(1931年)南京国学图书馆排印本为底本,后因光绪五年(1879年)贵阳校刻本(王秉恩校、陈文珊刻)"改正清光绪二年刻本多处误字而成较善之本"(《书目答问汇补·后记》),故选用贵阳本为汇补之底本。汇补本以每一种书为一条目,先录底本正文,次列诸家校语。所选校本(语)有江人度、叶德辉、伦明、孙人和、范希曾等凡十七家。如子部《困学纪闻》一条:

困学纪闻七笺附集证二十卷。阎若璩、全祖望、程瑶田、何焯、钱大昕、屠继序笺。万希槐集证。通行本。

叶 嘉庆十二年刻本。

佚 嘉庆十二年万氏刻本。

范 又涵芬楼影印元庆元路刻本,无注。

韦 嘉庆元年黄冈万氏刻本,嘉庆十八年扫叶山房刻本,嘉庆十八年胡氏山寿斋刻本,咸丰二年黟县临川书屋刻本。

汇补本繁体竖排,诸家校本,以校者姓氏表示,为了醒目,以方框围之。上例中"叶",即叶德辉校刻本;"佚",即佚名批校本;"范",即范希曾补正本;"韦",即韦力批校本。

(二)增列汇补者按语。

在底本正文、诸家校本(语)之后,增列"按语",对底本及各家校语略作说明,并订正讹误,兼采其他学人研究成果。如经部《经传小记》,在底本正文及江人度、叶德辉、伦明、范希曾、邵瑞彭、刘明阳、韦力七家校本(语)之后,"按"曰:

底本作"三卷",误。当为"一卷"。

又如史部《古今伪书考》，在底本正文及江人度、范希曾、刘明阳、韦力四家校本(语)之后，"按"曰：

> 张心澂：伪书通考，商务印书馆一九三九年二月初版，一九五四年十二月重印，又黄云眉补。

汇补本正文"按语"皆由来新夏先生撰写，实际上是他校读《书目答问》诸本的批注，故列为十七家校本(语)之一。

(三)汇录《书目答问》版本图释、刊印序跋、诸家题识。

汇补本对编者经眼的《书目答问》诸版本情况，逐一进行简要介绍，自光绪二年四川初刻初印本至 2008 年国家图书馆出版社影印本，凡四十九种。并遴选其中有代表性的、比较重要的版本，配以图版，凡五十三幅。这部分内容附录于正文后，介绍了各版本间的渊源、承续，同时加以比较，便于读者查检、比对。

《书目答问》问世后，翻刻、重印、校补者往往撰写序跋，简述刊刻原委、评点内容异同。诸多学人藏家也将自己对书的认识和心得，信手书于卷首或卷尾。如今，《书目答问汇补》一书汇录八家十一种序跋文章、十四家三十余则名家题识，作为附录，奉予读者。这些短札片语，不仅是考察《书目答问》一书刊刻流布的重要线索，而且呈现了近百年来诸位学人藏家阅读该书的历史记忆。如伦明(1875－1944 年)与叶德辉(1864－1927 年)读《书目答问》，常备检览，时有所见所得，则以批注。民国十四年(1925 年)伦明在北京第一次见到叶德辉，"谈次，各相见恨晚"，并"约互抄借所未有书"①。又如 1975 年冬，袁行云(1928－1988 年)为编纂《古籍举要》，向王伯祥(1890－1975 年)借阅其"小雅一廛案头常备之书"——《书目答问补正》批校本，八十五岁的王氏"慷慨应允"②。袁氏

---

① 伦明：《书目答问》朱笔题识，见《书目答问汇补》附录二，第1218页。
② 袁行云：《书目答问补正》墨笔题识，见《书目答问汇补》附录二，第1219页。

得以录存副本一册,并将这一书缘作以题录。

从王秉恩(1845－1928年)为《书目答问》(贵阳刻本)所撰跋语中,可知光绪三年(1877年)春,张之洞在北京以《𫐐轩语》、《书目答问》二种定本传授王秉恩。是年冬,王氏携书归贵阳,众人皆来借读。王秉恩说:"定本版师(指张之洞)送之鄂,间有印行,成都亦刻有小字本,皆不易致"①,故又有贵阳本问世。由此,可一窥《书目答问》在地理上由北向南的知识传播过程。

二

自清末迄民国,很多学人早年都曾受益于《书目答问》及其补正作品,如陈垣(1880－1971年)十二岁时开始读《书目答问》,十三岁开始读《四库提要》②。陈氏谈及读书经验时还提到《书目答问》,"觉得这是个门路,就渐渐学会按着目录买自己需要的书"③。可知,其早年学术功底的积淀与这两部书目的阅读是分不开的。后来,余嘉锡也曾对陈垣说过"他的学问是从《书目答问》入手"的④。顾颉刚(1893－1980年)早年购书、读书也常翻《书目答问》,那时年少的他常往苏州观前街一带的旧书肆去买书,开始接触目录、版本方面的知识,他说"《四库总目》、《汇刻书目》、《书目答问》一类书那时都翻得熟极了"⑤。

张舜徽(1911－1992年)自述其父亲一生治学很重视《𫐐轩语》、《书目答问》二书,认为是"读书的指路牌"。而张舜徽之所以立志自学,"是和家庭所提供的读书环境和条件分不开的",《𫐐轩语》、《书目答问》二书就是家中旧有藏书,因此他从少时便经常翻阅这两本书,《书目答问》末附清代学者《姓名略》,

① 王秉恩:《书目答问·跋》,见《书目答问汇补》附录二,第1195～1196页。
② 刘乃和:《陈垣先生学术年表》,见《中国现代学术经典·陈垣卷》,河北教育出版社1996年版,第838页。
③ 陈垣:《谈谈我的一些读书经验》,见《治学方法谈》,中国青年出版社1983年版,第30页。
④ 陈垣:《余嘉锡论学杂著·序》,见《余嘉锡论学杂著》,中华书局1963年版,第1页。
⑤ 顾颉刚:《古史辨·第一册自序》,见《顾颉刚集》,中国社会科学出版社2001年版,第27页。

开首便说:"由小学入经学者,其经学可信;由经学入史学者,其史学可信……"张舜徽说:"我对这段话,深信不疑。我认为做学问,应循序渐进,不可躐等,不可急躁。"①大约在七岁至十七岁时,他读过王氏《文字蒙求》、《说文句读》、《说文释例》和段氏《说文注》及郝氏《尔雅义疏》等书;当其在小学方面具有基础知识以后,开始研究经学,读《毛诗》、《三礼》等书;二十岁以后,开始涉览史部之书,读过《史记》、《两汉书》、《三国志》、《资治通鉴》、二十四史等,进而成长为文史大家。由此可见,《书目答问》在读书生活中对其影响之深刻。

　　同时,《书目答问》也受到了学者们的推崇,并将其作为自己指导后学的"利器"。在读书治学尚处迷茫之中时,二十多岁的徐特立(1877—1968 年)跑到长沙举人陈云峰处请教。陈氏劝他立志读书,不要把精力浪费在八股时文上。然后,陈氏送了他一把纸扇,并在扇面上题写"读书贵有师,尤贵有书。乡村无师又无书,但书即师耳。张之洞《书目答问》即买书之门径,《輶轩语》即读书之门径,读此二书,终生受用不尽"②,以此勉励徐特立。徐氏马上跑到长沙马王街的书铺买了《书目答问》和《輶轩语》二书,作为读书的指南。

　　上世纪 60 年代,王重民在北京大学开设《书目答问》课程,采用《书目答问补正》作课本,"通过它学会四部分类,并认识每类中主要古籍",达到"既有重点,又通达了古籍体系"的教学目的③。王重民还对《书目答问》进行过校注,并手订《书目答问参考资料》一册,指导学生学习。1983 年夏,华中师范大学历史文献研究所举办了为期一年的中国历史文献学研究班。明清史专家童恩翼在研究班上讲授目录学与读书治学的关系时,特别推崇《四库提要》和《书目答问》,认为"治学由目录学入手,而治目录学又由《四库提要》或更浅的《书目答问》入门,循序渐进,广泛地、系统地、有计划地攻读古代的文献典籍,在博闻约

① 张舜徽:《张舜徽自述》,见《世纪学人自述》第 4 卷,北京十月文艺出版社 2000 年版,第 124 ~ 128 页。

② 陈志明:《徐特立传》,湖南人民出版社 1984 年版,第 10 页。

③ 孟昭晋:《王重民先生的〈书目答问〉课》,载《图书情报工作》2000 年第 2 期,第 90 ~ 93 页。

取的基础上,形成和发展自己的专长"①。

业师徐雁先生从接受史的角度评价《书目答问》说:"鞠育百余年间国学人才",并以民国辅仁大学陈垣、余嘉锡、柴德赓、来新夏师徒的阅读史,呈现了现代学术史上《书目答问》鞠育人才的典型一链。此外,他还考述了梁启超、顾颉刚、姜亮夫、缪钺、郝树侯、张舜徽、罗继祖、程千帆、张永言等近现代学人关于《书目答问》的阅读史。徐雁师还从学术史的角度考述了后世对《书目答问》的研究途径。从而,详尽地阐释了《书目答问》在中国学术思想史层面上的流传和影响②。

当然,在清末新、旧学交替的时代背景下,主收国学典籍的《书目答问》免不了被后世所诟病,视其为保守旧学和维护封建统治的"反动势力"。然而,从上面康、梁诸人的例子来看,自清末至民国,该书并未因为"出身不好"而被"换新"、"革命"。这大概是因为此书对于治学的实用性远大于所谓的政治性。即便体制变迁、时代变化,其于阅读国学经典、学习传统文化的指导作用却未曾损减。罗家伦(1897 – 1969 年)认为《书目答问》实际支配影响中国学术界数十年,李小缘也曾有评价说后来的十余种国学书目,都不及《书目答问》之丰富而扼要。然而,不可否认的是,《书目答问》所著录的清末通行本在一百余年后的今天已不是易得、易见的了;现在,大概也少有学子因为读经而去读《书目答问》的;更不会有人因考科举而通过《书目答问》去购书、读书。徐雁师到北京大学图书馆古籍阅览室查阅《书目答问》诸版本时发现:

该馆收藏有包括四川初刻本,叶德辉、胡适和向达藏本,江人度笺补本等在内的各种版本十二种。在 1985 年以前的数年间,该校师生留下了较为频繁的借阅记录,而在此后却少人问津。以至于有学者慨叹:"目前高等院校的文科学生,不懂古典目录学基本知识的现象是普遍的。甚至不少人连《四部丛刊》、《四

---

① 童恩翼:《浅谈目录学版本学与治学的关系》,见《文献学研究班讲演集》,华中师大中国历史文献研究所 1985 年 7 月印,第 240 页。

② 徐雁:《书目答问》,见《苍茫书城》,河北教育出版社 2005 年版,第 195 ~ 226 页。

部备要》也没有听说过,亦不知张之洞的《书目答问》为何物……"①

　　《书目答问》对于学子学习文史知识的指导作用,前已略述;它对今人研究清代文献史的重要价值,也自不待言。不过,它作为一部具有推荐、导读性质的举要书目,对于今日的国学举要书目来说,至少有两个要点值得关注:其一,与藏书目录相较而言,举要书目更偏重对阅读的向导性。我国古代馆藏书目和私藏书目,旨在对一代或几代积累的文献作以整理和总结。虽然藏书目录对文献进行分类,如可根据经、史、子、集四部分类之法查找文献,但是这类书目主要解决的还是"有什么书"的问题。而举要书目解决的则是"读什么书"的问题,如《书目答问》即是在众多文献的基础上,举其精要,作以推荐。其二,推荐之书的版本须是通行的精准本,才能发挥向导的最佳效果。历经时间打磨的经典著作,往往有几种甚至上百种不同的版本行世,在整理、校注、翻译甚至印刷装订上,都会因版次的不同而有质量高下之分。对此,张之洞颇为看重精准本。他认为:"(清朝)前辈通人用古刻数本精校细勘付刊,不诪不阙之本也。此有一简易之法,初学购书,但看其序,是本朝重校刻而密行细字、写刻精工者,即佳"②。又"经学、小学书,以国朝人为极,于前代著作,撷长弃短,皆已包括其中,故于宋、元、明人从略"(《书目答问·经部》)。因此,在张之洞看来,"本朝刻本"是最宜推荐的精准本。"本朝刻本",又多是流通于当时的常见书,不像宋元版本那样珍贵罕见,而是以较低的价格行销于市,容易买到。

　　选择清人精校精注的通行本,皆以作为初学者购书、读书向导的实用性为出发点考虑的。也因此,《书目答问》又在"别录"目中编选了《群书读本》、《考订初学各书》、《辞章初学各书》、《童蒙幼学各书》四个推荐书目,再次强调了这部举要书目利便初学的实用价值。如《群书读本》小序云:"此类各书,简洁豁目,初学讽诵,可以开发性灵,其评点处颇于学为辞章者有益,菁华削繁,虽嫌删

――――――――――
　　①　徐雁:《书目答问》,见《苍茫书城》,河北教育出版社 2005 年版,第 197 页。
　　②　张之洞:《輶轩语·语学第二》,见《张之洞教育文存》,人民教育出版社 2008 年版,第 18 页。

节,但此乃为学文之用,非史学也。"(《书目答问·别录目》)由此可见《书目答问》经世致用的意义,同时也给后世编制国学举要书目提供了参考的标准和范例。

三

实用与否,固然是评判《书目答问》的一个重要标准。但是,如果这个标准变成唯一的标准,就值得商榷了。因为,从历史的角度来看一部过去的经典著作,不能囿于其本身在不同时代产生的影响,还应关注这种影响在学术文化传统上的延续。就如同一个汉字的意义,绝不止于现代出版物中字音、字义、字形。面对一个陌生的汉字,查得它现在的字音、字义,尚处于求知的初级阶段。若能继续利用工具书看看它由甲骨文至金文、篆书、楷书繁体,再至简体字的演变过程,对一个汉字乃至汉字文化的认识会提高更多。

在《书目答问》之后,陆续出现了一批举要书目,延续着指导读书治学的影响。民国三十六年(1947年),张舜徽在兰州大学等校为文、史两系学生讲授"校雠学"和"国学概论"①。同张之洞应诸生之请而撰《书目答问》的历史因缘相似,七十余年之后,张舜徽亦受学生之请,开列《初学求书简目》(以下简称《简目》),依序分列识字、读文、经传、史籍、百家言、诗文集、综合论述类凡七目。《简目》所收各书,著录作者、版本、大要,或品评得失,与《书目答问》同样具有"便于初学"的功效。张舜徽在《简目》综合论述类中还推介了《困学纪闻》、《日知录》、《四库提要》、《书目答问》,这四种书正是张之洞在指导诸生后学读书门径之时所推崇的。

早年读书受益于《书目答问》的梁启超,后来也倾力读书门径的指示,他曾编撰《西学书目表》(附《读西学书法》),并于晚年编撰《国学入门书要目及其读

---

① 王余光:《张舜徽先生的读书之道》,见《读书随记》,东南大学出版社2002年版,第369页。

法》,指示各类经典要目及或熟读或摘读或不必读。20世纪20年代,胡适(1891
－1962年)曾开列出《中学国学丛书》目录、《一个最低限度的国学书目》等。40
年代,钱穆(1895－1990年)曾在昆明给研究生班学生开列《文史书目举要》。
朱自清(1898－1948年)在《经典常谈》中推介了中国古代文学、历史、哲学经
典。此外,还有汪辟疆(1887－1966年)的《读书举要》、蔡尚思(1905－2008
年)的《中国文化基础书目》、屈万里(1907－1979年)的《初学必读古籍简目》。
90年代以来,这类举要书目就更多了,各大高校、图书馆及专家学者相继推出系
列经典举要书目,如王余光著《塑造中华文明的200本书》、苏浙生著《影响历史
进程的100本书》、李常庆编《北京大学教授推荐我最喜爱的书》等。

从《书目答问》到今天的各种举要书目,是一个多世纪的经典阅读史的缩
影。而《书目答问汇补》的编成,除了在文献史、学术史上具有总结意义外,在经
典阅读史上还是具有里程碑意义的重要事件。此时,回过头来再看来新夏先生
汇补《书目答问》的缘起和过程,就更能体会到一部举要书目在阅读史上的文化
气味。

学问从《四库全书总目提要》和《书目答问》中来的余嘉锡,民国时在北平
辅仁大学主讲"目录学",即指定课本为范希曾的《书目答问补正》。民国三十
一年(1942年),二十岁的来新夏先生考入辅仁大学,选修了余氏的"目录学"
课。来先生为了《书目答问补正》一书"跑遍京城旧书店、书摊,没有找到。后来
终于在天津天祥市场找到,如获至宝"。从此,他和《书目答问补正》一书结下了
不解之缘,他说:"(这部书)成为我一生的案头用书,日后又为我完成《书目答
问汇补》奠定了第一块基石。"①

来先生回忆说,他初读《书目答问补正》时的感受并不良好:

　　当时,我幼稚地以为由此就可以进窥古典目录学的堂奥。孰知展卷一

---

① 　来新夏:《邃谷书缘》,见《邃谷师友》,上海远东出版社2007年版,第201页。

读,只是一连串鳞次栉比的书名,彼此毫无关联,读之又枯燥乏味,昏昏欲睡,但还是硬着头皮通读一遍。

后来,他借得贵阳本《书目答问》,开始比读二书。民国三十二年(1943年),略有所得的来先生到余嘉锡处问业。他回忆说,余氏指点他继续做三件事,才算是初步读懂《书目答问》:

一是讲了三国时董遇"书读百遍,其义自现"的故事,要我继续读《书目答问补正》,并特别注意字里行间。二是要我再读一些与《书目答问》有关的著作。三是要我利用假期为《书目答问》编三套索引,即人名索引、书名索引和姓名略人物著作索引。

来先生按照老师的指点去做,逐步领会了目录学对治学的作用。如他反复读《书目答问补正》,注意字里行间的只言片语,在史部正史类注补表谱考证之属读到小字附注(内容为"此类各书为读正史之资粮")之后,便有所体会道:"这不仅了解了这类书的性质,也掌握了读正史时主要参考书的书单"。三项工作之后,他对《书目答问》的内容已熟记于心,进而体悟道:

> 我想对任何一部书或任何一种学问,如果都能做一次反三复四的工作,都会收到应有的效果。……我掌握了这套基本书目后,明显地感到对于读书治学、开辟领域、转换方向都颇有左右逢源的美感。并且由于有了基本书目,便能很快地扩大书目储存量,而书目恰恰又是研究学问的起跑线。这正是我后来能多涉及几个学术领域的原因之一。(以上均见《书目答问汇补·叙》)

来新夏先生披露其阅读《书目答问》历程中的诸多细节,并非只是简单地想要分享他与这本书的缘分。这是他在汇补工作之外,对《书目答问》做出的另一重要注解——他的阅读经历告诉我们,举要书目如同导游者一样,除了向导作用没有其他责任。导游者举其精要来描述山石的形状、亭阁的由来,而作为阅读天地万物的主人,若不能沉下心来专注地体味,难免是"走马观花"一场。导游者的精彩推介,加上你用心的感受,才能使眼前的形象变得丰润、生动起来。经典举要书目的阅读,大体也有同样的道理。

（荣方超,南京大学图书馆馆员）

来新夏的"衰年变法"

施宣圆

学界许多人都知道来新夏教授的"衰年变法"。"衰年变法"一般是指书画界人士,蕴积多年,晚年画风大变,另辟蹊径,更上一层楼。国外一些科学家五十岁以后当在专门领域中已有所成就,往往向普及知识的道路转变,这也是一种"衰年变法"。来先生说:"我虽称不上学有成就,但知识回归民众的行为却给我很大启示。所以我就从专为少数人写学术文章的小圈子里跳出来,选择写随笔的方式,贡献知识于社会。"也就是说,来先生过去是写学术文章的,从上世纪80年代、他六十岁以后除了继续学术研究外,开始写些随笔。因此,他的学生就戏称他为"衰年变法"。

来先生不仅对这一称谓没有异议,而且也颇为得意。他对"衰年变法"自己有一番说法:"八九十年代,特别是九十年代,随笔写作成为文坛一大景观。我也就在这一年代溷迹于随笔界。当时的动机,一是读了一辈子书,有许多信息应当还给民众。过去写的那些所谓学术文章,只能给狭小圈子里人阅读,充其量千把百人。对于作为知识来源的民众,毫无回馈,内心有愧,而且年龄日增,也到回报的时候了,于是不顾原来圈子里的朋友们'不要不务正业'的劝告,毅然走出象牙之塔,用随笔形式把知识化艰深为平易,还给民众,并向民众谈论自己与民众所共有的人生体验来融入民众。另外我还有一种羞于告人的动机,就是向师友们呈现另一种文字风貌,随手写点遣兴抒怀之作,摆出点轻松洒脱的姿态。"

我觉得来先生的这一"衰年变法"变得好。随笔是一种短小精悍的文体,较之学术文章读者面广,影响大。其实,以往的一些学术大家都写过精彩的随笔,当今学术界也有不少专家学者在写随笔,不过如来先生那样高龄还文思如涌、笔耕不辍的学术大家实在不多。从 90 年代开始,他已经先后出版了《冷眼热心》、《路与书》、《依然集》、《枫林唱晚》、《学不厌集》、《出枥集》、《一苇争流》、《谈史说戏》、《来新夏书话》、《且去填词》、《80 后》以及不久前出版的《交融集》等十几种随笔选集。

来先生是我国著名的历史学家、文献学专家、地方志专家。上世纪 80 年代初我就认识他,他乐观豁达,学识渊博,平易近人,没有架子,我一直视之为良师益友。他是浙江萧山人,"离乡不离腔",既说标准的普通话,也说一口地道的萧山话。那时,他曾赠我《近三百年人物年谱知见录》、《林则徐年谱》和《北洋军阀史》。二三十年过去了,这三部著述经过不断充实、修订,在学界影响越来越大。

按照来先生的说法,他的这些著述是在"象牙之塔"里写的,"只能给狭小圈子里人阅读,充其量千把百人",所以,他要"变法",用随笔的形式反馈给人民大众。学术研究确实是少数人的事。但是,学术是学者的生命,是学者最崇高的事业。学术研究的成果读者少,就说是"千把百人"吧,但它的学术价值却是难以估量的。

晚年的来先生"毅然走出象牙之塔,用随笔形式把知识化艰深为平易,还给民众,并向民众谈论自己与民众所共有的人生体验来融入民众"。有朋友说他是"不务正业"。看来,这似乎有些误解。专家学者写随笔,向大众普及知识,这是一种责任。现在不是有许多歪曲历史的"戏说"电视连续剧吗?来先生是有忧患意识的,他感慨地说:"如果我们拱手相让,正好给一些投机热炒者提供了空间。"他赞成专家学者讲历史,也赞成用影视、广播、网络等多种传媒普及历史知识。但是,必须有一条底线,就是要本着对历史负责,对他人负责的态度,提供给大众尽可能接近历史真实的信息,而不是打着专业的幌子,拿历史作工具,故意迎合大众的不正常心理,以达到牟取私利的目的。

来先生是一位真正的专家。真正的专家一生钟情学术,无论何时何地,都与学术割不断。他说:"历史学家不仅要求真,也要求新;不仅要务实,也要致用;不仅要自愉,也要为人;不仅要研究历史经验,也要紧扣时代脉搏;不仅要坚守学术阵地,也要开辟新途径,耕耘新天地。如果还是囿于一隅,抱残守缺,光在爬梳文献这打圈圈,那历史学就不仅仅是面临困境,怕是要走向绝境了!"其实,学术研究与随笔的写作关系至为密切,可以说学术研究是随笔写作的基础。来先生在90年代以后,不仅继续"坚守学术阵地",出版《林则徐年谱新编》,主编《林则徐全集》和《北洋军阀史》,目前还在编纂《林则徐年谱长编》;而且还走出"学术殿堂","开辟新途径,耕耘新天地",写了大量的随笔。他不愧是一位文史大家。

来先生的随笔是"学术随笔",与作家的随笔不同,他的随笔是以学术为根柢的,目的是给人更多的历史资料和信息,就算是针砭时弊,也是以历史为基础。他的随笔是:观书所悟,贡其点滴,冀有益于后世;阅世所见,析其心态,求免春蚕蜡炬之厄;知人之论,不媚世随俗,但求解古人故旧之沉郁。他的随笔短则数百字、千把字,长则数千字。在读者中影响越来越大。那么,来先生的随笔有哪些特点呢?

一、旁征博引,新见迭出。文章要有新见,就要多读书,读好书。来先生家学渊源,祖父学识渊博,著述宏富,家中颇有藏书。来先生从小受到家庭的熏陶,酷爱读书,尤好文史。步入社会,牢记老师范文澜"板凳宁坐十年冷"的教导,以汉代大学问家董仲舒引的古训"临渊羡鱼,不如退而结网"为座右铭。与其坐在水边羡慕人家捉到大鱼,不如自己默默无闻地动手结网去捉鱼。他有一本论文集,就以《结网录》为书名。他读的书很多,很广,很杂。近日,承来先生寄赠《交融集》新著,翻开一读,眼界大开。书中所描述的人、书、事、风物、人情等,无不引经据典,新见迭出。人,有古人,有今人,如林则徐、严复、梁章钜、蔡东藩以及陈垣、顾廷龙、王重民等;书,有书评,有序跋,如《读〈萧山市志〉第一卷后》、《地方文献文集·序》、《新方志概述点评·序》等;事,有管窥,有个案,如《"文人相轻"与"文人相亲"》、《题字种种》、林则徐研究系列随笔;风物,如《豆腐文化三说》、《番薯的引进》、《牛年颂牛》、《马年颂马》、《鸡年话鸡》等,有新资料,新信息,新见解,让人有耳目一新之感。这是与他平时的积累分不开的,"没有以前读了不少书的积累,是难以厕身于学者随笔之列的"。

二、说古谈今,寓意深刻。来先生博古通今,主张积累知识,学以致用。他的随笔既有思想深度,又有现代意识;既有历史眼光,又有现实意义。他认为,读书是为积累知识,但不能只入不出,要像春蚕那样,吃桑叶吐丝,要为人类社会添砖添瓦。他说:"鲁迅一生之所以伟大,学识渊博,固不待言,但更可贵的乃是他那种吃草挤奶的精神。无论什么人都应该将咀嚼吸取到的知识酿成香甜的蜂蜜,发之于言论、文章来奉献给当代人,或以之哺育下一代人。学以致用才是读书的真正目的。"他有一篇《且去填词》,是为宋仁宗翻案的,说宋仁宗让柳永填词,不是狭隘,而是知人善用,要是没有他的谕旨,就成就不了柳词的光辉。他说他写这篇文章是来源于生活中的一件小事。一次,他听到楼下小贩在吵架,有人说:"吵什么吵?该干嘛干嘛去!"这句话让他得到启发,引起他的思考:现实生活中不是经常有不安本分、一肩多挑、越俎代庖的事吗?他从柳永说到有些学者为了行政工作,放弃了学术研究;有些文学家为了"兼职",放弃了写作……他写道:"如果人人做好本职……我们的社会就能和谐得多。"那篇"狗"文章(《写给狗年的话题》)先是谈古代的狗是如何"狗仗人势",然后笔锋一转,谈到"人仗狗势":"近几年,暴发者有之,聚敛者有之,卖身投靠者有之……他们为了显财夸富,在衣食游乐上极尽奢靡……而养宠物,尤其是狗,更是此辈的时尚。""本来是'狗仗人势',现在变成了'人仗狗势',这种变化实在使人深感不安。过去狗是要仗人势去逞凶,而今人却要靠狗去显示财富价值。我对这种人畜易位,深感可悲。"真是入木三分,痛快淋漓。

三、文史交融,独树一帜。来先生善观察、好思考,随笔有论有叙,或庄或谐,各有所取。更由于大多是他的兴之所至,随时而写,情意率真,较少做作,故多清新可读,不少是啧啧人口的上乘之作。有位老专家评价来先生的随笔是"完成了在史学与文学两条平行轨道上自然而从容的对接"。是的,文史不分家是中国的优良传统。司马迁的《史记》在这方面是我们的榜样。来先生在历史系曾经开过一门写作课,向学生讲各种文体,如何取材,如何论述,如何写景写人。他要求任何学历史的人,心中必得存一念,即兼融文史;同时,掌握文献和文字。他谈到写文章一定要触景生情。文献,看起来是一堆故纸,枯燥无味,但在他看来,文献也是景,一旦进入文献就别有一番"场景"。在那里,有活生生的人,有生动的故事。不是吗?他进入林则徐的文献,进入梁章钜的文献,进入蔡东藩的文献,进入……通过研读大量的文献,他的随笔描述这些历史人物的内心世界,刻划他们的性格。他是林则徐研究最有成绩的专家,他读到的林则徐文献最多,在他的笔下向读者展示一个完整的林则徐:林则徐的家庭、师友、前人和时贤对林则徐传统文化的培育,林则徐的禁烟,林则徐的死因,林则徐的诗和书札……林则徐是一位具有爱国主义思想的政治家,近代第一位反侵略的伟大民族英雄,是一位重视民生的大吏,是开眼看世界的第一人,是严于律己的清官。他写清代笔记作家梁章钜,介绍这位与林则徐同乡又同时代的人,其名声虽然没有林则徐那样显赫,但在"立言上的著述事业却超过了林则徐而受到人们的注意"。他写通俗史家蔡东藩是"一位具有高尚品格的通俗史家",他"通贯古今的《历朝通俗演义》""其有功史学自不待言!其对后世的影响也凿凿有据,不仅有多种版本,巨大印数,为众多读者所喜爱……"在他的笔下,文献中的人物一个个"浮出水面",来先生或清洗他们身上的污泥浊水,或撩开历史迷雾,拨乱反正,还了他们的本来面目……总之,来先生的随笔"以史为干,以文为体",新鲜活泼,独树一帜,体现了"文史交融"的风格,已经得到广大读者的认同。这,就是来先生"衰年变法"的丰硕成果。

(施宣圆,上海《文汇报》记者)

专科目录提要　传世鸿编钜制

——推荐《近三百年人物年谱知见录(增订本)》

涂宗涛

　　来新夏先生著《近三百年人物年谱知见录》,于 1983 年由上海人民出版社出版后,即受到学术界的好评,当时我就认为这是一部传世之作。为了精益求精,距初版问世 27 年之后,经过补充修订,又于 2010 年由中华书局出版了"增订本"。两相比较,初版本收 778 篇、谱主 680 人,计 50 余万字;而增订本新增 803 篇和谱主 572 人,增加约 60 万字,即新版之增订本共收 1581 篇、谱主达 1252 人,字数达 110 余万。作为一部专科性的近三百年人物年谱书目提要,称得上煌煌钜制,是研究清史、近现代史和当代史不可或缺的参考书,使我更加坚信这是一部传世之作,值得推荐。

　　历史是人创造的。年谱,不管是自编还是他人编写,谱主都不是普通人,一定是在某些方面有异于常人者。要研究历史,离不开这一历史阶段的年谱著作。《知见录》(增订本)将生于明卒于清和生于光绪廿年后卒于民国或新中国成立后的 1252 人的年谱,按时间顺序,开列年谱书目并撰写精炼提要,书后又附四种索引,检索便捷,是一部既有学术性又有实用性的工具书,统观全书,有如下特色:

　　一曰"全"。近三百年人物年谱到底有多少种,至今虽无确切统计数字,而

《知见录》(增订本)著录了1581种,是同类书目收录最多的,估计传世的刷印单行本年谱不会有遗漏,至于稿本、抄本,经过"文革"大扫荡,个人手中还有保存者,是极个别的;再就是附载于和谱主有关著作中的年谱,因容易被忽略,可能有极少数未被著录,总之,该书是到今为止著录年谱最多的书目提要,力求使之"全"。为此,该书著录的稿本,如我所藏的李遂贤撰《客梦留痕集》(诗谱),是首次介绍给读者的;又如《霜崖先生年谱》,是附于吴梅著《南北词简谱》(1939年四川江津县白沙镇由卢前经手石印本)前面的,该书很难见到,据我所知,天津只有天津图书馆藏有一部,不外借,来先生不但著录了此书,还写了较详的提要;至于所收版本的类型,既有稿本、抄本、木刻本、石印本、铅印本、油印本、当代印本,还有剪报粘贴本;以版本的年代而言,既著录清康熙十四年(1675年)版的《(徽君)孙先生年谱二卷》,也著录了2007年4月中央文献出版社的《叶剑英年谱》,时间跨度达322年;同一谱主,其年谱不同作者的版本,也注意一起著录,如清钱谦益的年谱,就著录了四种。以上这些,说明来先生对近三百年人物年谱的著录,是力求其全的。

二曰"精"。主要表现在"纠谬"、"揭示史料价值"、"正确评价"等方面。首先,随手翻阅,即可发现多处以"新夏按"的形式,纠正多种年谱中的失误,如《子颖林公年谱》(第438—439页),对谱主的生卒年及得年,分别对梁廷灿著《年谱考略》等六种年谱类著作中的误处,五处加"新夏按"予以纠正。其次,作为历史文献重要组成部分的年谱,都不同程度地提供某些珍贵史料,《知见录》(增订本)在提要中,不但列举该年谱的一至数种不同版本和收藏处,更着重指出其史料价值,有时不惜篇幅,分项列举其主要史料,如《抑斋自述》(王锡彤自编,第553—554页),提要用2200多字简介其"一、追述清乾嘉季年联庄会之所建;太平军、捻军在豫鲁活动。……九、谱主以'知情人'身份记袁世凯洪宪帝制、张勋复辟、段祺瑞'讨逆'颇详"等九个方面的史料,足资参考。尤其是稿本、抄本年谱不在社会流传,能介绍其史料价值之所在,更足珍贵。再次,作为一部年谱书目提要,如何评价一部年谱,作者必须具备卓识,从《知见录》(增订本)说明,来先生是具有卓识的,如对金鹤冲编、民国三十年钱氏排印本《钱牧斋先生年谱》,即指出"是谱乃编者有意为谱主降清一事辩解而作","固不足称信史",并进一步指出:"按翻印是谱时,适日寇侵我国家,践我土地之际……则是谱之重印,不免有取媚汉奸之嫌"(第2页),不愧为良史之笔。

三曰"便",即检索使用方便。书后附有"谱主"、"谱名"、"编者"、"谱主别名字号"四种索引,读者检索极为便捷,不再举例。

最后附带一提,在充分肯定其"全"时,曾指出"附载于和谱主有关著作中的年谱","可能有极少数未被著录",目前我就发现有两种:《张苍水集》(上海古籍出版社1985年10月版)附全祖望撰"年谱";另一本《国府汪主席行述》(伪华北政务委员会总务厅情报局编印,民国三十三年十一月出版)附"年谱",均未予著录。按张苍水即张煌言(1620—1664年),是明清之际的著名历史人物,也是民族英雄,其年谱又是名学者全祖望撰写,希《知见录》(增订本)再版时补录。还有龚易图的年谱,另有今人钱荦恒手抄本《含晶道人自订年谱》,我曾在《〈含晶道人自订年谱〉及其史料价值》(载《天津社会科学》1991年第4期)一文中作了较详介绍。龚氏别号"含晶道人",希在"谱主别名字号索引"中补充进去。

(涂宗涛,原天津社会科学院历史研究所研究员)

邃谷先生

王稼句

邃谷,本指幽深的山谷,如朱熹咏白鹿洞诗曰:"邃谷新华馆,风烟再吐吞。"方象瑛咏七盘关诗曰:"层崖邃谷路转通,拾级忽见云霞空。"来新夏先生取以名斋,却并非这个意思。少年时,天津家中楼梯下有约八平方米的空间,可放一榻一架一桌,他就在那里读写、歇宿,因为狭窄黝暗,宛如幽谷,白天也要开灯,但那是真正属于自己的小天地,可以随心所欲,便题名"邃谷楼",还用文言写了一篇《邃谷楼记》。这样的小天地,实在也是当时不少都市洋房少年的向往,但早年的美好情愫,往往随岁月流逝而消磨殆尽,新夏先生却难以忘怀,将这个斋名一直沿用至今,屈指算来,已七十多年了。

新夏先生,浙江萧山人,萧山长河来氏乃绵延近千载的名门望族。自南宋嘉泰初来廷绍卒葬湘湖方家坞后,来氏一脉就占籍萧山,著名于史的,明有来宗道、来斯行、来端蒙、来周、来集之等,清有来蕃、来起峻、来鸿缙、来裕恂等,可谓簪缨世家,风雅门第。来裕恂字雨生,号匏园,乃新夏先生祖父,早年入诂经精舍,列曲园老人门墙,又留学日本,回国后由蔡元培介绍加入光复会。辛亥后,从事教育而外,潜心学术,寄情诗词,著有《萧山县志》、《汉文典》、《中国文学史》、《匏园诗集》正续编等。1923年新夏先生出生,匏园公有《六月十一日接家书,知初八日添孙,喜而赋此》,诗曰:"家音传到笑颜温,却喜今朝已抱孙。私幸平安方报竹,居然弧矢早悬门。读书种子应传砚,乐宴嘉宾合举樽。麟趾原来遗泽远,姬宗王化我思存。"颈联"读书种子"云云,正是匏园公对长孙寄托的厚望。故新夏先生幼年即由祖父启蒙,先生说:"我七岁以前,一直随侍于祖父左右,生活上备受宠爱。但祖父对我的教育却很是认真,非常严格地对我进行传统文化的蒙学教育,以三、百、千、千的顺序去读,去背诵,还为我讲解《幼学琼林》和《龙文鞭影》等蒙学书,为我一生从事学术活动奠定了入门基础。"(《我的学术自述》)匏园公对长孙每一点进步,都感到由衷的高兴。1944年,先生有绘画在北平展出,匏园公作《六月初三日接长子大雄家书,云长孙新夏于暑假其间在旧京出其绘事图画展览》四首,第一首咏道:"顾陆张吴王李卫,前人六法我孙通。艺林运笔参今古,画苑题名动外中。跳上龙门倍声价,买回骏骨奋英雄。从兹绘事成家学,匏老闻之豁两瞳。"可见得老人的喜悦之情。1945年抗战胜利,百废待兴,老人想到的还是长孙,作《勉孙新夏二十韵》,中有"物换星移民庶富,烟铭日出水澄清。闲修功课忙能用,暇裕经纶治可行。所愿如偿诸愿慰,不鸣则已一鸣惊"诸句,时先生即将大学毕业,而国家正当用人之际,老人自然充满期待。当长孙在学术上崭露头角,老人又作《读孙新夏〈四库开元释教录提要〉书后》八首,末一首曰:"据比五端著细编,匏园披阅正欢然,读书得间非攻击,我赞吾孙史学专。"对匏园公来说,无论绘事、史学,还是其他,只要长孙学有专长,总是欣慰的,新夏先生不但没有辜负老人的期望,而且在学术上作出如此建树,在学术界产生如此影响,著书满架,门庭广大,且耄耋高寿仍笔耕不辍,匏园公或许也是没有想到的。

　　40年代初,新夏先生考入北平辅仁大学,受业于陈垣、余嘉锡、张星烺、柴德赓、朱师辙、启功、赵光贤诸先生,他的第一篇论文《汉唐改元释例》,就是在陈垣先生指导下完成的。新夏先生晚年写过几篇文章,追怀前辈先生,记述了他们的学术贡献,他们传道、授业、解惑的孜孜不倦、循循善诱,他们诚信可敬的师道和律己自好的尊严。更重要的是,他们谨严缜密的学风和各具一格的治学方法,给新夏先生很大的影响。如陈垣先生曾编《中西回史日历》、《二十史朔闰表》、《释氏疑年录》等工具书,自以认为编这样的书,琐碎繁复,很有点吃力不讨好,但确乎给学者治学的便利,故有"兹事甚细,智者不为,不为终不能得其用"(《中西回史日历序》)之论,新夏先生由此大受启发,就以二十馀年光阴作《近三百年人物年谱知见录》,再费十年增订,煌煌一册,其目的也是嘉惠学者,开方便之门。再如余嘉锡先生,讲授目录学,新夏先生在他的指导下研究《书目答问》,具体方法,一是精读,二是参阅相关著述,三是编制三套索引,由此而入门,想不到持续七十年,终成《书目答问汇补》这一巨著。这样一种师生之谊、薪火之传,诚然是难得的学林掌故。在先生的邃谷楼里,挂着一副对子:"旧学商量加邃密,新知探求转深沉。"这是朱熹《鹅湖寺和陆子寿》中的两句,只是将原句"新知培养转深沉"改了两个字,而"探求"正是先生一生提倡的学术精神,"储积山崇崇,探求海茫茫"(陆游《抄书》),这是没有止境的。

在广阔的史学领域里,新夏先生找到自己的研究方向,则是1949年9月初到华北大学历史研究室以后。当时研究室由范文澜先生主持,他对新夏先生等后学说,只有做到"坐冷板凳",才能"吃冷猪肉",这就需要有甘于寂寞的精神。事有凑巧,就在这时陆续运来了百馀麻袋的北洋军阀档案,信札、公文、批件、电报、密报、照片等等,什么都有,真是杂乱的一堆,让他们去整理,稍一翻动,就尘土飞扬,正像当年鲁迅等人在教育部西花厅内整理大内档案一般,一天下来,"不仅外衣一层土,连眼镜片都被灰尘蒙得模糊不清,鼻孔下面一条黑杠"(《我和北洋军阀史研究》)。初步整理后,再进行分类上架。这个过程对新夏先生来说,得益匪浅,一方面切身体会到了档案资料和学术研究的密切关系,另一方面他阅读了丁文江、文公直、陶菊隐等人的旧著,开拓了视野,发现了前人的不足,增强了研究的信心,于是就将北洋军阀作为自己的研究方向。前后五十馀年,他从《北洋军阀史略》开始,先后增订、出版了《北洋军阀史稿》、《北洋军阀史》,并辑成三百馀万字五厚册的《北洋军阀》(《中国近代史资料丛刊》之一种),由此而填补了北洋军阀史的空白,构建了研究和资料的系统,先生也就当之无愧地成为这一研究领域的泰斗。与此同时,新夏先生还研究林则徐,研究太平天国,研究秘密社会等专题,有《林则徐年谱》、《中国近代史述丛》、《近三百年人物年谱知见录》、《结网录》等问世。年谱是研究人物生平的重要资料,至清代作者尤盛,张之洞《书目答问》将年谱被列入史部谱录类。晚近以来,人文学者都参考年谱作学术研究,先生说:"常常见到人们为了论史、证史而需从浩繁史籍中搜集资料时,往往都是人自为政,穷年累月、孜孜不倦地去检读爬梳,不禁使我想到为什么不能由一部分人对大量的史籍分门别类地清查一下底数,然后把结果写成报告,再编制相应的工具书,给别人提供些不走重复道路的便利呢?"(《清人年谱的初步研究》)《近三百年人物年谱知见录》就是一部关于年谱的工具书,自然也是年谱一门的目录书,上海人民出版社初印于 1983 年。二十多年来,此书备受学界赞赏,被认为是拓宽年谱学术含量和实用空间的一部力作。但先生并未止步,又费数年寒暑再作增订,增订主要有五个方面,一是扩展内容,二是增录版本,三是重分卷次,四是增补订正,五是指引史料。即就扩展内容来说,初版收叙录七百七十八篇,新增八百零三篇,共计一千五百八十一篇;初版收谱主六百八十人,新增五百七十二人,共计一千二百五十二人;字数也由初版的五十馀万字,增加到一百一十馀万字,并附谱主、谱名、编者及谱主别名字号索引四种。2010 年岁末,增订本由中华书局刊行,一时轰传,被视为清史研究的一大成就。

新夏先生的另一个研究方向,就是方志学,起步于 60 年代初,至 70 年代末才真正开始。他和梁寒冰先生一起推动了全国性的修志工作。新夏先生先后培训了华北、西北、中南、东南四大区的修志人才,并主持编写了《方志学概论》,这是第一本方志学的专著,对全国新编地方志起了重要的指导作用,筚路蓝缕,功莫大焉。先生在对方志学作比较和研究之后,又先后写出了《志域探步》、《中国地方志》、《中国地方志综览》等,由此建立了中国新编方志学的体系,他又成为这一研究领域的泰斗。他还审读过近百种志稿,担任了数十部志书的顾问,撰写了许多篇序文,对新编方志的实践,身体力行。与此同时,他不忘地方文献的整理,他主编的《天津风土丛书》就是一个事例,"它不仅可资掌故谈助,也可备编写方志的采择","可以起到保存地方文献,提供乡土资料和介绍天津历史风貌等作用"(《天津风土丛书总序》)。先生十分关心天津地方文化的整理和研究,鼓励和支持天津一批有志青年去做这方面的事,他们编印的刊物《天津记忆》,至今已出满百期,其中也有着先生的心血。值得一提的是,先生将收藏的新旧方志近千种捐献给故乡萧山,建立了"来新夏方志馆",不但供更多的读者阅读查检,也为故乡的方志研究铺筑一点基础,并且让自己的藏书有了一个好的去处。

80年代初,新夏先生已年近花甲,他在此前二十年,命运多舛,一直被"控制使用",想不到时来运转,大受器用,先后出任南开大学的校务委员、图书馆馆长、出版社社长兼总编辑、图书馆学系系主任、地方文献研究室主任等,由于工作重心转移,他的学术研究又开辟了新领域,那就是图书文献目录学。他在公务繁忙的十多年里,写了《中国古代图书事业史》、《中国近代图书事业史》、《书文化的传承》、《古典目录学》、《古典目录学浅说》、《古籍整理讲义》等,主编了《图书馆学情报学档案学简明词典》,整理了《阅世编》、《清嘉录》、《史记选注》等古籍。2005年中华书局印出的《清人笔记随录》,厚厚一册,实际早在50年代就已入手,断断续续增辑而成,凡著录清人笔记约二百馀种,所谓披沙拣金,集腋为裘,终究有蔚然之观。戴逸先生在序中说:"他研究清人的笔记,大力考证其作者,详尽介绍其内容,精心甄别其版本,还有许多别具新见的评说议论,足以窥见作者的功力与识断。"各篇随录,行文平实,间有考论,能撷取每种笔记的重点和特色,要言不烦,具有相当的可看性。另外还附录《清人笔记中社会史料辑录》,乃取谢国桢《明代经济史料选编》体例,就只嫌其少了。在我想来,这又是先生有待继续增补、日臻完善的一部大书。今年,中华书局又印出先生的《书目答问汇补》两大本,凡一百二十馀万字,那是在韦力、李国庆两位的协助下完成的,采用十七家校本、校语而汇为一编,如编纂宗旨所述:"遴选传世校本,汇录诸家校语;增补书目,胪列版本,订正讹误,利于学人。"这是先生研究《书目答问》的总结,同时也登上了这个学术领域的巅峰。《清人笔记随录》和《书目答问汇补》两书的出版,既是先生对文献目录学的巨大贡献,也是近年古籍整理的重要收获,同时也让先生了了夙愿,毕竟这已魂牵梦绕了几十年。

　　先生晚年除继续研究自己的专业外,写了不少随笔,自 90 年代至今,出版了《冷眼热心》、《路与书》、《依然集》、《邃谷谈往》、《枫林唱晚》、《一苇争流》、《来新夏书话》、《且去填词》、《出枥集》、《只眼看人》、《学不厌集》、《交融集》、《来新夏谈书》、《八〇后》、《邃谷师友》、《谈史说戏》、《访景寻情》等集子,这个书目是凑出来的,或许并不齐全,寒斋只庋藏了其中的大部。先生在读中学时,就写文史随笔在报刊发表,如《诗经的删诗问题》、《桐城派的义法》、《清末的谴责小说》、《邃谷楼读书笔记》等,由此开始而持续七十年而不辍,即使是 80 年代初写的《结网录》,不少篇什仍可当做随笔来读。这是另一副笔墨,似乎随意写来,不拘章法,却浑在天成,那是以博大浑厚的学养为基础的。去年岁末,某报让我谈谈一年读过的十种书,我就提到《来新夏谈书》,这样说:"今年恰逢来新夏先生米寿,印出一本《来新夏谈书》(南开大学出版社版),分藏书、读书两卷,虽是闲文,但也可窥见他的学术构架,史学、方志学、图书文献学交叉缠络,'植根于博,专务乎精',形成治学的新视角和新方法。"(《岁暮读书回想》)从随笔固然可看他的学问,宁宗一先生则又看到了另一方面:"他善于把握时代脉搏,而又对喧嚣的俗情世界、新潮的时髦保持着距离,绝不随波逐流;同时又敏感地警惕着生命的钝化、灵性的消亡、人性的物化和人文精神的沦丧。我想,这就是我心中一位文史大家以其学识的睿智反思历史和认知当代的学术品格。"如果说先生"衰年变法",就是指这一方面而言。先生的才情确乎又是天然生成,那是谁也钦羡不得的。宗一先生说:"由于来公的文史积淀丰富多样,几乎涵盖了中国文化的方方面面,而命笔时则又拥有多种笔墨,表现出多种气象:笔触有时细致,有时奔放,有时严峻,有时悠然,且反讽意味又溶在其中;至于文采色调,柔和浓烈兼有,议论则繁详简约并举,这都构成了他自成一家的风韵。"(《心灵史:文学与历史的契合点》)像近年写的《旧镇纪事》、《异国情愫》、《民族灾难》几篇,读后哪会想到出自八十老人的手笔,"庾信文章老更成",老杜之说固然矣,但还有几多人在。

　　新夏先生长我三十五岁,对他的道德文章,风范气格,我是拳拳服膺。具体而言,他的治学精神,他的学问见识,他的待人处事,在我认识的前辈中是不多的。承先生不弃,视我为小友,凡点滴成绩,即广为揄扬,真是问心有愧。

　　前年五月,新夏先生翩翩作苏州之游,席间有人出了一个谜,"晓钟才到已非春",打一学人姓名,谜底自然是"来新夏",虽然贴切,却有一点伤春的惋叹。我更欣赏宋人姜特立的一首《初夏》,诗曰:"催成新夏荷浮翠,送尽馀春柳褪绵。正是清和好时节,嫩柯娇叶媚晴天。"张梦阳先生说他晚年的随笔,就像他的名字一般,并解释说:"为什么说来公的随笔像是新夏,而不说是早春,也不说成中秋呢? 就是因为他文气健旺,生机勃发,靓丽光彩,犹如夏天青翠欲滴、枝繁叶茂的绿荫,给人以长者的呵护与智者的启悟,不像早春那样,虽然在原野上透发出一派新绿,但是终究未成大气象;也不似中秋那般,纵然月圆气朗,果实累累,然而究竟已近岁末,后劲不足了。来公是八十初度'老来旺',底气充足,心神清健,正处于夏天,而且是新来的夏天!"(《晚景能否来新夏》)又将十年过去,先生步履蹒跚了,自然也更多一点老态,但精神矍铄,风度依然,仍不知疲倦地伏案劳作。当我收到他的一本本新著,都带着他手泽的温郁,不由会想起文徵明的诗来,"白发不嫌春事去,绿阴自喜夏堂凉"(《新夏》),就真想北赴津门,到邃谷楼上拜晤先生,那北窗外正是一片苍翠的浓阴。

(王稼句,作家、藏书家,地方文献学家)

写在书页的边上

王启元

　　来新夏先生在六十载治学的经历中,不仅为大家奉献过坚实的学术科研著作,于近代史、文献学等学科造诣颇深,还创作散文与杂著,为读者带去中国文人的"心灵鸡汤"。

　　作为"书话"体裁的作品,《书前书后》内容涉及颇广,从读书治学到为人做事,有为友朋题写的序跋,也有自己的书评短札。来先生在书中回忆抗战时辅仁大学的学习生涯,着重提到了他的老师们,其中有为人熟知的"史学二陈"之一的陈垣先生。书里记录了一段陈垣先生身后的掌故:来先生为撰写《书目答问汇补》一书,从各藏所拍了各版本首页书影。在翻阅北图所藏清石印本《书目答问》时,发现这份书影上有两颗藏章,除了一颗为"北京图书馆藏"外,另一为长方形条章,以繁体楷书刻"陈垣同志遗书"六字。此"遗书"章既刻工拙劣,又内容不通。后询问先生的后人,才知道上世纪70年代陈垣先生逝世后,将藏书捐赠,北图接受后,刻此一章,作为捐赠标识。感叹之余,来先生坦言,学者藏书,本可藉知其学术体系与趋向所在;回忆起曾经在兴化寺街陈先生寓所,见先生藏书室,"书架设置,井井有条,各有所类,用时能立取",如今拆而散置,打乱先生自有的学术体系,受藏者于此,不可不慎。

　　从无意中见到先师的藏书,而勾起的一段学林往事,继而是对古籍文献保护与文化传承的建言献策,无不体现了来先生不老的文化之心与深重的责任感,这或许是这册"书前书后"带给我们最重要的文化启示吧。

（王启元,复旦大学古籍研究所博士生）

来新夏图书文献学思想综说

王振良

南开大学教授来新夏先生,主要从事历史学、方志学和文献学的教学与研究,并在三方面都取得了突出成就。

来新夏,浙江省杭州市萧山县长河镇(今滨江区长河街道)人,1923年生于杭州。1946年毕业于辅仁大学历史学系,曾师从谢国桢、陈垣、余嘉锡等文史大家问学。1949年,到华北大学第二部学习,后分配在该校历史研究室,为范文澜教授研究生,攻读中国近代史。1951年奉调至南开大学历史系任教,先后担任过南开大学校务委员及南开大学图书馆馆长、出版社社长兼总编辑、图书馆学系主任等职。现任教育部古籍整理研究工作委员会所属地方文献研究室主任,社会兼职有中国近现代史史料学学会名誉会长、文渊阁本《四库全书》学术委员会委员、天津市地方志编纂委员会顾问及美国俄亥俄大学图书馆顾问等。鉴于来新夏教授在做图书馆领导工作期间的卓越业绩,在学术领域中的众多优秀成果和推动国际交流所作出的努力,美国华人图书馆协会特授予其2002年度"杰出贡献奖"。

来新夏教授治学勤奋,虽已年逾八旬,依然笔耕不辍。数十年来,先生学术成果累累,在诸多学术领域中都有着丰富的著述,如历史学方面的《林则徐年谱新编》、《北洋军阀史》、《天津近代史》、《中国近代史述丛》等,方志学方面的《方志学概论》、《志域探步》、《中国地方志》、《中日地方史志比较研究》等,文献学方面的《近三百年人物年谱知见录》、《古典目录学》、《中国古代图书事业史》、《中国近代图书事业史》、《古籍整理讲义》、《清人笔记随录》、《书文化的传承》等。这些著作中有多部获得奖项，如《近三百年人物年谱知见录》获天津市社科优秀成果二等奖，《中日地方史志比较研究》获日本文部省国际交流基金奖和天津市社科优秀成果奖荣誉奖，《北洋军阀史》获第三届中国高校人文社会科学研究优秀成果二等奖等。来新夏先生晚年又开始大量撰写学术性的随笔散文，已汇编成集的有《路与书》、《冷眼热心》、《一苇争流》和《来新夏书话》等十余种。

来新夏先生勤于撰述，著作等身，已卓然跻身于当代学术大家之列。然而，他谦虚谨慎，极少专门述及自己的治学道路、治学经验和治学思想；从理论上来总结自己治学的文字，就更是凤毛麟角。笔者初学，不揣浅陋，谨试着在前人基础上，对来先生的图书文献学思想作些粗浅的探索。

一、"三史合一"的大文献学思想

来新夏先生的图书文献学思想，体现得最充分的就是"三史合一"的大文献学思想。这一思想的产生，源于他的教学实践。20世纪七八十年代之交，因教学需要，先生的治学领域开始由古典目录学向图书馆学等领域延伸。1979年，先生在南开大学分校独力创办图书馆学专业。他提出的办学方针是，不仅要学习图书馆管理方面的有关技能性操作课程，还要求学生能植根于"博"。于是，广泛开设各种人文和自然学科方面的课程，培养了一批有学术根基和掌握管理技能的人才。后来南开大学分校划归天津师范大学，这个系改名为信息产业系，至今仍然存在。1983年秋，先生又受命筹建南开大学图书馆学系。1984年1月，经教育部正式批准，该系同年秋季公开招生建立。当时的办学方针确定为"二材（才）"建设，即编写教材和招揽人才。经过一年多的拼搏，编写了《理论图书馆学教程》等近十部教材，不仅获得了多项奖励，还被其他一些院校有关专业采用。同时，教师队伍也从筹办时的两三人发展到十余人，具有了相当规模。

1985年,南开大学图书馆学系即获得硕士学位授予权,另开办有进修班、大专班等不同层次的教学单位。来新夏教授在五年之内,先后创办了两个图书馆学专业和系,对图书馆学教育的贡献自然不言而喻。

图书馆学系建立后,先生承担诸多的教学和管理工作,对相关学科的探讨剖析日益增多。先生"朦胧地感到在图书馆学的教学领域中某些课程有重见叠出的弊病,如中国书史、中国目录学史和中国图书馆史的分设就出现无可避免的重复,使人有数见向、歆父子之烦"(《中国古代图书事业史·叙言》)。思考之余,他力主将这三史合一,去其重复,构筑了"中国图书事业史"的框架。具体实践上,先生决定先从鸦片战争前的古代部分着手,并在1980年写成《试论〈中国古代图书事业史〉的研究对象与划阶段问题》一文,发表在当年《学术月刊》8月号上。此文发表后,得到不少学界同行的支持与鼓励,于是先生系统组织人力,进行《中国古代图书事业史》的撰述。经过三易书稿、四次修订,该书1990年由上海人民出版社出版发行。

毫无疑问,以"图书事业"作为一个专有名词来概括中国书史、中国目录学史和中国图书馆史,为来新夏先生所首创。这一创新至少在理论和实践两方面实现了重大突破:理论上打破了传统的文献学、目录学、版本学与中国书史、图书馆史分立的框架,将其以"图书事业"来综合代替,形成了一全新的大图书文献学概念,将与图书有关的各种事业,包括制作、搜求、典藏、分类和再编纂等重新合为一体,修正了"各自为学"的偏颇,使极端细化的学科重新融会贯通;在实践上,避免了图书馆学课程设置中重见叠出的弊病,以图书为中心最大限度地容纳了原来三门课程的内容,而且重新进行了编排和整合,减轻学生负担的同时,也大大节省了师资。基于这两大原因,"三史合一"的课程一付诸实践,立即得到国内诸多同行的首肯,先生主持完成的《中国古代图书事业史》也被推誉为中国学术界"第一部将中国书史、中国目录学史和中国图书馆史熔为一炉的学术专著"。

继《中国古代图书事业史》之后,来新夏先生又以古稀之年,穷十年之力,集合师弟三代人共襄盛举,于2000年完成出版了《中国近代图书事业史》,与《中国古代图书事业史》合为完璧,为书林又添一段佳话。中国近代是一个发生过古今未有之奇变的重要历史时期,中国图书事业也同样发生了前所未有的巨大变化,来新夏先生的两部著作,构筑了一个相对完整的"中国图书事业史"框架体系,对推进中国现代图书馆学教育功不可没。

二、"辨章学术"的"致用"意识

来新夏先生图书文献学家的地位,其实早在20世纪80年代初期即已经奠定,其标志就是1981年由中华书局出版的《古典目录学浅说》和1983年上海人民出版社出版的《近三百年人物年谱知见录》。

余庆蓉、王晋卿《中国目录学思想史》(湖南教育出版社,1998年)中,介绍"新时期目录学家"时只谈到两个人,一个是乔好勤,另一个即来新夏。该书评价说,在新时期目录学研究恢复起步阶段,来新夏发表了大量的研究成果,其《古典目录学浅说》被誉为"是一部'综合贯通研究'的目录学史著作。虽仍是对史的研究,但该书的撰写体例,一别往古,别具新意","给当时目录学界带来了一股学术的春风"。这些评价作者确实当之无愧。该书虽然名为"浅说",篇幅也只有十五六万字,但其成就确是开创性的。全书分为四大部分:目录学概说;古典目录学著作和目录学家;古典目录学的相关学科;古典目录学的研究趋势。全书在论述古代目录学一般问题的同时,提纲挈领地总结了古代目录学著作和目录学家的主要成就,讨论了本来属于目录学而有独立趋向的几个学科分支与目录学的关系。来新夏先生还提出,研究古典目录学应从整理、研究、撰写和刊印四方面入手的研究思路和研究方法。该书本来面对初学,写得简明扼要,但客观上倒因通俗易懂,由此扩大了社会影响。书中关于基本研究理论方面的探索,对其后古典目录学研究的深入展开,起到了很大的推动和指导作用。

《古典目录学浅说》出版后,立即赢来学术界一片赞誉。其中以中华书局崔文印先生的《古典目录学津逮》(《读书》1983年第1期)一文,评价最为全面允当。文章开头即对《浅说》的学术意义作了定位:"我国古代目录学的成就,除新中国成立前姚名达先生写过一本《中国目录学史》外,新中国成立后还没有人作过系统的介绍。南开大学来新夏先生的新著《古典目录学浅说》的出版,无疑填补了这一空白。"文章认为,《浅说》本来是指导初学的著作,但却体现了深厚的学术功力。除深入浅出、便于初学外,该书还具备了如下几个特点:首先是在介绍目录学发展成就过程中,抓住了每个时期的特点,并不是孤立地、单纯地罗列事实,而是把事实放在当时的历史条件下加以分析、考察,力图揭示出目录学发展的一般规律,使读者了解到目录学发展中的政治、经济、军事等广泛的社会因素;第二是持论公允,特别是遇到学术界尚有争议的问题更是如此,如目录学是否能独立为学的问题,学术界相当一部分同志认为只有校雠学而没有目录学,目录学应包括在校雠学之中,来新夏先生尽管不同意这种看法,但却能充分地摆出诸家有关重要言论,然后才申以己见,而不强加于人;第三是在这部篇幅不大的著作中,作者能够广泛吸收最新研究成果,如关于"旋风装"问题,以前大都采用刘国钧《中国古代书籍史话》的说法,可1981年北京图书馆善本室李致忠提出了新的观点,来新夏先生认为后者更科学可靠,在《浅说》已发排的情况下,仍坚持改为后者。

崔文总结的《古典目录学浅说》三个特点,充分反映了作者广阔的学者胸襟和对读者的负责态度。此外,这部著作也体现了先生"致用"的图书文献学思想。无论是《浅说》还是后来编纂撰写的一大批工具书,都是先生这一思想的直接体现:就是作为入门书和工具书,必须对读者有用,要以此为"治学"来服务。到《近三百年人物年谱知见录》、《清人笔记随录》,作者在提供"工具"的同时,又加入了"辨章学术"的内容,加大学术含量之外,实质上是给读者提供了更大方便。

2005年1月8日,来新夏先生在"缘为书来综合文化社区"接受网友访谈,当被问及"平生最满意的著作是什么"时,先生毫不犹豫地回答:"《近三百年人物年谱知见录》。原因很简单,就是它给了很多人以方便。"如果《目录学浅说》是予人以门径的话,那么《近三百年人物年谱知见录》就是直接予人以工具。从这两部著作中,我们既可以看出先生"致用"的文献意识,也能够看出他"为人"的治学思路。

《近三百年人物年谱知见录》是来新夏先生另一部较早的目录学著作,一举奠定了先生在图书文献学界的学术地位。这部书稿的缘起,是作者基于个人的教学研究需要,本属"为己"之学。作者在该书《后记》中曾简单交代说:"在《近三百年人物年谱知见录》即将问世的时候,我怀着诚挚的敬意,忆念这部书的创议者,我的学术前辈——南开大学图书馆故馆长冯文潜(柳漪)教授。早在二十五年前,我正担负着中国近代史的教学工作,不时到校图书馆去翻读一些清人年谱。当时,冯老建议我,这类书看的人不多,也无需人人都去看,你既然在看,何不把清人年谱清个底数,顺手写点提要,积少成多,将来也能为人节省翻检之劳(大意)。冯老还表示可为搜求与转借图书提供方便。我原有这方面的朦胧想法,便接受了这一建议。"

这部书稿的写作成书,则更是历尽坎坷。作者接受冯文潜教授的建议后,经过了五六个寒暑,写了八百多篇书录,近五十万字。可书稿增订完成后,很快就遭到散失的厄运。十多本手稿仅剩了两册,另外还有一些杂乱的卡片和原始记录,已经不易复原而不得不弃置一旁。"1970 年,我到津郊学农。临行,亡友巩绍英同志义重情长地来送行,并谆嘱重新编纂《知见录》。几年的耕读生活和回校后等候具体工作的时间为我整理残篇断简、重新查书提供了方便。1975 年,我终于又一次完成了定稿。"在后来创作的学术随笔中,作者也多次回忆过这段经历,并谈到巩绍英谆嘱他"鼓起勇气,学习谈迁,重新撰写",于是作者携残稿与零散卡片下乡,在"耕读生活和回城候差的几年里,我就以此排遣抑愤,忘却纷扰,终于在 1975 年秋又一次完成了《近三百年人物年谱知见录》的定稿"。这既体现了前辈学人百折不挠的"谈迁精神",更显示了"排遣抑愤,忘却纷扰"读书对于人生之重要。如果当时作者荒废了这段时光,那么后来还能否贡献给学术界众多的"为己"和"为人"成果,恐怕真难以预料了。

1983年,《近三百年人物年谱知见录》的正式出版,使来新夏先生最后跨过了由"为己"到"为人"的重要一步。在《近三百年人物年谱知见录·后记》的最后,来新夏先生说,该书"虽已著录八百余种,但还很不完备,不仅有知而未见者,尚有未知者。一些稿本、抄本和或附于集首卷尾、或刊于报章杂志者,则搜求不易而缺漏尤多。但为了能为他人稍节翻检之劳,先将已有部分汇为初编;俟续有所得,再成续编。我殷切期望初编问世后,能有更多同志补正,惠告线索,俾获增补完善"。这里面虽然含有学者的谦虚,但也是事实,以个人之力,确实很难穷尽各类年谱著作,这也成了作者继续在该领域探索的动力。现在,虽已年逾八旬,先生仍在对《知见录》进行着修订,增补的新篇超过原著一半以上,我们期待着这一修订本早日问世。

在图书目录学领域,来新夏先生耕耘不断,此后相继推出《社会科学文献检索与利用》、《图书馆学情报学档案学简明辞典》、《中国的年谱与家谱》、《清代目录提要》、《古籍整理散论》、《古典目录学研究》、《古籍整理讲义》、《书文化的传承》等主编或撰写的著作,大大方便了学人。其中《古典目录学研究》,基本涵盖了以往古典目录学研究的所有领域,有关学者在综论20世纪90年代以来古典目录学研究情况时认为,该书"代表了当今古典目录学研究的最高水平"。

三、"好看有用"的学术美文

1997年,来新夏先生出版了第二本散文随笔集——《路与书》,此后即一发而不可收,每年都会有一到两本集子出版。截至2006年底,先生已经出版的散文随笔集有16部之多。针对这种情况,曾有评论者借用书画界成语,称之为"衰年变法",意指先生晚年治学路子发生巨变,更上层楼。其实,所谓"衰年变法"并非来新夏先生独有的现象,而是当代许多学术大家的共同选择,如金克木、张中行、季羡林等,可以列举出一个长长的名单。"衰年变法"实际很容易解释,这些人无疑都是国学根底深厚的大学者,晚年虽然依旧思维活跃创造力不减,但体力上总归要受到限制:要想再出长篇大论的专著,精力多难以为继;而长短不拘的学术性随笔,恰好给这些知识渊博的学术老人提供了一个契机,一篇文章长则三五天短则一半天即可完成,同时学术上的观点也能得到释放。关键之处是,这些人都有着深厚学养,不是简单的文体变化,而是能够实现"变法",在短小的随笔中,将各自的学术研究升华到一个新的层次。

具体到来新夏先生身上,其"衰年变法"值得注意之处有两点:一是学术界的"变法"多是年老体衰,精力减退,才有意或无意地专力于学术随笔的创作。而先生离休之后,仍继续从事学术活动,如出版《清人笔记随录》,整理笺注《书目答问》,增订《近三百年人物年谱知见录》以及主编其他各类学术丛书等,完成了相当数量的预定研究课题。第二个值得注意之处就是先生晚年的随笔量多质高。量多是因为先生身体比较硬朗,质高则得益于学术功底的积累。在"衰年变法"的学者随笔中,量多者固然有,质高者也不鲜见,但能兼有两者的,则是屈指可数。先生仅以古稀之年的余力,迈入学术随笔新领域,以其清新流畅的风格、平实老到的文笔、底蕴深厚的学养和对现实与人生的独特感悟而卓然成家,这不能不说是文化上的奇迹。

来新夏先生已出版的16种学术随笔,总量有数百万字。这些文字,既是用历史眼光对现实进行的观察与思考,同时也是用现实眼光对历史进行的回顾与审视,逼真地展示了人世百态与另一方学术天空,文中所描述的人情物事,无不独辟蹊径,体现了当代意识与历史深度的有机融合。因此有学者曾不无诗情画意地评价说:"虽少大言,却大义自显;行文平和却耐人寻味。从容、大气的行文风格体现出作者达观向上的人生精要。来新夏先生将自己对传统文化永难割舍的爱恋与执著流于笔端,将自己经历的苦难化作对历史的深刻理解以呈现于世人面前;以淡泊宁静依然故我的纯真境界,抒写对人间风雨沧桑的无怨无悔。"

来新夏随笔的"质",主要体现在其受欢迎的程度上。其随笔集能得到出版社垂青，一本接一本地出版，这本身就是质高的体现。综而言之，其随笔的突出特点有三：一是现实性，常常针对实际问题有感而发，针砭时弊，有的放矢；二是学术性，知识含量丰富，引经据典，要言不烦，观点明确，论述精彩；三是趣味性，即读着不枯燥，看起来轻松愉快，既能获得知识，又有美的享受，这应该是读者喜欢其随笔的重要原因。从某种意义上说，笔者更看中的是最后一个特点，即将学问做得有趣味，好看且有用，成为学术的美文。关于这一点，来新夏先生似从未专门述及，而全部体现在他的学术实践之中。

先生随笔的美文特征，其实在早年治学中就已有所体现，如《古典目录学浅说》、《古籍整理散论》等，虽然都是系统的学术性专著，但都通俗易懂，深入浅出。著名目录学家钱亚新先生认为，《古典目录学浅说》"其特点在于一个'浅'字，行文不论叙述、议论，都能由浅入深、'深入浅出'"。能把枯燥的学术论著写得"深入浅出"，说起来简单，实际上非学术大家而不能为。因此钱亚新先生在评价《浅说》时，才把眼光盯在了"浅"字上。

1984 年由南开大学出版社出版的《结网录》，则已经充分显示了先生学术取向的美文化和随笔化特征。2005 年，中华书局出版的《清人笔记随录》，则达到了学术与美文结合的巅峰。《随录》中的许多篇目，正式出版前就曾在《藏书家》等杂志报刊上以随笔形式发表，受到学人追捧，这也正体现美文耐读的特性。学术如果做得枯燥，不但自己没有兴趣，更易坏了读者胃口。因此，先生一直追求把学问做得有趣味，文字有美感。当然，这些理论上总结起来比较容易，真正实践起来，绝对离不开渊博的国学素养和深厚的学术功力。

2006 年 6 月，山西古籍出版社出版了先生的《书文化的传承（插图本）》，该书被《中华读书报》评为"年度图书之 100 佳"之一，上海外国语大学陈福康教授在配发的短评中认为："作者跳出传统目录学、图书馆学的讲课框框，从中华文化承传的角度，对绵延数千年的中国'书文化'作了梳理。该书见解精辟，要言不烦，虽是一本小书，却展示了大学问家的功力。"这也可以算作先生学术美文化的一个例证。

2002 年,中华书局出版《三学集》,内容涵盖了代表先生治学成就的历史学、方志学和文献学三个领域,虽然篇幅非巨,但却是对先生学术精华的准确总结。2006 年,中华书局又出版了《皓首学术随笔·来新夏卷》,与季羡林、任继愈等学术大家并立,这也不妨看作是对先生学术随笔的一种定评。

(王振良,天津《今晚报》编辑)

博学达观话来老

韦 泱

引 子

二〇一〇年,在天津南开校区拜访来新夏教授时,正值他八十八岁米寿之际。两年光景一眨眼就稍纵即逝。而来老的书,我一本接着一本翻阅,似乎觉得进入了时光遂道,在温习他的人生轨迹与学术之路。一个以史学为基点,旁及多门学科且硕果丰赡的学人,其成功的内在奥秘,也许会吸引更多的人去探究一番。

辅仁学府筑根基

来新夏系浙江萧山人,号弢庵,斋名邃谷,一九二三年六月出生于杭州一个读书人家。富有诗才的祖父来裕恂时在葫芦岛航警学校任教,从家书中获悉长孙出世,喜不待言,赋诗记下愉悦心情:"家音传到笑颜温,却喜今朝己抱孙"、"读书种子应传砚,乐宴嘉宾合举樽",字里行间,期待孙辈能继承家中书香薪火。

祖父是晚清经学大师俞樾的高足,光绪二十九年留学日本,参加同盟会,还担任过孙中山在横滨创立的中华学校教务长。可以说,祖父是一位学贯中西的饱学之士。因来新夏从小在祖父膝边长大,随祖父开蒙读书,五、六岁时已熟诵《三字经》《百家姓》《千字文》等,这是祖父在幼小的来新夏身上种下的读书种子。后来在回忆中,来新夏说:"对我一生事业起重大影响的仍是我的祖父"。

七岁时,任职天津北宁铁路局的父亲因工作已趋稳定,来新夏就随母亲周玉如告别大家庭北赴天津,从此就扎根津门,住了八十多年,来新夏称天津为"第二故乡",亲切之情溢于言表。在这里,他读完小学及高中,在高中得国文老师谢国捷(著名史学家谢国桢之弟)的指导,写出第一篇史学论文《汉唐改元释例》,自此培养起研习历史的兴趣,而谢国捷就是为他指点迷津的第一位良师。

缘此,来新夏以优异成绩从中学毕业,于一九四二年一举考取北平辅仁大学历史学系。其时考辅仁并不容易,差不多二十个考生竞争一个名额呢!辅仁规模虽不大,却名师云集,学风纯朴。虽然当时日本人已占领北平,但因辅仁属德国教会学校,日本人不愿得罪同盟国的德国人,不敢轻易干涉辅仁。这样,辅仁的教学环境相对自由些。学校班级不多,每个教室的学生也大都在一二十个,老师教学显得从容,差不多每个学生都能得到老师的悉心指导,师生关系十分融洽、亲切。

在辅仁,来新夏有幸遇到一个个学有所长、名重如山的老师。校长陈垣先生,是与陈寅恪齐名的著名史学家,一校之长,却亲自给学生上四门课,他布置的作业,在批改前,自己先要做一遍,然后,与学生的作业一起贴在教室墙上,让学生进行比较,感悟作业应该怎么做,这对来新夏提高自己的专业水平起着很好的示范作用。作为来新夏的业师,陈垣亲自指导他的毕业论文,至今给来新夏留下难以磨灭的印象。历史系主任张星烺先生,是精通中西交通史的专家,面容长得慈眉善目,对学生更是亲密无间。还有中文系主任余嘉锡,满腹经纶,讲起课来不用看讲义,滔滔不绝,口若悬河,批改作业却笔下无情,严格认真,而来新夏选修他的目录学,常常能得高分。启功当年教来新夏国文与绘画。因怕学生营养不良,启功每到周日,就召来新夏等几个学生到他家去改善伙食,看到学生衣服坏了,或掉了钮扣,师母还帮着缝补。师生情谊保持了半个多世纪。

　　四年的辅仁生涯,来新夏耳闻目染了老师们的崇高师德,也为日后筑下了学问研究的扎实根基。

北洋史研第一人

　　一九四六年,来新夏从辅仁毕业,却无奈地跌入"毕业即失业"的阴影。在亲友的帮助下,在一家公司谋得一个小职员工作,不久该公司倒闭。后经一位中学老师的介绍,去一所教会中学当了教书匠。一九四九年一月,天津解放了。来新夏有幸被保送到华北大学,进行南下工作前的政治培训。培训结束,他却被留在华北大学历史研究室,师从著名历史学家范文澜教授,做中国近代史研究生。这是他人生路上的重大转机。自此,来新夏确立了自己的研究方向。一个偶然的机遇,使来新夏将北洋军阀作为研究近代史的重点课题。天津解放初,范文澜主持的历史研究所接收了一批北洋军阀原始档案资料,有政府部门文件、电报、报告,有私人信函,各种图片等等,数量之多,实为罕见。范文澜安排来新夏等七个研究生对此进行整理和分类。每次从库房里拖出几麻袋,倒在地上,进行分拣。这些资料夹杂着尘土、垃圾,甚至老鼠屎,不但尘土飞扬,而且臭味刺鼻,年轻人每人戴着分发的口罩,和一套灰布旧制服,在杂乱无章、难以下手的情况下,硬是把混在纸质材料中的土碴抖落出来,进行信归信、文件归文件的初步分理。一天下来,来新夏与同学们浑身都是尘土,除口罩遮住的地方是白的,其余全成了深灰色,口罩鼻孔处则被灰尘堆积成了两个小黑球。尽管如此,他们毫无怨言,干得不亦乐乎。白天劳累,晚上还交流信息,谈论白天看到什么有趣的资料等等。花了两个月,总算将百余麻袋档案资料全部清理完毕。

　　接着,范文澜让来新夏等读一些有关北洋军阀的书籍,然后对资料进行分门别类的整理,制作卡片,写上文件名,编号,内容摘要等。此时,来新夏便做了有心人,因为看得仔细,常常发现一些珍贵史料,就一一随手摘抄下来。晚上进行研读,有时对某一问题引发兴趣,第二天专门去追索原档,进一步阅读详细内容。这个工作,持续了半年时间,虽然较为艰苦,却把来新夏引入了一个全新的史学领域,北洋军阀时期的研究,成为来新夏毕生在近代史领域中的一个专门课题。

一九五一年春,应南开大学历史系主任吴廷璆教授的邀请,范文澜忍痛割爱,同意来新夏去南开任教。中国近代史尤其是北洋军阀史,是来新夏在南开教学工作的重头戏。一九五二年,《历史教学》杂志连载了他的《北洋军阀统治时期》的讲课笔记,这是他研究北洋军阀史的最初成果,其时他还不满三十岁,正是进入学术研究的黄金时期。接着,他受命筹划《中国近代史资料丛刊·北洋军阀》的编撰工作。此工作虽因故中断,但他因而积累下不少北洋军阀的资料。一九五七年,应湖北人民出版社之邀,来新夏撰写出版了新中国第一部北洋军阀史专著《北洋军阀史略》,一时引起海内外史学界的关注。日本学者岩崎富久男即将这部十二万字的专著译成日文,增配图片,以《中国の军阀》为书名,先后由两个出版社出版,成为日本史学专家案头必备之书。之后,来新夏不断有新的发现,积累更加丰厚,甚至在"文革"中冒着危险偷偷地搜集资料。一九八三年,在原书基础上进行大量增订,出版了三十四万字的《北洋军阀史稿》。到了新世纪初的二〇〇一年,他又增补了许多史料,出版了上下两册,共一百零五万字的《北洋军阀史》,完成了一部书稿的"三级跳"。这是迄今为止国内最完备的一部北洋史专著,来新夏为此持续写作了半个世纪,堪称国内北洋史学研究第一人。

以书为轴结硕果

在辅仁求学时,来新夏幸得名师余嘉锡指点,读大一时选修了余师的"目录学"课程。课堂上,余师要求学生以清人张之洞的《书目答问》为教材,再以范希曾的《书目答问补正》作辅助课本。尽管来新夏幼时随祖父读过一些古籍,但对于《书目答问补正》这个书名,却有点陌生。按老师的要求,他一遍遍读着一串串枯燥乏味的书名。读多了,才熟而生巧,可以按作者的姓名、著作之序编出索引。可以说,余师是来新夏在古籍目录学领域中的引路人。

自上世纪七十年代后期开始,因来新夏在南开大学分校首次创设图书馆学专业,他的研究也从古籍目录学渗透到图书馆学领域。一九八三年秋,来新夏又受命筹建南大图书馆学系,在人才与教材"两缺"的状况下,他亲手编写《理论图书馆学教程》等多部教材。本来是用来"救急"的教科书,不料却获得多种奖项,还被其它一些院校用作专业教材。在图书馆学的教学、管理工作中,来新夏不废研究探索,还真能发现问题,他感到图书馆学的教学领域中,对于中国书史、中国目录史和中国图书馆史三个方面,存在有的课程重复,有的课程缺位的弊端,他主张将三史合一,构筑成"中国图书事业史"的总体框架。在这一框架下,他展开对三史的教学和研究,从而打破各自为政的传统壁垒,将文献学、目录学、版本学与中国书史、图书馆史各学科打通。"三史合一"的实践结果,深得师生们乃至国内同行的肯定。来新夏主持编撰的《中国古代图书事业史》一书,经三易其稿,反复修订,于一九九〇年由上海人民出版社出版,被誉为中国学术界"第一部将中国书史、中国目录史和中国图书馆史熔为一炉的学术专著"。

在此基础上,来新夏又以十年之功,率同门弟子于二〇〇〇年,编著出版了《中国近代图书事业史》,与《中国古代图书事业史》成为相互辉映的双璧,建立起"中国图书事业史"相对完整的框架体系。

早在八十年代初,来新夏已确立了在图书文献领域中的领军地位。一九八一年,中华书局出版了他的《古典目录学浅说》。余庆蓉、王晋卿所著《中国目录学思想史》一书,在介绍新时期目录学家中,只列出两人,其中之一即来新夏,还称《古典目录学浅说》"是一部'综合贯通研究'的目录学史著","给当时目录学界带来了一股学术春风"。崔文印在《古典目录学津逮》一文中,亦对来新夏的专著给予高度评价,说"我国古典目录学的成就,除解放前姚名达先生写过一本《中国目录学史》外,解放后还没有人作过系统的介绍。南开大学来新夏先生的新著《古典目录学浅说》的出版,无疑填补了这一空白"。

接着,来新夏于一九八三年由上海人民出版社出版了《近三百年人物年谱知见录》。如果说,以往的学术专著多为自己"著书立说"的话,那么,这部大型目录学专著,则更多是给读者提供查阅研究的方便,即他所说是"为了能为他人稍节翻检之劳"。关于这部书的写作,来新夏早在五十年代,就用了五、六个寒暑,著录八百余种年谱,约五十万字。初稿完成后,作者修订后用毛笔抄成十二册小楷本。"文革"中却未能幸免,十二册散失后仅找回二册,所幸尚存一些初稿及部分卡片。他白天下田出工,晚上悄悄进行修订改写,用了近两年的业余时间,终于完稿。到一九八三年正式出版时,前后费时二十六年矣。前些年,年逾八旬的来新夏,对此书又进行了大规模增补,篇目在原来的基础上增加了近一倍,增订本于二〇一一年顺利出版。

与此同时,来新夏先后主编或撰写出版了《社会科学文献检索与利用》《中国的年谱与家谱》《古代目录学研究》《书文化的传承》等十余部专著,尤其《古典目录学研究》一书,基本涵盖了以往古典目录学研究的所有领域,被学者认为是"代表了当今古典目录学研究的最高水平"。

衰年变法开新境

"衰年变法"一词,本用来形容老画家的,如黄宾虹等到了晚年,仍竭思进取,意欲改变自己固有的画风,以达到别开新面的效果。近年来,有用这一说法来形容诗人作家的,如我所熟识的老诗人彭燕郊,晚年诗风陡转,跳跃性更强,更具现代意象和语言张力。还有散文家何为,一辈子从事散文创作,晚年说由于政治清明、环境宽松,创作没有了"紧箍咒",散文风格更趋超然、散淡,在清和中见深意。我想,这些都是"衰年变法"成功的事例。那么,在学术上"衰年变法"可行否?来新夏成了"第一个吃螃蟹的人"。

我的书架上有一册《冷眼热心》的书,副题为"来新夏随笔",东方出版中心出版于一九九七年一月,印数一万册。这是一套"当代中国学者随笔"丛书之一种,也许从此发端,文坛上多了"学者随笔"这种名称。这不是说,以前的学者不写随笔,只是没有这一说法而已。

《冷眼热心》是来新夏第一部随笔集,收作者创作的随笔小品八十三篇,包括三部分内容,一是有关传统文化与汉学之道的言说,如《关于目录》《书名之学不应轻视》《书吏政治》等,既彰显了那些不为人注意的旧学旧事,又从侧面展示一代学人的治学为文之道;二是作者对于社会人生、世态炎凉以及学界流弊的所思所虑;三是作者通过对一些历史人物、事例以及师友的追述,知微见著,写出了中国知识分子的良知与人格。此书文字平实而内涵丰富,立论鲜明活泼,对日常司空见惯的人文现象,在不经意中予以阐述,使读者在增长文史知识中,受到思想启迪。

从这些随笔中,不难看出,作者已不再局限于做一己的书斋学问,而更多地注重学术与社会的关联,具有更多的知识分子的责任意识和社会担当。诚如作者所说:"我也不甘于蜗居在纯学术的象牙塔中,总想改变一下自己,至少能把自己前三十年积累的学识和见解,用群众能读喜看的文字回归于群众",这道出了作者写作随笔的初衷。

以后十五年中,来新夏每年都有一、二种随笔集问世,共有二十多部之多,如《路与书》《依然集》《邃谷淡往》《只眼看人》《枫林唱晚》《来新夏书话》等,直到二〇一一年寄赠我的新著《砚边馀墨》。在我的书架上排成一大摞,显得琳琅满目。这些随笔作品,既记录了作者读过的用文字书写的书,更有读大千世界芸芸众生的这部无字之书;既有作者地理概念上的走万里路,更有拖着沉重步履,跌跌撞撞走过的漫长人生之路。渐渐进入晚境后,作者于"灿烂之后归于平淡"的冷静思考,一篇篇写观书、阅世、知人之文,十多年来一发而不可收,竟写了这么多,令读者满心喜欢,目不暇接。

作为一位学者,来新夏的随笔与众多作家的随笔有什么不同之处呢?作家惯于形象思维,激情多于理性,且表达方式上生动有趣、引人入胜。而学者多是沉思型的,对人对事,理性的独特思考更显出其个性。在写作随笔中,他有意将两者的特点加以融合、嫁接,别开生面独树一帜,得到学界同仁及广大读者的好评。正如南开大学教授宁宗一先生所言:"读来公的大部分随笔,给人的强烈印象好像总是能不断地听到一连串的声音:这就是人生,这就是文化,这就是活着的历史"。作历史研究,多采用纵向客观的视角,注重的是重大历史事件和文化衍演变革,而作为历史横断面的文史小品写作,其展示的是通过描绘而更加形象,凸现的人、事、书、物、山川等等的品格与气韵,是作为纵向历史的一种契合。来新夏真正做到了以当代意识审视历史,又在历史的背景上观照当代,使当代意识与历史深度有机融合。以历史人物林则徐为例,来新夏撰写出版过分量颇重、学术含量厚实的专著《林则徐年谱新编》(简称《年谱》),但他又写了多篇关于林则徐的随笔,如《林则徐的取法前贤》《林则徐的书札》《林则徐死因之谜》《青史凭谁定是非——林则徐的晚年》等等,这些随笔是生动的人物速写,如"在严命促行下,他拖着衰病之躯,从西安启程。临行前,他成诗二首示家人。他一路上行行停停,用自己沉重的脚步在写自己的人生"。历史人物有血有肉的亲切感,为《年谱》作了生动形象的铺垫,可称《年谱》的姐妹篇。

有人以"衰年变法"来研究来新夏的随笔现象。而国外有些科学家五十岁以后,在其专门领域有所建树的同时,往往向普及科学知识的道路转变。这对来新夏颇有启发,在研究历史文献的专业中,他更广博地阅览众书,且耕耘不辍。在政治清明、学术繁荣的今天,来新夏感慨地说:"我庆幸自己的省悟,我更感谢时代的厚赐!"

人生幸福达为先

近年来,尤其是八秩之后的望九之年中,来新夏似乎有"老夫聊发少年狂"的豪气,继续他的著书立说,在随笔写作之际,完成并出版了前后长达几十年的用心力作《清人笔记随录》初编,其体例一如《近三百年人物年谱知见录》,对清人所撰三百余种笔记作了疏理。二〇〇七年又完成历经五十年积累而纂辑近百万字的《书目答问汇补》一书，为学界再添新的成果。

说了那么多来新夏的学术成就，该说一说他的人生观了。一辈子坐冷板凳，伏案于书堆之中，有否幸福可言？

其实，在进入人生"倒计时"的晚年，来新夏常常思考"人生幸福何为先"这个命题。虽然他出生在一个知识分子的大家庭中，从小衣食无忧，从小学到大学顺利完成学业。然而，他的人生之路并不平坦。人们常说，个人的际遇与国家的安危息息相关。年幼时，正遭日本帝国主义侵占华北，一些地痞流氓等民族败类，常常在华界聚众闹事，使百姓不得安宁，当地人称此为"闹便衣队"，每当发生这类捣乱之事，八、九岁的来新夏就得跟随家人，逃难似的到附近租界内的亲戚家暂避风头。"七七"事变后，家乡遭到日寇轰炸，来新夏与父母在外逃的路上被冲散，他只能拖着六岁的弟弟乱奔乱撞，受饥挨冻，第二天才得好心人帮助，给了两碗米饭，又巧遇父亲友人才得与家人团圆。在"文革"中，来新夏因发起编辑地方志被扣上"举逸民"的罪状，并将有关修志文件、档案资料作为罪证强行抄走，过着被批斗和监管的无人身自由的生活。作为学校首批"牛鬼蛇神"，他每天天不亮就要清扫校内马路和厕所。后下放农村，进行脱胎换骨的思想改造，在田间拉大车，在河堤挑淤泥，整整四年，什么苦活累活都干过。

"文革"结束，来新夏落实了政策，获得新生。他被先后任命为南开图书馆系主任、图书馆馆长、南大出版社社长兼总编辑、天津图书馆学会副理事长、天津出版者协会副主席，还被评为天津市劳动模范等等。这一切，仿佛如人生辉煌的"光环"。之后，从九十年代起，来新夏陆续从各岗位上离任，并正式办理退休手续。一切复归平静后，他想到，人生有风风雨雨、坎坎坷坷的日子，也有晴空万里、春风和煦的时刻。苏东坡在《定风波》中的"一蓑烟雨任平生"句，最得来新夏的共鸣，他向往那样的潇洒生活，以求回归自我。无论是处在人生的逆境，还是被成功的鲜花簇拥，他都能处变不乱，泰然若素，无欲无求，无怨无悔，这是心灵的超然、淡定。可见来新夏具有多么令人羡慕的幸福指数。他说："只要早晨起来,仍然天天向上"。

至此,我们明白了,何为来新夏的幸福观。有人认为长寿是自古以来共识的幸福,但有寿而无健康之身,不仅本人痛苦,还连累家室;有人认为有财有势才幸福,其实那正让贼窥门缝、儿孙觊觎,每日生活在提心吊胆之中,有何幸福可言。来新夏想得很豁达,很超脱,他认为:"人生幸福达为先","知人达命",惟有"达"才能认识人生的真谛。如此,才能视坎坷为人生必经之途,视一时辉煌为过眼烟云,视未被重用为淡泊明志,视生老病死为人生必然规律,视欢乐为一时兴至,视离合为宴席之聚散,视家无余财为君子固穷,视家人父子若朋友相聚,视挨整受欺为心无愧怍……此皆为达人知命之念。

曹操曾言:"老骥伏枥,志在千里",来新夏以此自勉。在八十岁之际,曾出版随笔集名曰《80 后》,他调侃以"80 后"自居,以身笔两健的风发意气,或神游于书海,或活跃于讲堂,既著作等身,又桃李满天下。他欣赏唐诗人《遣怀》句:"闲身自有闲消处",身在闲处,偏要去找寻闲消处。在新著《砚边馀墨》序中,他写道:"设天假以年,更当奋蹄出枥,再成一集、二集,决不萌'挂笔'之念。"我们在期盼来老新著迭出的同时,也在心中深深地祈祷来老:仁者寿,达而福。

(韦泱,原名王伟强,上海作家)

青青子衿　悠悠我心

——来新夏教授赠书记

邢　宁

2004 年的金秋十月，当硕果满树的时候，南开大学迎来了她的 85 周年建校庆典，南开大学图书馆也迎来了她的 85 周年馆庆。值此盛会，著名历史学家、原南开大学图书馆馆长来新夏教授，特向南开大学图书馆捐赠了大量珍贵的书籍，表达自己的心愿，祝福南开大学和我国的图书馆事业薪承火继、光耀华夏！

2004 年 10 月 19 日，南开大学图书馆为来新夏教授组织了热烈隆重的赠书仪式。赠书仪式在南开大学图书馆逸夫楼会议室举行。阎世平馆长、赵铁锁书记参加并主持了赠书仪式。图书馆新老工作人员济济一堂，同庆佳期盛事，述往怀今，忆图书馆艰苦奋斗的创业史；共话未来，展望新技术革命路上蓝图宏伟。与会的许多同志曾与来先生并肩工作过，其中许多人是来教授的门生弟子。大家认为，图书馆前辈身体力行、负重驰远，同时言传身教，垂范后人，南开大学图书馆今日铸就的辉煌历史，就是他们筚路蓝缕、孜孜以求的奋斗史。阎世平馆长向大家介绍了来教授的事迹。

来新夏教授 1923 年生于浙江省杭州市，幼承庭训，在祖父来裕恂先生教导下，接受了很好的国学启蒙。1942 年考入北平辅仁大学历史学系。受到陈垣、余嘉锡、启功等著名学者的悉心指教，以优异成绩毕业。1949 年为华北大学历史研究所范文澜先生的研究生。1951 年春到南开大学历史系任助教。

1960 年 9 月起受到不公正待遇,中经"文革",被剥夺了参加教学与科学研究的权利,并遭受大字报批判、批判会揪斗、非法关押、下放农村改造等种种人身污辱和生活磨难,直到 1978 年 10 月才被公开平反。

1970 年 6 月,来先生在过四十七岁生日的时候,被下放到津郊农村劳动,从挑担子开始,学做农活。刚下去时,为社员送稀饭,先生因为从没有挑过担子,一迈步便两桶摇晃,汤水溅出便烫到了脚跟,挑一段路就要歇歇肩。过沟时,由于不能挑着担子一步跨过去,需要放下挑子,分两次从沟的两侧爬上爬下,将稀饭桶运过沟,然后再挑走。每月要到乡里买供应粮和蜂窝煤,二十多里路要是没有车是弄不回来的。为了生活,先生向房东、向队长、向隔壁二大爷请教,终于懂得了走、停、退等吆喝牲口的口令,学会了赶车。当年秋收,因生产队劳力不足,先生成了整劳力。每天天刚蒙蒙亮就到队里集合下地,先生从此跟随社员们一起掰棒子、掐高粱头、浇地、撒化肥,开始了农民生活。先生很快掌握了各种农活技能。可以从地里往场上挑一二百斤一担的高粱头,一口气往返六七里地。在冬天,先生和本地的壮劳力一起出河工,挑泥挖淤,两人一组用筐抬二百来斤的淤泥,光脚爬坡,运到大堤上。吃咸菜、住窝棚,其时先生已五十岁。但即使在最恶劣的条件下,先生仍然不懈地努力、执著地追求,在动荡的环境中、在农村土炕上撰写著作,手稿数易。在 1974 年返城的时候,先生积累的成稿竟达数尺。因此,先生在北洋军阀史研究、林则徐研究、方志学、目录学,甚至在散文随笔方面,都取得了卓越的成就。

1979 年 9 月,先生受命筹建南开大学分校图书馆学专业,随后又被任命校图书馆馆长、校出版社社长等职。先生在图书馆领导工作中作出的杰出贡献,我们感受最深。先生接受这些行政职务的时候,正是改革开放之初,在意识形态领域和工作的方方面面,"左"的影响依然存在。先生到图书馆上任以后,立即进行了坚决的改革,大胆改变了过去那种空喊政治口号的局面,脚踏实地,实事求是,科学地规范了机构的业务发展方向,确立了为全校的教学和科学研究服务这一根本建馆方针;积极致力于人才培养,将思想作风和工作业务能力强的人员充实到管理岗位;重视提高工作人员的外语水平,多次举办外语培训班,亲自组织,甚至亲临课堂听讲,把外语能力作为考察工作人员业务能力的一条重要标准;身体力行,亲切地传授、帮助工作人员提高业务水平……种种举措难以一一枚举,而这些举措多成为继任馆长效法的标志性行为。可以毫不夸张地说,正是由于先生和他所带领的领导班子以及诸多同志的积极努力,实现了"求变革、促发展"的目标,同时又"变中求稳",达到"老有所安、中有所用、青有所学"的治理目标,使图书馆走出了在"左"的影响下出现的混乱局面,奠定了以后图书馆健康发展的基础。来先生不仅对南开大学图书馆的发展作出了应有的贡献,而且对天津市高校图书馆事业乃至全国高校图书馆事业的发展都作出了重要贡献。1981 年 9 月,天津市高等学校图书馆工作委员会成立,来先生担任该委员会副主任并主持工作,从此天津市高校图书馆事业的发展开始了新的篇章。

为了开辟一块图书馆的学术研究园地,在来先生的积极筹划、努力奔波之下,《津图学刊》终于在 1983 年 12 月面世,先生始任主编,主持工作达二十余年。其刊无论是办刊宗旨、编辑思想,以致封面设计、卷首内容、版式安排、编校印刷等方面,无不浸透着先生的心血。经来先生发起,于 1985 年 9 月成立的华北地区高等学校图书馆协作委员会,现已向二十周年迈进,图书馆这种大区协作组织对信息互通、资源共享、经验交流、学术研讨、人员培训等方面都发挥了应有的作用,图协友谊之花越开越盛。

1987 年 6 月,在国家教育委员会召开的第三次全国高校图书馆工作会议上,来先生被聘任为常务委员,他进一步为高校图书馆的地位、作用、争取支持等方面疾声进言,奔走宣示。2 002 年美国华人图书馆员协会授予先生"杰出贡献奖",先生是当之无愧的。

阎世平馆长高度评价了来新夏教授为图书馆建设作出的突出贡献。即使从馆长职位上退下来以后,先生仍然不遗余方地关注着图书馆如何实现现代化建设这个中心任务,热情地给予我们多方面的帮助,积极地为我们出谋划策,今天又给我们送来了大量个人著作和藏书精品,表现了老馆长对图书馆事业一如既往的执著追求和无限关爱。先生一笑挥退了崎岖往事带来的不堪回首的重重烦恼,精神饱满地投身到一个又一个崭新的征程。这种坚定无畏的优秀品格,难能可贵的奉献精神,持之以恒的崇高信念,给了我们诸多启示和鼓舞。在沧海横流中把握自己、超越自己,先生为我们树立了榜样。

随后大家进行了热烈发言。老一辈图书馆工作者辛勤耕耘、忘我奋斗的事迹,使年轻工作人员又一次受到深刻教育。大家认为,我们的事业在不断发展,我们会经常面临新的问题和挑战,我们必须不断适应新的情况,解决新的问题和矛盾。我们必须谦虚谨慎,继续努力学习。我们将坚持不懈地迈向新的目标,图书馆工作的后来者应该进一步提高自己的水平,使老一辈开创的事业在我们的手中结下成功的果实。改革、创新、奋进将是伴随我们前进的主旋律,兼顾多方、稳定发展将是我们向新的境界冲击的有力保证。我们的事业将吸引更多的新生力量来参与。

来教授以及所有老一代图书馆工作者的道德垂范,开路引航,与新人的创新进取精神相结合,正是我们的事业后继有人、播芳于世的必要条件。

来新夏教授对馆领导和工作人员对他表达的崇高评价和衷心敬意,表示由衷的感谢。此次送上他本人最新出版的著作和一批旧著以及个人藏书共300余册,希望再次为图书馆藏书建设贡献微薄力量。他表示,作为老馆长,一直在关注着图书馆建设的方方面面。"青青子衿,悠悠我心。但为君故,沉吟至今。"

他认为,人才问题是我们事业兴旺发达的关键所在。今日看到满目桃李,灼灼其辉,员工们老健少强,他深受鼓舞。相信图书馆在今后的现代化、信息化建设中,新老同志携手共进,定会层楼叠起,再创新高。

最后阎世平馆长将写有"致力图书馆建设不遗余力,道善德润,盛业千秋"的荣誉奖状赠送给来新夏教授。南开大学图书馆人衷心感谢先生给我们带来了珍贵的书籍,并再次感谢先生又一次带给我们的精神力量,我们将与先生一起祝福图书馆事业千秋永续!

（邢宁,南开大学图书馆副研究馆员）

也谈图书馆人的再塑造

——读来新夏《图书馆人的再塑造》有感

徐　草

图书馆事业究竟是什么事业？原南开大学图书馆馆长来新夏老先生在《图书馆人的再塑造》（《博览群书》2007 年第 10 期）一文中认为它是一种为人的事业。他说："图书馆事业像一棵大树的树根那样，埋在地下，通过自己从土壤中吸取各种成分的养料，然后源源不断地输送到各个枝干和叶脉，从而使这棵大树能够苍翠浓绿，枝叶茂密，硕果累累。……图书馆人是知识供应的后勤，当服务对象出现了知识血栓的时候，我们图书馆人就可能通过各种手段来融化血栓，让知识血栓不致梗阻，这样往往会把一个个课题从垂危的边缘上抢救回来。"

图书馆的最根本性质是一种服务性行业，图书馆员工的工作态度概括起来是三个字："勤"、"韧"、"新"。勤是办任何事的立足点，韧是中华民族的高贵品格，而新则为追求。任何一个向上的人，一个真正的敬业者，都能够自我更新。来老先生七十岁开始学计算机，他认为一个人安于现状、不求进取，势必会失掉时代精神和人生色彩，只能立足于勤、持之以韧、不断更新，才能永远立于不败之地，才能战胜冷漠与偏见，才能创造自己突出的业绩，取得人生应有的价值。

来先生在文中指出,作为一个图书馆人,应该具备以下素质:第一,要有丰富的学科知识。图书馆是群书之府,是学科的源头,图书馆荟萃了人类的知识精华,是一个杂学之地,各种知识都将在这里得到保存与传播,所以图书馆人应该是杂家。第二,应该贯通本行业的专业知识。一是本行业的传统知识,如目录学、分类法等等;二要掌握熟练的手工操作技能,如图书修补技术、书法、打贴书标等,这些均非高科技可能替代;三要有现代化的认识。如图书馆的发展纵向比较,与20年前相比当然强多了,可与其他地区相比如何呢?是不是与国际接轨了?是不是已经入流了?只有这样的横向比较,才能有所进取。这是新一代的图书馆人应该有的本行业的专业知识;四是每个图书馆人应该有专精的努力方向,对自己要有一个高标准的要求,专精是金字塔式的积累的专精,就是在广阔的基础上慢慢找出自己专精的方向来。如图书馆界的前辈有一个赵万里先生,是个版本学专家。他在国家图书馆做版本工作,他把自己的本职工作和自己深厚的国学基础结合在一起,终于成为前一个时代首屈一指的版本学专家,成为把事业和职业相结合的一个榜样。

由来先生的文章,我想到了我们萧山图书馆何尝不是如此?新馆对外开放后,馆领导大胆创新办馆理念:一流的设施不能成为阻碍公众进入图书馆的门槛,而应是图书馆吸引和服务公众的手段。萧山图书馆向一切社会成员开放,所有的馆藏资源实行免证阅览、免费借阅。绝对保障公众享有文化服务的权利,让公众真切地感觉到萧山图书馆就是自己的书房。作为国家一级图书馆、全区最大的免费公共文化服务窗口,萧山图书馆面向农村,扎根基层,依托全国文化信息共享工程,扩大优秀文化资源的传播,实现共享工程萧山分中心对全区各文化基层站的资源调配。利用"湘湖讲堂"这个自主创办并推出的文化品牌,通过公益讲座的形式,服务大众,提升品位。这一切的一切,正是把持着图书馆人的高素质和高度的责任感才得以完成。

正如来新夏先生最后谈到的图书馆要在开发智力和培养人才上,起知识信息的传递的重要作用,这就要求我们要善于利用图书馆现代化的设备和先进的管理手段,在现代的、高雅的、休闲的环境中使读者得到更优质的服务,使每个图书馆人自身更充实,无愧于图书馆人的光荣称号。

（徐草,萧山图书馆馆员）

来新夏先生的治学之道

徐建华

业师来新夏先生,幼年发蒙,得祖父来裕恂公耳提面命、悉心调教,为日后学术研究的成功培养了浓厚的兴趣、打下了坚实的小学基础。在负笈求学之路上,迭遇良师,广采众家之长,其中影响最大的大约是陈垣、余嘉锡、范文澜三位先生,他们的学识、风骨、眼界,成就了今天来先生的学术高度和境界。

仔细考察一下,来先生的治学之道大致有如下特点:

第一,开创性。

纵观来新夏先生的学术经历,他的许多学术成果都具有开拓意义。除却论文不算,专著之中,成为本领域或建国后本学科第一部学术著作的大致有:1957年出版的《北洋军阀史略》、1981年出版的《古典目录学浅说》、1983年出版的《方志学概论》、《近三百年人物年谱知见录》、1984年出版的《林则徐年谱》、1990年出版的《中国古代图书事业史》、2000年出版的《中国近代图书事业史》和1993年出版的《中日地方史志比较研究》、即将出版的《清经世文选编》等,无不为本领域的开拓或本学科的建设起到了奠基石的作用。

第二,连续性。

连续性大约是来先生学术之道中最具特色的。在学术研究中,资料的阅读、发现是渐进的,随着阅读量的扩大和新资料的出现,认识和观点发生变化是学术常态,这也就是时人"常悔少作"的由来。高明者当不断将自己的最新研究成果向读者提供,将著作修订出版,这不仅是对读者负责,更是对学者自身的学术生涯负责。读者从中不仅可以了解本领域的最新研究进展,同时还可了解到作者的学术进境和心路历程,为自己的读书治学之路,树立一个良好的榜样与示范。只有这样,方能真正做到"不悔少作"。当然,这是需要范文澜先生提倡的"板凳宁坐十年冷,文章不写半句空"精神的,来先生可以说是真正遵师教做到了这一点的不多的学者之一。他的学术研究连续性贯穿于多个领域:

1957 年出版了《北洋军阀史略》,1983 年修订为《北洋军阀史稿》,2000 年第三次修订成《北洋军阀史》,由十几万字增补到百万字。

1981 年出版了《古典目录学浅说》,1991 年增补为《古典目录学》。

1983 年出版了《方志学概论》,1995 年经修订成《中国地方志》,由台湾商务印书馆出版。

1983 年出版了《近三百年人物年谱知见录》,2011 年又由中华书局出版了增补本。

1985 年出版了《林则徐年谱》,1997 年,第四次修订成近 70 万字的皇皇巨帙《林则徐年谱新编》。2011 年 9 月,再一次增订成近 90 万字《林则徐年谱长篇》。

1990 年出版了《中国古代图书事业史》、2000 年出版了《中国近代图书事业史》,2010 年汇补成《中国图书事业史》。

第三,周延性。

学术做到一定程度,就应该考虑如何在专业领域之内全覆盖的问题,以使自己的学术见解能够得到更为全面的传播,同时亦使不同类型的读者都能够各得其所,因此,在形成学术成果时就应考虑到多种表达形态,尽最大可能地做到学科内的全覆盖。来先生在诸多领域的学术研究就是这样做的:

在北洋军阀研究领域,来先生除了不断修订代表本领域最高学术成就的专著之外,还主持编辑了五巨册、三百余万字的大型资料汇编——《中国近代史料丛刊》之一的《北洋军阀》,同时还出版了通俗著作《来新夏说北洋》。

在古典目录学领域，不仅有学术著作《古典目录学浅说》、《古典目录学》，还有论文集《古典目录学研究》，工具书《书目答问汇补》、《清代目录提要》、《清人笔记随录》，以及即将出版的《古典目录学读本》。

在地方志领域，先是出版一般性教材《方志学概论》，继而修订成《中国地方志》，此外，还有研究文集《志域探步》、《中日地方史志比较研究》，工具书《中国地方志综览》、《河北地方志提要》，旧志整理的《天津通志·旧志点校卷》等。

在年谱领域，不仅创纪录地四次修订出版《林则徐年谱新编》之外，还编写了通俗性的著作《中国的年谱与家谱》和研究性工具书《近三百年人物年谱知见录》。

在中国图书事业史领域，先出古代的，再出近代的，最后汇总成整体的《中国图书事业史》，同时还有简本的《中国古代图书事业史概要》。

第四，利他性。

陈垣、余嘉锡先生均为史学大师、学术名家，都对目录学研究和工具书编制情有独钟。作为二位先生的高足，来先生自然是继承衣钵，身体力行，以为人作嫁、甘当人梯的精神，由目录学入手，编制了涉及多个学术领域的工具书和资料书，自利利他，嘉惠学林。如：《近三百年人物年谱知见录》、《林则徐年谱》、《书目答问汇补》、《清代目录提要》、《清人笔记随录》、《中国地方志综览》、《河北地方志提要》、《清代科举人物家传资料汇编》与索引，《清经世文选编》、《中国近代史料丛刊·北洋军阀》、《天津通志·旧志点校卷》、《图书馆学情报学档案学简明辞典》等等。尤其是《书目答问汇补》，是来先生二十岁时发愿，八十九岁成书，几七十年，令人赞叹。

来先生的学术利他性还体现在他晚年的学术随笔上。离休之后的古稀之年，又以一种再次超越自我的过人气概，以其清新流畅、平实老到的文笔，深厚的文化学养和对现实与人生的把握，以及独到的文学感悟力，将历史与现实、学术与生活、人情与世态融为一体，娓娓道来，在学术界独树一帜，卓然成家。目前已出版《冷眼热心》、《路与书》、《依然集》、《枫林唱晚》、《邃谷谈往》、《来新夏书话》、《一苇争流》、《且去填词》、《出枥集》、《访景寻情》、《交融集》、《邃谷师友》、《邃谷书缘》等近二十种,数百万字。这既是一个文化奇迹,同时也是来先生对于中国文化传承的历史担当。衰年变法,浑然天成。

(徐建华,南开大学教授)

一苇争流纵随笔

——来新夏与《且去填词》

徐明祥

《且去填词》,来新夏著,系天津古籍出版社二〇〇二年出版的"学人随笔丛书"之一。

书前有一篇来先生写的《作者小传》:

> 来新夏,一九二三年出生于天堂杭州。幼承家教,诵读三、百、千、千。长入教会学堂,毕业于辅仁大学。专攻历史,差三零四地读过些经史子集。年未及冠,捉笔为文;不到而立,竟登讲坛。育才不少,诲人?误人?任人评说。著述廿余种,论文近百篇,大多爬梳抄纂之作,聊充铺路石子。安身立命南开大学半个世纪,由助教历阶至教授,起起落落,未见寸进。十年牛棚苦,练身好筋骨。学农津郊,躬耕四年,成书三种,不亦快哉!人当退休之年,我方出山问世。作吏十年,似烟若云。岁登古稀,休致回家。衰年变法,寄情随笔,借他人杯酒,浇自己块垒。阅世读书,得小集七种,又不亦快哉!于世无忤,与人格格,胸满暗箭疤痕,背有插刀创伤。无怨无悔,还我坦荡。年近八旬,余热犹在。八宝之路尚遥,电脑敲打不辍,更不亦快哉!只要早晨起床,依然天天向上。

这样的小传不古板,风趣,但寄情亦深,本身就是一篇有个性的随笔。

来新夏,1946 年毕业于北平辅仁大学历史系。1950 年至今,历任南开大学历史学教授、校务委员、图书馆馆长、出版社社长兼总编辑、图书馆学情报学系主任等职。主要从事古典目录学、中国近代史、方志学和图书文献学等方面的研究。2002 年获美国华人图书馆员协会年度"杰出贡献奖"。现任教育部古委会所属地方文献研究室主任、中国近现代史史料学会名誉会长、中国地方志学会学术委员、《津图学刊》主编等。学术著作有《近三百年人物年谱知见录》、《清人笔记随录》、《古典目录学》、《林则徐年谱新编》、《北洋军阀史》、《中国近代史述丛》、《中国近代图书事业史》、《中国地方志》、《书文化的传承》(插图本)等三十余种。随笔集有《冷眼热心》、《只眼看人》、《路与书》、《依然集》、《邃谷谈往》、《枫林唱晚》、《一苇争流》、《来新夏书话》、《邃谷书缘》、《皓首学术随笔·来新夏卷》等。

《且去填词》是他 1999 年至 2001 年所写的随笔集,内容包括围绕文化撰写的学术短文和杂感、针砭时弊的随笔、怀人散文、书序和书评、游记等。细读此书,颇有一些感触。

其一,专家学者写随笔,尤其科学家写随笔,善莫大焉。

书画家经过多年蕴积,晚年书画风大变,以求另辟蹊径,更上层楼,此之谓"衰年变法"。徐建华认为来新夏由纯学术转向写随笔,也是一种"衰年变法"。此论得来老本人首肯,他在《衰年变法》一文中说:"……后来又听说国外有些科学家五十岁以后,当在专门领域有所成就时,往往向普及科学知识的道路转变,我虽称不上学有所成,但知识回归的行动确给我很大的启示,更坚定我去从事学者随笔的写作。……'衰年变法'没有让我丢掉什么,反而有一种自我超越的感觉,看到了这二十年来的真我。"来老晚年痴迷随笔的目的是把知识化艰深为平易,还给民众。"当时的动机一是读了一辈子书,有许多信息应当还给民众,过去写的那些所谓学术性文章,只能给狭小圈子里人阅读,充其量千把百人,对于作为知识来源的民众,毫无反馈,内心有愧,而且年龄日增,也到回报的时候了……另外我还有一种羞于告人的动机,我想向师友们呈现另一种文字风貌,随手写点遣兴抒情之作,摆出点轻松洒脱的姿态。"(《我也谈谈随笔》)来老既达到了目的,同时也在洋洋洒洒的随笔天地里看到了"真我",获得了精神享受。

长期以来,充斥文坛的大部分是作家随笔,滥情的成分较多,这有点让我们厌倦。学者随笔以平实、稳健的姿态崛起,适逢其时。来新夏分析道:"作家在激情思维和生动有趣的表达方式上很有优势,而学者随笔在深层思维、对文化的独特思考与见解上又很明显。如果能将这两者很好地结合起来,那中国的随笔不仅质量能更上一个档次,而且其资源也将源源不断。"这确实是真知灼见,一针见血。我想补充一点,那就是目前的学者随笔基本上是人文学者写的,自然科学领域的学者写的随笔虽然有,如王梓坤《科学发现纵横谈》、杨振宁《邓稼先》等,但总体上比较少。这不能不说是一大遗憾,既是宝贵的科学技术资源的浪费,对民族科学素质的提升也是一大损失。人文社科学者能够弥补作家随笔的缺陷,自然科学学者又能够弥补文史随笔的缺陷,三者可互相补充,各展其长。一些科学家接受电视采访,讲述自己与科学结缘的故事,让我们耳目一新,深受启迪。祈盼科学家们能在工作之余,拿起手中的笔,为百姓大众写点通俗易懂的科学随笔。

其二,摆脱诱惑,"且去填词",清醒地找准自己的定位,把才能和特长发挥到极致。

严有翼《艺苑雌黄》载宋代著名词人柳永逸事一则:

> 柳三变喜作小词,薄于操行,当时有荐其才者,上曰:"得非填词柳三变乎!"曰:"然。"上曰:"且去填词!"由是不得志……自称云:"奉圣旨填词柳三变。"

故事本意是说宋仁宗瞧不起柳永这样的只知填写艳冶小词的无行文人,认为他难当大用,不予赏官。结果柳永竟成了一代词宗。来新夏借古喻今,反其意而用之,开发出"让各种卓有成就的人才都'且去'这个,'且去'那个!两全其美,各得其所,岂不懿欤盛哉"的现代人才观。来老举例说,一位中国最年轻的郑院士,在研究人工智能和机器人的高科技领域中极有成就,但偏偏让他坐上西北某大学副校长的交椅,分管人事和外事。目前类似的例子,并不少见。北京大学教授陈平原说得好:"在我看来,如果真的是第一流的大学者,不该委以校长重任——让其陷入繁琐的日常事务,对国家、对个人都是巨大的损失。"(《大学何为·为大学校长"正名"》)我想,倘若不让郑院士当副校长,而是为他提供更好的工作、生活条件和充足的科研经费,使其专心致志于机器人研究,既能发挥个人所长,又能为国争光,何乐而不为呢?!

来新夏在《且去填词·后记》中对书名作了有趣的解说:"我也总想让'且去填词'一语有个浅显通俗的诠释,让更多人理解。想来想去都不恰当。忽然有一天清晨楼下有人为争早点摊位争吵起来,有位天津老乡陡地发出响亮的一声'该干嘛,干嘛去!'击退了对方。这不正是对'且去填词'最准确,最贴切的诠释吗?"

其三,由开辟新史源引起的对书话书评写作的思考。

来新夏在《开辟北京地方文献新史源》一文中说:"社会历史状况不能只作空洞抽象的剖析和根据臆测来推论,而应该以具体的史实资料来再现其基本面貌;但要做到这一点,往往会出现资料不足和不详的情况,因此,如果对一地一事一人做研究,首要工作便是寻求史源,搜集和挖掘史料。"他认为,笔记作为一种私档应被视为一种有待开辟的新史源。

由此,我对书话书评写作产生了几点联想:

一、书话应有新材料。议论和观点是附着于材料的,议论可能事过境迁,而客观的新材料却不过时,能为其他人提供发议论的依据。发现新材料既需要博学,更要多识。如果缺乏"识",即使新材料就在眼前,你也可能看不到。

二、研究历史需要多种史源渠道,写作书话同样需要多种渠道。譬如,目前的书话罕见写自然科学著作的,这也是一片辽阔深邃的亟待开发的"新书源"。

三、一流的书话书评应该有强大的专业学术背景作为支撑。书话书评看起来谁都可以写,但易学而难工。要想写好,非有自己的专业特长不可。说到底,书话书评应是大专家写的小文章。像我这样的爱书人固然也可以写,隔靴搔痒,自娱自乐而已,但很难有大的进步。晦庵书话脍炙人口,写的是现代文学题材,作者唐弢是著名的现代文学专家。黄裳的书话主要写古书,缘于他钟情版本目录学,探赜明清典籍尤见功力。来新夏的书话能有自己的特色,主要是他的史学根基在起作用。对一般的通俗读物写篇书评似乎还不算太难,但对学术著作就不是一般的读者所能驾驭的,非该领域的专家不能为之。中国社科院人口研究所的研究员主编的《中国历代人口统计资料研究》被列为社科院的重点成果,评审委员给予高度评价,然而葛剑雄、曹树基在《历史研究》上发表了长篇书评,严厉地批评了该书的粗制滥造。葛剑雄是著名的历史地理学家,著有《中国移民史》、《中国人口发展史》等,他是有发言权的。像这样的书,如果不是本专业有成就的学者,根本看不出好孬,又怎能写书评呢?

其四,关于幽默。

无论做人,还是作文,幽默总比死板好。《我好想"考博"哟》是一篇特别幽默的随笔,调侃而有深意。著名学者、博士生导师杨义,又去考博士。我以为此举大可不必,何苦来哉。但来新夏先生不这样说,他在尊重杨义个人选择的前提下,引用史料,曲尽其妙,不惜自身说法,条分缕析,逐一道来,亦可知来老乃真性情中人也。

《人物》2002年第六期封二刊登了来新夏的照片和书法作品"临渊羡鱼,不如退而结网",我见后心生羡慕,想请他赐写这句话。来老回信道:"《书脉集》收到,谢谢。以书为脉,从书中所收各文已能了解,读书而能写札记确是治学之途,但有此韧性,大不易,至祈坚持下去,利人利己何乐不为。我不善书法,春蚓秋蛇,难免污人书室,而你既有偏爱,当遵嘱写赠。惟近方自浙江游学归来,体力稍疲,俟稍恢复当应命。《书脉集》内容很丰富,文笔亦好,可惜有几篇字号太小,未能畅读。老眼昏花徒唤负负,谅其未能通读。"十多天后,我收到了来老赐寄的大札和墨宝,函曰:"明祥先生:你好! 前嘱写字,因年老手颤,已不能用毛笔,未能及时复命。新年后手稍好,又久不写字,久已无纸,只检出一张旧纸,略有破处,好在坏字破纸正相般配,略博识者一粲。即颂春禧。来新夏二〇〇四年元月五日。"大信封的封口胶水用得太少,全开了,但侥幸的是,手札和墨宝均未丢失。

苏东坡《赤壁赋》云:"纵一苇之所如,凌万顷之茫然。"来先生暮年逸兴,豪情满怀,以随笔作小舟,以史学为动力,纵横学海,不亦快哉!

潜庐曰:

史学名流来新夏,衰年意气求变法。

一苇争流纵随笔,且去填词传佳话。

2004 年 7 月 22 日下午四点草于潜庐。窗外蝉声噪人,明晃晃的太阳刺眼,火热。查台历,知今日大暑,暑是炎热之意,大暑就是一年中最热的时候,天气酷热。近来济南连续下雨,雨量充沛,凉爽。昨日开始热起来,今天达三十五度,与往年曾有过的四十二度相比,还有升温空间。2006 年 11 月校订。

(徐明祥,山东作家)

书读千遍熟　器利事乃善

——读来新夏先生新著《学不厌集》等书后

徐小丽

捧获来新夏先生题签赐赠的新随笔集《学不厌集》(海峡文艺出版社 2004 年版),端详着老先生的书名手迹,突然就联想起了数年前看到我外公时,他对我说的最后一句话:"书读千遍熟"。

我从小是和外公、外婆一起生活的。曾经读过私塾的外公,家里有很多书,印象中都是发黄的线装书。对这些古旧书,他是极其爱惜的,我小时候是不能轻易碰它们的。而我那时呢却总是笑话他笨:"您怎么看过这么多遍还记不住啊?"老人家闻言并不生气,总是笑眯眯地,悠悠地回上一句:"书读千遍熟。"当时的我自然不清楚他的话里是什么意思,其实那时也没有什么心思来了解,只是读完课本,做作业,考好试,然后就是玩耍了。如今想来,十分可悲的是小学、中学也就罢了,到了大学本科,再到硕士研究生,一路上这么多年的所谓"读书",似乎并未真正去琢磨什么是"书读千遍熟","书读千遍熟"的深意在哪里。即使当我那次回家去探望他,他跟我说这句话时,当下心里还颇不服气呢:"那么多书,怎么可能教人一遍又一遍地'读'啊?"

及至日前看到来先生在辞海中轻轻拈出的"学不厌"三个字时,眼盯着认真看了一会儿,我的脸便稍稍地红了,马上想到了我外公说的"书读千遍熟",原来

169

他老人家早就在启迪我一种成功的读书方法啊！我几乎是坐立不安起来了。对照自己的学习生活，好像总是在学有所厌之时就转了方向和兴趣。而今来新夏先生拿起墨笔，端端正正把"学不厌"三个楷体大字作为他老来又一个新集的名字，印在了他的书皮上，这是他作为一个知名学者自身治学的写照，又何尝不是对包括我这样的后生求学道路上的一种警醒呢！

书分五卷，依次是"学术管窥"、"书山有径"、"撮其指要"、"书海徜徉"和"儒林观风"。

卷一"学术管窥"，顾名思义，是关于学术的一些见解、议论甚至辩驳。这里的"学术"并不囿于著作者固有的史学背景。十篇文章的学术视角是多样化的，有研讨史学的，有弘扬藏书文化的，有探究图书馆学的，有关于地方文献学的，甚至还有就某一问题与持不同见解者"疑义相与析"的。

而最能体现来先生早年在北平辅仁大学毕业前后学业之勤奋的，则是《〈邃谷楼读书笔记〉四十二则》。这批笔记都是上世纪40年代的一度遗忘了的"少作"。对于自己还是愣小子时写的东西，他并没有"悔其少作"，而是认为"'少作'是人生致力学术的必由之路"。如今细读之，长长短短，深深浅浅，看来都是一些细思、深感、心悟，终有所得的文字。如认为唐张籍诗"既无韩愈之怪癖，又无元白之通俗"，"颇有活泼气象"，"开晚唐唯美派（一称脂粉派）之先河"。又如说"治学万不可泥古，亦不可信古。泥古太深，犹丫鬟学步，难类夫人；信古太深，宜成暮气，终难振拔，学者需注意及此"，都自成其理。

卷二"书山有径"，相信如果不是因为全书体例的一致，来先生会命之名为"书山有路勤为径"，以寓"学海无涯苦作舟"之意。其中《读书十谈》这篇文章是他探索作为一个人生命中"不可或缺的一种文明享受"——"读书"的底蕴的，曾经发表在《光明日报》上。其中这样的一段话，给了我无穷的启示：

> 读书能给人以无穷之乐：它使愚昧成为有知，使少知变为多知；它使一
> 个人的谈吐举止典雅脱俗；它使人眼界开阔、思想腾跃；它更能使人热爱祖

国山河文化、历史传统，从而关心祖国的前途和命运，具备对祖国的无限忠诚，为祖国富强献身的精神。这就是人生的最大乐趣。这种乐趣主要就涵育在读书之中。要保持这种乐趣，必须持之以恒。如果一曝十寒，只求性之所至，那亦收效甚微，勤读、勤思、勤写，无一不落脚于勤……如果说必须有完整的时间、优雅的氛围才能读书，那是懒虫的借口。

其实，这种"勤"的精神，不仅体现在本文中，更体现在先生几十年一以贯之的勤奋治学中。当年，他为了尽快迈入目录学的门槛，"利用 1943 年大学的第一个暑假为《书目答问》编了三套索引，并用墨笔写成一册"。研读《书目答问补正》，"天头地脚，字里行间，无不充盈墨笔小字，更有夹纸黏条，几难使外人卒读"。读研究生期间，苦坐"冷板凳"，专攻一经，"三朝《筹办夷务始末》前后一共连续读了一年多，写了足足三册笔记，每朝一册"。及至后来生活突起波折，"仍然以一种韧性坚持读和写。即使在'牛棚'也尽量读点书，写点札记。70 年代初，我下放到农村插队落户，别的东西大部分都处理掉了，但书籍残稿还是随身带着。白天压场、打场、掐高粱、掰棒子；晚上盘坐土炕，伏案灯下，读书和整理书稿"。先生到了七十岁的时候，还"蒲伏默祷，合十上苍：只要不死，台阶还要再上"。这再上有步的台阶，该是先生近期出版的《清人笔记随录》一书了吧，或者就是他所说的"衰年变法"？

《衰年变法》讲述了他自己以花甲之年，"总想改变一下自己"，终于"找到了随笔这样一种表达形式"，写"观书、阅世、知人之作"，把"自己前三十年积累的学识和见解用群众能喜看的文字回归于群众"。这一"更上层楼的衰年变法"（南开大学徐建华教授语），给读者带来的是接踵而至的随笔集子，如《冷眼热心》、《路与书》、《依然集》、《枫林唱晚》、《邃谷谈往》和《一苇争流》等，我导师的雁斋中基本都收藏着，听说他是来先生的"小友"，最近还获赠了厚厚实实的自选文集《邃谷文录》上、下两册，175 余万字，是其门下弟子们于 2002 年 6 月祝贺他八十华诞的"贺寿书"，听了让人心中艳羡。

来先生在学术上"衰年变法"的成果,便是本书卷三、卷四、卷五"儒林观风"的成果。

卷三"撮其指要",包括了作者历部随笔集的自序,以及为他人著作所写的序言等;卷四"书海徜徉"是一系列书评文章。这两类文字,按照来先生的理解,似都可以归入书话随笔一类。因为他在《〈来新夏书话〉序》中,曾经认为"书序和书评也应该包括在书话的范围之中",而书话"应兼具科学性与文艺性,最好能以随笔的形式来写"。由着这些理解,此两辑的文章大都轻松活泼,博识与精要各当。

卷五"儒林观风"是我拿到这部书时最先翻阅的部分,因为本辑文字似乎更合我的阅读口味。指点时弊,借古讽今,讲述平生,诲人不倦,先生真是直抒胸臆,笑骂由人!我觉得来先生这支笔,其实并不"随",他的笔锋指到哪里,其实都能戳出一个口子来的。如《人贵自知》和《署名"三叹"》,都是值得反复读读的佳构。

当然,要造就成功类似来先生此种文笔和文风并非易事,那是要以丰厚的学识和深厚的学养为培养基才能植成的。记得去年还读过他的《古籍整理讲义》(鹭江出版社 2003 年版),是该社"名师讲义"丛书之一。来先生在序言中介绍说:

中国拥有大量的古籍,它们负载着清代以前几千年历史和文化的积累,保存着无数可供征考的文献资料,是中国历史和文化的重要信息源流。但是,由于它们距现在已有长短不等的时间距离,因此往往需要进行一些加工整理来沟通。某些有经验、有造诣的学者可能已在长期实践中摸索出自己的一套整理古籍的基本技能,但对初学者则往往会有一段茫然无所措手足的摸索过程。了解一些前人曾使用过的基本技能知识对缩短摸索过程是有利的……为了让初学者对古籍能有所涉猎,我在"八论"之外,尚举出几类古籍……等七类,各立一章,使读者对主要古籍的总貌有所了解。

二者相合共得十五章。

这十五章的内容主体岂是容易"立"的？那"八论""七类"又岂是容易论述的？没有扎实的文献学功底和宽泛的阅读经验，自是难以下笔的。本书前八章论述整理古籍的基本技能，分别论述了分类、目录、版本、句读、工具、校勘、考据和传注；后七章举出经史子集、类书和丛书、地方志、佛藏和道藏、"十三经"、"二十四史"等具体古籍，分别概括介绍其总貌、特点、用途和阅读注意要点等。

本书前八章在讲解时引证丰富，引证资料大部分出自古籍原文，辅以重要的二、三次文献资料，保证了文本立论的客观性、公正性。仔细读完后对古籍整理的大概情况的了解增益不少。比如通过阅读第三章《论版本》，可以大概了解版本学的内涵，其研究对象何在，及其发展流程、分支流派等；而且讲解时例证丰富，偶尔还可以读到一些寓教于乐的小故事，避免初入古籍整理之门者看久了之乎者也、一二三四而遭受睡虫侵袭。如为了批判清人的盲目迷信"宋版书"就讲述了清人陈其元《庸闲斋笔记》中记录的一则故事，读来提神醒脑。

本书后七章分别介绍了几类古籍，引证丰富，概括凝练，使读者能够大概了解相关的古籍。如第九章《论"十三经"》，本章先是讲述了"十三经"的基本情况，如名称演化过程：战国时期的六经之说→西汉实际上只有五经→西汉之后的三经之说→唐代初年的"九经"→唐五代的"十一经"→"十一经"加上《孝经》和《尔雅》为"十三经"，十三经的相关注疏情况，以及今人的对它的争论和看法。接着本章用主要笔墨逐一介绍各部经书，这是因为"'十三经'是部大丛书，有147560字，内容涉及哲学、政治学、史学、文学、文字学、伦理学等学术领域，再加上浩如烟海的注疏文字，绝不是短期能读完的，而且每个人的情况不同，对'十三经'未必需要全读，读时应有选择"，这样通过阅读了解各经大概内容后可以挑选有兴趣的进一步阅读研究。

《古籍整理讲义》的基础文本自然是课堂讲义，由于定稿付梓时仍保留了讲义体，这就显得篇幅比较冗长，语言比较平白，不是前书那种精炼的书面体，这是我们开卷时首先应该适应的。其实本书每章均是一万字的篇幅,却只有一个总标题和简单的分段标注,假如当初在每一分段前各标以小题,则开宗明义,将有利于循序渐进地阅读的。

零零碎碎地读完全书,再回头看来序言和附录《中华传统文化的传递》,才真正感觉到古籍的汗牛充栋和熟练掌握古籍整理方法的重要意义所在,所谓人欲善其"事",必先利其"器",此大概亦古籍整理之"道"也。通过本讲义,足以让人钦羡来先生写作文史随笔的底蕴,乃在于娴熟地掌握了读书的"利器"之故。

断断续续地读了来先生的两部新书,闲闲碎碎地拉扯了这么多闲话,其实最想表达的一点,还是回到本文最开头的那层意思,"书读千遍熟",所以要"学不言厌",要善于在求学时代发现学海的乐趣。读过本书,对于这一治学真理,定会有所感悟。所以,我要藉此一角感谢书作者来新夏先生,也感谢介绍我于去年岁末在南京凤凰台饭店拜会他,并建议我认真读一读他的著作的我导师徐雁教授。

正是在这一次拜访中,还听说了继《学不厌集》之后,来先生又有一个新集将在今年初夏时在河北教育出版社出版,编在傅璇琮先生和导师合作主编的《书林清话文库》第二辑中,书名为《邃谷书缘》。所谓"邃谷"是他沿用了半个多世纪的书斋名字,他早年用文言写过《邃谷楼记》,并书成斗方订壁自励,旁边是用朱熹诗书的一副对子:"旧学商量加邃密,新知探求转深沉"。

生于上世纪80年代的我们,在求学道路上正式啃过了的基本上是语文课本上那几篇"经典",即使这仅有的几篇,早已在时尚的小说散文、快餐式的书摘文摘、泡沫化的畅销书、无厘头的网络文学的共同挤压下蒸发了。有时看书看得心虚,总想着该去多看点古书了,增加点传统文化的修养,但一进入古籍部,看到那么多放在樟木书柜里的深沉得发黄的古书,便又心生怯意,宛如面前站着一位手拿戒尺的先生。打开这个柜子,关上;打开那个柜子,再关上。挑到一本合眼的翻开,繁体,竖排,没有句读,只能傻了眼,讪讪地把书放回去,无功而返。为什么会这样子呢？我想应该是我们还不了解古书真章，又无章可循的缘故。

阅读来新夏先生新出版的《古籍整理讲义》，是可以帮助我们解决类似困惑的。而通过《学不厌集》、《邃谷书缘》之类的文史随笔和读书笔记，又可以进而了解到一个学者在自己读懂读熟了书以后，如何消化成为自己的知识转化成为营养，进而来遣词造句，著述新书的。

（徐小丽，南京大学信息管理系硕士研究生）

十年辛劳　完璧生辉

——来新夏先生《中国近代图书事业史》读后

杨　瑞

十年前,来新夏先生主持完成了《中国古代图书事业史》,这是学术界第一部将中国书史、中国目录学史和中国图书馆史熔为一炉的学术专著。这种全新的体例一经问世,立即引起了学术界和读书界的广泛注意与重视,好评如潮。然而,由于这只是"中国图书事业史"的古代部分,而中国近代又是一个曾发生过古今未有之奇变的重要历史时期,中国图书事业也同样发生了前所未有的变化,如果只有古代而无近代,虽有益学林,但似未为完璧。于是,来新夏先生以古稀之年,穷十年之力,师弟三代,共襄盛举,数易其稿,终于完成了这部三十万字的《中国近代图书事业史》,与《中国古代图书事业史》合为完璧,为书林又添一段佳话。

由于对传统文化的继承,中国近代图书事业作为中国古代图书事业的延续,在图书典藏、整理、编目、流通和编纂等方面仍有不少发展和变化,尽管这种发展和变化是缓慢的。随着历史进程的巨变,近代图书事业还是无可避免、或多或少地受到了前所未有的各种冲击,终于在其发展、变化的过程中出现了不同于古代图书事业而独具的若干特色。对于中国近代图书事业来说,最主要的就是这些历史赋予它的不同以往的特色。

　　打开《中国近代图书事业史》，给人最突出的感觉是布局的清晰、合理与内容的丰富、翔实。读完全书，这种感觉就更加强烈。全书共分十章，"绪论"是对全书主旨的概括，后九章是按重大历史事件与活动结合时间划分，即：两次鸦片战争、太平天国、洋务运动、戊戌变法、辛亥革命以前十年、北洋军阀统治、十年内战、抗日战争和解放战争时期。这九章清晰地论述了在重大政治格局变换下的图书事业的变化与发展，各章体例基本一致，但因时代情况特殊，在章节安排和论述方式上也间有出入，如其中两次鸦片战争和太平天国虽在同一时间段，但由于清政府与太平天国是两个性质截然不同的政治势力，他们对图书事业的政策、措施和影响都有各自的特色，因此分别给以专章论述，使人一目了然；第八、九以及第十章的表述体例也与前几章不尽相同，此三章分别论述了十年内战、抗日战争和解放战争这三个时期图书事业的状况，由于当时实际存在着三个战场，论述也就分别从这三个战场出发；第八章"十年内战时期的图书事业"，从国统区和苏区两个战场表述图书事业；第九章"抗日战争时期的图书事业"则是从国统区、沦陷区及抗日根据地三方面展开；最后一章"解放战争时期的图书事业"则另辟蹊径，将其内容分为图书出版概况、各类型图书馆的抢救与保护活动、国民党政府撤退时对图书的南迁以及解放区的图书与图书馆事业四节。如此巧妙的论述体例，使得这三个特殊时期对我国图书事业的影响更加清晰、更加全面、更加完整地展现在读者的面前。

　　《中国近代图书事业史》最主要的特色是"三史合一"。书史、目录学史、图书馆史在此已不再是三分天下，而是浑然一体，有机地结合在一起，从而全面地描述了中国近代图书事业。本书以近代中国的一些重大历史事件为界标，分阶段对这三史作出了详尽地论述，清晰、全面地反映了中国近代的图书事业。书中详尽论述了以下几方面内容：不同时期的藏书楼所具备的不同特点以及藏书楼如何一步步蜕变为图书馆的过程；随着历史进程的推进，图书所涉及的范围怎样由窄到宽；图书的制作技术怎样由落后到先进；新编目录书如何编制以及图书在发展过程中遭遇的各种厄运等等，尤其是西方列强对中国图书事业的破坏,更是记述清楚,鞭挞有力。书史、目录学史和图书馆史被紧密联系在一起,条理清晰地呈现在读者面前,使人一目了然。

《中国近代图书事业史》通过大量真实的史料、生动的图片、流畅的语言,对我国近代的图书事业作出了全面、完整的总括与论述,把中国近代图书事业所经历的传统文化与西方文化的撞击、新生事物破土而出的清新气息、无端肆虐的血与火的洗礼,描绘成一幅引人深思、发人猛醒的历史图卷。它深入研究了中国近代图书事业前所未有的变化,详尽表述了其前所未有的特点,不仅反映了历史的真实,也为未来提供了一个从特定角度进行论述的借鉴。更为可贵的是,本书最终所实现的"三史合一",与《中国古代图书事业史》共同构建了一部连贯的中国图书事业通史,一帜高竖,使得中国图书事业史在中国文化史上能够久居一席之地,由此亦可见来新夏先生学养深厚与见识不凡。

(杨瑞,南开大学图书馆馆员)

有师友的人生是幸福的人生

——读来新夏教授《邃谷师友》有感

杨玉圣

收到著名历史学家、方志学家、图书馆学家、南开大学来新夏教授的《邃谷师友》，已经一年多了。就像来老送过我多种著作一样，这本书也是老爷子出版后第一时间挂号寄来的。书的扉页上有来老秀丽的硬笔书法："玉圣吾友　雅藏　来新夏 2007 年 9 月"。

说实话，我一直想写一篇关于来老的书的评论，但由于对来教授的专业一窍不通，故不敢越界发言。但是，关于这本书，不得不写几句，因为就像这篇小文的标题所标示的：有师友的人生是幸福的人生。

在这部来教授最新出版的集子中，作者以深厚的感情、飞扬的文采，刻画了老人心目中的老师、同辈和晚辈的道德文章与学问人生，栩栩如生，发人深省。来老所写的师辈中，有 20 世纪中国最受人敬重的史界泰斗陈垣老校长、著名书画家及文字学家启功教授、史学老前辈范文澜教授和郑天挺教授、柴德赓教授、吴廷璆教授、余嘉锡教授、上海图书馆老馆长顾廷龙先生。这些大家都是 20 世纪中国学术史上熠熠生辉的泰山北斗。令人羡慕的是，这些老人或是来老的授业老师，或是来老的忘年交。来教授之所以纵横三学（史学、方志学和图书馆学），当是与这些老人的教导、提携和关照密不可分的。

在比来老更年轻的学人中,本书写了中国艺术研究院中国文化研究所所长、《中国文化》主编刘梦溪研究员和北京大学中文系主任、长江学者特聘教授陈平原先生、南京大学徐雁教授、《光明日报》名记韩小蕙女士等中年学界栋梁,平易近人。让我备感自豪、同时也惭愧万分的是,哪怕是我这个无德、无能、无才的小萝卜头,也有幸成为来先生笔下的小人物。在《蓬谷师友》中,有来教授的一篇《挽留杨玉圣》,内云:

> 我原本不认识杨玉圣,只是在报刊和网上看过他写的一些学术批评文章,觉得这个人很怪。为什么没事找事?为什么不怕得罪人?为什么信息如此灵通?为什么当代会出这样一位"铁面御史"?我百思不得其解,总想见见他。三年前一个偶然机会,我们有了通信往来。不久,又在北京见面。杨玉圣不仅长得像个小孩子,而且言谈举止还保持着一颗赤子之心。胸怀坦荡,快人快语,实属性情中人。他很容易让人相信,这是个值得交往的朋友。我们在性格上有不少相似之处。虽然我比他大四十岁左右,但没有代沟,很快成了我的忘年小友和同道。
>
> 古语说:"学如积薪,后来者居上",我于此得到验证。他有许多让我佩服的地方。
>
> 杨玉圣还年轻,前面还有许多要走的路,但是他并不顾惜自己,而以一种"大群小己"的战斗精神,维护学术尊严。他为了学术的群体而不怕为自己的前途栽刺,他为了抗争学术批评网免受伤害,而不惜自己职位的淹滞。杨玉圣不愧是学术神圣殿堂的守望者。
>
> 杨玉圣是一个在美国史专业上有成就的学者,但是他花费更多的精力,勤勤恳恳、日复一日地打扫清除学术道路上的垃圾。他勇敢地指名道姓揭露污染学术环境、不守学术规范的人,让学术环境天朗气清,让中华学术日益昌明。杨玉圣不愧是学术道路上的清道夫。
>
> 杨玉圣有自己的阵地,不仅发出自己振聋发聩的呼号,而且也为更多

人提供沟通思想、传播信息、鞭挞丑恶、洗涤污垢的平台。他千辛万苦地经营着学术批评网，至今已有五年。3月中，他曾举行有一定规模的庆祝酒会，得到许多学术界人士的支持与肯定。我因年高，未能亲临，但也写了题词以表祝贺，希望能网络天下，为学术的繁荣纯洁而继续努力。会后，他托在津工作的学生小井带来这次会议的论文集——《为了学术共同体的尊严》一书和其他几本有关著述。我很高兴。但是，小井告诉我一个令人不悦的消息。杨玉圣在会上正式宣布学术批评网将由他人接办，而其本人则退而专攻美国史，准备撰写一部《美利坚合众国史》。回归专业，又主持学术批评网两不误，当然是最好的选择。如果只能选其一，我认为：与其多一个美国史的学者专家，不如有一个历经考验、富有战斗精神的学术批评家。因为美国史专家易得，而有胆有识的学术批评家难求。因为美国史只是史学领域中的一隅，而学术批评则是关乎学术发展与争取美好前途的大业。

我曾和玉圣通电话劝慰，似乎感到他有一些不愿说的原因。我也曾猜想，玉圣也许已是明枪暗箭，遍体鳞伤，有难言之隐。纵然如此，我仍然想挽留他坚守阵地，继续战斗！

玉圣，鼓起勇气，会有许多人支持你、帮助你的。你会从繁忙事务中解脱一些，只是稍微拖长一点时间完成你的《美利坚合众国史》，它将成为你学术批评躬行实际的标本。

留下吧，玉圣！

就是因了整整大我四十岁的来教授的"挽留"，我没有把学术批评网交给朋友打理，而是坚持自己主持，因为我不能辜负了这位比我的父亲年龄还大的德高望重的前辈的嘱托，尽管为此招惹了不少莫名其妙的官司。但是，我无怨无悔，因为在我这个边缘小人物的背后，有包括来新夏老教授在内的一批学界前辈和挚友的关心、支持和爱护，我没有理由懈怠，更没有理由退却。

请允许我再重复一遍：有师友的人生是幸福的人生。来先生之所以得享高寿、安度晚年,而且"衰年变法"、退而不休、笔耕不辍,原因固多,但在我看来,或许最主要的原因之一就是来先生拥有如此之多、志同道合的师友。

（杨玉圣,中国政法大学教授）

与来新夏教授一起在《津图学刊》的日子

于良芝

2000 年春天,我结束在了英国的学习和工作回到南开大学。回到天津的第二天,我去向送我出国的老系主任来新夏教授郑重报到。那时,来先生虽然从他担任的众多职务(南开大学图书馆学系主任、南开大学图书馆馆长、南开大学出版社社长)上退下来,但依然是他亲手创办的《津图学刊》的主编。他见到我很高兴,邀请我承担《津图学刊》英文文摘的编辑工作,就这样,我非正式地加入了《津图学刊》编辑团队。此后不久,来先生又邀请我做《津图学刊》的副主编之一(当时的另两位副主编是曾经担任天津教委高教处处长的阎英莲女士和曾经担任天津师范大学图书馆馆长的张凤岭教授),从那时起,我每周在编辑部工作半天,在来先生的亲自指导下学习杂志编辑工作,直到 2004 年《津图学刊》根据新闻出版总署的报刊经营政策而停刊。

《津图学刊》是天津市高校图书情报工作委员会的会刊,1982 年 12 月创刊,先是 32 开本季刊,后改为 16 开本双月刊。2000 年时的《津图学刊》编辑部位于天津师范大学北院图书馆一楼,来先生需要从南开大学北村的住所乘出租车到编辑部。每个周二的下午,当我踩着上班的钟点跨进编辑部时,来先生通常都已经坐在桌前审阅稿子了。我和阎老师、张老师以及编辑柳家英老师(后来是南开大学图书馆梁淑玲老师)也都尽快各就各位,审稿、组稿或校对稿子。周二下午是编辑部人员最齐的日子,但除了讨论稿件,大家一般顾不上寒暄和聊天。然而,在我的记忆中,每个周二都是我最充实而快乐的日子。下午结束的时候,我们一般把没有看完的稿子带回家看,我或者柳老师(后来是梁老师)会陪同来先生出去找出租车。这个时候,来先生就会问我一些生活或工作上的事情。那几年正好是我的教授职称屡报屡败的年份,每到申报职称的季节,来先生就会趁这个短暂的聊天时间,给我鼓励或安慰。那时候我从来先生身上学到的最重要的为人之道是"无怨无悔"——不因别人对自己所做的事情沉浸于怨恨之中,也不因自己对别人所做的事情沉浸于悔恨之中。

编辑部最轻松快乐的团聚时光是每年年底的聚餐。每年都是来先生请客,选某个周二晚上在编辑部附近的餐厅相聚。这时候来先生会像年轻人一样兴奋,还会给我们讲一些他经历的有趣事情。我记得的一件趣事是耄耋之年的来先生与天津高校图工委秘书长李广生老师一起出差,来先生步行的速度和耐力令李老师叫苦不迭。另外一件趣事是,一次聚餐时刻,来先生告诉我们他可以盘腿而坐相当长时间。说着他就放下手里的筷子,当场在餐厅的椅子上表演给我们看,令进来上菜的服务生惊羡不已。

这些琐事代表了我在《津图学刊》的温馨时刻,也是我终生难忘的,但我在这里必须记录下来先生处理的与《津图学刊》相关的几件大事。

第一件事是版面费问题。《津图学刊》在其运行的二十多年间,基本上没有向作者收取过版面费(最后两年对加急稿件收取过300元的加急审理费);相反,她还为作者提供一定的稿酬。2000年时很多杂志已经开始收取每篇稿件上千元甚至更多的版面费。《津图学刊》虽然有天津市教委和协办单位的支持,但办刊经费依然紧缺。我记得我们曾经为是否收取版面费进行过讨论,但来先生坚持认为,每篇文章都是作者智力创作的成果,饱含了作者的智慧和心血,不能给他们足够的稿酬已是对他们劳动的万分不敬,不能再收版面费。为了弥补办刊经费的不足,来先生尝试了很多其他办法。我至今还记得的两种办法是:(1)对全国高校图书馆馆舍进行有偿宣传(做封二或封三);(2)适当刊登和图书馆相关的广告。版面费问题也让我想起了与办刊经费相关的另外一件事:每年的三八妇女节，编辑部的女老师都能收到来自《津图学刊》的礼物，不过这些礼物基本上都是编辑部的财务主管阎老师用卖废旧报纸的钱购置的。

第二件事是对学术不端问题的处理。2000年前后，学术界的剽窃或一稿多投现象已非罕见。我参加《津图学刊》之前，《津图学刊》发表的一篇论文就曾遭遇剽窃——它被剽窃者署上自己的名字，在另外一份刊物上发表。来先生感叹学术道德水平的下降，要求我们特别关注来稿的真实性和原始性，必要的时候要进行查重（当时还不存在查重软件）。由于来先生严格把关，《津图学刊》从来没有发表过剽窃论文，也很少发表一稿多投论文。

第三件事是对刊物质量的关注。2000年时《津图学刊》为国家社会科学二级学刊，却不是任何机构评定的核心期刊。当时很多机构在评定职称时已经要求特定数量的核心期刊论文，因此非核心期刊很难收到一流的投稿。《津图学刊》收到的绝大多数投稿都是泛泛而论的议论文，很少看到经验研究论文或批判分析论文，有些投稿甚至具有明显的随意性。记得我们曾一次性收到一位作者发来的六七篇文章，我们猜测作者很可能是位在读研究生，把某个学期的作业一次性发来，期待我们从中挑出一部分发表。《津图学刊》就是在这样的情境下力图办出特色和水平。为了提高刊物质量，来先生采取了几项措施。我们首先在来稿须知中刻意融进了研究论文的要素，引导作者撰写研究论文。其次，考虑到天津作者占作者队伍的比例最大，来先生于2000年左右在天津市的数所高校图书馆和天津市图书馆举办撰写学术论文的讲座。再次，主动向承担国家自然科学基金和国家哲学社会科学基金课题的研究者约稿。记得我当时承担的工作之一就是跟踪每年得以立项的国家级课题，然后选择与《津图学刊》宗旨相关的课题进行约稿。来先生亲自起草约稿函。此外，关注细节。来先生认为，编辑部虽然无法完全控制投稿质量，但必须保证形式方面的质量（如英文文摘的语言、参考文献的格式、机读目录类论文的标识等）。记得有一次我们编辑中国科学院文献信息中心文榕生老师的一篇论文，由于论文涉及编目过程中冷僻作者姓名的处理问题，很多字无法从计算机直接输入，而需要单独造字。为了保证造字的准确性,我们特意用特快专递将二校的校对稿寄文老师审核。这件事给文老师留下了深刻印象,他也从此成为《津图学刊》的朋友。在来先生的强调下,2000 年以后发表的所有论文的英文文摘都由我亲自根据中文文摘翻译,不再采用作者所附的英文文摘。正是因为来先生对刊物质量的高度关注,《津图学刊》以其非核心期刊的定位,产生了令人瞩目的影响。2003 年 12 月,在《津图学刊》创刊 20 周年之际,我们根据 CNKI 数据库里反映的引用数据,统计了自 1994 年到 2002 年间她对 CNKI 收录图书馆学刊物的影响因子。结果显示,在这段时间,《津图学刊》的影响因子稳步提高,2002 年是 1994 年的将近三倍。在《津图学刊》停刊之后,它发表的论文依然被大量引用。在 CNKI 数据库的"参考文献"字段查询发现,2004 年至 2011 年,《津图学刊》被大约 5389 篇文献引用,平均每年有近 600 篇引用文献。

第四件事是告别《津图学刊》。2003 年 7 月 14 日,《中共中央办公厅、国务院办公厅关于进一步治理党政部门报刊散滥和利用职权发行,减轻基层和农民负担的通知》(中办发〔2003〕19 号)出台。7 月 19 日,新闻出版总署根据这一文件精神制定了具体实施细则,要求省、自治区、直辖市党政各部门所办报刊,原则上划转到省级党报集团、广电集团、出版集团;省级和省级以下政法、公安、财政、税务、工商、计生、交通、检验检疫、环保、消防等部门所属行业性协会、学会、研究会等不办报刊,已办的一律停办。《津图学刊》作为天津市教委和天津高校图工委主办的刊物,应在停办之列。那段时间,来先生心里极其矛盾:一方面,新闻出版总署的政策需要服从;另一方面,《津图学刊》和她的读者及作者队伍又让来先生万分不舍。在内心最矛盾的日子里,来先生甚至考虑过是否争取以书代刊,让《津图学刊》存续。他在跟我谈到这一可能性时说,"这样做主要是为作者们考虑,以书代刊至少不至于让他们完全失去《津图学刊》这一交流平台"。但考虑到来先生年事已高,而经营以书代刊的交流平台将比正式刊物更加艰难,我对这个主意表达了怀疑。2004 年,《津图学刊》在走过二十余年辉煌岁月后,正式宣布停刊。

从我为《津图学刊》编辑英文文摘算起,我与《津图学刊》只有四年缘分,但我却从来先生身上学到了很多终生受益的知识和道理。谢谢来先生曾为我提供了参与经营学术刊物的机会,使我获得了教学科研之外的另一种专业活动体验。松龄长岁月,鹤语寄春秋,值来先生九十大寿之际,祝愿来先生身体康健,天伦永享;福如东海,寿比南山!

（于良芝,南开大学教授）

读来新夏《交融集》

张建智

　　每次收到印着南开大学字样的大信封时，我总怀有一种喜悦的精神冲动，因为，我知道一定是来新夏先生给我邮寄了他的新著。这次，翻读的是他的《交融集》（岳麓书社"观澜文丛"之一种）。

　　名为《交融集》，以七卷成书。来新夏先生从七个方面与读者交流、融通：管窥、访谈、个案、述往、谈故、点评、序跋。字里行间不乏真知灼见，且都是以翔实的史料、多种资料的比较、再得出自己的见地，令读者信服。书中的每一篇文字，绝不如当下以大家、学者自诩，所说的却是居高临下的空谈高论，甚或是先设定靶子再自打包票的吹嘘。我以为像来新夏先生这般的高龄，能写出了符合时代发展方向的实际之文，且均有强烈的针砭性与独见性，实在难能可贵。

　　如卷一中与唐德刚、耿云志先生商榷的有关转型期历史的思考，作者直面唐德刚的"中国几千年的历史只有二次转型"、耿云志的中国近代转型"已走过160多年历史"这两说，提出了自己的质疑。他说："转型期的延续动辄千百年，岂不又太长了些？如此说来，一部中国历史岂不成为一个转型接着另一个转型史了吗？如果按耿先生的说法，中国近代社会的转型已经'走过160多年的历程'，那么1949年那次社会制度天翻地覆的转变，算不算转型？"

　　真的，读着来先生的这样的质疑，可谓单刀直入，游刃有余，他既从大历史又兼及各历史阶段的复杂情况，以10世纪至13世纪，从太平天国到辛亥革命，这长达一千多年的中国史,进行了客观的评说。读了这样的释说,我们不能不认为来先生对中华民族的历史究竟是怎么走过来的,确有精当的见地;他对中国历史的每一次转型总带着血腥与劣迹斑斑丑恶,有着深刻的研究与了解。而且,我认为来老的这些见地,无不带着自己八十多年来所走过的人生之体验,以及他对过去及未来可能发生的历史的锐敏的实感,才做出了如此的分析与评说。对历史的转型,绝不是以一个狭隘的乃或既成的概念可以解答的。历史,有时真可在"谈笑间,灰飞烟灭"乃或在"浪淘尽,千古风流人物"中发生;历史,有时总喜与人们的想象或研究的理论开着玩笑,它层出不穷,随时发生,像地震海啸,像每日里平和的花香鸟语,有时突变有时漫踱,而既定的方针或定论,却往往使人贫乏甚或有些迂愚。

来先生在书中举出的关于国学热、文人相轻、古籍保护、人才培养、关于"恶"的历史学、林则徐个案,以及说年号、海源阁沧桑……一篇篇读后,总令人掩卷沉思。一位饱学之士,一改学究式的论述,古稀变法,广开大众。比如写国学热,就用了通信的形式论之,别具一格。信中与刘梦溪先生就 10 个问题娓娓道来,有共识、有回忆、有建议;有迥然不同,又有融通汇合;还举出自己年轻时教书的实例,推出能使青少年有益的国学应读之书,可谓语重心长。

现今市上有多部林则徐传,但读了来老的八札有关林则徐的个案,字数不多,但比应市的那些林传更真实,并节约了读者宝贵的光阴。正如此书序中所云:"它是林则徐《年谱》浓缩本或派生物,可径直与《年谱》并称为文史双璧。"

此书,还以来老多年的史料笔记的积累,写了郑渔仲、清代笔记作家梁章钜、蔡东藩、严复、顾廷龙等等,都有作者独到的见解。其历史掌故记录,生动细节的疏理排比,作者既从自身之经历穿透时空隧道,又有深沉的长期研究作根柢,真所谓有通史的视野,具宏观的角度,又有通透的升华,极能给读者牖启思索。在全球化的时代里,来老的新著,于我们探索世界、追寻真理,以史为鉴,以文为化,对于未来国家兴亡、时代变迁,留下了他的一个航标。

(张建智,学者、作家)

只眼看人见真情

张梦阳

人,是历史的主体,没有人,历史将是一片空白。作为历史学家的来新夏教授,始终关注着人,这本《只眼看人》就是明证。

全书选三十余人,分列二卷。卷上为近代以前人物,卷下为近当代人物。如作者自言,让双眼分工,一只眼看古人,一只眼看今人。并自谦为"模糊之眼"。而其实读过之后,就不能不佩服来公眼力清明透彻,能一眼看出真谛,见出真情。

最见真情处,是对那些身处逆境仍然自强不息之人的赞颂。如来公在《青史凭谁定是非——林则徐晚年》中所说:"人们在知人论世上,似乎更容易看到顺境中的轰轰烈烈,而往往忽略逆境中默默无闻的奉献。其实,一个人的伟大正在于能善处逆境,毫不气馁,挣扎奋进,始终不渝地以不怕天磨的苦斗精神去写自己的历史。"因此,他深情地赞美了林则徐晚年西戍以后的苦斗精神,歌颂了李清照写《金石录·后序》时曾经沧海后达人知命的人生坦然态度和洞察世态的识见,称赞了"能受天磨真英雄"的张謇和"悲欣交集"的李叔同。

尤其可贵的是用深入化境的笔触描摹了郑天挺在"文革"迫害下依然保持童真的可爱形象,描述了穆旦虽身处逆境却一直孜孜于事业的坚忍不拔的性格。写得最好的,我以为就是这篇压卷的《穆旦的半生悲歌》,来公以唯一见证人的身份,刻画了他亲眼目睹的穆旦所遭到的厄运与坎坷,读后令人潸然泪下。

　　《只眼看人》是一位饱经人世沧桑、饱学文史典籍的老历史学家,在勘破世情、明察历史、透悟人生之后,对古人与今人、君子与小人、胜者与败者、顺境与逆境的深刻洞察与中肯评骘。从中可以学到历史,学到世态,学到经验,学到知人论世的方法与规则,既增自知之明,又长知人之明。

　　　　　　　　　　　　　　（张梦阳,中国社会科学院文学所研究员）

来新夏先生的学术随笔

章用秀

2010年8月，我在"来新夏教授米寿庆祝会"上有一段发言，其中说道："来新夏先生在中国学术领域是一位承先启后的人物。"我所说的"承先启后"，不仅是指来先生对历史学、方志学、文献学等方面所做的开拓性工作，也在于他作为一代文史大家在学术随笔上的造诣和继往开来的重大建树。

来先生的随笔写作可追溯到七十年前。有人在查阅旧报资料时发现他在1942年9月发表过一篇《跷辫子说》，乃解说其家乡言死是跷辫子的来源，来先生说这篇是他的"随笔处女作"。后来他便很少写这类文章了。再后来各种运动接踵而至，先生"尽量慎于言而敏于行"，虽有《古典目录学浅说》、《林则徐年谱》、《近三百年人物年谱知见录》等大著面世，但对于随笔却几乎断了缘分。

上世纪80年代初，来先生的一些著述已经显示出他学术取向的美文化特征。我存有一本1984年10月出版的《结网录》，为先生当年所赠，扉页且有来先生"用秀同志存"等赠言。此书实为通过发掘笔记杂录新史源探讨清代经济、文化、社会风尚及其他新课题的专著，今天看来仍不失为以全新角度拓展学术研究空间之典范。然纵览该书，从其从容大气的行文风格、潇洒凝练的语言文字上，其学术随笔的性质已显露无遗，用王振良君的一句话讲，即"将学问做得有趣味，好看且有用，成为学术的美文"。

将学问化为美文，何以如此？来先生谦称，"当时的动机"主要是："读了一辈子书,有许多信息应当还给民众,过去写的那些所谓学术性文章,只能给狭小圈子里的人阅读,充其量千把百人,对于作为知识来源的民众,毫无回馈,内心有愧,而且年龄日增,该到回报的时候了。"于是他"毅然走出象牙之塔,用随笔形式把知识化艰深为平易,还给民众,向民众谈论自己与民众所共有的人生体验来融入民众"。来先生对这一转折极为看重,正如有人说他这是"衰年变法"。由此我便想到了大画家齐白石,齐白石在绘画生涯中,在陈师曾的劝告下,衰年变法,一弃旧习,其绘画熔民间趣味与文化趣味于一炉,流露出真实的情感,洋溢着健康、快乐、倔强、诙谐、自足的情调。来老的"变法"与齐老的"变法"异曲同工。齐老通过"变法"创造出雅俗共赏的新型中国画,来老通过"变法",学者与大众沟通,史学与文学结合,撰写出深入浅出、有情有味、脍炙人口的学术美文。

来先生以古稀之年进入学术随笔新领域,老来笔健,得心应手,挥洒自如,且一发不可收,数年间硕果累累,连连不断。已出版学术随笔十多种,包括《冷眼热心》、《路与书》、《依然集》、《枫林唱晚》、《邃谷谈往》、《一苇争流》、《来新夏书话》、《出枥集》、《只眼看人》、《学不厌集》、《邃谷书缘》、《皓首学术随笔——来新夏卷》、《邃谷师友》、《且去填词》、《戏史说戏》、《80后》等,共计收文八百余篇,文字量达数百万。来先生的学术美文"与他的'编年史'不同,作为横断面的随笔,其展示方式是描绘人、事、书、物、山川的品格与气韵、性质与形式,从而也就暗示了纵向的历史沉积过程"。他的这些文字,既是用历史眼光对现实进行的观察与思考,同时也是用现实眼光对历史进行的回顾与审视,逼真地展示了人世百态与另一方学术天空,文中所描绘的人情物事,无不独辟蹊径,体现了当代意识与历史深度的有机融合。

来先生不愧是文史战线上的一位大家,他的学术随笔是"群众能读喜看的文字",更是以文学的方式、生动活泼的语言将数十年积累的学识与见解"回归于群众",将史学与文学巧妙对接的范例。虽说是"写古今人物,求历史的公允,发故旧的幽微",但先生笔下的人物都是有血有肉的鲜活的生命。他写《名门后裔张公骕》,说"公骕看起来很沉稳,不会激动似的,但一旦遇到重大转折时,他的爆发力却十分强"。他写史学家郑天挺,却将郑在"文革"中"第一次穿篮球鞋"和"没有一千,只有四千"的故事娓娓道来。虽说是"写世情百态,诠释人生",其行文却如行云流水,有声有色,决无生硬说教之感,更无剑拔弩张之气。他的《说无怨无悔》和《说无欲无求》,全无激烈的指责或吹鼓手式的吹吹打打,而是用平实的语言,表达他对人生追求的态度。《莫吝"金针"度与人》讲的是读书问题,文中说:"'读书百遍,其义自见'这是三国时董遇的一支金针,余季豫师也常引此语教诲我们。书读百遍似是加重语气,而非计算数字。但是,一些内容有分量的书至少应该读三遍,不光要深读,还要摘抄,摘抄至少你认为有用的资料。""史"与"文"的巧妙融合更是显而易见。

来先生自言:"作家在激情思维和生动有趣的表达方式上很有优势;学者则在深层思维,对文化的独特思考与见解上颇具根底。如果能将两者很好结合起来,那我国的随笔不仅质量会更上一个层次,而且随笔资源也会源源不断。"先生正是在这两者之间找到了切入点。先生的美文可谓"史中有文,文中有史","史"与"文"水乳交融,为学术随笔的写作启迪了思路,拓宽了视野。

美文在精不在长。来先生的学术随笔大都小中见大,"一滴水能见太阳",堪称大手笔写成的"小"文章。他将深广的学识最大限度地浓缩起来,在短小的文章中将学术研究升华到一个新的层次,包含着他的精辟见解。如《行已有耻顾炎武》、《王鸣盛不穷》、《盛宣怀评说》、《唐绍仪之死》、《袁寒云与宋版书》等,最多不过两千字,最少仅数百字,知识含量却异常丰富,论述亦颇为精彩。论其学术性则非但不轻,实乃相当厚重。而且读起来轻松愉快,绝无枯燥生涩之感。如此举重若轻,如此自由酣畅且信手拈来,只有大学问家才有这等功力。

"小中见大"自是来先生深厚的学养和对现实与人生的深刻感悟而使然,我想先生可能另有一个用意,就是节省读者时间。在信息爆炸的时代,人们要学的东西太多了。先生坦言:"我写随笔的终极目的不过是:观书所悟,贡其点滴,冀有益于后来;阅世所见,析其心态,求免春蚕蜡炬之厄;知人之论,不媚世随俗,但求解古人故旧之沉郁。"如果我们把来先生的学术随笔当做"补药"的话,"小"文章剂量小,比起长篇大论来,吃起来方便,消化起来也容易。

来先生的学术随笔虽说严谨却又充满了灵性。他的不少文章是谈史的,但却不是就历史讲历史,而是把对历史的思考和现实的思考统一起来。他关注社会,针砭时弊,尽力抒写自己的心路历程和心灵感受。《林则徐的禁毒思想》便是"以当代意识审视历史、又在历史背景上思考当代"的代表。该文是以人性写历史,以情怀写人物,不经意间流露出对林则徐的景仰,使读者真正触摸到这位伟人的高尚灵魂,激发起人们强烈的爱国意识。《流人笔记》主要是写清代方拱乾、吴兆骞等一批流人在困苦环境中,仍能不忘其社会责任,竭尽全力地调查研究,著书立说,为后世遗留下足资参考的珍贵历史资料。该文同时也是针对现实有感而发。作者从灵魂中呼唤:"这种不畏艰巨的拼搏精神,既体现中国士人的韧性,也很值得后人的敬佩!"我以为先生的随笔真可谓是"今人与古人的对话,古代与现代的契合",是"自己心目中那些充满了智慧与灵性却从不掉书袋,也不受学术规范制约的真正随意之作"。

来先生的学术随笔量多质高涵盖面广,为一般人所难以企及,而尤其令人钦佩的是,先生的那些"好看有用"洋洋大观的学术美文竟大多是七八十岁以后完成的。他将自己对传统文化永难割舍的爱恋与执著流于笔端,将自己的经历苦难化作对历史的深刻理解呈现给世人,以淡泊宁静依然故我的纯真境界,抒写对人间风雨沧桑的无怨无悔。这该是多么浓厚的情结、多么勇敢的担当、多么高尚的灵魂、多么美好的境界!有人说这是一个"奇迹",叫我说这也是"承先启后"的壮举。先生之所为,我不敢说是"绝后"的起码也是"空前"的。

（章用秀,收藏家,天津地方文献学家）

卷
下

我认识的来先生

曹亦冰

　　来先生是一位可亲可敬的长者,又是一位才高八斗、学富五车的大专家,也是一位出版界与古籍整理研究领域负有盛名的楷模,还是一位识大体、顾大局又极具开拓性的前辈。与来先生接触,给我印象最深的有三个方面:第一,他对科研孜孜不倦,奋力耕耘。来先生虽然年事已高,但对古籍整理与研究的毅力,比年轻人还要强,所做的贡献也比年轻人还要大。他主持的南开大学地方文献研究室,虽然人员较少,但每年提交给古委会的科研成果最为突出,不仅数量多,而且质量高。如今年中华书局出版他编纂的《近三百年人物年谱知见录(增订本)》和《书目问答汇补》(上下册)两部厚重著作,学界反响非常好。第二,他的为人很仗义,有求必应。如2006年在安平秋主任的策划下,由我和卢伟以北京大学中国古文献研究中心研究员名义向教育部申请了一个重大课题,即《美国公藏宋元本汉籍图录》,向来先生请教,就选题范围、框架及内容撰写诸方面,他都一一细致地提出了宝贵意见;他还主动帮助我们与美国国会图书馆负责管理中国古籍的居蜜先生沟通;在我们的请求下,他慨然应允做我们这个项目的学术顾问,并答应撰写序言。他这样的举动给了我们很大的支持,尽管项目在运作过程中出现了各种各样的困难,但在来先生的精神鼓舞下我们都克服了,该项目已经结项,现正在做出版前的审定工作。又如,2009年台湾大学吴宏一教授因购买不到来先生于上世纪80年代出版的《近三百人物年谱知见录》,通过我想向来先生求教哪里能够买得到该书,来先生告诉我,原来的书一是没有了,二是中华书局马上要出版增订本,出版后一定赠送吴教授一部。果然,该书于今年出版后,来先生给我来电话,核对吴先生的大名,随后即将书寄了过来,恰好吴宏一先生正在北大讲学,我马上转交给他。吴先生很是感动,我更加感慨:没想到两年前电话里说的事情,来先生居然还记得那么清楚并兑现承诺,真是令我佩服得五体投地!第三,平易近人,和蔼可亲。我是1983年古委会成立前就从事古委会的筹备事务工作了,多年来与众多专家学者打交道,来先生的平易近人最为突出。他从不摆大学问家的架子,也从不以专家口吻要求我们工作人员做什么,每次都是特别谦和地亲自写信讲明希望我们答复或要做的事情,我每次接到来先生的惠函,总是被他的谦和所感动,而且还能从来先生写信的典雅风格中学到知识。另外,我每次向来先生请教事情,来先生从不厌烦,都是耐心听完而后和蔼可亲地解答。特别是每当来先生的科研成果出版后,不仅给古委会秘书处单位寄送,还签署大名惠赐给我个人。我每当拜读来先生的大作,都受益匪浅。不仅他惠赐大作让我有饱尝甘露之感,而在内容上我也学到了丰富而有用的知识。对于我来说,来先生的大作就是教科书和知识词典。

(曹亦冰,北京大学中国古文献研究中心教授、全国高等院校古籍整理研究工作委员会副秘书长)

宽博的胸怀　诚挚的情谊

——感谢来新夏教授对我的帮助与关切

陈伯良

南开大学来新夏教授是当代著名的学者、文史专家。早年我因喜爱地方文史,拜读过他的著作,即受到他博学盛德的感染,得益不少。

从上世纪 80 年代初起,我开始注意并收集有关海宁地方的文史资料,又应海宁市政协文史委之聘,专职从事这方面的工作,方才有机会直接向他通信请教。在长期的交往实践中,得到他真诚的无微不至的帮助与关切,使我这样一个普通的文史爱好者,能够顺利地完成领导交给的编书任务,也扩大眼界,进一步丰富了有关这方面的专业知识。

我在 80 年代初离休之前,在海宁中学任职。当时就知道,来教授的祖父来恂裕先生,清末就在这所学校的前身——海宁州中学堂担任教职。当我把这情况告诉来教授后,他还把他自筹经费出版、他祖父撰著的《汉文典》和《匏园诗集》、《匏园诗集续编》这两本诗集寄赠给我。在这两本诗集中,有着他祖父在海宁时所作的好几十首格律诗,其中不少描绘当时海宁地方风物和当地名胜古迹的诗篇,如《观灯》,《迎长安蚕花大会》等,很有史料价值,使我得以了解许多前所未知的历史事物。此外,来裕恂先生在海宁时又撰写了《汉文典》一书。来教授告诉我:"先祖诗集,以史事为主要特色,如海宁中学有关校史资料,希望能有所采择。"

本世纪初,我曾先后收到来教授从南开寄来的"来新夏教授八十寿辰与来新夏教授学术研讨会"纪念封,以及来新夏教授与焦静宜女士结婚的喜帖。他也曾把应香港回归之需重编的《林则徐年谱新编》寄赠给我,这很明显的是寓有关心和鼓励我要好好学习的真挚心意、在亲切的书信交往中,一次他无意中谈到他的书斋"邃谷"命名的由来:"寒舍书斋,早经先祖命名为'邃谷'二字,亦'旧学商量加邃密'与'虚怀若谷'之意,说明它的深意是'以抑制我的虚骄,亦老人之苦心'。"这对我同样也有教育意义。

早几年前,海宁市政协文史委曾把我历年撰写的有关地方文史的稿件汇编为《海宁文史备考》一书,书名题签就是请来教授题写的。尽管他当时眼睛已患白内障,即将施行手术,仍然勉力书写,并且很快以挂号信寄来。这也使我深受感动。

多年来,我一直受到来新夏教授的真诚关切与帮助。像他这种宽博的胸怀与真挚的情谊,无疑是给我上了应该如何为人处世的最好的一课,不仅使我永不忘怀,也必将终身得益。

（陈伯良,浙江海宁政协文史委聘任编纂,地方文献学家）

今来新夏松髯长

陈福康

　　2012 年 6 月新夏,迎来了萧山来老九十初度暨从教六十五年纪念。不知怎的,我脑袋中忽浮起了"今来新夏松髯长,冷映须鬘皆苍苍"等诗句。记得我的一位好友张梦阳兄曾发表过一篇题为《晚景能否来新夏》的文章,听说他老兄对自己想出的这个题目颇为得意。而我现在想起的,则是明末诗人范凤翼《别业引》中的诗句。当然,我知道来老须鬘苍苍,但并无长髯飘飘;然而,他老人家在我的心目中的形象,就正是一棵萧山不老长松啊。就请恕我胡乱引用这句正好嵌着来老大名的古人的诗,来做个题目吧。

　　我收到萧山图书馆和南开大学地方文献研究室关于编辑来老纪念集的邀稿信,感到非常荣幸。我想自己真是应该写一篇文章的。来老桃李遍天下,我虽然不是他的及门弟子,但来老实有师恩于我。我不仅从他的著作中得到过许多教益,平时也写信打电话请教过他,也曾登门聆教。不过他老人家却视我为"小友",送过我许多大著。他为拙著写过热情洋溢的书评,还为我写序。但我今天不拟写这方面的事,而想写一件来老在治学风范方面给后学者我的最深的感动和教育的事情。我曾经在 2011 年 2 月《中华读书报》上发表过一篇《学习勇于自纠的诚实学风》,谈过此事。但我想来老的亲友、学生和希望了解来老的读者,未必都注意到拙文,因此就再写一遍学习来老高尚学风的文章,本来我在 2005 年就想写了,可是当时因为忙乱未曾动笔。2011 年,因读到 2 月 2 日《中华读书报》

上李金松先生的《〈清人笔记随录〉辨误一则》，才促使我提笔撰写。而且我读李文，不禁莞尔。倒不是因为李先生文章具体的"辨误"本身有误，也并不想笑话李先生，首先是因为记起了李文的这一"辨误"还与我也曾有过那么一点儿"关系"。

来新夏先生的《清人笔记随录》，是 2005 年 1 月由中华书局初版的。在那以前，来老在《邃谷谈往》等书中曾多次提到自己撰写此书，早已积稿盈尺，可惜在"文革"动乱中毁去不少，晚年离休后，正在奋力补写。因此，我一直翘首盼望能早日读到这部巨书。有一天来老来信，说到他在补写此书时急于寻觅张舜徽先生的《清人笔记条辨》。

张先生的这本书也是我非常喜欢的，但我得信后赶紧就把自己手头的一部给来老寄去了。而来老在《清人笔记随录》问世后，亦立即寄赠了我一部。在奉读之后，我曾写过一篇书评，题为《八旬老学者新奉献》，发表在那年 6 月的《中华读书报》上。

在那篇书评中，我随手例举了来老此书中的两个片断：胡承谱的《只麈谭》记有鲁亮侪逸事，十分生动，但来老博览强记，忆得少时曾读袁枚谈鲁氏一文内容相似，于是重检袁氏文集，发现固然如此，再加小小考据，便证实胡氏乃有剽窃袁文之嫌。邵晋涵《南江札记》中，有辨《后出师表》非伪之文，近人卢弼著《三国志集解》却引何焯之说，来老谓何氏乃窃自邵氏云。畏友刘兄寂潮读了拙文后，告诉我邵氏实生于何氏死后，这是来老记错了。我一查书，果然如是，惭惶（因我未察其误）之余，忙打电话告诉来老。此后，我便在 9 月 23 日《文汇读书周报》上肃然读到了来老的《我的自纠状》。来老写道：

> 从事著作，总希望自己的著作完美无缺，能给人以裨益；但往往在成书以后，事与愿违，又不断发现错漏，引致自己的无尽悔意，始知古人不轻付枣梨（按，报纸错排为"黎"字）的谨慎。
>
> 《清人笔记随录》是我尽数十年积累之功，于耄耋之年，整理成书问世，理应减少差错。一旦问世，内心喜悦，难以言喻。而各方鼓励之词，纷至沓

来,益增快慰。直谅多闻之友,虽时有指疵摘瑕,亦多婉转陈说。近于怡然陶醉之余,持书循读,确有字句错讹谬误之处,心怦怦然,而最不可谅者,则为叙事缺漏与论述悖迕。若不细检推敲,亦可掩愆。惟静夜深思:个人得失事小,贻误后来事大,若隐忍不发,希图蒙混,则中心愧怍,而有负读者,遂决然举二例以自纠。

老实说,我当时读到如此真挚、沉重的自责文字,真正是"心怦怦然",深受感动和教育!你想,来老为霞之年,辛辛苦苦写这么厚一部大书,若有些疏漏本也难免,且毕竟又都是较小的失误。来老这样严于律己,充分体现了一位老学者的敬业精神,体现了一个劳动者的淳朴本质!

来老所自纠二例的第二例,就是我上面提到的《南江札记》一则,也就是李金松先生的"辨误一则"。来老写道:"此段文字大误,何生于1661年,而邵氏则生于1743年——何先邵后,相差八十余年,而我妄凭记忆,将何焯混误为何秋涛,未遑查对,鲁莽着笔,错下结论,以致后先颠倒,混淆是非。尤不可恕者,我于平日多次告诫学生:勿恃记忆,应勤于翻检。而自己高年成书,记忆本已减退,竟未能身体力行,着笔时仍不细加查对,贸然论事,深感汗颜。幸有他人指出此段文字,生年颠倒,论述有误,应删除其说。此不仅为自己有误,更以己误而厚诬何、卢先贤,则罪疚更深。敬请读者将此段文字删去。"我当时读了来先生的"自纠状"而想写一篇文章,就是想表达对来先生的敬意,并表示自己一定也要向来先生学习的决心。同时也因为近几十年来,我们看到有一些自称或被称为"大师"的人物的相反的事例,实在是太多了。如明明不懂什么叫做"致仕"经人指出后还巧言掩愆,甚至还有朋友出力为之遮羞,结果越描越黑,大损清名。像这些大家都知道的事,我这里就不说了,即以我本人亲身经历者而聊言数例吧。

例如,我为考证郑思肖《心史》非伪,不得已先后撰文与海内外多位论者(有的还是名流)辩论,一一指出他们的例证无一准确,全有硬伤或疏忽,可是得到的回报大多是"哑口无言"的"默杀",视同未见的傲慢,此外就是毫无学理的蛮缠或狡辩,甚至还有出语伤人者,就是至今没有一个爽爽气气认错的。

又如,某大师撰文指斥别人谓"扶桑"乃日本古称为不对,说中国人称彼邦为"扶桑"要到鲁迅、梁启超时方始,经我指谬后,大师倒是在信中认了错,但后来那篇文章他又收入好几本书里却一字不改也不加任何按语,甚至最后自编的译成日文的选集中还特意收了几年前自己已认错了的那篇文章,继续去贻误日本人。(按,其实早在唐代国人就已称日本为"扶桑",我已找到很多铁证。)

又如,我曾在《中华读书报》上撰文,指出某外国著名汉学家的一本谈中国的书,其汉译本中有非常可笑的误译,该书责编看到拙文后便寄来此书,要我继续纠错,我便老老实实花了几个休息日为他打工,查出误译数十条寄去,不料却连谢一声的回信都没有,反而我在报上看到该京城著名出版社竟特为此译本召开评功摆好的大会,而它的一位译者还在网上给我发了语带怨刺的公开信。

又如,京城某著名报纸刊载某大师侈谈"国学"之宏文,将《子史精华》《史通削繁》当做是从子部、史部中"选择"出来的"读本",并称二书"帙卷浩繁",又把《黄帝内经素问》说成是排在汉代《伤寒论》之后的唐代之书等,我在《中华读书报》上指摘了这些笑话,该大师置之不理,而刊载其文的某报竟恼羞成怒,发了一篇教训我和《中华读书报》的文章,题为"文人切忌无事生非"。

又如,某人花四年功夫全力写了本"研究鲁迅"的书,只是为曾遭别人批评而泄愤,书中荒唐和缺常识之处实在太多,仅举一例,他竟说鲁迅、茅盾致中共中央的信是身在陕北的红军中人伪造的,又称此种伪造是"革命"行为,因鲁、茅"威望很高",是革命"很需要"的,却全然不顾该信当年仅发布在内刊且并没公布写信人名字,那么这种伪造又怎能达到借光于鲁、茅威望的"革命"目的呢?

又如,拍卖场上出现所谓鲁迅题写的《梅兰芳歌曲谱》,其实只消观其所署"迅自留"三字,就足以断定它是伪物了,因自古至今没有哪个学者文人会在不是自己写的或编的书上题上"自留"的,然而我不过是在文中没点名地提到某位肯定它的老者为"智者之失",竟也会招来冲天火气,那位老者后来其实也已悟到并承认自己上当(因伪造者不敢吱一声,也不理他了),却还对我申申其詈。

这样的例子真举不胜举。我在这里举出这些,是想说明来老先生对待他人批评的态度,与这些人物相比,真可谓是霄壤之别啊!

尤须指出的是,来先生这样的"自纠"态度和诚实学风,是一贯的。例如,我在《皓首学术随笔》丛书的《来新夏卷》的序中,即看到他的说明:"卷七《吹疵摘瑕》,为自纠和评说论辩之作"。来老在上述《我的自纠状》的最后又写道:"我深感学问之道,万不可掉以轻心,少有疏懒,即铸大错,更不得以高年目眵为自辩(按,报纸排为"辨"字)。为记取教训,特自纠如上,并向读者致歉。至祈读者指误摘(按,报纸排为"谪"字)谬。举以相告,则必泥首以报。"

因此,李金松先生文章最后说的"想必来先生不以为忤",真是多余的话了。来先生的这种高风亮节,对我们当前的学风是会有良好的影响的。我就在网上高兴地看到《郑板桥年谱》的作者党明放先生,在其博客上也发表了一篇相同题目的《我的自纠状》,其第一句话与来老的"自纠状"写的也一样,显然,他就是以来老为榜样的。

我读李先生的文章不禁莞尔,还有些别的原因,不妨也在此处最后一说。我想,李先生当时肯定没有看过来老的"自纠状",这也作罢了;但他如要"辨误"此"一则",只消写出何先邵后的年份即可,完全没有必要"依次胪列来先生所述文字中提到的诸人关于《后出师表》非伪之说",抄那么多几乎一样的文字,白白浪费那么些纸墨啊。更有朋友告诉我,李先生此文其实已经在2011年中华书局出版的《书品》第6期上就发表过了;而且,李先生还曾在2010年将此文寄给上海某报,而该报没发,转给了来先生(其实,该报应把其曾发的来老《我的自纠状》寄给李先生才更对啊)。值得这样子到处投寄吗?须知,来老此书早在2008年4月就由中华书局出了第2版(而《书品》杂志的编辑也不去翻一下本单位出的书),看看那句有关何、邵、卢的话,在第261页上是早已删除了啊!

邃谷长松,青苍磊落,仰之弥高。

（陈福康,上海外国语大学教授）

与来老交往有感

邓骏捷

来新夏先生是当代学术大家,在史学、文献学、方志学等多个方面著作等身,成就卓著,影响广泛。余生也晚,且僻居海隅,与先生既无师生之缘,亦无同乡之谊。然而,幸获先生青睐,近年颇有一些往来,从中深感先生扶掖后辈的长者风范。藉此略记一二,以表感恩之情。

大约是 1997 年,我有一次路过天津,在天津师范大学一位老师的带领下,冒昧到南开拜访先生。当时除说了一些仰慕的话外,还奉上我编的两册有关澳门文学的目录书。先生对我能做"替人做嫁衣"的工作,颇为鼓励。当年,先生又到澳门开会,我也陪同游览。其后,由于学业无成,所以不敢再打扰先生了。

2004 年,我受学校图书馆之命,负责整理馆藏古籍,并编辑出版了《澳门大学图书馆古籍特藏图录》。该书出版之后,我想到终于有向先生报告的机会了,于是立即寄奉一册。不久,就收到了先生热情洋溢的来信,并且敏锐地指出其中某些古书的学术价值。这真是为我在澳门这个灯红酒绿的花花世界里埋首于"古墓"(我校馆员对古籍室的谑称)的工作,打了一支强心针,深为之感动。此后,先生不断给我寄赠自己新出的作品,我心里明白,先生显然是在鼓励我不要迷失于现实,不要放弃传承中华文化的应有责任。对于千里之外的无名小卒,先生也如此关爱,表现出的不仅是长者之风,更是无穷的人格魅力。

2007 年,先生受邀到澳门讲学,我自然要作陪,报告学习情况,请教心中疑惑，先生一一作了解答，让我顿有豁然开朗之感。更加令人激动的是，先生回津之后，写了一篇《重游澳门》的文章发表在《今晚报》上，文中既谈了十年来澳门的巨大变化，亦为澳门未来的发展前途提出了忧虑之思。在当前一片"唱好"的现状下，那真是难能可贵的箴言啊！

2008 年，我与一班志同道合的朋友，创办澳门文献信息学会，出版《澳门文献信息学刊》，旨在为文化事业作些微乎其微的贡献，于是我又想到了先生。先生二话不说，既答允出任学会的顾问，更为《学刊》题词、撰稿。有了先生这位重量级前辈的压阵，我们就有了底气，放手大干。现在《学刊》已经出版到第五期，上面发表先生在内的名家大作多篇。学会又举办了数个国际研讨会，并成功提名"天主教澳门教区档案文献（十六世纪至十九世纪）"列入联合国教科文组织《世界记忆名录》（亚太区）。这一切无不是在先生的鼓励和支持下完成的，可以说先生不仅是我们的学术顾问，更是驱动我们努力向前的精神动力。

先生学问渊博，著述不辍，桃李满门；又"衰年变法"，出版大量学术随笔，哺育后人；更加宣示春蚕之心不死，有生之年，誓不挂笔。让我等后辈有"仰之弥高，钻之弥坚，瞻之在前，忽焉在后"的感觉，叹服不已。

最后，祝愿先生长寿康宁，续为中华民族发光发热，永作我们的文化大纛。

2011 年 10 月 29 日

（邓骏捷，澳门大学教授）

邃谷楼主乐常新

董国和

日前读贵报发表的来新夏先生的《藏书的聚散》一文感慨颇深。

对于藏书的最后归宿,是每个爱书人都难以处置的问题。来新夏先生藏书甚丰,对如何处置它们,他也有过由旧观念转变为新举措的一段认识过程。他的几万册藏书,现在已归为他老家浙江萧山县为他修建的图书馆收藏,找到了一个最好的归宿。在《藏书的聚散》一文中,他写了将藏书化己为他的原由。他送一友人的书,因友人病逝,家人将其藏书散落出来。他的书有一册流入旧书摊,因书中有他的签名,被一位书友买回寄给了他。此事对他震动很大,从此就开始考虑藏书归宿问题。反省了自己对藏书认识的旧观念,这才有了"不散之散"(来先生语)的新举措,也为众多藏书者如何处置藏书找到了一条新路,于己于他,真是善莫大焉。如果说年轻时有新的顿悟还较为容易,那老年有此新的飞跃则非常困难,因为这毕竟是他几十年的收藏心血,更何况这也是一笔不小的资产。在物欲横流的当今,此举,真让人叹服。

我虽然与来新夏先生缘悭一面,但第一次见到他的大名就两眼为之一亮。待读了他的《邃谷谈往》,才对他这新字有了新的认识。原来这新字正是他人生的写照,也是他学术的追求,还是他文章的筋骨,更是他生命的魂魄。一句话,邃谷楼主乐常新。《林则徐情结》是《邃谷谈往》卷三的压卷之作,最可见证他的新字情结。他重写《林则徐年谱》那年,正是他处于人生低谷之时。"60 年代,我被投闲散置,终日皇皇,忧思愁虑,束书不读,沉湎烟酒,行之经年,意兴萧索。自忖若就这样混过余生,实有未甘;审视案头林谱残稿,亦难以割舍。一日,忽仰屋而思,林则徐伟业被冤,万里赴戍,犹遍历荒漠,为民造福,寄情诗文,怡然自得,我何得自废如此?"正是有此顿悟,也才有了他新的人生起点。

新的人生就是著书,让生命在创作中闪光。他由此焕发精神,重新投入了年谱的写作。历经年余,终于将三十余万字的《林则徐年谱》完稿。虽是出版无门,但却让他有了新生的喜悦,恢复了写作乐趣。然而在"文革"之初,为了避祸,却不得不忍痛看着"勇士"们将它付之于一炬。后来他被遣至市郊务农,仍"野心"不死,在茅屋草舍之中,夜深人静之时,秉烛奋笔,写成三稿;四年后他"蒙恩"获准重回故园,就乘逍遥之机,改写出三十四万言的定稿。到了80年代,它才终得出版,书虽惊动了海内外,他却并未满足。综合各方面意见,利用新获得资料,重新增订,又成四十五万言新书。此时他虽然已过耳顺之年,然写作兴趣不减当年,可谓童心犹在。若问何以如此? 他欣然答之:"是学之无止境而我心则尚存更新之远图也。"

正是他心存更新之远图,十年后,他又将《林则徐年谱》增至六十万余言,而这已是他六易其稿了。在《有关天津租界的书》一文中,他对《天津租界谈往》书作者那种"不做官,只做事"的写作心态,给予了高度评价:"不辞辛劳,访问耆旧故老,爬梳断简残篇,孜孜以求,终成宏业。"其实,这又何尝不是他的人生写照? 他在此文结尾处喟然而叹:"学之固无止境也",也正是他常学常新的人生注解。

（董国和,河北作家）

邃谷幽思　学者风范

——访来新夏先生有感

冯凯悦

人生的际遇有时候是件很奇妙的事情,从未想见,我这样一个学识鄙陋、资历甚浅的小辈,能够在进入图书馆学的大门之初就有幸和来新夏先生结识,并且有机会为他做口述访谈。能够在这个过程中见识到来先生的学养风范,感受到来先生对后辈的关怀之情,于我自然是一件值得铭记的事情。而这次经历的缘起还要从我和来先生的一点渊源说起。

五年前,我初入南开大学信息资源管理系图书馆学专业,在系史教育中第一次了解到著名的历史学家来新夏先生原来就是我系的创始人,不禁心生亲切之感。后来我由于对历史学有着浓厚兴趣,双修了南开大学历史学院的课程,中国史专业。在此过程中,来先生在方志学、文献学、目录学、中国近现代史的学术成就不断给我带来新的震撼,尤其是每当学期初的第一堂课,历史系的老师们浏览花名册时发现我是图书馆学的学生,必然会问起我是否知道来新夏先生,来先生最近身体可好,我的心中都会洋溢起一种自豪之感。拥有这样一位大师级的老系主任相信是我们系所有学生共同的骄傲。

转眼四年的本科生活结束,我如愿以偿留在本校读研,并且有幸能够拜徐建华教授为研究生导师,而徐老师又正是来先生的得意弟子之一,正如来先生在《〈传统特色文献整理与收藏〉序》中所说："建华方当知命之年，学识已有一定基础，精力充盈，为大有为之年。虽曾隶门下，但观其成果，不禁有出蓝胜蓝之喜。……老朽于建华有厚望焉。"恰逢来先生九十大寿将临之际，徐老师有为来先生编纂一本图书馆学论文集的想法，考虑我曾经有过历史学的学习背景，就这样我幸运地获得了近距离接触来先生的机会。

来先生撰文常在末尾注明"于邃谷"，我以前常想梁实秋有雅舍小品，于雅舍中品人生百味，而来先生则于邃谷幽思，在邃谷中思衰年变法，因此总感到邃谷的神秘与辽远，却万万没想到邃谷就在南开园中，自己曾多次于门前匆匆而过，却从未想到自己与这样一个著名的地方擦肩而过。

迈上曲曲折折的楼梯，走过略显昏暗的过道，想到自己即将见到一位泰斗级的老先生，我不禁心中有些紧张。门一打开，一位皓首老人笑盈盈地站在我面前，厚厚的银发，睿智明亮的眼睛，简单的半袖衬衫，舒服轻便的拖鞋，朴素而随和。我鞠躬向来先生问好，来先生很亲切地招呼我进门，让我原本紧张的心情一下子放松下来。

来先生的书房不大，但是很明亮整洁。书房的门恰好对着窗，房间里浮动着微风，门口右边的架子上放着启功先生亲手写的"邃谷"匾额，让我不禁为老先生取名的雅趣和恰当感到由衷的赞叹。房门的左侧是一个将近一面墙大的书架，上面摆满了各种大部头的著作，正对面是一个较矮的书柜，书柜上方挂着一幅几乎等身的来先生的半身油画像，画面上的来先生和真实的来先生都面对着我，同样挂着慈祥的微笑，窗外的光洒在来先生整齐的银发上，跳动成细碎的光晕。他亲切地问我的情况，嘱咐我一定不要因为帮忙编书而耽误学业，临别还送我一本散发着油墨香的《砚边余墨》，并亲笔题字"凯悦小友雅正"，让我颇有受宠若惊之感。

第一次拜访过后，我们开始着手准备来先生的论文集目录，每次到邃谷向来先生请教意见都让我受益匪浅。来先生治学严谨，每次交给他的材料，他都极认真的看过，然后用笔在材料上或注或删。每当我拿到来先生标注过的材料,都不禁有一种惭愧感油然而生,也总是想起肖复兴曾撰文写叶圣陶先生为他亲笔改作文,文章上满是注释,甚至有缠了血绷带的比喻,这种对老先生们的尊重之情恐怕只有我们这些亲身经历过的人才能真切感受,单凭言语或文字实在难以尽述。

来先生虽然著作等身,但是为人极为谦逊,还记得有一次我把做好的口述访谈提纲拿给先生审阅,来先生一定要我把"大师"、"泰斗"这样的词勾掉,然后对我说:"这些词不能随便用的,我为人不喜欢这些虚的东西,做学问要扎实(踏实)一点。"让我无法不对来先生的高尚品格肃然起敬。

可能做学问、搞学术究其根本就是要追求真理,老先生一生都在寻求真知,因此讨厌虚伪,也厌恶官僚,但是对学生却是无微不至的关照,每次到来先生家,他都会问起我们自身的一些情况,然后叮嘱我们合理分配时间。来先生自己极其珍惜时间,这点不仅他多次撰文提及,而且他现在笔耕不辍的行为可能更是其珍惜时间的明证,但同时,老先生对其他人,甚至我们这些小辈的时间同样珍惜。有一次我们想为先生的所有研究生建一个新的通讯录,但是来先生手边并没有现成的联系方式,我就提议我们去学校校友办公室去找这些信息,但来先生一定不许,说怕耽误我们的时间。看着老先生为节省我们这些小辈的一点时间,放下手头的工作,翻箱倒柜地找不太常用的电话簿,虽然来先生精神很好,但腿脚毕竟不是很灵便,这样的先生怎能不让我们从心底感激和崇敬?

值此来先生九十寿辰之际,作为徒孙,我们真心希望来先生能够身体健康,福寿康宁,能够继续在邃谷中为我们撰写更多的文章,无论是学术研究还是漫谈随笔,都能够带给我们无尽的思考,都是我们宝贵的精神财富。而我也将继续努力,做好来先生口述史的访谈研究,让老先生的人生经历和道德品质能够感动和感染更多的人。人生的很多际遇都可遇而不可求,我想只有加倍努力才能报偿我的幸运吧。

(冯凯悦,南开大学信息资源管理系硕士研究生)

学问的邃谷

侯　军

来新夏先生乃当代史学大家,他的书斋名叫"邃谷楼"。关于这个斋名的深旨,来公曾在一篇文章中作过如此论说:"非谷而曰谷,何也?唯其深也。无楼而曰楼,何也?唯其高也。唯高与深,斯学者所止乃尔。邃谷楼者,余读书所也。沉酣潜研,钻坚仰高,得乎书而体乎道,邃然而自适焉。"这段文字出自来公早年所写的《邃谷楼记》,他写这篇文言文的时候,刚好 18 岁。屈指算来,来公今年该是 87 岁了。从做学问的角度说,他确实是按照"沉酣潜研,钻坚仰高"的自我标准来治学来传道来著书立说的,尤其是在近代史学、方志学和图书文献学等方面,来公的学问确实做得既高且深,那本身就是后人很难企及的学术"邃谷"。从这个意义上说,他与他的书斋都应算是实至名归了。

我与来公相识于上世纪 80 年代前期,那是在一次关于天津史志的学术研讨会上,来公当时正在主编一部《天津近代史》,自然是会议的主角。这个先入为主的印象,使我在相当一段时间里,都以为来公只是一位天津近代史专家。后来偶然在天津古籍书店购得一册《近三百年人物年谱知见录》,才知道来公在方志学和目录学方面的学术成就,与他在近代史学方面的造诣是难分轩轾的。

来公的声誉最为显赫的时期,当数上世纪 80 年代中晚期。当时来公集南开大学图书馆馆长、出版社社长兼总编辑以及系主任等诸多要职于一身,频繁出入于各种名流荟萃之所,下笔为学界所重,开言令社会有声,让我等晚辈实实在在看到了一个大学者的文化能量。不过,也有一些学术界的朋友,对来公花费大量时间和精力来参与这类社会活动,感到有些惋惜。在他们看来,花甲之年正是学者出成果的收获期,凭来公的学问和功力,应该更多地专注于学术。我因为职业的关系,时常有机会接触到各界人士,自然也就听到了各式各样的议论。有一次,我婉转地向来公转达了几句这类议论。来公无奈地笑了笑,说:"没办法呀,人在江湖嘛。我又何尝不想退隐书斋专心做学问呢?"

确实,来公之所言,恰恰也是许多读书人(包括我本人在内)时常感到困惑和无奈的问题。上世纪 90 年代初,我南下深圳,不久就接到来公一信,称他已"拔去万累",退隐邃谷了。从那字里行间,我不难看出老人家身心清爽的精神状态。可巧,那会儿我正筹备在《深圳商报》副刊上开辟一块"读书"版。来公乃是图书专家,约他来开个专栏,岂不正是机会?于是,我就郑重其事地给来公写了一封约稿信,很快,来公的回信就到了:"来函奉到,情真意切,甚感。副刊版面如此繁多,非阁下大才无以当之,容暇当撰小什,寄请裁定。"过不多久,一组谈清代典籍的随笔就寄来了。我立即和"读书"版的责任编辑刘敬涛商量,给来公开了一个"古书今谈"的专栏。推出之后,很快就赢得了一些高端读者的青睐。这个专栏大约发了三十余篇读书随笔,后来因为报社版面调整,容纳"读书"版的星期刊被撤销了,来公的专栏也只得被迫中断。我对这件事一直感到遗憾,曾写信向来公解释,希望得到来公的海涵。这一次,来公没有很快回信,我以为老人家真的不高兴了。大约过了半年多的样子,忽然接到来公寄来的一册新书:《冷眼热心》,随书附一短笺,说到复信拖延至今的原因,是想等此书印好一并寄来,不想出书拖延了,复信也随之延后云云。

《冷眼热心》既是来公的第一本随笔集,也是我得到的第一个签名本,故而十分珍惜。此后,我又得到了来公寄赠的随笔新作《一苇争流》,还陆续从坊间购得来公的三四种散文随笔新著,如《路与书》、《依然集》、《枫林唱晚》等。每每翻阅来公的这些文字,我就在想:来公退隐邃谷楼以后,才真是如鱼得水,新作迭出,文思如泉涌,一发不可收了。

　　2003 年 7 月,我弟弟侯杰教授到香港中文大学讲学,途经深圳时带来一本来公题赠给我的新书《三学集》,这是"南开史学家论丛"中的一卷。这套丛书是中华书局专为南开大学老一辈史学家编撰的,第一辑入选的 10 位史学家中,不乏开宗立派的史学大师,如郑天挺、雷海宗等。来公能与这些已故的学界巨擘比肩而立,足见其学术地位之崇高。2006 年底,我把自己新出的两本新书寄赠来公,几天后就收到来公的回信和两卷大著,一为《皓首丛书·来新夏卷》,一为《书文化的传承》。来公在信中说:"我年事已高,智体均衰,唯仍力争有所作为。今奉上拙作二种,为今年新作,大多老生常谈,无所发明,如蒙青览,至祈见赐片言。"这是时年八十四岁的来公奉献给学界的又一批新成果。捧着这两卷沉甸甸的大书,我不仅感受到了老一辈学人的儒雅风范,更真切感受到了邃谷楼的博大精深。

（侯军,深圳报业集团副总编）

奖掖后学　隆恩永铭

冀有贵

著名学者、一代名师来新夏教授是我十分敬仰的一位老师。他的人品情操,他的学识才华,他的治学态度,他的雄心壮志,都深深地感动了我,无时不在激励着我上进,成为我学习的楷模,前进的动力。我常为自己半路结识了这样一位德高望重、才华横溢的老师而倍感欣慰和自豪,同时也深为自己才疏学浅和不时懈怠而暗自惭愧和汗颜。

我是在上世纪 90 年代编写社会主义新方志中担任《平遥县志》总纂时慕名与来先生开始交往的,先是以文字相结识,而后又多次赴津登门拜访和请教先生,先生也曾两次来平遥古城考察访问和指导编志工作。这些年来,一直交往密切,我多有请教先生之事,先生则仁爱大度,经常无微不至地奖掖善待后学,使我感铭难忘,感受颇多……

2007 年初夏的一天,先生来电称:天津有一家在全国领先的房地产开发公司,十分重视企业文化建设,定期向社会开办"大户人家讲堂"。公司老总求助来先生,让先生介绍一位晋商研究专家赴津讲学,并说已推荐了我。接电后我受宠若惊,诚惶诚恐,觉得自己虽了解一些晋商情况,但并没有专门研究过晋商,恐怕力不胜任,便推荐了我的好友、晋商研究专家王夷典先生。来先生尊重了我的意见,但又要求我偕王先生一同赴津,并提出让我讲述平遥古城的有关内容。我想,这倒是宣传平遥古城的一个极好机会,便答应了先生的要求。我和王先生飞抵津门后,来先生和公司老总亲自在南开大学为我俩接风,设宴款待。然后先生又带我们回到他家书房,信手从书架上取出我早时送给先生的一本我的书法作品集让老总看,老总欣赏后啧啧称赞。趁此机会,来先生自信地拍了拍自己的上衣口袋,半开玩笑半认真地对老总说:"我这口袋里装得尽是人才,您需要什么样的人才我这里都有。"接着又调侃道:"你们这些大老板,可要尊重他们这些文人的劳动,可不能亏待了他们哟!"我听后,感到又惭愧又激动,惭愧自己才疏学浅,先生却如此抬举奖掖;激动的是先生坦荡豁达,处处为我们这些"穷文人"说话。在津期间,王夷典先生和我分别在"大户人家讲堂"作了演讲,受到听课人员一致好评。次日,天津市各新闻媒体都作了专门报道。课余,公司老总还带我们参观了一些景点,包括温家宝总理当年在津的故居。应公司老总要求,我还为他们写了不少书法作品。在来先生的举荐和关照下,我和王先生的天津之行非常圆满和成功,也为我们提供了一次很好的锻炼机会。返平后,《平遥古城》报还为我们作了重点报道。

　　2010年7月,又是一个炎热的夏天。先是接到来先生电话,不久又收到先生来信,举荐我完成一件巨型卧碑的碑文书丹工作。其缘由是:2009年,国家据中日循环性城市合作项目,决定在天津静海县选址,建设中国最大再生资源专业化园区,命名为"天津子牙循环经济产业园区",由国家直辖。而静海县所属梁头镇有十五个村庄在规划区域之中。首期开发面积30平方公里,而梁头镇南部五村皆在规划之中。该区域村民多自明永乐时迁来,定居斯土者殆六百余年,生养死葬已逾二十余世。迁居得先迁坟,而坟茔之动迁,并非容易,居民观念难改,且兹事体大,众说纷纭。后经公务人员反复政策动员,申之以理,动之以情,慎选墓园,尽心尽力,又得政府妥善安排,终使素性淳朴之村民深识大体,乃欣然允诺。历时一月,迁坟茔3600座,顺利完成首期迁坟事宜,父老乡邻,咸感设置周详,上下和谐。为记此迁坟缘由,昭示后来,梁头镇主政者十分重视此举,力邀大家来新夏先生撰写了《静海梁头镇南五村迁坟记》一文,并决定在新建墓园处勒石树碑。碑文既成,来先生向主政者力荐我用楷书书此碑文。得此信息后,我有些左右为难:既不想让先生失望,又担心完成不好。尤其是先生亲自为文,若书丹不配,岂不亏对于先生?据我所知,天津有不少碑记(如《天津科学技术馆落成碑记》、《天津大悲禅院沿革记》、《津门挂甲寺沿革碑记》、《重建挂甲寺碑记》、蓟县黄崖关景区《长寿园碑记》等)为来先生所撰,皆为名家书丹,珠联璧合,故更添我压力。再说,津门有那么多大书家,我一区区僻乡小子,岂敢轻举妄动?先生察知我的心思后,便消我顾虑,为我助胆,鼓励我承担此任,并说相信你一定能完成好。为不负先生厚望,我斗胆妄为,接受了此任。当时,正值酷暑,800多个6公分见方的楷书,一笔不敢苟且。半月之后,当我战战兢兢带着写好的碑文赴津拜见先生检阅时,竟得到了先生的赞美之声,这我才算松了一口气。碑文是先写在宣纸上的,要上石就必须再将纸上的字都复写在花岗岩石板上,因此赴津时我是带着道友钱大勇先生一同前往的,请他帮我到现场一道上石。到津那天,早上5点多下了火车,我们先到了南开大学,来先生已早早起床等候我们。在先生家里共进早餐后,我俩本想直接去静海梁头镇与对方接头,不料先生不允,坚持一定要亲自陪我俩一同前往。一位年近九旬高龄的老人,扶杖而行,我们心里实在不忍。到梁头镇政府与镇领导接头后,先生来不及休息,又和我们径直奔向墓园立碑处实地察看了碑石,才又返回镇里,共同商讨了有关上石事宜。我们要工作的墓园立碑处离梁头镇有十几公里,而梁头镇离静海县城又有十几公里。我俩原计划住在镇里,每天前往墓园工作方便点就行,但来先生考虑到镇里住宿条件有限,和镇领导商量后一定要让我们住到静海县城。到县城一家宾馆住下并共进午餐后,先生还是不放心,执意要把我俩送进房间。本来,我俩合住一个房间就满行了,但先生嘱咐镇领导:"他俩每天的工作将很辛苦,让他俩各住一个房间,保证他们休息好。"接着又嘱咐了我们一番。听着先生一声声细致周到的嘱托,我的眼眶湿润了。一位耄耋长者,一代大学名师,一个著作等身、成就卓著的堂堂大学者,不但奖掖我们不断成长,而且就像慈母一般无微不至地善待关爱我们这些后辈。后来在我们工作中,先生又多次打电话询问,是在露天酷暑下操作,还是在室内?有没有防暑设备？等等。就连这些细小的方面，先生都要想到。真是感人肺腑，叫我没齿不忘。

　　说来真巧，又值今年盛夏，在我去冬今春因疝疾手术后卧床养病数月中，有暇完成了《汾州府志·平遥编》一书的整理编录工作，请求来先生为此书作序。这是继先生为我总纂的《平遥县志》和执行主编的《平遥古城志》两次作序之后的又一次请求。起初，我真不忍心再像前些年那样动辄打扰先生了，因我深知先生的年龄、身体和工作状况，加之此书究竟值不值得让先生这样的大手笔作序，我心中真没有把握，故一直迟迟不敢启齿。后来，因十分仰慕先生这位有名的写序高手，故禁不住还是奢望难消，便抱着试试看的想法大胆致函先生，并随函寄去了有关资料。但在信中一再声明，若身体和时间不允，或此书不值面世，就千万别为难。结果先生接信后立即打来电话，欣然俯允。当时正值盛夏酷暑，先生又正要赴京办事，但时隔不久，一篇有见地、有性情、有文采的序文用特快件寄到了我手中。序文充满了对后学的爱护和鼓励，我连读数遍，非常满意，心中充满感激之情。序中再次肯定了1999年我总纂《平遥县志》和2002年执行主编《平遥古城志》的成果，称"平遥于世纪前后成二志，皆出冀有贵先生之手，诚为难得"，并称《平遥古城志》"为今修志书开县级古城志纂修之先河"，给我以极大鼓励。随之，又在序文末肯定了本书的价值："当前各地整理旧志者颇多，有重印者，有点校者，有重加整理校勘者，有以旧志改编新著者，而从上一级志书中择录其属县某，重加编录成一书者，则未之见也。冀先生此举，当为首创，或可为后来者示范，我将拭目以待"，再次给我以充分肯定和极大鼓励。

　　多年来，来先生总是以其博大的胸怀和仁爱之情，如此周到和不遗余力地关怀、爱护和奖掖后学。先生每出版一部新著，也都要及时寄赠我一套。我作为先生的一名受业者，将铭记在心，感激终生。今天，值此先生九十华诞暨从教六十五年纪念之际，衷心祝愿先生健康长寿，永葆学术青春！并撰数联以示祝贺：

晚景来新夏①；

颐年正早春。

老骥长啸怀远志；

壮心激荡谱新章。

苍松翠柏历风雨；

鸿儒藻章惊世人。

（冀有贵，书法家，山西平遥书协主席）

---

① 借张梦阳先生语为上联。

贺来新夏教授 90 寿诞暨从教 65 年纪念

李华伟

继往开来　学者风范

日新又新　老当益壮

图光华夏　著述长传

前美国国会图书馆亚洲部主任

前美国俄亥俄大学图书馆馆长

李华伟　敬题

（李华伟，博士，美国俄亥俄州大学图书馆原馆长，美国国会图书馆亚洲部原主任）

童心来复梦中身

李　庆

　　据说,在人生的泥潭中跋涉得久了,见到、接触到的各种事物多了,人就会渐渐地迟钝麻木起来。然而,生活之树常绿。生活中,总还有触动自己情感的人和事。日前收到来新夏先生赐的书,接到先生从远方打来的电话,就使我内心荡起波纹。

　　1978 年,作为"文革"后首批的文献学研究生考上复旦大学,当时可以读到的新出"目录学"的著作中,来新夏先生的《古典目录学》,给我印象颇深。此后,撰写《顾千里研究》,先生的《近三百年人物年谱知见录》,更是常用的工具书。

　　在古典文献学领域中跋涉,先生关于方志学、关于中国近代史的著述,也时时拜读,心仪已久。后来,我到东瀛执教研究,埋头《日本汉学史》的写作。仿佛"十年一觉",再回到国内参加学术活动时,来先生已经退休了。

　　世上的事情,说偶然是偶然,也有着必然的因素吧,在国内的学术会议上,竟遇见了久仰的来先生,鹤发童颜,精神矍铄。颇感惊喜。在当今中国的学术舞台上,各类人物纷杂登场:有的声势喧嚣,有的坦然淡定;有的张扬,有的沉潜;有的市侩十足,有的幽愤深思;至于为稻粱谋,为往上爬,弄块垫脚石、敲门砖的,自不难理解,当然也不乏脚踏实地的真实之士。来先生是古典文献领域的老前辈,言谈儒雅,赠书赐教,和顺亲切,颇令作为后学的我感动。

说来凑巧,先生的一个后辈,也在我忝执教鞭的日本金泽留学。于是联系就更直接了。收到先生所赐的随笔著作,读来感触不已。

先生数十年专心学术,有关目录学、方志学、近代历史的著作自不用说,就是最近,年届九十,还出版了《书目答问汇补》这样厚重的专著,在北京见到此书时,不禁使我联想起梁启超先生"战士死于战场,学者死于讲堂"的豪情。在学术的田野中,持续耕耘近七十年,没有坚强的毅力和对学术的真切追求,恐难以做到。

来先生说,近来精力稍减,无法多查检文献,故多写随笔。在先生的笔下,可以看到中国文坛中各种各样的人物琐事,更可以感悟到先生自身的跌宕悲欢,读来兴味盎然。

先生的《砚边余墨》(内蒙古教育出版社,2011 年)中,有一篇《题字种种》,讲到了"南顾北启"。"南顾"是先师顾起潜(廷龙)先生,"北启",是那位在自撰《墓志铭》中自嘲"中学生,副教授"、而被后学尊为"人杰人瑞"的启功先生。这两位都是当今书法的大家,我非常尊重的学者,加上对书法有兴趣,来先生谈两人的书法题签,读来自然感想翩翩。

先生自谦,说是不擅书法,但此文后附了一幅先生的书法照片。工整谨严,意味隽永。写的是顾炎武《与人书》中的一段话:"尝谓今人纂辑之书,正如今人之铸钱。古人采铜于山,今人则买旧钱,名之曰废铜,以充铸而已……"(文长,下略。此文见《顾亭林诗文集》第 93 页,中华书局,1983 年),由此可见先生治学的基本态度。这段话笔者也曾多次引用过,尤感心灵相通。

其他的随笔作品,《关于〈来新夏的名字〉》,记的是上一世纪60 年代他接受"政治审查"不得"发表作品"时的事;《从"陈垣同志遗书"说起》说的是 70 年代陈垣先生逝世后,藏书移赠过程中有关藏书印的小事,从中可以感受到当时知识分子战战兢兢的心态和笼罩着整个社会的氛围。没有经历过那个时代,至今"为赋新诗强说愁",空谈"文革"的年轻人,如果仔细品味,或许可以成长得更成熟些。

在先生的笔下，可以看到先生与各种人物的交往和流露的情感。《〈匏园诗集续编〉后记》中，有对先人深沉的怀念；读《我的自纠状》，可以感觉到先生自我解剖的真切坦诚。在《〈震动与回响〉序言》、《〈草堂书影续集〉序》等文章中，饱含提携、奖掖后进的苦心；在《故乡的思念》中，流淌着先生对故乡的深情——将自己的藏书捐赠给故乡，这是货真价实的奉献，而不是虚张声势的作秀。而《岁末半月记》中，则有对当今文坛上的一些明星炒作的明确批评，毫无吞吞吐吐的晦涩。

文章是人格的显现，在先生的随笔文字中，显现的正是先生的自身。

读着先生的文字，回想着先生的神情，我脑海中不由浮现出也是浙东的龚自珍的诗句：

少年哀乐过于人，歌泣无端字字真。

及壮周旋杂痴黠，童心来复梦中身。

来先生将届九十高龄了，在这九十年波澜跌宕的社会大潮中，不管先生中年经历了几多波折，如何被迫"周旋"于世，也不管有怎样的身世起伏和表面变化，在我看来，先生内心的深层，一直荡漾着的，正是这种"真"的波纹。在年老之时，"童心"复萌，洋溢在文中，洋溢在生活中，这正是先生之文、更是先生本人的感人之处。

真实、真情、真切、真诚，对真的追求，是我们这个民族文化中最可宝贵的因素之一。有真情的文化，有真情的人，有真情的民族，才会有希望。

谨以此文，为先生寿。

（李庆，日本国立金泽大学教授）

引领航向　提携后进

——恭贺来新夏先生九十华诞

李兴盛

作为一名良师,有如滋润万物的雨露,使之欣欣向荣,茁壮成长;又如洒满大地的阳光,使之熠熠生辉,灿烂辉煌;还如引领征帆的灯塔,使之安稳远航,驶达彼岸。在我三十余年的治学生涯中,也有这样几位前辈良师,给我以呵护、指点、支持与鞭策。著名学者来新夏先生就是其中的一位。

我的治学最早受知于安阳谢国桢先生,谢老启迪、支持我走向流人史以及流人文化的研究之路。1982 年谢老仙逝后,我又有幸依次受知于罗继祖、钟仲联、来新夏三位教授。我的三部代表作《东北流人史》、《中国流人史》、《中国流人史与流人文化论集》,就是分别由三老俯赐序言,并且在研究中,多次得到三老的指点。流人史与流人文化这一新体系的正式创建,也与三老的大力支持密不可分。在这里,我想介绍一下来老对我的支持、奖掖与提携。

我与来先生第一次通信始于 1993 年初。先是,1990 年冬拙著《东北流人史》出版后,我在探索撰写《中国流人史》的思路时,考虑到新疆大学的周轩与《新疆社会科学》杂志社的齐清顺二位先生是研究新疆流人的学者,因此多次与之通信联系。1993 年初,周轩先生将其新著《清宫流放人物》一书邮寄给我,该书由来先生撰序。鉴于它是多位清代流放新疆人物评传的个案研究,不是纵横

贯连的综合性研究之作,因此来先生在高度评价了其意义与作用后,进而说:

> 若周轩先生以此书为起步,更拓展其研究视野,纵横贯连,撰成中国流人史,则当更有可观。

来先生是我景仰已久的学术大家,我的案头就备有先生之《近三百年人物年谱知见录》、《结网录》、《中国近代史述丛》等著作,虽然通过读其书可以想见其为人,但想进一步拜谒或请教,却由于素昧平生,未敢贸然从事。这时,拜读了先生为《清宫流放人物》所撰之序,尤其是上面精辟之论,心中一动,感到请教之机缘已至,于是几经斟酌,给来先生寄书一封,以致景仰钦慕之意,并附上拙著《东北流人史》,寄呈求教。同时将我正在按先生之思路撰写《中国流人史》之事奉闻。

此信是寄往南开大学图书馆,由于先生时已退休,辗转至先生之手又耽搁了一些时日,至3月末在企盼中终于收到了先生回信。内谓:

> 大札并尊著二种敬谨拜领,先生从事流人研究卓有成绩,甚堪钦慕,我为周轩所著撰序略抒所见,不足当大雅一笑。流人全史问世,正翘首以待。

我拜阅之后,异常兴奋,因为此信揭开了我与先生师生友谊的序幕。

不久,我的友人朱则杰(他是钱仲联先生上世纪80年代的第一个博士生)倡议编修《全清诗》。为此成立了《全清诗》编委会筹委会,并聘请数十位名家为顾问,鉴于来先生在学术界的名气与影响,就写信叫我去请先生俯允顾问之邀请。先生听说后,立时复信。内谓:

> 7月7日大札奉悉,辱承奖饰,愧甚。所附名单(指编委会所聘顾问名单)尚有相识,颇多名流。既蒙相邀,愿附诸君子之后,为《全清诗》之编纂

聊尽绵薄……

先生的慨然俯允,是对我们的大力支持,我与则杰闻讯都非常高兴。《全清诗》之编纂,后来虽然因故未果,但先生之盛情,至今仍然使我与则杰铭感不已。

此后,我每当有新书出版,都寄奉求教,先生也总是在百忙中抽暇复书。尤其是《中国流人史》,先生给予了很高的评价。1997 年秋,黑龙江人民出版社决定将该书申报国家图书奖,按规定,应有两位专家推荐。我除了请钱钟联先生外,又请了来先生。来先生之评语,认为该书"是一部内容丰富,史料充实,论述新颖,文字流畅的百余万言巨著,是一部填补空白,自具特色的学术专著"。并指出该书"开创了流人研究的完整领域",因为它"是对流人问题进行全方位、多层次、各区域的完整论述,开创了流人史研究的新体系";它的研究"具有可供借鉴的现实意义";它"树立了准确评价历史贡献的范例","总之,《中国流人史》应该被认作是一部选题新颖,内容独特,而成为近年史学著作中较为少见的一部专著"云云。

先生的这些评语,使拙著生辉,也使我激动不已,铭感终身。

当将这次申报未能入选告知先生时,先生安慰我道:

> 一时一事得失,本无足在意,要在真才实学。鸿篇巨制(指《中国流人史》),允为学林所重,又何挂念于浮名?祈阁下能自纾情怀为望……

先生爱我之深,溢于言表。每次来信,既有支持、鼓励,又有指点、慰藉,这些对我都是一种呵护,一种鞭策。

1999 年 4 月下旬,为编纂《黑龙江流寓文化与旅游文化丛书》,我赴江南再次考察吴兆骞故里等遗迹。当时曾拜谒钱仲联先生,归途又专程赴天津拜谒来先生。

与先生信函往来已历六七春秋,这次能够一了夙愿,得瞻风采,实在是喜出望外。先生身材高大,精神矍铄,谈笑风生,平易近人,都给我留下了深刻印象。谈次,先生听我说起正在撰写一部与流人问题相关的理论探讨之作,并想请先生赐序时,很爽快地答应了。次年,我围绕着流人问题的诸多方面作了理论探讨,成稿之后,命名为《中国流人史与流人文化概论》作为上编,收入《中国流人史与流人文化论集》之中(下编为本人之论文选辑),即将成书之际,函告先生。先生于11月17日复书道:

> 嘱为大作撰序一事,既已承诺,定当照办,俟样稿寄到,即尽速撰就(积习不读全稿不撰序),请释念⋯⋯

"既已承诺,定当照办",可见先生言必行行必果之诚信过人;"不读全稿不撰序",又体现了先生治学严谨认真的大家风范。

书稿寄去不久,即收到先生所赐书序,序言题目为"流人学的脚步"。先生认为我二十年的流人史、流人文化研究,已构筑了流人学的框架。读过该书,听到了流人学的脚步声。其序谓:

> 李君兴盛所著连年问世,凡个案研究、文献记录、史事纵论,皆所涉及,涵盖可谓深广。从此,有史,有论,有著述,有文献,足称专学之规模。流人学之跫然足音,殆已日近一日。兴盛其勉旃!

2008年春,我受聘单位黑龙江省文史研究馆拟为我举办一次全国流人文化学术研讨会,事先我通过电话邀请先生莅会,先生高兴地说道:"一定参加!"5月25日刚下飞机行抵宾馆,尚未稍事休息,就被守候的媒体围住进行采访。次日会议开始,来先生以"李兴盛与流人学的研究"为题作了精彩发言,在发言中又高度评价了我本人对"虽其学重要",但"若为世所遗忘者"的"晦学"即流人学的研究。认为本人"用功之勤,投入之深,求之当世,实不多得","其穷年累月从事'晦学'研究之精神,尤令人钦佩"。认为《中国流人史》"开创了流人史研究的新体系"。特别是《中国流人史与流人文化论集》"虽为辑录其于流人问题研究之理论观点,实则寓构筑流人学之深意",并表示"真诚地期待流人学不久将在社会科学的学科分类表上堂堂正正地占有一席之地"。先生的发言,赢得了与会学者的热烈掌声。

近年来,黑龙江省社科规划办公室为我申报的《东北流人文库》这一课题立项为省重大委托项目。我又请先生赐序,先生也一如既往地欣然相许。

总之,十八年来,我的学术研究一直得到先生的大力提携并支持,这种提携与支持,鞭策着我在荒无人烟、荆棘丛生的苍茫原野上,充满信心,大步向前;鞭策着我在崎岖不平、险象环生的羊肠小道上,攀登一个又一个的险峰。今天我在治学的历程中,能取得这样的成就,与来先生持之以恒的大力支持是分不开的。在先生九十华诞来临之际,恭祝先生健康长寿!

恭贺来新夏先生九十华诞

(一)

天开九秩,海屋添筹,他日期颐再颂;

名重千秋,才华盖世,今朝著述等身。

(二)

学苑名家,道德文章皆可法;

杏坛领袖,春风桃李非等闲。

后学李兴盛恭贺

(李兴盛,黑龙江省文史馆馆员)

与来新夏先生的三二事

励双杰

最近在看电视剧《我们队伍向太阳》,演绎的是 1949 年初在天津培训后南下工作团的一群青年学子,剧里简称"南工团"。因来新夏先生在《三学集·自序》中曾提到他也参加过南工团:"1949 年 1 月,天津解放给我带来了从未有过的欣悦。在革命洪流的冲击下,我积极投身于新的革命工作。不久,经民青驻校领导人的动员,我和另一位同事张公骕兄被保送到华北大学去接受南下工作的政治培训。于是,脱去长袍,穿上用紫花煮染过的粗布所缝制的灰制服;抛去优厚的工薪制,去吃小米,享受大灶供给制。"所以就去剧中找哪一位会是来先生的原型。后来想想,编剧未必知道这段史料,因为来先生在"政治培训期满后,张兄南下到河南,我则被留在华北大学的历史研究室,师从范文澜教授,做中国近代史研究生"。于是我们少了一位南下干部,多了一位史学大家。我有幸与来先生有过几次交往,我的书房"思绥草堂"匾也是来先生给我题写的。看过电视剧,已是夜深人静,泡一杯茶,翻开自己过去的日记,找出与来先生有关的点点滴滴来,回忆过去,惬意地享受着。

一

我得结识来新夏先生,始于 2006 年绍兴公祭大禹陵。"公祭"是在 4 月 2

日上午,下午我在"咸亨大酒店"见到了来先生。把我介绍给来先生的,是浙江图书馆的袁逸老师。袁老师显然是来先生颇为推重的江南才俊,这在来先生给袁老师专著《书色斑斓》写的序言中可见端倪:"我也很喜欢和他谈天说地,谈学问,谈人,谈事,在这些交谈中不时会出现些机锋,让我感到他腹笥颇丰而见识独到。"自然,袁老师所介绍的人,来先生也是格外照看的。我在来先生身边坐下,几句交谈过后,来先生说,你的姓很少见啊,有家谱吗?正好聊到了我非常有兴趣的话题,拘束一扫而光。当我把随身带来的《邃谷书缘》和《清人笔记随录》拿出来请来先生签名时,一旁的袁老师笑说,这就显出我这人没有心计了吧,人家可是您的"粉丝",是有备而来。来先生微笑着说,你的纯洁天下知名。取笔在《清人笔记随录》扉页写上:"双杰吾友雅藏。丙戌季春识双杰于绍兴宾舍,出拙作请题,略辍数语,以志宿缘。萧山来新夏题,二〇〇六年四月",随即递给身边的袁逸,并对我说,他是我的经纪人,得先让他过过目,他同意了,我才能还给你。

那天的晚饭我们安排在咸亨酒店,在鲁迅故居旁边,据说就是"孔乙己"常来的地方。坐在酒店的天井里,人就四人,还有焦静宜老师,小方桌我们各占了一边。臭豆腐、臭苋菜、茴香豆自然是少不了的。来先生老家萧山,原来同属绍兴府,他的祖父曾是绍兴知县,故对这类家乡菜大快朵颐,哪里管它臭也不臭。酒是绍兴黄酒,天下闻名,来先生总共喝了大约有一碗,脸上已现红光,醉态可掬,自嘲说,"二两够矣,正好微醺。"袁老师生性洒脱,而来先生又明显是宠着他的,故也言谈无忌,把脸凑过来神秘兮兮地跟我说,来先生有一个绰号,你知也不知?我瞠目结舌,不知与对,却见袁老师右手掌朝上,伸出食指和中指,向着空处虚弯了两下,说,小二,来二两,来先生的绰号啊,就是"来二两"。乐得来先生呵呵大笑,用筷子虚点着他说,他日你当治一印,上刻"项城袁氏",人家必当你是"先大总统之后"哩。袁老师老家宁波,但祖上却来自河南,故来先生有此一说。

我这次主要的任务是送来先生去绍兴齐贤镇见一位未曾谋面过的文史爱

好者孙伟良。第二天开车上路,来先生对这个要见的孙伟良充满了好奇,与我们开玩笑说,以前官员上任,履历表上要写明官员的身高、体形、肤色、有无胡须等,这个小友不知是什么样的。说好是在羊山石佛公园等,一会儿电话打来,说看到一个穿西装骑自行车的人就是他了。果然,有一个穿着灰白西服骑自行车的人过来。来先生从车窗内望出去,微笑道:"面黑,微须。"仔细端详,果然形象。后来我再与伟良兄见面,每次都会想起来先生的这四字"考语",仍会忍俊不禁。

二

这次我去绍兴,带去了我《中国家谱藏谈》的稿件,想请来先生帮我提点意见。因为来先生和他的学生徐建华教授曾出版过学术专著《中国的年谱与家谱》,是我案头常备的指导教材。十几天后,来先生就寄来了他的一封亲笔信,长长两大页,鼓励和建议列了十条,并说,"我已向山西古籍出版社老总张继红推荐"。当我打电话过去感谢时,来先生说他刚跟张继红社长通过电话,现在家里,可以马上跟他联系。怕我忘了,临挂电话时,还笑说,"张继红,就是姓张的要继续红"。后来,来先生又给我亲笔题写了书名"中国家谱藏谈"。拙作《中国家谱藏谈》得以出版面世,与来先生的关系最大。用他自己的话说:"年轻人因为对出版社还不是很熟,所以我能帮就帮。"一个藉藉无名的民间草根,能得来先生费心提携,足见先生的博大胸怀。

而我得来先生的恩泽,远不止此。2008 年 3 月在萧山召开"地方文献国际学术研讨会",我因为来先生的举荐而得以与会。这是由北京大学中国古文献研究中心、萧山区人民政府主办的国际会议,规模和层次都是空前的。这次会议就创造了我的两个第一:第一次参加这样高层次的研讨会,第一次在这么多专家面前发言。而要命的是,在此之前,我并不知道我还会有发言的机会,在毫无准备的情况下发言,紧张、语无伦次是可想而知。好在来先生再三鼓励嘉勉,总算还不致太出洋相。

三

来先生每有新作面世,我总有机会得到。而赠书中印象最深刻的,是来先生送我的《景城纪氏家谱》。

这是 2005 年沧州纪晓岚研究会根据清嘉庆七年(1802)重新排印校订的线装本,没有对外公开发行。之前,我已有一册 1990 年纪氏家族续修的《景城纪氏家谱续册》,硬皮封面。这两册家谱不同的地方是,1990 年本是根据 1802 年"原家谱"而续修的,《谱述》说"原家谱,至今已有一百八十余年未曾修续……从原家谱最末之列祖续起,原家谱不再重印,此谓之续册"。世系是从第十六世开始的。而 2005 年本,正是嘉庆七年的重印本,世系仅至第十六世。两部家谱合在一起,就是最全的纪氏家世了。

来先生在信中说:"双杰,友人送我纪氏家谱,因不收藏,转赠给你,供你庋藏。"我与来先生天南地北,见面的机会不多,这虽是一件小事,却也从中可以看出,来先生一直在记挂着我。我的藏品以 1949 年前的家谱为主,但因为这是纪晓岚家族的家谱,又是来先生所赠,就成了思绥草堂最有意义的藏品。

四

据我所知,来先生来过慈溪两次。

第一次来慈溪,是专程到我的思绥草堂看我的藏谱。那天是 2006 年 11 月 12 日,因来先生的驾临,草堂蓬荜生辉。我爱人第一次招待博古通今的老教授,忐忑之余,却也打点起十二分的精神来,拿出看家本领,农家菜、小海鲜变着花样烹调,尤其是那种用麦粉做成的如北方"面疙瘩"般的面点,让来先生赞不绝口,问这叫什么,有名字吗?我爱人告诉他,我们就叫"糍夹定",但具体是哪几个字,也说不上来。来先生问了详细的做法,知道是先调好麦粉,再用筷子挟着一块一块放到滚水中,然后放上青菜之类的辅料煮熟而成。来先生略一思索,即道,有了,应该是叫做"箸挟头"吧,"箸"是筷子,意思是筷子挟出来的块状物。仔细端详,似乎应该如此,不禁拍案叫绝。

酒足饭饱,我的意思是请先生先午睡片刻,迟些再看我的藏谱。但来先生毫无倦容,坚持要看书,也就恭敬不如从命,把他请到我二楼的书房。拿给来先生看的第一件藏品,是台湾第一任巡抚刘铭传的家谱。这是因为来先生曾写过一篇《想起刘铭传》的文章,来先生在文中说:"他一生做过三件大事:镇压太平军、捻军起义,抗击法国侵略者进犯台湾,开发台湾建立省制。其中开发台湾所建立的丰功伟绩,是晚清时期最值得纪念的历史光彩,更是台湾史上划时代的里程碑。"我这一部光绪十年木活字本《刘氏宗谱》,就是刘铭传亲自纂修。故来先生看了后,连说不容易,并详细地问了我收藏的过程,饶有兴趣地说很有意思,应该写出来让大家分享。后来我写过一篇《千里奔波只为刘铭传》的小稿,说的就是如何得到《刘氏宗谱》的来龙去脉。

除了刘铭传家谱,自然还有我的"镇宅之宝",如《孙氏统宗源流族谱》等。来先生看得极为仔细,不时问我一些问题,并提出自己的一些看法和见解,中肯而精辟。能在瞬间得出这样的结论,若非深谙此道者,自然绝无可能。我参加"地方文献国际学术研讨会",提交的论文就是《宋修活字本〈孙氏统宗源流族谱〉考辨》,其中有些观点,就出自来先生的指点。

而让我至今尤念念不忘的,是来先生的几句话:"在清代,藏书家肯定是学者;而学者,也都藏书。现在也应该这样,要做好学问,藏书就有意义,藏而致用,就是方向。"虽然因学识上的局限,难于有更深层次的发展。但来先生的话,却一直督促着我不敢松懈。

来先生再来慈溪,是在一年之后。坎墩街道召开《十里长街》研讨会,来先生是邀请的主要专家之一(后来九州出版社出版的《十里长街读坎墩》,主编就是来新夏先生)。因为会议安排得紧,来先生虽与我见了几次,但始终找不出大块的时间再来我家做客。恰好前几天我刚从孔夫子旧书网上购得两册80年代初《北洋军阀史略》的油印本,所以特意带着请来先生和他的夫人焦静宜老师题写几句,因为焦老师也是此书的主要作者之一。来先生见到这两册书比较惊奇,说我自己都没有了,没想到能在慈溪看到。因为当时有事要出去,我是在第二天拿到来先生和焦老师亲笔题字本的。来先生在上册封面上题曰:"史略增订本油印二册,为我数十年前旧作,后定稿为《北洋军阀史稿》,于一九八三年由湖北人民出版,余久无此本,今双杰于市肆得之,亦可称一书缘,持来请题,聊缀数语,以志人间遇合。"焦老师说这部著作是她的首部作品,意义不小,故亦在下册封面上题道:"二十世纪八十年代初佐新夏先生增订《北洋军阀史略》,此为征求意见之油印稿,久已无存,丁亥深秋游慈溪,得见此本,亦云幸矣。"《北洋军阀史稿》浸透了作者半个世纪以来潜心研究北洋军阀史的心血情思。而我在原本上添先生伉俪手迹,无疑添花锦上、好事成双,思绥草堂又增加了一部意义非凡的善本!

　　我与来先生最近一次见面,是2011年6月在西子湖畔的"'黄跋顾批鲍刻'与中国古旧书文化研讨会"上。来先生精神矍铄,仍是那么诙谐洒脱。会后闲聊,笑问我现在已有多少身价。来先生说的身价,当然是指我藏品的价值。因为当下古籍的市场价格大涨,而我所收藏的线装家谱,自然也属古籍范畴,所以来先生有此玩笑。那天我故意没有回答,来先生第一次来我家,我的家谱就藏在二楼的一个房间内,拥挤不堪,难窥全豹。现在经过重新翻修,三楼一层都已成了家谱的栖身之地,二万余册古旧线装家谱整整齐齐排在了书架上,藏书环境大为改观。我就想,还是等来先生您抽出时间来,再次光临寒舍,亲自帮我估估身价吧。

（励双杰，家谱收藏家）

来新夏教授

林伟光

　　来新夏教授,姓来,一个很奇怪的姓,《百家姓》里有没有,我不知道,但很僻的姓是肯定的。记得不佞写过一文,提到他,一位编辑先生大笔一挥改为"朱",结果见报时闹了一个"狸猫换太子"。来教授今年已八十又五,是南开大学教授,出身辅仁大学,师承史学大师陈垣先生。六十岁前规矩研治学问之余,"运动员"、"啦啦队"也当得不亦乐乎,想挣脱是不可能的,虚耗了许多光阴;六十岁后欣逢思想解放,就不甘照前生活,忽来个"衰年变法",想"说自己的话,写自己的文章",哗啦啦就一下子写了六七百篇随笔,编成七八种集子,为读者如我辈者所爱读。教授文章最引人注目的,自然是其渊博的学问,不花哨却扎实。在来先生方面说,也是一种自我的解放,他说:"我似乎回归到依然故我的纯真境界"。

　　若干年来,他发在各种报纸上的文章,我是见到即读,也买了他几种集子。应该说还算是比较喜欢,总是觉得他的思想很新,敢于直言亮出了自家的观点,捣浆糊的糊涂话不多。举一个例子说明,比如他说,总想给那句著名的话:"且去填词",做一个浅显通俗的诠释,这是宋仁宗对词人柳永说的话,却总找不到。忽一天清晨,他居住的楼下有人争吵,有位天津老乡"陡地发出响亮的一声:'该干嘛,干嘛去!'"他因此悟道似地恍然大悟:这不正是对"且去填词"的最准确、最贴切的诠释吗?结果一本书的名字有了,叫《且去填词》,记录下了他的一番思索,在他多少也有些纪念意义。这么说来,我与他也就是读者同作者的关系,联系的只是他的文字。好像也未料想到有更进一步的联系。然而,2005年这位也是学者的来先生,推出了一部力作《清人笔记随录》,是"尽数十年积累之功,于耄耋之年,整理成书问世"的重要著作,即时好评如潮。这是一部严谨之作自是必然,不佞曾略加翻阅,书前的作者手稿影印件,竖行,蓝黑钢笔书写,小行楷,娟秀、清丽,几乎没有涂改痕迹。——当然不会没有过修改,只是事后认真地誊写过。出乎意外的,来先生在一种陶然中持书循读时,忽然发现了若干小错误。怎么办?如有的炙手可热者,就是别人指出都要力辩自己的正确;即不如此,随大众不作一声,只在后来的重印时悄然地或增补或删改,这谁也不敢说不。而来先生却不如此,竟然在一份于知识界极有影响的上海《文汇读书周报》上"剥自己的皮",为自己的"未遑查对,鲁莽着笔,错下结论"自纠。本来有错得改,这是小孩子都懂得的道理,只是一旦有了些地位或身份,就显得颇有些难了。来先生何许人?史学权威,又兼桃李满天下,自纠就显出与众不同的勇气来。这么做或许有人觉得于己有损,至少不太光彩。也不能说这话错,不过事实恐怕也未必全然如此,如我就更加的敬佩来先生了,当即写了一文大加称赏,赞赏的除了来先生,我想更主要的,是对这一种勇于自纠精神的呼唤。没想到这就令我有了与来先生著作之外的翰墨交往了。

近日,山东作家明祥兄出了新著《潜庐藏书纪事》,有来先生的序。这引发了我的兴趣。序,如果要出书,照自己的习惯是不想也不敢去劳烦来先生的,但却还想请先生给我写几个字,结结翰墨之缘。信寄南开大学,他居然收到,即时有回函来,曰:"命书条幅颇难从命,一则五月份心脏手术后恢复需三月,遵医嘱勿多劳。二则高年目眊手颤,难写大字。三则素不善书,春蚓秋蛇自视难以入目,仅书镜心献丑,尚祈鉴谅。"话说得极谦逊,惭愧的倒是我了。想想自己真浑,竟在来先生病中犹以屑屑琐事打扰,甚是不该。来先生在小幅宣纸上写道:"立足于勤,持之以韧;植根于博,专务乎精。"这是他积数十年治学的经验,也是对尚年轻者的我的期待,不过我想这也可把范围扩大到对所有青年人的期望,就把它公开了。

写到这儿,我又该去翻他的书了,恰好是他对"且去填词"的另外一番诠释,也正好是对以上两句话意思的展延,这是关于专业人才使用的思考。他说:"如把'乌纱帽'戴在适合戴的人的头上,而让金大侠'且去写武侠小说'!郑院士'且去造机器人'!让各种卓有成就的人才都'且去'这个,'且去'那个!两全其美,各得其所,岂不懿欤盛哉!"这是一个学者的良好愿望,应该颇有代表性。于真正的学者,官与学问孰轻重,心中是自有一番权衡的。据说有位新潮记者曾为某女部长之配偶,仅是一位院士而觉得委屈时,孰料,该女部长却说:"我这个部长,他还瞧不起呢。"不过这好像已非某些世俗浅见者所能理解的了。

(林伟光,《汕头日报》副刊主编)

耄耋青春在

——贺来新夏先生九秩华诞

林子东

我国著名的历史学家、对林则徐研究做出了权威性贡献的来新夏先生，以他至今依然旺盛的生命力，迎来了九十华诞。我作为七十年前燕京大学历史系的一个学子，作为林则徐的后裔，对来新夏先生表示由衷的祝福！

我虽是一名社会科学工作者，但非史学研究专家，无能力对来先生卓越的学术成就进行评说，但我愿就我在林则徐学术研究领域接触到来先生的一些事，来说说先生学术成果的社会影响和我内心的深切感受。

生活在福州的顾俊彦先生，是水利方面的高级工程师。退休后，他出于对林则徐的景仰之心，专心研究林则徐在水利方面的贡献。由于他不是史学工作者，因此对林公的历史必须从头学起。他对我说："我对林则徐历史的了解，主要来自来新夏所著的《林则徐年谱》一书，这本书已被我读得连封面都破损脱落了。"几年来，顾先生已有论文发表，并参加过林则徐学术研讨会。

新疆社会科学院第三任院长邵纯先生的阅读范围很广，他不只一次地对我说过："近三十年来，关于林则徐的研究成果很多，其中最有学术含量的著作，是来新夏先生的《林则徐年谱》。我在新疆从事林则徐研究，资料较少，来先生这本书内容丰富、可靠。我很珍视。如果来先生把这部著作再充实完备一下，可称为《林则徐词典》。"他还说:"来公年事已高,但思想并不保守,不囿于成见。当我对林则徐的'历史的和阶级的局限性'一说提出质疑时,他表示了一定程度的赞同,这对于我进一步思考这个问题是个鼓励。"

顾、邵两位先生的切身体会,有力地说明了来新夏先生的学术影响广泛而深刻。进入耄耋之年后,来先生以他数十年研究林则徐的积累,孜孜不倦地作出了更深入的思考。2003年在江苏泰州学术研讨会上,来先生因事未能与会,但他发来一份录音发言,提出了林则徐研究要作为专门学来研究的建议。2005年,他又在光明日报上撰文进一步阐述他的观点。文中说明历史人物作为专门学研究必须具备的五个条件,这些条件在目前林则徐研究领域都已具备;同时,他对于建立林则徐专门学研究体系也提出了五个方面的参考意见。我认为来先生这个建议对于进一步拓宽林则徐研究领域,组织多学科的学者从各方面深入探讨林则徐的思想和实践,无疑是有重要的学术意义和现实意义的。林则徐研究的深入开展,对深化中国近代史开端的研究也必然有相关作用。当然,专门学的形成不会一蹴而就;但千里之行,始于足下,我们应朝这方向前进。

从《中华读书报》上看到,来新夏先生在米寿之际,向全社会声明自己绝不封笔,正所谓伏枥之志,在于千里。我在此祝愿他向人瑞进军,在学术上再结硕果!

(林子东,原福建社会科学界联合会主席)

瞧！那"80后"

——祝来新夏先生仁者寿

刘　刚

又一本新书问世了，书名是《80后》，好青春的名字。

我们拿起来一看，作者来新夏，这不是"来公"吗？连我的导师刘泽华先生都尊称他为"来公"，可他却自称"80后"，多么青春的老头儿！

上网去浏览一下，发现他的粉丝还真不少，其中就有"80后"。"80后"是中国的新生代，是在20世纪80年代出生的一代，这一代人，古今中外没有先例，为什么这么说呢？因为他们基本上是独生子女，是在计划生育政策引导和控制下出生的，没有兄弟姊妹，五伦之中少一伦，不知"悌"为何物。

计划生育在城市执行得比较顺利，城里人都有单位，有所谓"公职"，一声令下，必得就范。况且城里人对于生育问题要开通一些，生一个就生一个，几乎没有人提出生育是自己的权利，政府无权干涉。男女双方，两家生一根独苗，金贵可想而知，所以，"80后"宝宝成了"小皇帝"。农民没有"公职"，很难一刀切，可农民想致富，政府就教育农民："要想富，少养孩子多养猪"。

21世纪，"80后"们都成长起来了，他们突然发现，社会开始向他们说"不"了。你想就业吗？不！金融危机来了，白领做不成了。那就做公务员吧，不！去考吧，比考大学还难。据说，还得先入党，还得是党员去做公务员。白领做不成,公务员没考上,咋办? 那就回家吧。回家有父业可承,叫"富二代",无父业可承,就叫"啃老族"。创业如何? 很好,举双手赞成,可市场不仁。

天地不仁,以万物为刍狗;圣人不仁,以百姓为刍狗;市场不仁,以"80后"为刍狗。最可怜的,是那些农村"80后",那些"超生游击队"的后代——"海南岛"、"吐鲁番"们,他们长大了,本可以到"世界工厂"去打工,可纷纷兴起的"世界工厂",没多久,又纷纷倒闭了,连打工弟、打工妹也做不成。

这便是现实。当年的"小皇帝",还有当年的"海南岛"、"吐鲁番",他们都已成长起来了,在全球一体化中成长起来,从世界工厂到世贸组织,从长安街到华尔街,这么大的舞台,本该有他们一块,可谁来为他们安排?

自然规律会起作用。他们不仅拥有青春和美,而且他们很可能是中国迄今为止知识化、国际化程度最高的一代,他们要来取代我们,是必然。倒是我们应该考虑,如何给他们让出地盘,以期将来能成为他们中的一员。

青春与美,既受制于自然规律,亦取决于文化心理。人老了,青春已逝。然而,"莫道桑榆晚,为霞尚满天",多么踌躇满志! 此乃成功者对人生的赞美,而非向青春回归。"老骥伏枥,志在千里",英雄老矣,而雄心未已,壮志驱动老迈之躯,还要建功立业,不断进取! 可我们从这样的英雄气概里,还是闻不到青春的气息,他们都不及来公以"80后"自居,得了自由的乐趣。

先生以"80后"自居,这有点像孔子。某日,孔子与门人相聚,正谈着,孔子说:你们都来谈谈自己的志向吧。子路年长,率先发言:我的志向是治理兵车千乘之国。孔子听了,莞尔一笑。冉有见此,就低调了:我只想治理个六七十里地的小国,让人民吃饱肚子。孔子依然笑笑。于是,公西华就更低调了:我谈不上什么治国,只想穿上礼服,替诸侯司仪,招待宾客。一个比一个谦虚,可孔子还是不言语。那时曾皙正在弹琴,孔子就问他:点呵,你来说说看。他便起身回答:我没有他们那么大的志气。孔子鼓励他,他就说下去:我愿在春天三月里,穿上便衣,同几位朋友,带几个孩子,到沂水河去洗澡,在求雨台上乘风,唱唱歌就回去。没想到,孔子对此大加赞扬:点呵,我愿意和你一样!

跟孩子们在一起玩,让孩子们在青春的气息里自由自在的成长,难道还有比这更美妙的政治吗?孔子原以"足食"、"足兵"为政治,门人述志,便遵循了这一原教旨。可他突然转向一种带有美学风格的政治,使政治有了青春气息。青春期的人生,是自由化的人生,应该去水里游泳,在风中唱歌;青春期的政治,是自由化的民生,要让人民在仁之河里畅泳,在义之风中欢歌。

这样的理想,难道不应该放在我们的孩子"80 后"身上?当一位八十六岁的老人,向我们自称为"80 后",我们先是会心一笑,权当幽默而又风趣的老头;接着,便肃然起敬了:世间竟有如此之人,于美有如斯追求!当年我们就在背后说他爱美而"不知老之将至"。那还是在 20 世纪 80 年代初,"80 后"刚开头,我们那时才入南开大学不久,先生穿着高跟皮鞋来授课,我们所有人的眼睛几乎都立起来了:瞧!那人……他步履矫健走上讲台,风度那个翩翩,宛如美少年。

须知那年代,人们刚从"文革"中过来,脑子里"两个凡是"还在。思想解放运动,先要把思想从思维方式中解放出来,然后再来排除制度化障碍。于是,在意识形态领域,开始了对"真理标准"问题的讨论。在日常生活中,人们对美的追求,也冒犯了"革命化"的制度安排。那时流行的冒犯,一是穿喇叭裤,二是穿高跟鞋,用制度化的眼光来看,二者居其一,即为不三不四。

以此,敢冒天下之大不韪者,多是涉世未深阅历尚浅的年轻人,他们的反抗,一来出于爱美的天性,二来是对教化的逆反应,再加上被社会闲置,他们就剩下了这样一点追求美的自由意志,要在青春的气息里痛快的宣泄出去。

可我们万万没有想到,我们的老师,年近六旬,居然就穿着男式平底高跟皮鞋,那么神态庄严的走上了讲台,使我们每个人都深深地吸了一口气,忍住了,没有喷笑出来,反而有些惊呆,互换着眼神,仿佛在问:他洁白似云,高蹈如鹤,难道真的是从"牛棚"里出来?身上为何没有受煎熬的痕迹,神情何以没有气馁的样子?头发一丝不乱,裤线根根笔挺,一开口便金声玉振,一抬头就眼高于顶,真是"岩岩若孤松之独立",如魏晋之人,醉眄庭柯,目送归鸿了。

精神贵族究竟是什么样子?没见过,我猜想,大概也就是这副样子了。当年辜鸿铭在北大,拖一根辫子上讲台,惹得学生们都笑起来,他便大喝一声:你们都摸摸自己的脑后,看看还有没有留着辫子! 一摸,没摸着,有形的辫子被剪掉了,无形的呢? 思想上还有没有留着辫子呢? 这个笑话,没有告诉我们留着辫子是好还是不好,惊人之语,多少有点炫智的味道,况且辫子决定脑袋,这样的想法有些怪。而来先生却什么也不说,只是穿着高跟鞋,站稳讲台。

我们当时虽然没笑出来,但也不太理解,如此年纪,且为人师表,为何还要穿高跟鞋? 如果是在今天,我们会当作行为艺术表演,可他又那么自然,没有半点策划和设计的雕琢之痕,更没有为自我贴上前卫的标签。他想干什么? 我们尽量往好处去想,想来想去,觉得有一句成语比较合适,叫做"伤心人别有怀抱",我们的理解也就到此为止,至于这个"别"字如何求解,似乎就不关我们的事,说实在的,以我们当时那一点学识,绞尽脑汁,也只能如此。

过了"知天命"之年,我们才渐渐读懂了先生的深意,先生是在以美的形态展示其文化个体性,以美引导我们深入文化中国的根柢。他在讲台上讲司马迁,我们第一次听说了"究天人之际,通古今之变,成一家之言"。

他讲了很多,我们都忘了,只记住了这一句。因为他反复讲这一句,讲这一句的气象格局,将历史之大美,印在了我们的脑子里。人活一世,总有几句话是用来安身立命的,对我们来说,来先生讲的太史公这句就是。过去,我们从来没有听人这样讲《史记》,听先生热血沸腾的一讲,乍闻大美,如挨当胸一拳,如遇当头一棒,颇有几分顿悟的感觉:原来历史还可以这样说!

那时讲历史,只有一种讲法,古代史讲农民起义和农民战争,近代史讲反帝反封建,讲来讲去,都围绕着阶级斗争。谈历史人物,先要查他阶级出身,再来定他的阶级成分,以此为据,对他的历史作用进行阶级分析。例如,春秋时期的孔子,他究竟是没落的奴隶主阶级,还是新兴地主阶级? 居然成了历史学研究的重大问题,现在看来可笑,可当时有几人提出怀疑? 借古人还魂,来"古为今用",想怎么用就怎么用,想搞阶级斗争,就给古人划阶级成分。

我们一直就生活在这样的"文革"思维里。幸运的是,那时,我们在南开大学历史系,遇到了许多好老师。有几位老先生还在,如郑天挺先生,已经八十多岁了,还给我们上了一课。那一课,让我们终生难忘。他给我们讲一个"史"字,就讲了两小时,通过考证一个字,向我们展示了历史学的价值。还说,"鸳鸯绣出与君看,莫把金针度与人",我反其道而行之,专门来度"金针"。这是老先生上的最后一课,不久他便去世,我们有幸得见历史学的"金针"。"金针"是什么?是考据,是以怀疑主义的态度来运用历史学工具。当你面对各种说法时,你要先问一下真假,然后去伪存真,这一套求真的功夫,就是考据学。

在考据工具中,目录学很重要,为此,我们选修了来先生讲的古典目录学课。来先生上课,予人以美的享受,先生一举手,一投足,都有一种仪范美,这还只是一种中规中矩的为人师表美,属于古典美学范畴,人们可以理解,也能企及。令人不可思议,而又难以企及的是,他居然将美的古典气质同流行的时尚元素结合起来,融为一体。他神情庄严,有如书院先生,可头上却打着发蜡,油光可鉴;他神态雍容,一身夫子气派,却穿着高跟皮鞋,越发显得高贵起来。

还有他那一手好板书,也令人叫绝,让人开眼。他拿一支粉笔,在黑板上挥洒自如,可板式一清二楚,字走龙蛇,极其潇洒,可结体谨严,一笔不苟,宛如奇葩。后来我们才得知,原来先生年轻时,随启功先生学过书画,还参加过画展,据说,偶尔也卖一两幅。但他志在学术,故于书画之道,未曾刻意深造。然其才情学识聚于笔端,随腕流转,涉笔成趣,自有光昌流丽之笔传世。可惜的是,我们还没有见过他的画,只是遥想先生,当年英发,如何起画?

最叫人佩服的是,先生能把枯燥无味的目录学,讲得美轮美奂,有滋有味,他用文化的眼光看文献,用现代性来看古籍,从《七略》讲到《四库全书总目》,从历朝《艺文志》讲到民间藏书,从史官讲到书商,从版本讲到人物,从学术讲到政治,从文化风貌讲到文化传承,在目录学的坐标上,展开了一幅文化史的画卷……他讲起来滔滔不绝,音调铿锵,一字一句落在古籍上,叮叮当当,如打铁一般,迸发出灿烂的火花,又如大珠小珠落玉盘,流丽宛转。

总之,他讲得那个神采飞扬呀!令我们至今想往。可当时,说实在的,我们并未体会到这么多,他信手拈来的那些古籍,我们闻所未闻,一股脑儿听下来,觉得新鲜,琳琅满目,很充实。我们按照先生指示的门径,背了一堆古书的名字,好像要变成"两脚书橱"了,也开始学着先生的模样"掉书袋",那份满足感,真有点暴发户的味道,仿佛一下子就从知识贫农提升为文化富翁。

如今,当年背的那些书名,差不多都忘了,剩下了两句话,八个字:"辨章学术,考镜源流"。好酒都有年份,酒是越老越醇的,过了二十多年,我们才真正懂得了这门课的价值。满坛子好酒,但取一瓢,只饮一口就够,就那八个字,已够我们品味一辈子。这八个字,是先生教给我们的,我们每一次见先生,都觉得先生长了一张"辨章学术"的脸,脸上有一双"考镜源流"的眼。

"辨章学术,考镜源流",是考据学的根,出自清代浙东学派章学诚《校雠通义》,其渊源,可上溯至汉代刘向、刘歆父子,自《别录》、《七略》始,即一以贯之。先生家学,根植于浙东,其祖来裕恂,曾与章太炎同学于晚清考据学家俞樾门下,又留学于日本,于中西之学,皆有抱负,著《中国文学史》,即以中学为"文学",而以西学为"科学",可谓独具只眼,别开生面,其所谓"文学史"者,融四部于一冶,实为一"辨章学术,考镜源流"之学术史也。

此《中国文学史》之缘起,正如他自己所言,他站在喜马拉雅之巅来看东西方,"东望亚洲",看见了"四千余年之大陆国",自 19 世纪以来,便与西方战,"战以兵,战以商,战以工艺,战以政治,战以铁道航路,战以矿山工厂……",然而,战无不败,何也? 来子曰:"学术荒落,国势所由不振也。""学术荒落",指的是科学,而非文学,中国之败,原因虽多,但就学术而言,还是在于"文学盛而科学衰也"。科学之光,不偏不倚,曾同时照亮东西方,"我国两千年前,科学已萌芽矣",先秦诸子百家已各得科学之一体,然而都未能发扬光大,反被后人所弃,以至于中西科学,成一进一退、一兴一衰之趋势,何也? 来子曰:此由"泰西之政治,随学术为变迁,而中国之学术,随政治为旋转故也。"

文学虽难进取,却宜守成,当今之世,虽然"科学日见发展,国学日觉衰落",但是,"欲焕我国华,保我国粹",还是要靠文学,因为文学,乃国民特性之所在,而一国之政教风俗，也多由文学养成，"是故观于一代文学之趋势，即可知其社会之趋势焉。文学于国家之势力，为何如哉？述中国文学。"如此缘起，真可谓是站在喜马拉雅山上"究天人之际，通古今之变，成一家之言"了。

他还有一部大作《汉文典》，也是一上来就站在地球上立论，做世界观的，曰："地球文字，通分三类。"一类是西方拼音文字，一类是中国形意文字，还有一类，是日本文字，"取汉字，造和文"。他注意到，"何以学他国之文，则拼联之法不难领悟，学汉文，而积累之体未易通晓"？他认为，"外国文字，有文典专书，凡一切字法、词法，部分类别，以表章之，故学者循声按谱，一览而知"，可"汉文无文典，凡文章之成也，运用之妙，悉在一心，故勤苦而难成"，故叹曰："吾国之文，难哉，难哉。不知非难之为患，无指示其难之书之为患。"

他留学日本，已知日人著有《汉文典》，但乏善可陈，斥之曰："皆以日文之品词强一汉文，是未明中国文字之性质，故于字之品性，文之法则，只剌取汉土古书，断以臆说，拉杂成书。非徒浅近，抑多讹舛。"中国亦有《马氏文通》，他也不以为然，言"马氏之书，固为杰作，但文规未备，不合教科"。汉文欲大行于世，须以文典与时俱进，他指出，如果西方人"舍通用之文典"，而"必以希腊奥衍之文，拉丁古雅之字"，其国民读书识字普及的程度，很可能还"不如吾国也"。所以，他要古今中外广收博取各国文典之体，"详举中国四千年来之文字"，著《汉文典》，使汉字有据，汉语有法，汉文有章，"使通国无不识字之人，无不读书之人"，于我民族存亡之际，留住文化的根，"由此以保存国粹"。

"辨章学术，考镜源流"，原来还有这样一番怀抱！二十年前，我们听来先生的课总觉得先生还有一种难以言喻的美，不是表面那种，而是骨子里头的美，此美隐隐约约，与现实差距很大，宛如深渊里的牵牛花，美在往上爬！但那时"两个凡是"还在，他内心的美，还得掩埋。如今我们才知，他讲司马迁，那司马迁身上，就有他祖父的影子，他在讲司马迁的同时，也缅怀祖父。可他在课堂上，从未提起过他的祖父。不久前，我们去看望先生，想同先生和他的夫人焦静宜老师一起吃一顿饭，先生欣然，说，硬的钢铁不吃，软的棉花不吃，其他的通吃。当我们得知先生的数百万字的大作《书目答问汇补》就要问世,不由得赞叹道:先生真了不起!哪知先生眉头一皱,说,我有什么了不起?比我的祖父差远了。我们这才知道,他还有这么一位立于"喜马拉雅之巅"的祖父。就在他书房里,先生给我们补了他祖父一课,告别时,他送我们一本书,就是他祖父那本《中国文学史》,读了这本书,我们才真正懂得了先生当年讲的司马迁。

我们初步的印象是,先生渊博而又时髦,而我们还那么土头土脑,对于先生那种特立独行的美,觉得理解不了,因而难以接受。现在看来,先生的美属于21世纪,他的确是太超前了,不光我们,那时有几人真懂先生?加上我们脑子里一堆"文革"后遗症要清理,出现了一个又一个的思想问题,成了有名的问题学生,脑子里就像开了战场一样,一日百战,今日之我与昨日之我战,明日之我又将与今日之我战,我们自己都不清楚,脑子里究竟有几条思想战线,当脑子被问题的马蹄践踏一番后,我们就用刚学过的考据学来打扫战场了。

有考据学在手,思想不再跟着教条走,把伪问题找出来,一个个都清除了,将真问题留下,与师友们探讨再探讨,我们那时简直就是思想的发烧友,有时通宵达旦的发高烧,还真有点"风雨如晦,鸡鸣不已"的劲头。有幸的是,在求真理的道路上,我们遇到了一位好导师——刘泽华先生。刘先生给我们讲中国社会是等级社会,讲中国历史上的权利支配经济和王权统治社会,讲中国政治思想主要是王权思想,讲先秦诸子百家争鸣,其实是百家争霸,都想消灭对立面,走向王权。从80年代初到20世纪末,我们一直都是这些观点的忠实信徒,至今依然信奉这些观点,正是从这些观点出发,我们开始走出圣化,走向自我,从对王权主义的批判,走向文化个体性的自觉。我们这样做,一如禅家所言,"真佛内里坐",要自作"主人翁"!是啊,与其向外拜佛,何如寻找自我?

在走向自我之路上,我们不仅有刘先生指点,还有来先生鼓励。有一天,刘先生打来电话,说来公对我们评价很高。这是怎么回事?我们与先生的交往,不过就是听了先生的一门课,他怎么会知道我们?细一想,有了,肯定是焦静宜老师。我们当时写了一本《中国私学百年祭》,是写严范孙和南开新私学的,要在南开大学出版社出版，焦老师是这本书的责任编辑。不久，先生竟然亲自打来电话夸我们，感动得我们心潮起伏了好几天。这是我们第一次跟先生通电话，是长途电话，先生在天津，我们在北京，先生在电话里说道，你们这本书好就好在体例创新，把编年体和纪事本末体结合起来了。先生真是锐利，用他那双"考镜源流"的眼，一眼就看穿了这本书的内在价值，抓住要点提撕起来。

感动之余，我们对于先生，真的很佩服，还很感激，我们那点"发凡起例"的意识，还不都是照葫芦画瓢跟先生学的？此后，我们跟先生的交往多了起来。有一天，先生又打来电话，夸我们写的赛金花，我们问先生怎么知道，先生说，他是《人物》杂志的老作者，杂志每一期都会寄给他，他就是从杂志上看到的，说这篇文章不光文笔好，还对一个众说纷纭的妓女抱有了理解和同情，把赛金花写成了中国的娜拉。当时我们和先生来来回回说了很多，现在记得的，大意就是如此了。一通完电话，我们赶紧把《孽海自由花——赛金花"出走"以后》和另一本《儒脉斜阳——曾国藩的战场和官场》一并快递给了先生。

过了几天，先生打来电话，说他把《儒脉斜阳》一口气读完了。还说历史学的书就应该这样写，要让人能一口气读下去，要多为人民写史，少为专业写史，多为人民服务，少为饭碗服务。我们知道，先生老是夸我们，并非我们真有什么成就值得他来夸奖，而是先生对我们能有所成就充满了期待。先生又问，你们还在写什么书？我们告诉他，正在写一部诗话体的中国史，书名为《青春中国》。大概"青春"两字吸引了他，要我们把提纲发给他，我们遵命。

几天以后，他又打来电话，说长江后浪推前浪，你们比我强。闻此言，我们大吃一惊，先生何许人也？先生是我们一直仰之弥高，望洋兴叹的老前辈呀！论渊博，当今有几人能及？论勤奋，惟以"天行健"言之；论成果，哪止著作等身？说汗牛充栋也不会怎么过分。有人说，近年来，先生几乎是两天就写一篇文章，这样大的写作量，年富力强也受不了，更何况是"80后"老头？

先生毕其一生，纵横文史，沉潜方志，编撰之书，可谓不胜枚举。历史学的成果就不用说了，还有目录学、方志学、谱牒学和图书馆学，在这些领域里，他都做了开创性的工作。对于学者来说,在一个专业里有所开创已属不易,在多方面都有开创就更是难乎其难了,可这难不倒他。他说自己蹲"牛棚"时,就是打扫厕所,也比别人打扫得更干净,这倒不是出于什么争强好胜,而是多年的学术训练,使追求尽善尽美成为了他的本能。有了这样的本能支撑,不管对怎样恶劣的环境,都能适应,即使在苦难中,他都会把苦难当做试金石。

"文革"一开始,他就被人抓去剃了阴阳头,还被拉去游街,戴高帽子。戴帽子的时候,他头大,高帽子一戴上就掉下来,一戴又掉下来,连给他戴的人也烦了,大喝一声:把这个拉出去,下一个!结果,下一个脑袋小,一下就戴上了。除了没戴高帽子,什么批斗、游街、劳改、喷气式飞机、罚站、拳打脚踢,他都受过了。可说起那些年,他并没有怨恨,扫校园,扫厕所,干农活,甚至还学会了赶大车,那时农民拿工分,满分为十分,他能挣到九分五,能顶得上一个最好的农民。不是所有的学者都能做好一个农民,没有多少学者能做一个好农民,像他那样,能做好一个学者,还能做好一个农民的,真如凤毛麟角。

先生在"牛棚"里,一蹲四年,白天当农民,晚上做学者,四年里面,他整理了三部旧稿,还写了一本目录学方面的书。在学校里没有的自由,在"牛棚"里反而有。他说,农民啊,中国的农民真高明,他绝对不来批斗你。农民以为,这些人是先在这里放一放的,将来还有用呢!所以也不来理你管你。你除了每天跟农民一起下地干活,晚上收工回来以后就自由了。他经常跟人开玩笑,说我得感谢"四人帮",没有当年下放劳动我身体哪能锻炼得这么健康?

是啊,如果没有强健的体魄,一个八十多岁的老人,怎么能承担像《书目答问汇补》那样沉重的工作?自称为"80后",除了要有一付青春焕发的好心情,还要有一付能厚德载物的好体格,数百万字的工作量,搁在谁身上都够呛。学术研究以外,他还写文学作品,早年创作过戏剧,晚近,随笔一本本问世,有学术性的,也有文学性的。《80后》中,有大量的文学性的文字,写得最好的,是写他幼年与小表妹的故事,那样天真无邪而又曾经沧海的文字,也只有先生能写了。将两小无猜那么活泼泼的写出来已是上乘文字,还在这些文字上面赋予了一种年份的醇度和厚度,就更是极品了。这样的文字,如山泉、美酒,如春雷第一声中发芽的春茶,你只要品了一口,就再也忘不了,那"小表妹"的身影,就会散发着山野里的芬芳气息和古镇上那怀旧的溪花禅意,在心头久久萦绕……

这两年,先生每出书,都会签好他的名字给我们寄一本来,他的书我们都会认真拜读,因为我们当年在南开并未真正读懂先生,现在来补课犹未为晚,过了知天命之年,已到了该懂先生的时候。我们去天津,只要一有时间,就会去看望先生,先生有时候也会打个电话来,问一声,那书出了吗?每一次问过之后,他都会提起书中的"魂兮归来哀江南",他以为我们写了庾信及其《哀江南赋》,可我们恰恰没写,真是惭愧,只好以后再补了。前些时候,我们那本书,改了个书名,叫做《重读中国历史》,就要出版了,编辑说,请你们的师友们为这套书写几句话吧。便给了编辑几个人的名字,她一一联系了,可来先生,却没有联系到。

我们有点担心了,让学生到南开大学出版社去找先生的夫人焦静宜老师,才知道先生住院了,八十多岁的老先生住院,总是让人忐忑。没几天,先生把电话打到我们家里,我们真高兴。先生说:我刚出院,让我动笔墨题写书名,恐怕手还不稳。先生是启功的弟子,墨宝我当然求之不得,但是决不能让先生累着。我连忙说,先生,您为这本书说句话就行。第二天早晨,先生又来电:冬君,拿笔记录。听筒那边,先生一字一句:"历史是民族和国家的支柱与灵魂,不能有丝毫失忆。祈望国人《重读中国历史》。"先生有求必应,可我们那本书还是没出来,换了一家出版社,又要改一个书名出了,我们默祝先生仁者寿。

先生,近来您身体可好?请多保重。过几天,我们去天津看望您。别忘了,您可是"80后",还是八九点钟的太阳,还是中国的希望。我们,还有我们家的"80后",在北京亦庄,在教师节即将来临之际,一起为您祝寿,千言万语并一句:祝先生仁者寿!然后,在心里悄悄道一声:瞧!那"80后"……

（刘刚,诗人,作家）

羡鱼莫如结网

——记恩师来新夏先生对我的关怀与教诲

刘小军

　　每年的教师节我都要回到南开大学北村教师公寓看望恩师来新夏先生。今年我特意带上了我的研究生大斌。大斌不是我的第一个研究生,但是他今年考上了南开大学的经济学博士。大斌木讷寡言,秉性与我很接近,对于先生甚为仰慕。见到鹤发童颜的先生,尽管先生一如往常见到晚辈那样和蔼可亲,大斌依然十分拘谨,手足无措间深深地向先生鞠上一躬。看着多少有些羞涩的大斌,感动着他对先生的敬意,而此时的情景把我的思绪带回到了二十多年前……

　　二十多年前,经历了高考失败的我心中充满着迷茫。高考失误让我与心仪已久的武汉大学失之交臂,进入了自己不是很情愿的湘潭大学图书情报专业学习。羞愧、悔恨和彷徨交织,心里感觉空落落的,顿时觉得人生失去了目标。一个来自湘南小县城的十八岁青年,孤独无助,当时心中多么渴望能够有人给自己指明方向。但内心好强的我依然不肯放弃,一头扎进了图书馆。"我为什么会失败?别人为什么能成功?上大学为了什么?人活着是为了什么?它的意义何在?人世间为什么充满了那么多的不平等和痛苦?善有善报吗?……"带着满腹的疑问,我毫无头绪地游历于经史子集间,期待从古今中外大师的著述中找到答案。结果自然可想而知。一个原本学识有限,刚刚进入大学的学生,自然没有披沙沥金的能力。面对先贤们的字字玑珠,自己还是满头雾水。除了迷失于知识的大海,徒添了颓废。日子在浑浑噩噩中度过,内心忍受的其实是更大的煎熬。

机缘巧合,大学三年级的时候,系里请来了刚刚从美国访问归来的南开大学来新夏教授进行学术讲座。来先生在当时的图书馆学界已经是如雷贯耳,而我们学校因为地处偏僻难得有机会能亲眼一睹大学者的风采。我和大家一样心中充满期待,当然,还有不同的一点:希望将心中的疑惑当面向先生请教。终于见到先生了:风度翩翩,睿智。而演讲更精彩:时而慷慨激昂,时而娓娓而谈,先生抑扬顿挫间,将如何看待自己的专业,如何厘定知识体系和结构,如何做学问,如何处理博学和专精的关系,如何做人,如何看待人生,如何看待理想和现实,如何面对失败和成功等等问题一一解答。自始至终我全神贯注,仿佛有久旱逢甘霖之感,如醍醐灌顶,心胸倍感开阔。当雷鸣般的掌声响起时,我才从如佛家之顿悟般喜悦中回过神来。演讲结束了,我却一直没有机会向先生提问,可我心中的疑惑消融大半,同时也暗下决心,一定要投入先生门下,耳提面命,时刻得先生之教诲。

自此,我如浪子回头,学习勤奋用功。毕业前夕,毫不犹豫地报考了南开大学的研究生。功夫不负有心人,最终我幸运地进入先生门下,成为先生的入室弟子。

第一次去先生家中求教,让我有诸多意外。没想到先生家中如此简朴,与我想象中的大教授家有天壤之别。没想到先生家如此多的书,以至于家中多少有些凌乱,但有序。没想到先生全然没有威严,只是和我拉家常,不经意间就提出了要求。先要我多读书,多用功,要上对得起国家和父母,下对得起自己,不要虚度光阴;治学先要做人,做人才是根本,做人就是做好身边的小事。没想到师母是那样慈祥,嘘寒问暖,让我有回家的感觉。

研究生的生活其实平淡无奇。上课、念书、查资料,进入南开学府,投入名师门下的激动心情过去后,心里对自己毫无进步多少感觉有些焦虑和不安。跃跃欲试中,写了一篇小文期待先生的首肯。那时候没有电脑,都是手写。抄好后,带着几分沾沾自喜,兴冲冲去了先生家中。先生仔细阅读我的文章,一改往昔的平易近人,满脸的严肃让我惴惴不安。终于,先生开口说话了。先生先是一丝不苟地指出了我文章的错别字以及语句表达上的明显错误,然后就立论行文之规矩给了我一番教导,最后语重心长地告诫说,做学问和做人一样,要踏踏实实,不要图虚名,名利那是身外之物,做学问要坐得冷板凳。纵然才高八斗,若不脚踏实地,那也是缺乏根基。学富五车,是一点点积累得来的。要练好基本功,不要急功近利。先生的教诲让我无地自容,我也明白了自己在读书明理和做人之间还需要好好修为。

羞愧间,我抬头看到先生书房中悬挂的一匾额,上书由启功先生书写的"邃谷"二字,当时不明此中之意。回去后翻阅资料才明白取意出自《汉书·董仲舒传》的"临渊羡鱼,不如退而结网",意为做学问应该低调,读书做学问要求"邃密"和"虚怀若谷",来不得半点虚假,原来先生之"邃谷"有如此深意。先生有家学渊源,早年求学时期又得陈垣等大师指点,加之天赋极高,在古典目录学、地方志、北洋军阀史和图书馆学等诸多研究领域成绩斐然,颇负盛名。先生治学严谨,成名之后,每日依然坚持早起读书并笔耕不辍。反观自身,心浮气躁,实乃读书人之大忌。"结网"还是"羡鱼",当下有了感悟,而如何"退而结网"还得向先生学习,也许是一辈子的事情。

先生虽然读书做人上对我和其他弟子要求十分严格,但生活上却对我们无微不至地关心。尤其是我家境贫寒,尤得先生偏爱。逢年过节,先生必定叫上我们去家中小聚,一来解我们思念亲人之苦,二来也为我们改善伙食。有一次家中因为盖房需要借钱却四处告贷无门,父母成天愁眉苦脸,我也因此无心学习。万般无奈之际,先生得知了此事,马上自掏腰包把钱借给了我,并嘱咐我不要为这种小事担忧。在感激中,心里更添了对先生的敬重。毕业前夕,我工作没有着落,先生亲自帮我联系工作单位,并推荐我到天津商学院图书馆工作。

在我眼里，先生与我已经情同父子。毕业后，我工作和生活上遇到困难，还经常向先生求助。先生搬家，我也不惜力气为先生藏书打捆，时值盛夏，汗流浃背也乐此不疲。

让我铭记终生的是先生参加了我的婚礼。工作之初，收入低，家底薄，根本不可能举办像样的婚礼。单位领导和同事对我十分关照，帮我在学校工会的活动室举办了简单的结婚典礼。由于父母远在湖南老家，家里也难以支付来回路费和其他费用，所以父母不能来天津。可是再简单的婚礼也得有长辈参加才好。先生和师母知情后，当即提出要以我父母身份参加我的婚礼，令我潸然泪下。心中常反问自己何德何能独得先生如此厚爱。婚礼那天，先生和师母带给了我新婚的礼物，还代表我父母发表了热情洋溢的讲话，使我倍感温暖。滴水之恩，亦当以涌泉相报。先生与师母如此大恩大德，此生难报，唯有谨遵师训，做好事，做好人。

大学图书馆工作，在大多数人眼里其实是没有多少创意，更谈不上有学问，像天津商学院这种普通大学的图书馆的工作，他们更认为不值得一提了，根本就用不着研究生。更何况我头顶还有名师弟子的光环，在众人眼里，我一定会孤傲不驯。但我心里清楚，自己并没有多少学问，更清楚自己应该按照先生的要求多"结网"，少"羡鱼"。每天打开水，我抢着帮岁数大的同事捎上，时时还伴着微笑。分配我看阅览室，整理书架、擦书桌、扫地，这些别人觉得是卫生工作的繁琐小事，我做得认认真真，心平气和。排目录卡片是一件枯燥之极的事情，我也能从中自得其乐。我和同事成了朋友，和学生成了朋友，在平静中"结"好了"网"。

一次偶尔的机会，学校事业发展需要选拔一批有硕士学位的年青教师攻读博士学位，因人数不够选择面扩大到非教学部门，我再次幸运地被列入候选名单，但前提是必须转行学习经济学。我此前从没有学习过经济学，时间短，要考取博士研究生几乎没有可能。在我困惑之时，先生一方面鼓励我坦然面对困难，指出不同专业虽千差万别，但读书做人的道理还是一样。另一方面为我介绍南开大学国际经济研究所博士生导师蒋哲时先生对我进行指导和点拨。经过简单的思想斗争,我全身心投入了考试准备,并最终再次误打误撞捕得了又一条"鱼"——获得重回南开攻读博士研究生的学习机会。

转到一个截然不同的专业,没少经甜酸苦辣,个中滋味心知肚明。但先生之教诲,让自己在历练中心趋淡然。或偶有挫折而不气馁,或小有成绩而不自负。后来能执三尺教鞭,心里也时刻警示自己以先生教诲严于律己以免误人子弟。多年来先生的言传身教,也使自己养成了勤奋念书的习惯,并时常结合身边之事反思,每有所悟,不忘告知学生共同分享。

回顾自己走过的人生道路,自见先生之日起,就离不开先生的印记。工作、生活和学习中有了成绩也不忘向先生汇报。由于才疏学浅,天赋不够,无法得先生学术之万一,实在是此生之憾事。然先生"邃谷"之精神,自以为能得一味,勤"结网",少"羡鱼",亦不负先生之期望。若假以时日能只"结网",不"羡鱼",并由大斌他们传承之,岂不快哉!

(刘小军,教授,天津商业大学经济学院院长)

神游邃谷

陆晓芸

邃谷之幽,幽在心田。《邃谷文录》、《邃谷书缘》、《邃谷谈往》,已经用扎实的学问和洋溢的才情展露了邃谷的独特风情,而今,《邃谷师友》又带来了谷底桃园的最新景色。

怀着惴惴不安的心情,沿着僻静的羊肠小道,再一次深入邃谷。没有车水马龙的喧嚣,没有功名利禄的诱惑,也没有钩心斗角的烦恼,有的只是小桥流水之中,严谨治学、甘奈寂寞的孜孜学者:陈垣、余嘉锡、范文澜、启功……而常有一人往来穿梭于各处,谈古论今、教学相长,此人便是谷主来新夏。

来公乃历史学名宿,已至耄耋之年,却依然谨守"师道既尊,学风自善"。"追思·怀念"卷以十余文纪念已逝的师友,或整体评价,或借一二小事窥见全貌,字字真切,情溢纸上,便是最好的例证。谷中虽无聒噪,却时有书信往来,间含友人相赠之书,来公一一以短文记之,寥寥数语,便点破书中精华,是为"赠书录"卷。来公自与文化渊源颇深,间或漫谈中国文化、小议个案现象,以八旬老翁之读书体验,叙致学之精要,旁及做人之道,此类文章来公谓之"一孔之见"。此外,谷里绝无山珍海味,却以书香引得晚辈欣然前往,时有记者夹杂其中,请教之后,便汇成"访谈录"。

神游邃谷,仿佛在书海上与来公共泛一舟,聆听各位先贤的教诲,感受新朋旧友的鸿雁传情,领悟快意读书之趣。邃谷是大师们永不消失的栖息地,这里记载了他们的音容笑貌,储存着他们的丰富著述,更有一个不时前来看望的热情谷主。在邃谷,他们得到了永生!

相信若是亲临邃谷,当有更大的收获。

(陆晓芸,复旦大学中文系硕士研究生)

书之缘

吕　山

书是文化的载体,书也是友情的使者。

2007 年 2 月 3 日,暖日融融,八十五岁高龄的南开大学教授来新夏和他的夫人,出现在绍兴县齐贤上方桥北河沿的一户农家小院里。主人孙伟良忙不迭地招呼老人家就座,精神奕奕的来教授说:"别忙,看我又给你带来几本书。"其中中华书局出版的《皓首学术随笔·来新夏卷》,才上市未久,还飘着油墨的清香。

这是什么日子,引来这位海内外知名、著作等身的历史学家、方志学家、版本目录学家大驾光临? 原来由孙伟良苦心构建的"来新夏民众读书室"当日开馆,这的确是一个可喜可贺的日子。门外悬挂的长匾,为来教授所题写,书斋里面上架的来教授著述,大部分是教授本人赠送的。是书把一老一少素昧平生的两代人拴到了一起。来教授解释,自知已届高年,故而趁早动手,让这些书有一个理想归宿,他选择了两个地方,一是萧山图书馆,那是他的故乡,萧山图书馆以他赠送的书设立了"来新夏著述专藏阅览馆"。想不到的是绍兴这位年轻朋友,也以他的名字命名书室。至于为什么加上"民众"两字? 来教授说,我来自民众,希望我的书,还回到民众中间去。

主人孙伟良抑制不住喜悦,他告诉老教授:"您老的这些书,大体按照出版先后次序排列。"来教授抬头仰望如墙一样高的满壁图书说,真是一个袖珍图书馆呀！曾经身为南开大学图书馆馆长的他,如此微型(估计8平方米)的图书馆,恐还是第一次见。然而更大的惊喜还在后头,孙伟良从另一个角落的柜里郑重地把数本油印本递到来教授手中,来教授顿时惊讶不止,说:"你怎么搞到的呀？我自己也没有了!"这些书,有的是机械打字机打印的,有的是蜡纸刻印的,岁月留痕,引起老人家多少沧桑之感！来教授于是坐下来,一一题词。

书于《古典目录学浅说(征求意见稿)》封面的为:

二十余年前余初授古典目录学于南开大学,撰成此征求意见稿印发诸生参读,而余斋中已无此稿,今于绍兴县伟良小友斋中得见此本,若晤故友,不胜感慨,缀此数行,以志书缘。

书于《中国近代史参考资料》封面的为:

此稿成于上世纪五十年代中期,余斋中已无此书,伟良得之网上,特缀数语,以志世纪书缘。

自称"来新夏迷"的孙伟良说,这些年他为提高自己的学识水平,特别留意搜求来教授的书,迫于生计,平时没有多余时间去城里书店搜书,更多的是通过汇款直接向出版社邮购。当从"孔夫子旧书网"上发现这几本书时,凭经验知道它们的珍贵,他赶快点击,赶快汇款,至于价格绝对不敢计较。来教授听着,赞叹着,说:"一个没有土地的农民,一个靠换煤气养家糊口的青年,每一天收入几何？还不惜花费钱财去买那些书。书难得,然而爱书人更难得呀!

(吕山,原名李君水,浙江绍兴市越文化研究会会员)

感念师恩

穆祥望

师者,所以传道授业解惑也。老师对于学生的帮助有很多种,有的教授学生知识,有的传授学生道理,有的赋予学生能力,有的老师则改变学生的人生轨迹。来新夏先生于我而言,是上述的一切。

大一期间,由于大部分课程都是公共基础课,读杂书、听讲座便成为我们课余时间的乐趣和消遣。记得,一个秋天的傍晚,图书馆馆长来新夏教授要向大学生讲书与读书,听说南开的图书馆馆长一向都是大师级学者,我们几个同学便饶有兴趣地相约去听讲座。没有想到,这看似普通的一次讲座,却事实上改变了我的人生轨迹。

那天,我和同学一起向主楼小礼堂走去,我们预计提前15分钟达到,本想能够找个前排座位,可是,一到小礼堂,就被眼前的场面惊呆了,听讲座的人已排到主楼二楼,从前面的人缝瞭望,不但所有的座位全满,而且窗台、通道上或站或坐已经挤满了人。人山人海,甭说前排,连进会场都是问题。机灵的同学拽我出来,偷偷溜到后台,心想这颇具创新的点子准能行,结果又傻眼了——一帮学生捷足先登,早已占据主席台后有利地势。好在一个学姐给我们腾点地儿,我俩便挤坐在后台进口的角落。就这样,第一次听先生讲座竟然是与先生"同台",但看到的是一个背影轮廓,一个让我牢记一生的轮廓。

那天,先生讲的是读书,怎样读书,读什么书。二十七年过去了,当年听先生讲座的笔记已经找不到了，但是到今天，依然记得不少内容。先生那天从中国几千年悠久历史的"书"讲起，面对难以尽数的知识财富，大学生怎样从中汲取养分，爬上"书山"，同时掌握好节奏。让我印象最深的是读书的阶段：初上"书山"，一片茫然，不易辨别自己的方向，需要稳步慢品，要选定好书精品认真精读，养成能坐得住的好习惯，奠定扎实的基础，增强识别能力，填充内涵。走过山腰，积累了一定知识，掌握了读书方法，就要加速，扩大范围，多读书，触类旁通，分辨清浊。在追求质、量并重的过程中，把读书作为生活中不可或缺的内容，善于思考，善于汲取，"博观约取"和"好学深思"，读书有得，成为真正爱读书和会读书的人。

那次讲座两个小时，全场鸦雀无声。后来跟随先生多年才发现和总结出来的先生讲课特点，其实在那次讲座中体现得非常充分。先生的开场白没有更多的铺垫或是客套，总是直接切入主题；没有讲稿，但条理非常清晰，连串的妙语、故事，都是道理的讲述和历史的脉络，那么深入浅出、耐人寻味；直接面对学生的困惑和知识盲点，观点鲜明，逻辑缜密，问题分析和阐述丝丝入扣。

那次讲座之后，我开始仰慕这位大学者，也萌发了转而学习图书馆学的念头。其实，我的高考正值南开图书馆学系第一年招生，我的第一志愿就是图书馆学系，但被哲学系录取。当时填报图书馆学志愿，只是单纯地认为图书馆学是研究图书的，可以多读书。那次讲座为我打开了一扇门，我看到了图书发展史中的"绚烂多彩"，看到了文化传承载体的"变化多端"，很想探究由书形成的历史，由书组成的真实世界。大二一结束，我就申请转到来新夏先生为系主任的图书馆学系，当时来先生还兼任图书馆馆长。怀着忐忑的心情敲开先生办公室的门，说明来意后，先生询问了我从哲学转向图书馆学的想法，并鼓励我要努力钻研和踏实学习，将辩证的思维和哲学的方法用于图书馆学之中。于是，我欣喜若狂地参加了面试，结束后，来先生在我的申请表上写下了"同意"二字，自此我的人生轨迹改变了。二十多年过去了，我没有能够成为"两课"教师，但是，在图书馆的工作、生活颇感充实、丰富。

能够师从先生的确是今生幸事。跟着先生,学到的不仅是专业知识、人生道理,更重要的是在他的言传身教之下,领会并掌握了一些治学方法,修养了乐观的信念和坚持的勇气,让我受益无穷。

在教学方面,先生坚持亲自给本科生上课,既注重教学内容,使之广博丰富,又讲求教学方式,以善于表达、娴于文辞而获得卓越的效果,深得师生好评。记得开设"中国图书事业史"课程,先生以高屋建瓴的气魄,策划合中国图书史、中国目录学史和中国图书馆史"三史"为一体。先生亲自作第一讲,厚积薄发、举重若轻,以图书为中心,将与图书有关的各种事业,包括搜求、典藏、分类整理和再编纂等包容进来,最大限度容纳了原来"三史"的内容,以图书形态发展的特点为主要标志,将中国图书事业划分为不同发展阶段,综合考察围绕图书而展开的各种事业,概括叙述中国图书事业的辉煌成就,总结图书文化的优秀传统和历史地位。先生用动态、能动的态度研究枯燥的图书史、图书馆史,向我们展示灿烂的文化。正是先生的创新精神,使图书馆学的课程设置更趋于科学合理,减少了诸多重复,减轻了学生的学习负担。正是先生的课程改革,结束了当时学图书馆学要"七见向歆父子"的说法。

从事实际工作之后才逐步感到,真正让我受益最大的,其实还不是从先生那里学到的图书馆学理论和实践方法,而是先生真正教给我们的坚韧的精神。

先生经常告诫我们治学一定要"立足于勤,持之以韧,植根于博,专务乎精",图书馆人应当是探索科学的尖兵,应当站在时代的前列,清楚地看到社会潮流,见到新学科的产生和发展,及时为新的学科输送知识养料。研究图书馆学不是靠记忆力和才思,而是靠对图书馆和社会发展需要的观察,这些观察也包括图书事业史,而这些需要日积月累。

日积月累的主要方法就是读书笔记,先生强调立足于勤是求学的基点,勤写、勤听、勤读和勤思,最终落实在"勤写"上,写笔记、写资料片断和思考点滴,多年积累会成为非常可观的学术资料;写笔记要用自己的话来概括,这本身是一种再创造过程,把别人的观点吃透消化成自己思想的一部分。这不仅是积累,而且还是一种磨砺。先生在几十年中,已经养成了随手摘笔记、抄卡片、搞剪报、写提要、记心得、思问题的习惯,后来了解到,先生为80年代以来的学术成果的爆发足足准备了三十年。很难想象,连续问世的几部很有影响的学术著作是先生在"特别年代"中面朝黄土背朝天的点滴余暇,伴随着"交代材料"积累的结果,这彰显了怎样的韧性!

如今,先生已是望九高龄,依然笔耕不辍,在从事专业研究的同时,还撰写大量随笔杂文,用随笔形式把知识化艰深为平易,还之于民众,归之于社会。先生旺盛的学术生命和"常开新境"的学术风格值得我们认真学习。

来先生带我走上图书馆事业之途至今,我已经在南开大学学习、工作了二十七年,这是我生命中最宝贵的时光,因为我能够时常亲耳聆听来先生的教诲。二十多年来,我每每暗自庆幸,仰望先生、高山景行、心向往之者不计其数,但能够长期在先生身边,获益于先生言传身教的人能有几何? 一辈子能遇到这样的大师和人生楷模,我感到莫大骄傲和幸福。即将迎来先生九十华诞,令学生们高兴的是依然身体安康、精神矍铄,而且仍然孜孜不倦地为学术研究和服务社会贡献自己的力量。在先生九十华诞之际,向景仰的来先生表达敬意,表达祝福,恭祝来先生、焦老师健康长寿,永远"笑游桃李林"!

(穆祥望,研究馆员,南开大学图书馆副馆长)

学问大家　蔼蔼长者

潘友林

对人愈熟悉似乎愈难说清楚,我对来先生就有这样感受。我崇仰先生已三十多年,结识也超过一纪。先生使我感动处很多,我受先生恩惠处更多。先生在我心目中巍然高大而亲切。高山景行,我夙有记叙先生之念,然而不善言辞,唯恐不合先生本貌,有亵师尊。说先生是学界泰斗毫不过分,但似乎高处不胜寒,有失先生的亲切;说先生亲切平易,而先生又非凡俗之人。如何表述? 我很纠结。尽管如此,我仍压抑不住要表达的心愿。

对先生的崇仰

三十多年前我就已心仪先生。那是在新中国第一轮新修方志之初,我从山东师院及其分院中文系调回故乡,受任《夏津县志》副主编。对于如何编修新志,我心中茫然,急切渴望有所导引,先生就在那时进入我心目中。党的十一届三中全会之后,拨乱反正,百废待兴,编修社会主义新方志提到议事日程,先生即是热切的倡导者与引导者,一方面奔走呼号,为酿成热潮而努力;一方面精心研究,引导修志工作进入科学轨道。山东编修新志起步较早,发展蓬勃。先生于上世纪80年代初曾来山东讲学,在我的印象中,新志发轫在山东影响最大的有两个人,一位是全国史志协会会长董一博先生,再一位就是来先生。回想当年,先生奋力倡导编修新志,深谙中国传统文化的精髓,又深悟时代的急需,见识高远,勇于破冰。从那时起,我成了先生的私淑弟子。我虽无缘见到先生,但通过报刊,极力搜寻拜读先生的著作文章,密切关注着先生的观点与主张,吸取滋养,引导我实现了从研究文学到从事史学的过渡,也启发我在学术上探索。如果说自己在方志方面有所成就,先生就是我的导师。在其后的岁月中,我在偏僻的县城,图书刊物极其匮乏,尤其是纯学术方面的书刊更难得一见,尽管如此,我仍从《新华月报》、《人物》等刊物上留意先生的文章,一有发现,即喜出望外,读不释手。先生成了我沉醉学术的旗帜。

幸运的结识

上世纪末,我利用近十年的业余时间,将夏津的明清三部旧志搜集整理,以便传承地方文献,方便借鉴利用。旧志整理,从版本、标点、校勘、注释到索引,对于我都是新课题,一边在探索中迈步,宏观微观都要事先反复考虑论证,避免事倍功半;一边在较高的追求下,吸取先行者之长,又不受前人所囿,一切从方便当地读者出发,将旧志整理得既切合著者本意,又贴近当今、贴近读者,有所创新。书成之后,想请专家给予指点,首先想到的就是来先生。然而,自己与先生素昧平生,又虑先生年事已高,恐给先生平添太大的负担,内心很纠结。十几年的心仪使我热血涌动,竟贸然北上,直赴南开去拜谒先生。在我心目中的圣地北村,蒙先生不弃接见了我。先生见到书后有些动容,答应留下书看看,这使我喜出望外。使我更喜出望外的是,一月之后,先生竟寄来很动情的一篇序文,字字饱含先生对整理的肯定,对后进的鼓励,更饱含先生对国家方志事业的拳拳之情,令我感慨万千,心情无比激动。日后我在先生书橱中见到数百种新编地方志,随即浮想联翩:先生关心指导了那么多方志,该付出多少心血!一壁书橱,凝聚成先生与国家方志事业相关联的缩影。那些煌煌志书,先生都送到了萧山"来新夏方志馆",成为中华文化的又一藏珍之所。这是后话。

先生赐予的序文,我读了不知多少遍,每读一遍都心潮起伏。这篇序文还深深打动了我们县的县委书记张实同志。他恰逢节日看到了先生的序文,随即百里专程返回办公室,商量书的出版之事。张书记告诉我:他看了先生的序文很受感动,一定要把出书这件事做好。这又是出乎我意料的惊喜!接连的幸遇,在我激动之余,又使我明白了一个道理:朗朗乾坤,只要认真扎实做有益的事,总会得到操舵之人支持的。在方志界不时听到抱怨,抱怨领导不重视,其实其中因素很多,还要看机遇与缘分。我得到先生提携、领导重视,该是莫大的幸遇与缘分了。其后,我蒙先生错爱,有幸协助先生工作了五六年,是更大的缘分。先生是影响我一生的最重要的一个人。

学贯南北

先生学问,无论史志、古籍、图书文献学,都根基极深,见识卓异,蜚声海内外学界。继范文澜、陈垣、顾廷龙、季羡林、任继愈等大家之后,先生当为皓首大家之一。

我以为,先生治学,兼容南北。在中国历史上素有南学北学之说,乃至延续不息。其实不过是学术的风格及其传承不同而已。先生生于文化繁茂的江南萧山,从小即受到深厚的家学濡染。其祖父来裕恂先生国学深厚,又在维新时代赴日本留学,为同盟会主办的横滨中华学校教务长,归国后为萧山地方文史名家,以浙江省文史馆员终老。裕恂老先生尤钟爱新夏先生,视为掌上明珠,年幼就悉心传其家教,寄予莫大期望,使来先生承继了严谨治学的家风基因,濡染了江南活跃灵透的学风。其后先生学习、治学于北方,先后师从谢国捷、陈垣、余嘉锡、启功、范文澜、荣孟源等名师,得其真传,根如磐石。而其祖父仍书信往来,关注、过问他的学习。先生居天津七十多年,在南开教学治学半个多世纪,于中国近代史、北洋军阀史、中国地方志、古典目录学、图书文献学等方面造诣颇深。先生人生得南北学之精,发挥颖慧创造之功,在我所知的方志界,有一件事给我印象很深:公元两千年之初,我到中国地方志指导小组办公室求教,本以为到了方志界的极境,但中指办的人很谦虚,讲学术必称来新夏,转介绍我去请教来先生。在后来的几年中,我在先生处见到先生与南北学界名人广泛相连,登门求教的人络绎不绝,邀请讲学、任学术顾问的信函连连,著名出版社约稿相接不断。在极重文化的中华国度,文化名人众多,来先生当是顶尖级之人。中华书局2006年出版的"皓首学术随笔",有八人的专集,来先生与季羡林、任继愈、吴冠中都名列其中。

勤奋本色

先生治学成果丰硕,令人倾倒。凡接触到先生的人,无不强烈感受到先生禀赋聪颖,才思过人。其实,先生的治学成果主要来自勤奋。我所看到的是先生耄耋晚年,他从不早晚锻炼,每日晨起晚寐,天天要工作八九小时。每次到先生家,总看到他在伏案工作。先生头脑特别清楚,精力集中,效率极高。人们不时会从报刊看到先生的文章,洋洋洒洒,思绪如倾,别有见地,谁会想到竟是出自望九老人之手。而先生近几年每年都出版或再版几部大书,哪里会想到他是位耄耋老人。此外还常有各种会议、讲学等学术活动,年轻人也自叹精力弗如。先生勤勉于学术与工作,著作等身,成果要达一般学者的几倍,一人胜过几人一生的成就。先生治学,"立足于勤,持之以韧,植根于博,专务于精"(语出先生《答"缘为书来"网友问》,载河北教育出版社《邃谷书缘》84页)。先生似乎是为学术事业而生的人,将个人晚年的享受置之度外,学术事业就是他的生命。工作愈做愈多,先生就愈加勤勉。对似乎不知疲倦、抢时间工作的老人,家里人委婉地劝他注意适当休息,但任务在身,托付在身,受邀在身,容不得舒缓与推迟,甚至在病中想到的还是工作。前年初夏,我好久得不到先生的消息,后来先生来了电话,要我立即到天津受理《近三百年人物年谱知见录》续编的校稿工作。到了天津方知先生正在住院。他因远行参加会议而被要求做登机的例行体检,却被医院强留下住院,亟需加装心脏起搏器。先生无奈住了一段时间的医院,刚能适应起搏器的运转就迫不及待地在医院着手工作。看到先生如此,我心痛而感动。身衰老人竟如此,精力尚盛的人又有什么理由消磨、懈怠！先生以行动告诉我们:人都会有老年,老年怎么渡过? 真正忘记自己,为别人、为事业而不断努力,把平生积累的知识与经验最多地留传给后人,以不负内心与人生,而且乐在其中,这才是人生的高远境界。

情注于人

先生身为大家,人格魅力令人倾倒。在他言行之中,体现了中华传统美德,理解人、关心人、扶持人。同他接触的人都会有共同的感受:先生不是高高在上的超人,而是待人亲切诚恳,睿智的目光饱含慈祥,煦如春风的话语洋溢着对人的温情。蔼蔼长者风范,让人亲近而尊敬。

先生曾主编国家清史项目《清代经世文选编》,在 2006 年 5 月点校工作会议上,先生是主持人,从筹备会议到中心发言,先生都亲自为之。而会务杂事,哪怕是接站之事,先生也亲自过问,唯恐稍有不周。紧张的会议之余,先生还关照客人就餐,晚间又到客房逐一慰问,须知他已是 84 岁的老人啊！精力纵再旺盛,也难免不支,然而先生却未显出丝毫倦意。先生远已超脱高高在上的所谓"科学"工作方法,心底支撑的首先是对同道的尊重和爱心。深厚的学问基础,高度的责任感,深入的研究与把握,更有浓厚的人际真情融贯其中,成为工作精到之本。

先生对晚辈更是关心、提携有加。在我协助先生工作的五六年之中,先生对工作、学术分外严格,容不得半点差失。我深知自己虽有追求学问之心,但身处乡野,受局限处很多,尽管也做了努力,但成效自己很不满意。尽管如此,先生对我仍满怀厚望,甚至在他周围的众多教授名家中推举我,给予我莫大的肯定与鼓励。还对我格外关心照顾,无微不至,就像待亲密家人一样,蔼蔼长辈挚情时时洒被我身。外出查询资料,先生总事先细心打点,找谁联系,如何顺利,甚至把旅馆都帮助订好,还一再叮嘱注意生活,注意身体。即便这样,每次外出回来,先生还总是抱歉说让我辛苦了,而且还关心我的家人,时时体谅。这一切总让我心里备感温暖。跟随先生的几年,是我一生中紧张而愉快的几年。如此享誉中外的学界泰斗,又是如此高龄,竟然如此信任、关心晚辈如我,是我的幸遇,也是先生高风亮节的体现。

学风严谨,虚怀若谷

先生是一代名家,桃李满天下,声誉播中外。在我与先生相处的几年里,丝毫没看到先生骄傲与疏放,从未见他以资格自居,对学术仍孜孜以求,哪怕细小之节,也要认真考证落实。每遇到模棱问题,先生本来清楚,但要落到书上,还是要从书架上找到原书核实。每向他请教问题,先生总循循善诱,耐心讲解,还举一反三,尽力介绍相关知识,使人深受教益。先生虚怀若谷,同人研究问题,总静心听取别人意见与见解,从善如流。在他之下工作,既增长知识,又心情舒畅。

我有幸协助先生续编《近三百年人物年谱知见录》,我深知那是先生平生倾注心血之作,深含金针度人之意,历经浩劫磨难而于上世纪 80 年代初出版,在学界产生了广泛影响。将其加以续编,是先生平生之愿。然而先生工作头绪多端,又已年过八旬,奔波索书已不现实。在先生的信任与指导下,我有幸协助先生做续编工作,其实是跟从先生学习的难得机会。我很珍惜,极尽心力,自我加压,不敢稍有懈怠与疏忽。将整理的书稿交先生审阅,我自以为已很用力,不会有太多的问题。不料先生在统稿时竟每页都找出一些问题,从史实到字句,书稿修改得密密麻麻,字句雕琢,其细微谨严,远超初拟。这令我汗颜,也照出了我的疏忽与知识的薄浅,使我更明白了如何做学问。这是我跟随先生几年的最大收获。

　　先生在超负荷的献身事业之中,还勉力应人所求。在第一轮编修新志结束之后,先生又曾多次来山东讲学、交流,济南、聊城、青岛等地都留下了先生的足迹。我曾听青岛档案局的人讲,先生到青岛讲地方文献,他们大开眼界,深受教益;聊城东昌府区朋友动情地告诉我,当年傅斯年纪念馆开馆,来先生曾应邀前来,其学识之博,令聊城人倾倒。聊城东昌府区政协文史委的同志极热心地方文献,著书颇丰,在编写《东昌老街巷》及出版《东昌文史》时,曾让我转求先生题字,全然出于对先生的景仰与借重。我知道先生是启功先生早年的高足弟子,其后虽很少有时间运毫,然而对书法眼界甚高,谦逊之下鲜为人题字。我心情忐忑地向先生婉转求告,也许是先生对傅斯年家乡情有独钟,或是为东昌的同志所打动,竟爽快地答应了。先生很用心地题了字,遒劲润美,实是先生少见的题字中的珍品。作为全国高校中少有的、直属于教育部高校古籍委的地方文献研究室,身任主任的先生,无疑是在尽最大努力真诚支持地方文献研究事业。

　　　　　　　　　　　　　　　　(潘友林,原山东夏津县史志办主任)

智者乐 仁者寿

——热烈庆祝来新夏教授九十初度

彭斐章

来新夏教授是我所景仰的学长,又是同道挚友。值此来先生九十初度之际,表示最衷心的祝福!

来新夏先生学养深厚,著述宏富,一方面有赖优越的家学渊源和得益于名师的启迪教诲,更重要的方面是他的勤奋与坚韧、严谨治学、精益求精和他对读书与写作的深刻认识。他说:"书啊,真是多么可贵的物质! 读书,又是我们生命中多么不可或缺的一种文明享受!"来先生把读书看成是一种无上的乐事,读书和写作贯穿着他的整个职业生涯。有一副流传既久且广的联语说:"书山有路勤为径,学海无涯苦作舟"。以勤为径的成效是多少代读书人的共同感受,先生将下联中的"苦"字改为"乐",若以乐为舟,岂不更有乐趣,更能激励人们不畏书海波涛而昂扬搏击? 来先生治学严谨,在治学态度上"立足于勤,持之以韧",在治学方法上"植根于博,专务乎精"。来先生以韧性坚持读和写,从不间断,即使在"牛棚"也见缝插针,尽量读点书,写点札记。不管遇到任何困扰,他的写作和读书从来就没有停息,如今年届九十高龄,仍壮心不已,誓不挂笔,这种儒雅而豁达、智慧而质朴的精神风貌,令人钦佩。

来先生在治学途径上主张学术应该博涉多通,不能拘于一端,这样才能思路开阔,相辅相成,有助于取得更大的学术成果。来先生本人就是在史学有了很深造诣的基础上,又深入到目录学、方志学、文献学、图书馆学等多个学科领域,而且在这些领域都取得了丰硕的成果,这正是来先生博涉多通的真实写照。

来先生在治学方面还提出一种"为人"之学。他认为在学术界应当倡导从事"为人"之学的风尚。实际上,就是编纂大型书目和工具书的工作,这是一种甘当铺路石的嘉惠学林的工作。来先生撰著《近三百年人物年谱知见录》(上海人民出版社1983年版)一书,花了二十年时间,检读了将近三百年来人物年谱800多种,1000多卷。他一面检读,一面根据目录学的方法,每读一谱,辄写一篇书录,记谱名、编者、卷数、版本、著录情况、谱主事略、编纂缘起、藏者和史料等,少则二三百字,多则千字,文字力求简要。经过多年积累,完成了这部56万字的工具书,2010年又由中华书局出版增订本,多达110万字。这部书是来先生多年心血的结晶,它供人们查寻近三百年来大多数重要人物的基本情况和重要史料。来先生通过亲身撰著这部大型工具书,践行着他所提出的"为人"之学的理念,值得称颂。

我与来先生相识、相知、相交成为挚友已经二十多年,我们相互交流,相互支持,相互帮助,相互信任,我们都非常珍视这种"君子之交"的情谊。我的学生分配到天津工作,各方面都得到来先生无微不至的关怀。我个人经常得到他赠送的著作:《古典目录学》、《古典目录学研究》、《林则徐年谱(增订本)》、《中国古代图书事业史》、《枫林唱晚》、《学不厌集》、《图书馆学情报学档案学简明词典》等等,为我提供了大量学术资源,助我读书治学,使我受益匪浅,在此深表谢意。

来先生渊博的学识,勤奋刻苦的治学精神,严谨的治学态度,是我学习的榜样!

敬祝来先生健康长寿。

(彭斐章,武汉大学教授)

来新夏先生访谈录

绍兴图书馆

图书馆界泰斗来新夏先生一直对绍兴图书馆关爱有加。2002 年,绍兴图书馆百年馆庆出版《从古越藏书楼到绍兴图书馆》一书,来新夏先生应邀为该书作序。2010 年 5 月,绍兴图书馆为筹拍《古越藏书楼》专题片,恳请采访,来先生欣然同意。6 月 29 日,绍兴图书馆赵任飞馆长等一行四人赶赴萧山,对来先生进行专访。来先生对我们的到来表示了极大热情。访谈围绕绍兴图书馆的前身古越藏书楼话题进行,采访全程由赵任飞馆长主持。八十八岁高龄的来先生精神矍铄、声如洪钟,一个多小时的访谈,始终侃侃而谈,其奕奕神采,我们至今历历在目。

值此来先生九十华诞到来之际,我馆特将这份珍贵的口述历史整理成稿,以表庆贺。

赵任飞(以下简称赵):来教授,您好!请允许我代表绍兴图书馆对您接受我们的采访表示诚挚的感谢。首先想请您从中国藏书史发展的角度,谈谈古越藏书楼诞生的背景。

来新夏(以下简称来):藏书在中国历史非常悠久。春秋战国时期,已经出现“藏书”这个词汇。大家都知道,一个事情构成一个词汇,要在事情发生很久之后才能把它固定下来,形成大家的共识。中国的藏书历史很悠久,中国几千年藏书的发展,主流的东西以藏为主,就是把书收藏集中到家里,作为财富,当然,如果收藏者有一定的学术水平，也可进行研究；到了宋朝，对书籍本身有了研究；明清以来，渐渐地，人们愿意把书拿出来让人用，但没有标志出来供大家使用；清朝中晚期，中国出现了新的思潮，与西方开始接触了，西方的一些东西被中国了解，中国也有个别人到西方考察，渐渐有了图书馆的概念；1860 年，鸦片战争之后，外国用暴力进入中国，中国的知识分子也想出去看看，所以他们也写了一些考察的内容。当时对引进西方的东西，主要有三个：一是办学校；二是开新闻馆、办报纸；三是设立图书馆，而不再叫藏书楼。古越藏书楼就是在这样的历史背景下产生的。

赵：来教授，我们从功能上来理解，当时的古越藏书楼是不是已经具备了近代图书馆的雏形？

来：是的。清朝中叶，中国图书的发展，从以藏为主走向以用为主，以私人之书供常人所用，把作为财产的私家藏书拿出来，公开地让大家看，以启迪民智。同时，还不仅仅是自己的藏书，而是把没有的买回来，如同现在的书籍采购。这一点，古越藏书楼是很大的进步，同过去满足自我需求的购书目的不同，而是根据社会需求，化学、物理、生物等各学科都有涉及，并把采购活动与学堂教育结合起来。把家里的书拿出来，比如我现在把书捐给萧山（图书馆），目前来说很正常，但是在清朝，徐树兰有了这个思想，了不起。建立近代图书馆，化私藏为公用，首先是建一个藏书楼。虽然他没有打出"图书馆"的旗号，还叫"藏书楼"，实际上，我们应该承认这是近代图书馆的雏形，已经具备了近代图书馆的功能。为什么呢？它有正式外借、它有一整套规章制度。它所规定的连现在我们的图书馆都还没有做到。他知道个人的书再多，也满足不了全社会，所以他设立了"存书制度"。我非常欣赏这一存书制度：个人私有一面不触犯，但可以供大众利用，可以随时提取。这个设想非常好，到现在全世界的图书馆还没有做到，目前的图书馆还没有存书制度。存书制度可以实现存储量，你也可以撤回，你有这个权利，这事非常之好。古越藏书楼的章程非常精细，一切为别人着想，在里面可以吃饭，茶水可以喝、饭可以订。四进房子，第三进供阅读，阳光最好，把最好的地方供读者享受，自己住在偏院，最好的大厅是阅览室，这个构思也是很好的。这些都是现代图书馆的做法,也是现在的图书馆使用的服务理念,但并没有完全继承下来,特别是存书制度。

赵:对,古越藏书楼不仅有章程,而且还有书目,都是极具特色的。

来:古越藏书楼有一套书目。书目曾编过两次,第一次为徐树兰亲自所编,第二次延请冯一梅编。其编目的第一个特点是分为两大部,一是学,一是用。学部包括中国的经史子集,还有现代西方的基础物理、基础化学等基础学科,每一种下面都加一个"学"字,如经学、物理学、化学等等;第二大部是用,头一类就是史部,但不加史学,那是应试的,历史是前人经验的总结,都是实用的东西。编目的第二个特点是中西混编,目录中收有外国人的著作,当时被当做奇谈怪论,特别是西学,但这些学科和思想对老百姓的触动却非常重要。另外徐兰树也热衷亲自做些实际的公益事业,像修海塘等等。

赵:来教授,请您谈谈对古越藏书楼的评价。

来:有两点。第一点,古越藏书楼是第一个由藏书楼转向近代图书馆的开始。这段时期是近代图书馆的开创时期,许多馆都在这个时候创立的。绍兴图书馆与古越藏书楼一脉相承,你们从鲁迅图书馆发展到绍兴图书馆,发扬光大了,所以从近代图书馆的概念来讲,古越藏书楼是第一个。

第二点,现代图书馆的许多典章制度是从古越藏书楼开始的,它是第一个重要文献。可以这么说,它是图书馆立法的开始,它的许多举措都可以成为后来图书馆法的立法根据。比如,首创了中西结合的藏书体系:有古籍、图书,也有报刊,很完整。目前图书馆所实行的,古越藏书楼基本都具备,甚至还包括仪器设备。很多东西,归本溯源,都是从它那个时候开始。在中国近代史上、中国图书发展史上,古越藏书楼,其功不可没。图书理念、藏书思想,"藏"和"用"两个字,在他这儿转变了,转到了以"用"为主。中国的藏书原来是以"藏"为主,之后是以"藏"兼"用",然后是以"用"为主,这是社会进步、发展的趋势。

古越藏书楼的分类是弱了点,它的意义在于打破了"四部"分类法。中国的分类学最早是六部,后来是五部,古越藏书楼是二部分类法,这在目录学上是个突破。在图书领域中,它的很多突破,是值得后人发扬光大的。

赵:来教授,你认为在当今这个时代,我们研究和关注古越藏书楼,具有什么样的现实意义?

来:古越藏书楼作为中国第一个公共图书馆,而且这个图书馆至今没有中断,天下变了,时代变了,它没变,历经三朝而不衰。今天,绍兴图书馆表彰徐树兰,任何做法都不过分,只能说还没有做够。徐树兰放弃了官职,回到绍兴,唯一做的是以古越楼为中心的事业,藏书楼是他毕生的事业。

今天,我们做古越藏书楼课题,第一是宣传。首先要宣传徐树兰,包括他的事迹和思想。要宣传细节。除了大而化之的东西,主要是宣传他的成就。其次要有全国观念、世界眼光。

第二要出版徐树兰的著作,如藏书书目,有关徐树兰及其家属的资料。中国藏书历经三代很不容易,藏书到三代必然散失,这是客观规律。徐树兰如果不建古越藏书楼,他的书到现在肯定不会存在。要下工夫到各地收集一些来。要在馆里开设古越藏书楼的展览室,里面有事迹陈列,有当年的书籍,有当年的图章。原来的书、书柜都是非常珍贵的,不要打散,要集中安置。要把牌子打出去,徐树兰古越藏书楼藏书展览室,可搞馆中馆。要征集相关文物,也可召开学术研讨会,搞轰动效应,并把它作为经常性工作延续下去。

赵:听了来教授的一席话,我们获益匪浅,感慨良多。同时也感到身上沉甸甸的担子:如何更好地传承古越藏书楼的创新理念、探寻旧日藏书的散落痕迹、扩大藏书楼的现实影响,这是我们今天绍兴图书馆人义不容辞的责任。我们只有加倍努力,扎实工作,把"存古开新"理念发扬光大,让古越藏书楼成为绍兴的又一个文化象征,方能泽被后世,不辱先贤名声。

来先生是我们绍兴图书馆的朋友,也是绍兴人民的朋友,对您一如既往关心支持表示最真诚感谢! 最后,再次感谢来教授接受我们的采访。祝愿您老幸福安康!

（赵任飞,浙江绍兴市图书馆馆长）

印象来公

沈迪云

我到萧山地方志办公室十年余,如果要说什么收获,最大的收获之一要算认识新夏来公,并不因为他是我的老乡,也并不因为他的名气之大,而是那种"老骥出枥,志在万里"和对故乡"大爱"之精神时时在感动着我,鼓励着我。

老骥出枥

魏武名言"老骥伏枥,志在千里",来公把他改成"老骥出枥,志在万里"。这一改,在来公身上发挥得淋漓尽致。

六十岁时,他立志说:"遥望远天,苍松翠柏的矫健,正以岁寒后凋的精神在召唤我作新的开始",我"要以'花甲少年'的龙马精神,树千里之志,使余年踔厉风发,生气勃勃地植根于博,务求乎精"。

七十岁时,他自赞说:"无忧无怨,意气坦荡;蒲伏默祷,合十上苍:只要不死,台阶还要再上"。

八十岁时,他豪言壮语"只要早晨起来,依然天天向上"。

事实也印证,来公耗 20 年之心血,换来学术春天,把六十岁以前的损失重又夺回来,完成六百余万文字的学术典籍。更可贵的是,他八十岁以后我每年还能收到来公大作至少三部,成为中国学术界的奇迹。任何立志从事学术研究的年轻人,都能从中得到很好的法门和教益。

如今来公九十岁,他还会怎么说?

病中论道

老骥出枥,总有一累。长期超负荷的来公,2009 年 4 月住进医院,得悉后我去天津探望他,走进他的病房,他躺在病床上,我说"来老师,你总算可以好好休息了",容不得我下一句安慰话,他执意要起床,却给我滔滔不绝说起《萧山丛书》一事。我深知,这是一项宏大的文化工程,若无深厚的学术功底,根本无法完成,此非来公莫属。但考虑到现状,我再三说"暂不用管此事,身体养好再说"。在旁的焦老师抱怨"他就是这个脾气,未做完的事一直执著"。

事实上,那次我去看他却成了我们之间一次工作座谈。他跟我说了为什么要出《萧山丛书》的许多理由,并且他早已做好了大量的前期工作,已从全国各大图书馆收集到各个时期有关萧山的著作篇目。又对丛书是按作者分、还是按时期划分,对内容如何排版等等都作了详细的规划,提出真知灼见,使我顿悟。

来公啊,来公,我不是来谈工作的。我坐如针毡,只得赶紧离开。

大爱故乡

孔夫子搬家全是书,踏进来公之家也全是书,几家大图书馆早已虎视眈眈看中它,对我们来说从来没有这个奢望。2006 年那次来公来到萧山,他作出决定:"我一生收藏的各类志书 6000 余部,其他地方都不捐了,全部捐给家乡",这真是天降喜事!

萧山区委、区政府对此十分重视,区政府领导专门协调有关部门,腾出闹中取静的江寺一幢楼作为"来新夏方志馆"。现在此馆不仅是萧山各镇街、部门、企事业单位修志查阅资料的唯一去处,还成为全国各地方志同仁来萧山的必踏之地。

如果将来萧山方志事业再能上一个新台阶,无论如何都应该用浓墨重彩来记载。

（沈迪云,杭州市萧山区人民政府史志办主任）

心中敬仰的来先生

宋毓培

1996 年 5 月，我在北京出席了中国地方志协会第三届理事会。在会议期间有幸拜见了来新夏先生。来先生是南开大学教授，我的老师。他是著名的历史学家和方志学家，在国内和国际上都享有盛誉。他的著述甚丰，见解独特。在会议期间他将他的专著《中日地方史志比较研究》一书赠给了我，并在扉页上写着："毓培同志存念。毓培同志为三十年前南开校友，今年五月上旬幸会于北京方志之会，举近作以赠，聊表师友之谊。"会后承蒙他的厚爱，我又收到了他从南开大学寄给我的三本大作，即《天津近代史》、《结网录》和《古典目录学》。这些使我非常感激。其实来先生的其他著作我亦珍藏了数本，他的大部头著作《近三百年人物年谱知见录》以及我从事地方志工作必备的《方志学概论》，我都时常拜读，从中受益不浅。对拜读他的《中日地方史志比较研究》、《天津近代史》的体会在本书中另有专篇论及，此不赘述，在这里只想将他三十多年前授课的情景作一些回忆。

1962 年至 1964 年来先生担任我班的历史文选和写作两门课程的教学工作，是我在南开五年学习中任课时间最长的教师之一。先生是浙江萧山人，身材魁梧，善于言谈，而且声音洪亮。他为人谦和，治学严谨，勤于教学，在同学们的心目中是最受尊敬的老师之一。他授课的重点突出，给我的印象最深，启示亦大。

首先在于他具有极渊博的知识,在课堂上总是旁征博引,给人以丰富的知识享受。有时为了解释一句话或者一个典故的出处,他花去的时间比讲正文要多几倍。我们总是越听越爱听,不停地记录。在历史文选课中,他讲解《今文尚书》"牧誓"篇、《诗经》"七月"篇和《左传》、《货殖列传》、《明儒学案》"凡例"的情景,我至今历历在目,他所征引的课外资料我当时都尽量记录在书上,至今这些密密麻麻的记录文字仍然保留着。他的讲授不仅课堂上的学生爱听,连外系的学生有时也被吸引过来,在教室门口的走廊过道上常常挤满了物理系、数学系喜爱文科的学生,他们同样的在倾听着先生滔滔不绝的讲授。先生授课的另一个特点是勤于板书,善于板书,学生们对传授的知识能领会和吸收。他的粉笔字写得极好、极快,在我所见过的老师中,还没有一个人能比得上他。他的字体遒劲、美观,看到它是一种很好艺术享受。粉笔在他手里就像使用毛笔那样得心应手,要重则重,要轻则轻。我记得我班有几个同学常常课后学着来先生练习粉笔字。先生的表情虽然显得有点威严,对同学却很和气,和同学们总是打成一片,这也是不能忘怀的。

我离开南开之后,先生还担任过南开大学图书馆馆长、南开大学出版社社长等重要职务。先生至今仍然笔耕不辍。在北京相会期间,先生说过去耽误和浪费了不少时间,以致少写了好多东西,现在应该好好补上。这些都使我由衷地钦佩。

(宋毓培,湖南湘泽市地方志编委会副主任)

"追星"记

孙　勤

　　我总觉得"追星"是年轻人的行为,是比较幼稚的表现,有时甚至固执地认为对于 60 年代出生的我来说,"追星"是陌生又遥远的事情。但是,让人不可思议的是,我居然亲历了一次"追星"的过程,地点就在我们萧山图书馆,时间是2008 年 3 月 17 日的下午。

　　事情的经过是这样的:由北京大学中国古文献研究中心和杭州市萧山区人民政府主办、南开大学地方文献研究室和杭州市萧山区地方志编纂委员会办公室承办以及美国犹他家谱学会协办的地方文献国际学术研讨会于 3 月 15 日至 18 日在萧山金马饭店举行,根据会议行程安排,17 日下午两点全体代表约 60 人参观位于萧山图书馆四楼的"来新夏著述专藏阅览馆"。当时,方晨光书记兼任临时导游在队伍前面解说,我就在队伍的最后面押阵,小心翼翼地护送这批国宝级的学者们乘电梯上行。

　　走出电梯,我只听到"咔嚓咔嚓"的按快门声响成一片,闪光灯更是此起彼伏,大家都堵在专藏馆的门口,以来先生亲自题写的"来新夏著述专藏阅览馆"为背景合影留念。习惯了安静的图书馆工作环境,特别是习惯了平时的专藏馆是全馆最安静的地方,刹那间,我以为走错地方了,真有点不能适应。

　　走进专藏馆,我恍惚是来到了某个风景点,噢,"南人北相"的来先生像是八达岭长城上那块"不到长城非好汉"的巨石一样,好脾气地屹立在"邃谷"书房前,面对十来个照相机的闪光,左右两边排队等待的学者们争相与之合影。看到来先生特有的招牌微笑,我感到从 2004 年第一次见到来先生以来,风采依旧,没有丝毫的改变,可见"饱学"是最好的永葆青春的保健品。

整个专藏馆是摩肩接踵,热闹非凡,到处是"啧啧啧""好好好"的称赞声。特别是门口墙上挂着的来先生和夫人在绍兴乌篷船上的合影,更是起到画龙点睛的效果,让专藏馆显得更加亲切,富有温情。几个拿着相机的人实在转不开身,无从下手,索性脱掉鞋子站到了茶几上,才能拍到满意的照片……根据我看电视学来的"追星"知识,我觉得,这个场景类似"追星"了,而且规格相当的高哟。

这个时候,我想起了当初任局长这样"忽悠"来先生的深深含义:"一个亿的图书馆,只要有钱,是谁都能够建造的,但是,来先生这样的'大家'不是谁想有就能够有的,希望来先生能够让萧山图书馆拥有镇馆之宝。"新馆自 2007 年 2 月 1 日正式开放以来,来新夏著述专藏馆更是在不经意间,自然而然地成为弘扬萧山地方文化和开展乡土教育的基地。各级领导在参观专藏馆时多次强调:"从某种意义上说,这个 100 多平方米的专藏馆,分量抵得上整个 10000 多平方米的图书馆,我们要好好珍藏,好好利用。"

(孙勤,萧山图书馆馆长)

和风暗换年华

——我与来新夏先生近卅载的师生缘

唐承秀

不经意间,与先生相识已然 26 载。点点滴滴的记忆平时闲散在脑海深处,轻易不会触碰,直到近日细细梳理,才发觉原来每到我人生的关键之处,都能见到先生的身影,和我的成长息息相关。就像春天里的和风细雨悄然而至,不知不觉,润绿了年华。在先生九十大寿到来之际,把这点滴回忆凝成文字,作为对先生的祝福。

一、求学之路

1984 年我从河北承德考入南开大学,服从分配进入到哲学系,开始了憧憬已久的大学生活。但是,由于当时心仪的专业并不是哲学,因此,从入学之初的兴奋逐渐变得迷茫、不安。那时哲学系八四级是一个大班,70 多人,为了方便开展活动,被分成了几个小组,我所在的第一组被封为"雅典学院"。小组研讨时总有那么几位常常是口若悬河、激扬文字,从柏拉图、苏格拉底到马克思,从老、庄再到毛泽东,古今中外,谈兴甚浓。

我很羡慕他们学识渊博、能言善辩,自叹弗如。然而,羡慕之余也在苦苦思索,应该多研究实学,来丰富我们哲学的思维。我特别赞赏马克思的一句话,"哲学家们只是用不同的方式解释世界,而问题在于改变世界"。因此,困惑之余,便常常拉上室友四处去蹭课,丰富知识,开拓视野。

一次偶然的机会,路过主楼的一间教室,被独特的声音所吸引,这是第一次见到先生,只见他目光睿智,声音洪亮,正在讲有关图书历史的掌故,是在给图书馆学系的学生上课。不知不觉停下来"偷听"了一会儿。也许就是这次偶遇,注定了我与先生的师生缘。

大学一年级就在好奇、彷徨中度过,最终还是萌发了转系的念头,斟酌再三,还是感觉图书馆学专业比较适合自己的兴趣和性格,并且,在80年代中期,这个专业属于新兴的朝阳专业,大家对未来充满希望,就业前景也还不错。于是,义无反顾办了转系手续。现在想来,一时的决定竟定下一生的从业之路,与图书馆事业结下了不解之缘。1985年,正值先生所组建的图书馆学系成立的第二年。作为系主任,先生在繁忙的工作、教研之余,对我们几位转系同学也时有关注和关心。听先生的课真是一种享受和学术的沐浴,先生给人的感觉是威严而博学,有点令我们这些大二学生望而生畏。但讲起课来,抑扬顿挫,引经据典;写起字来,竖行板书遒劲有力,别具一格。上学期间,听先生课的机会并不多,却为我们今后的专业知识打下了坚实的基础和研究兴趣。

二、初入职场

四年的专业学习终于在1989年画上句号。其中有三年的时间我们就住在新开湖老图书馆旁的宿舍,春夏秋冬里、朝霞夕阳下,都曾有我们在湖边流连的身影,老图书馆自然也是我们对往昔回忆中一个不可或缺的背景图片,湖光、馆舍定格在我们许多同学的记忆之中。没想到1989年我有幸和另三位同班同学成为这座图书馆中的新兵。先生自然是当时决定留校人选的重要决策者之一,因此,能够与南开继续着渊源,实在要感谢先生和当时的馆领导做出的决定。

　　那时，先生身兼南开大学图书馆学系主任、图书馆馆长、出版社社长兼总编辑数职，公务甚为繁忙。作为一名新员工，其实也难能见到老馆长，但入职之初，我们拜见馆长的情形还依然历历在目，给我的感觉还是威严震慑。我们参加工作的第二年，也就是 1990 年，先生已经六十八岁，图书馆长届满离任。虽然我和先生在图书馆工作的时间交集并不多，但对我来说，还是要感谢先生引我走上工作岗位，开始我人生的又一个重要里程。

　　后来的一段时光里，虽然在图书馆里很难见到先生，但却常有机会到先生家中相聚，因为我的夫君徐建华是先生的研究生，我便和先生的弟子们成了周末先生家的常客。那时先生住在南开大学北村一个小单元房里，满满的藏书犹如进了知识宝库，我们的到来更是显得拥挤，空间狭促却很温馨，给我留下美好的记忆。让我印象深刻的还有先生家的饭菜，特别是红烧鱼，味道甚是独特。每次先生都要留我们吃晚餐，那时候食堂的饭菜种类不似今天这般丰富，所以在先生家打牙祭、享美食的情景，至今还记忆犹新。后来，我们这些学生们各有小家庭，也就很少再三五成群去先生家大吃大喝了。回想起来，生活中的先生不像课堂中、办公室里那般威严，是一位平易近人的儒雅长者。

三、新的岗位

　　时光荏苒，一切都在变化之中。2010 年，我的工作也有了变动，虽然性质未易，但地点却换到了天津财经大学，承担了一馆之责。

　　为了增添财经类大学的人文气息、活跃校园文化，我觉得积极举办一些有品位、有深度的文化与学术讲座，以扩大学生视野是大学图书馆的职责和本分所在。因此，在筹划 2011 年世界阅读日前后的系列活动时，首先想到的就是请先生来做一场讲座。先生时已八十九岁高龄，能否同意是个未知数。忐忑地给先生打电话说了自己的想法，没想到先生慨然应允，还郑重地说了一句"小唐的事我一定支持！"让我特别感动。

于是,在第16个"世界阅读日"来临之际,2011年4月21日下午,先生饶有兴致地为天津财经大学的师生们做了"读书与人生"的主题讲座。南开大学、天津科技大学、天津职业技术师范大学等兄弟院校的部分图书馆界同仁也慕名而来,聆听了这场充满人生智慧和文化底蕴的讲座。

那一天,礼堂里座无虚席,已是八十九岁高龄的先生,精神矍铄,声音沉稳有力,不减当年。以他个人多年读书治学的亲身体验,就如何爱书、读书、用书作了精辟的论述。倡导大家在对中华传统文化的学习和继承过程中,应取其精华、弃其糟粕,而对如何分辨精华和糟粕,先生认为,不应盲从别人的论断,应该在多读书的基础上形成自己的看法。

先生以他独有的儒雅和魅力征服了年轻的学子们,这是我上任后首位邀请的学术大家,他的到来,为财大校园,也为我工作的顺利开展,增添了一抹亮色。

在回去的路上,先生望着车窗外似曾相识而又陌生的景色,感慨近年来市区变化之巨,有很多地方都变得认不出来了。由此,我也心生感慨,东风暗换年华,漫漫人生路,也要经过不同的景色。像先生这样经历了大起大落、一波三折、一乎低谷,一乎高潮,还依然能恬然故我、潜心治学,真是难能可贵。无论环境如何变化,治学之心不改。先生真是我们后辈永远的榜样。

谨以此文祝愿先生身体健康,寿比南山!

(唐承秀,博士,研究馆员,天津财经大学图书馆馆长)

我的导师来新夏先生

王红勇

二十九年前,年轻的我负笈北上,投到来新夏先生门下攻读北洋军阀史研究生。三年寒暑,得来先生耳提面命,多方关照,对于我的成长,助益良多。毕业后返乡从政,虽然离开了学术界,但对于来先生,依然景仰之心不减,以不同方式,常加问候。而来先生对于我,也还是关爱依旧,对我的个人发展、职业生涯、待人处事、婚姻家庭、小孩教育等各个方面,以他几十年丰富而睿智的人生经验,时有点拨。比如我工作之初,在山东省委宣传部编辑刊物,缺乏经验,来先生不仅在办刊原则、编辑方针、栏目设计、审稿要点等给予具体而细致的指导,同时还不时纡尊赐稿,使得这个刊物在国内同类型刊物中,特色明显,得到了各方的一致好评。今年是来先生的鲐背之年,作为先生的早年弟子,自然不能置身事外,谨以此文,为先生寿。

来先生一生著述宏富、著作等身、学贯古今、卓然成家,成就涉及许多文史领域,大致有:历史学、文献学、目录学、方志学、图书馆学、鸦片战争史、北洋军阀史、图书事业史以及清人笔记研究等等。离休之后,依然笔耕不辍,在继续从事学术活动、完成预定研究课题的同时,古稀之年,又以一种再次超越自我的过人气慨和对社会、对历史的责任与担当,迈入了学术普及领域,以其清新流畅、平实老到的文笔,深厚的文化学养和对现实与人生的把握,以及独到的文学感悟力,以学者随笔独树一帜,成为当代随笔名家之一。目前已出版《冷眼热心》、

《路与书》、《依然集》、《枫林唱晚》、《邃谷谈往》、《来新夏书话》、《一苇争流》、《且去填词》、《出枥集》、《访景寻情》、《交融集》、《邃谷师友》、《邃谷书缘》等近二十种，数百万字。衰年变法，浑然天成，令人赞叹。

来先生的许多学术成果在学术界都具有开拓意义，影响深远。除却论文、专著之中，成为本领域或建国后本学科第一部学术著作的大致有：1957 年出版的《北洋军阀史略》、1981 年出版的《古典目录学浅说》、1983 年出版的《方志学概论》、1984 年出版的《林则徐年谱》、1990 年出版的《中国古代图书事业史》、1993 年出版的《中日地方史志比较研究》、2000 年出版的《中国近代图书事业史》和即将出版的《清经世文选编》，无不为本领域的开拓或本学科的建设起到了奠基石的作用。其中许多学术成果，经多次修订，日臻完善，并且，为了适应不同读者的不同需求，还有针对性地写作与出版了不同层次的著作，有目的地普及和扩大了学术的影响面。如《北洋军阀史》，经 1957 年、1983 年、2000 年。三次修订出版，除此之外，为便于北洋军阀史研究和节省其他研究者的翻检之劳，来先生又主持编辑了五巨册三百余万字的大型资料汇编——《中国近代史料丛刊》之一的《北洋军阀》，同时还出版了普及型通俗著作《来新夏说北洋》。1983 年，《方志学概论》出版，1995 年，经修订后撰成《中国地方志》，交台湾商务印书馆出版，这期间，还曾出版了《志域探步》，主编了《中国地方志纵览》、《河北方志提要》、《中日地方史志比较研究》、《天津通志·旧志点校卷》等。1990 年，《中国古代图书事业史》出版，2000 年《中国近代图书事业史》出版，最后又汇总成整体的《中国图书事业史》，同时还有简本的《中国古代图书事业史概要》。

来先生的人生境界可谓是高山景行，其养成除了自身修养之外，家学、师承之功，不可没也。

来先生出生于浙江杭州一个诗礼传家的书香门第，自幼随其祖父来裕恂老先生开蒙读书。来裕恂老先生是一位曾有秀才功名、兼具维新救国思想的饱学之士，为晚清经学大师俞樾高足，有着深厚的国学根底。他曾于清光绪年间远赴日本寻求救国之道,回国后,不满清廷腐败,激于爱国义愤,摒绝外务,潜心著述,历时四年,终于完成《汉文典》四卷。辛亥革命后,敝屣荣华,只在教育部门和学校任职,并参加地方志的编纂。公余和赋闲时,笔耕不辍,除《汉文典》外,还有《萧山县志》、《匏园诗集》正续篇、《玉皇山志》、《中国文学史》和《易学通论》等多种著述。作为长孙,在祖父的严格督导与教诲下,来新夏先生受到了比较严格、良好的启蒙教育与训练,为一生的学术成就打下了坚实的基础。

来新夏先生的就学经历迭遇良师,这是一般人所不能企及的,其中影响最大的当属陈垣和范文澜两位先生。陈垣先生的影响至少在三个方面贯穿于来先生的一生。一是学术风骨:抗日战争时期,陈垣先生由于各种原因,未能去大后方而留在了沦陷的北平,学者的风骨使他决不与日伪合作,即使在最困难时期也还表现出对民族前途充满希望,治学不辍,写下了著名的《滇黔佛教考》、《通鉴胡注表微》等充满民族气节的著作流传于后世。来先生在"文化大革命"前与"文化大革命"中遭受不公平待遇和迫害期间,仍然决不放弃学术研究,与陈垣先生的身教不无影响。二是陈垣先生作为学者肯于为人作嫁,编制工具书的思想与做法,也使来先生一生提倡编制工具书,并身体力行。即使在"文化大革命"的特殊年代,屡遭摧残,仍痴心不改,历经二十多年,撰成《近三百年人物年谱知见录》以及后来撰写和主编的《清代目录提要》、《清人笔记随录》、《河北地方志提要》、《中国地方志综览》、《图书馆学情报学档案学简明辞典》、《清代科举人物家传资料汇编索引》、《书目答问汇补》等工具书,嘉惠学林。三是陈垣先生将做人与做学问结合起来,一生注意仪容,书写端正。来先生也是如此,很注意仪容,从不以不修边幅自诩,尤其面对学生时,更是一丝不苟。

范文澜先生"板凳宁坐十年冷,文章不写半句空"的治学精神,也给了来新夏先生以深刻的影响,使他终生以求实、求真和严谨的精神贯穿于整个学术生涯中,并经常以此警醒和教育我们,传之后辈。

"老骥伏枥,志在千里;烈士暮年,壮心不已",来先生虽已年届九旬,仍不自以为老,努力不已。在学术方面,还将给我们奉献出《古典目录学读本》、《来新夏图书馆学论文集》和鸿篇巨制的《清经世文选编》以及多部学术随笔,实在是令人感动、使人景仰。作为学生,在汗颜之余,只能以最崇敬的心情,恭祝来先生寿比南山,学术之树常青!

(王红勇,中共山东省委文明办副主任)

与来老交往的二三事

韦　力

2003 年春某日,接一陌生电话,其说话堂音洪亮,底气十足,问我是否是韦力,我自称是。其又曰:我是来新夏,您知道吗? 我虽蹇塞,然来老之名则早已得闻。十几年前就拜读过他的《近三百年人物年谱知见录》,此书乃吾拜读的第一部系统的目录解题式工具书,未承想今日能接其来电。在我的固有理解中来老当时已惘惘老者,未想到其说话似壮年。他告诉我从某些报道上知道了我藏书的情况,很想有机会能够亲来目验,问吾可否? 对我而言这当然是一个难得的当面请益的好机会,自然满口应承。

两个月后,来老又来电告吾明日将到寒宅,并且有一京城大报记者对藏书亦有兴趣,想同来观之,问吾可否? 吾称当然。第二天,我驱车前往指定地点分接二人,这才是我第一次面睹来老真容,虽然眉发飞霜,然精神矍铄,看上去要比实际年龄年轻十几岁。寒暄过后接到寒舍,向二人展示宋元本及一些名家批校本三四十部,来老对此甚感兴趣,问及许多相关学术问题。与来老相识之后,我每到书店凡见其著作必买一册,回家捧读,受益匪浅。此后来老每出一新作,必题款后赐下,其给吾所写题记均可称得上是一段精彩的书跋,绝非寻常所见某某指正、惠存等客套礼貌语,于我而言这些题赠本都可堪称藏品。我将其仔细包装,善而藏之,而自购之本则为拜读或使用的工具书。

约三年前,应来老之邀到其家乡浙江萧山开地方文献国际学术研讨会,当时我恰在嘉兴,由嘉兴经往萧山。在报到处见到徐雁等多位相识兄长,徐雁提议共同先去拜访来老,于是八九人同往。此乃来老光临寒舍后我第二次跟他见面,之间虽时常通话,然却未能当面讨教,故萧山之见乃是几年后的第二次相聚。众人如捧月般围来老环坐,与其叙旧,听其弘法,聊近一小时,众人看来老有疲态,欲告辞出,不意来老指着我说:与你聊了半天,对不起还没有问你姓名。吾闻之语塞,众人也愣在当地未缓过神来,还是徐雁兄首先发话说:这就是韦力呀。来老马上说真对不起,看我这记性,我们这么熟了却没有记住你的长相。我赶忙说这是因为我生性懒惰,本应当多多当面请教,但因俗务缠身,总是有问题时通信通电,而未来请来老面命。众人见此皆大笑。在此附这段小小的插曲,是想说来老对于我这样的晚辈虽是生活小节却仍然一再致歉,如此功成而弗居的处世态度,让我在做人方面又学到了这些高贵的品质。

跟来老在学术上的紧密合作是始自中华书局甫近出版的《书目答问汇补》。张之洞、缪荃孙合作的《书目答问》实乃治学的门径,它不同于藏书家所追求的版本,故而以往学界将其视为"青年必读书目"等书单类的著作。然自问世后的近百年来,学界把《书目答问》逐渐视为清代学术的一个总结性作品,之后多人对此书苴补罅漏,多有更正和补充,来老几十年来想对此书进行总结性的汇补。而我自己在藏书之初,是将该书视为一个收藏目录来看待它,然而该书白文本不标识版本,我将自己所藏或所见书目所列不同书名的不同版本标识其下,以资能够搞清楚该书所谈到的这些书名究竟有多少个版本曾经面世。近二十年来,藏书风气复兴,由于1949年之后提倡公有制,私家藏书如涓流归海,逐步汇入公藏,古书一入公门胜似深海,欲读之尚且不易,若奢望拥有真善之本,则有类登天,故我辈藏书只能因地制宜地走公弃我取之路,只可将藏书的主体放在清刻本上。为此,《书目答问》则转而成了藏书的指南,故我奢望将书中所标识的每种书的版本能够得以明示。十余年来,虽拜读不少相关著述,然均是站在辨析学术、探究源流的角度来订补该书,而站在给予藏书者版本指南的功能来订补该书却未见有。几年前的某日,来老赐电,告吾其自己汇补十余家书目答问批语,由天图李国庆主任代为整理录入已成初稿,命吾校改。来老在目录界堪称今日泰斗,对其宏著吾曷感置喙,然吾向来老禀报,自己亦在标识《书目答问》所列书的不同版本,然着眼点只是在区分版本,而非学术辨析,来老闻在下之言,坚邀汇入其大著中,将吾之涂鸦亦作为一家视之,然来老所汇补者如叶德辉、伦明、孙人和、蒙文通等堪称学术大家,而吾忝列其中实惭恧之至,如此不量力必贻笑于大方,然来老不视吾以晚辈,温谕开导,将吾涂鸦列入,此之后,往返飞鸿,均为指示如何校补此书,具体到版式排列、出版联系等具体出版琐事,均是来老亲力亲为,而吾为晚辈却坐享其成,每念及此必心生忐忑。该书出版时,来老将吾之名列入作者栏中,吾再四辞之而不获,然该书实是来老总其成,而吾只是忝列一家而已,该书名为“汇补”,实乃来老独承其任者,故心知来老如此举措,乃提携后辈之意,吾虽愚钝,终不能掠美而自安,特说明如上,以还本来面目。

与来老的交往,于我而言获益良多,今恭逢来老九十寿诞,临表暇思,不知所云,忆及与来老交往中的点滴细事,以小见大地谈出来老的人格魅力对我的影响。

（韦力,著名藏书家）

我的老师来新夏

吴眉眉

我的老师来新夏先生,主要从事古典目录学、历史学、方志学、文献学等方面的教学与研究工作,对各学科有着独到的见解,具有很高的学术造诣,尤其对创建南开图书馆学系作出了不可磨灭的贡献。在他人眼里,先生是一位著名的教授,著作等身,桃李天下。而在我心中,先生更像一位慈父。先生与父亲确实有许多相似之处,不但年龄相仿,遭遇类似,历经磨难后依然保持豁达乐观,对生活始终充满信心与希望的个性最为相同。虽然幸会先生六年馀,见面不过三次,但先生对我的教育和关怀从未间断。有时我甚至怀疑是上苍怜惜,在父亲离开我一年后安排了与先生的相遇。

初见先生,是 2005 年 5 月在天津图书馆举行的《书林清话丛书》主题品评会上。当时丛书新推出六种,其中就有先生的《邃谷书缘》。那次活动,令我收获颇丰,不但结识了多位师友,更难得的是有幸拜会先生。当我捧着《邃谷书缘》呈上名片请先生签名时,先生简短的几句交谈,一下拉近了距离,在先生身上我似乎看到了父亲的影子。

那以后,我遇到难题首先想到的是求助先生,先生也是有求必应,并且从不放过任何一次激励的机会。如看了我名片上的小画,即在来信中写道:"你的绘画小品甚有情趣,寥寥数笔,颇传神韵,未悉能否见惠一方,以陶冶俗情。"先生见多识广,如此放低姿态,让我感动。便于 2008 年除夕为先生画了小品墨梅,还不假思索地在树枝花苞间添一轮圆月寓意新年吉祥。先生于正月初十回信，说："小品尤见情趣，为寒舍增春色雅兴。惟此幅作于除夕，则为月之晦日，不当有圆月，应有月色而无月光。未识当否？一笑。"先生以轻松的口吻指出画中的不当之处，令我深受启发，做任何事情都应实事求是，任何情况下都不该由着性子凭空想象。

每有小书出版，我总是第一时间奉上请先生批评，先生也必定及时回信加以鼓励，如看过我 2006 年 12 月出版的《洞庭碧螺春》后，即在回信中写道："尊著《洞庭碧螺春》图文并茂，几括所有茶事，通读以后，有读新茶经之感。"我自然清楚书中的诸多缺憾，但先生只说可取之处，就给了我以继续向前的信心。2008 年，我参与撰写《友新六村志》之《新郭村志》，负责策划、统稿的王稼句请先生为该书作序。事后先生在来信中写道："前为六志撰序，读《新郭村志》为女史笔墨，通读一遍，有清新之感，甚喜。"先生的话如同绵绵春雨滋养着我。

又见先生，是在 2010 年 5 月 22 日晚上。先生、师母、薛冰、潘小庆、彭国梁等一行由王稼句带领从泰州顺道来苏州，入住友联假日酒店，欢迎晚宴就设在酒店内。时隔五年，再见先生、师母，感觉一点不陌生，反而更觉亲近。餐桌上气氛融洽，不时传出先生特有的来氏幽默语言，惹得席间笑声不断。用餐结束，先生不忘为东道主题字，并风趣地称之"画饭票"。先生对于别人的好都尽力回报，认为这是理所当然。

24 日上午，稼句先生和我陪先生一行数人游留园。看见茶室，先生不肯走了，同行的诸位师友陪同先生喝茶，我则陪伴师母继续游园。一路上我们的话很多，而且很投洽，看得出师母是喜欢我的，于是大胆地向师母道出了欲拜先生为师的想法，师母听了爽快地说："好啊，这是好事啊，我一会儿问问来先生。"

有此非分之想，得感谢薛冰先生。22 日晚宴前与薛先生闲话时，他说："来先生南下之行你要天天陪着，从苏州陪到来先生老家萧山，再由你负责送回家。"我说："好啊，求之不得呢！我送到天津就不回来了。"他说："不如你就拜来先生为师，做来先生的关门弟子，在天津跟来先生学本事，岂不更好。"薛冰先生看似无意的一句话,令我茅塞顿开,事实上先生早就是我的老师了,何不乘此难得的机会向先生提出呢? 于是,就有了留园请求师母从中牵线之事。

游了留园,中午在山塘街上的松鹤楼用餐。餐间,我听见师母悄悄地问先生是否愿意收我这个弟子,先生说:"她已经很好了,我也教不了她什么,最后只怕落得个徒有虚名。"我一听急了,忍不住斗胆直接问先生:"那您是否答应?""答应啊!"听了先生的肯定回答,我开心地说:"好! 今晚在西山雕花楼我们就举行拜师仪式。"先生问:"稼句知道吗?"我答:"一会儿就向他汇报。"当时稼句先生坐在我们对面,圆桌很大,故而听不到我们的对话。

下午,在去西山的路上,我边开车边向稼句先生如实汇报情况。他的反应和师母一样,说:"好事啊,晚上的拜师仪式我来安排。"晚餐时,稼句宣布拜师仪式开始。先生起身,师母手里拿着领带跟着进了洗手间。不知真相的师友们用疑惑的眼神望着我,我忙道明拜师的来龙去脉。说完,先生西装革履地出来了。待先生、师母坐定,我问先生:"鞠躬行不行?"先生说:"不行,我们要老式的。"我很自然地行了叩拜礼,先生赠言八字:"博采约取,好学深思。"我呈上两只红包,师母从颈项取下玉佩挂在我的胸前。那一刻,我感到无比幸福与温暖。见证拜师仪式的诸位师友,尤其是薛冰先生,感动之余都为我们高兴,一一敬酒祝贺。

相聚是短暂的。25 日中午在友联假日酒店门前与先生、师母话别。我提出陪先生、师母去萧山,先生说:"我们去办公事,没时间顾及你,况且这两天你也陪得累了,回家好好休息,以后见面的机会多了。"我只好从命。先生上车前又叮咛道:"记着回家哦!"这简短的五个字,彻底打动了我,自父母过世后这样充满父母之爱的动情话语已经久违了,我情不自禁地在先生、师母脸颊上轻轻一吻,就如同每次回家看望父母临别行礼那么自然。

2010 年 6 月 8 日,先生寄来我们在西山雕花楼的合影,信中云:"苏州一行甚愉快,门下增一贤媛更感欣悦,寄上签名合影四帧,备收藏。"不几日,又收到先生寄来的八字赠言书法作品。7 月 25 日先生来电,说今天给我寄了几本先生祖父来裕恂的著作,收到后不必回电,先生、师母被安排到山里的别墅避暑,回家后再给我电话。两天后收到先生寄来的快递,先生在信中云:"眉眉,你好!近日检出先祖遗著五种,皆我斥资出版,供你涉猎,不必全读,略加浏览以明来氏之学。天气炎热,望多珍重。"有《中国文学史稿》、《易学通论》、《匏园诗集》、《匏园诗集续编》、《萧山县志》五种。先生的祖父,即我的太老师,少攻经史,曾从师于晚清国学大师俞樾之门,肄业于诂经精舍,奠定了深厚的国学基础。民国时出任过绍兴县县长等地方官,新中国成立后任浙江省文史馆馆员,一生主要从事教育工作,平生著作宏富。

2010 年 7 月收到邀请函,我被邀参加 8 月 25 - 28 日在天津举办的"天津市十大私家藏书论坛"暨"来新夏教授米寿庆祝会"活动。与先生、师母分别三个月后,我终于可以回家了。

8 月 24 日,怀着急切的心情独自踏上十七点五十八分的火车,由于世博会刚结束又是大学生返校的缘故,我能买到站票已经很幸运,还好二十三点就补到卧铺了。第二天上午九点到达天津站,十点多住进水上公园内的会宾园,放下行李即给先生电话报平安。电话刚拨通就传来先生焦急的声音,得知我昨夜补到卧铺才松了口气。师母说,先生为我担心了一夜,打电话又怕我站都没地方站,再接电话更累。先生让我稍作休息,下午二点回家。

午饭后,拎着送给先生、师母的礼物站在宾馆门前的路边等候出租车时心情是激动的。等了好一会儿,一辆出租车停在我跟前,我上车后才几分钟车停了,司机指着边上的一栋楼说,到了。还真近,只需八元起步价。这时先生来电,说突然想到北村要从学校的东大门进才方便,而出租车司机一般都不清楚,我被送到了西南村。先生让我在附近找个阴凉处等着,师母马上就来接我。

八九月的天津依旧很热,我躲到一家幼儿园大门边的屋檐下。不一会见师母脸上挂着汗珠,笑盈盈地来了。不多会儿,我们在几栋老式楼房之间停下,师母说:"到家了。"这里的楼房都是三层的,先生家住顶楼。师母开了门,"欢迎回家!"先生洪亮的声音从右边的书房传出。

问好之后,呈上礼物,先生和师母每人两件真丝短袖衬衣,一件西式,一件中式,这是我和姐姐用大半天时间精心挑选的。先生西式那件为淡灰绿色,配师母那件淡红镶钻的;先生中式那件为紫红色团纹,配师母那件黑底红团花,恰似两套情侣装。一一试穿,都很合身。师母特别高兴,她说都好多年没买到这么漂亮又合身的衣服了。先生同样开心,摸着衬衣说:"真滑真舒服,只有苏州买得到这么好的真丝衣服。我得把这件红的放到九十岁生日时穿。"我笑着说:"放着不穿要坏的,九十岁再买。"

先生书房的几案上摆着一只超大的葫芦,我很觉新奇,先生说那是学生送的。先生又指着北墙上挂着的一幅与先生真人一般大小、形神酷似的画像自豪地说,这是中央美院壁画系的朋友给画的。

那天下午,我们聊了很多。先生、师母各签了几本著作送我,师母还给我一瓶从非洲带回来的精油,那香味是我特别喜欢的。我对先生说:"这是好东西,一瓶不知要用多少朵鲜花制成呢!"先生对师母说:"这下你碰到识货的人了。"说完我们都哈哈大笑起来。

这时稼句先生打来电话,说一会儿拜访先生。先生说:"你一会儿就跟他们一起走吧。"先生是怕我又迷路了。于是,我们移至先生和师母的卧室继续喝茶。我环顾四周,与先生两间四壁都是书柜的书房不同,这儿的墙上挂了多幅老字画,每一件都很特别,它们散发出的清雅古朴的气息,我尤其喜欢。还有一对嵌着先生、师母名字的嵌名联,内容生动,笔墨自如。这时,我突然想起曾经送给先生的那幅小画,不禁羞愧起来。

稼句、自牧、韦泱等三位先生来了。问候之后,稼句先生送上一把紫砂壶和一罐好茶叶,茶壶上的字由他亲笔题写,显得格外有意义。先生接过礼物,高兴地说:"这是要我独享啊!"另外两位先生也分别送上珍贵的礼物。

师友们在先生的书房探讨学问,我和师母退到师母的书房说悄悄话。见桌上摆着一帧先生和师母年轻时的照片,我竟然没大没小地问师母:"您是否学生时就暗恋先生了?"师母大方地说:"说不上暗恋,是一直没遇上合适的。"师母呷了口茶,接着说:"我毕业后留校,那时学校有规定,不给单身女子安排房子,我只能住宿舍。后来终于分配了房子,而且就在来先生家后面,来师母见我一个人吃饭很成问题,就经常叫我来一起吃饭。来师母对我说,如果觉得不好意思就负责买菜和洗碗。就这样,我成了这家的常客,直到来师母病故。"

由于师母尚未退休,中午十二点下班回家,先生已经把饭菜都做上了。我说:"师母您真有福气。"师母说:"女人最大的烦心事就是做家务,但等我明年退休了就不会再让来先生做饭了。"这时稼句他们要走了,我也起身告辞。

26 日下午,"天津市十大私家藏书论坛"在天津图书馆四楼会议室举行。先生穿了那件西式衬衣,淡灰绿色配上一头银丝,派头十足。师母穿了淡红色的那件,光彩照人。先生在发言中主要谈了书的功能,简要概括为两个关键词:"淑世"、"润身",很耐人寻味。整整一下午,先生一直端坐着,认真倾听每个人的发言。

27 日下午,"来新夏教授米寿庆祝会"在天津图书馆四楼会议室举行。先生身穿紫红色中式上衣,胸前佩戴鲜花,喜气又精神,师母依旧穿着昨天那件。我悄悄问师母为何不穿情侣装,师母说不想抢了先生的风头,我俩相视一笑。拜见先生后,先生忙给我介绍他的得意女弟子——李冬君。先生说:"别看这位师姐貌不惊人,衣着朴素,可不得了,是个博士后,你以后要多向她请教。"我连连称是。师姐拉着我的手说:"先生一直在我面前念叨你这个关门弟子,今天总算见着了。"还一个劲地说先生有福气。应该说,我能遇上先生这么好的老师是我有福气才对。

先生米寿庆祝会由《今晚报》的王振良主持,老寿星首先发言,随后主持人一一介绍来宾。介绍我时,振良先生说:"这位一看就是典型的江南才女,能书会画……""她可是我的关门弟子啊!"没等主持人介绍完,先生忍不住大声地说,引来全场掌声。先生继续说:"我之所以愿意和年轻人交往,是能让自己保持一颗年轻的心。收了关门弟子后,那颗几乎衰竭的心又澎湃起来了,哈哈!"先生的来氏幽默再次征服全场,顿时又爆发出一阵热烈的掌声和笑声。

介绍完来宾,先生接受并展示来宾的礼物,然后是来宾逐一发言。轮到我时,我说还是请前辈们多说点吧。大家一致要求我说两句,我说:"那好,就说两句。一句是,先生一直以来对我的学习和生活都很关心,在拜师仪式上送我八字赠言,'博观约取,好学深思',我会朝先生希望的方向努力;第二句,5月底先生到苏州,临别时对我说'记着回家哦',我听了很温暖、很温暖。谢谢先生!谢谢师母!"说到这里我哽咽了。

8月28日中午,先生在天津一家老字号请我们吃正宗的狗不理包子。席间,先生说:"眉眉第一次回家,总得吃顿师母包的饺子吧,晚上我亲自下厨,不走的人都来。"会议已经结束,外地来宾大多离开了,只剩下我们几个是晚间二十三点的火车。

傍晚,我们如约而至。先生正在厨房忙着,师母和她的妹妹在包饺子,我也参与其中。在师母指导下,我很快学会了,并得意地拿给先生看,先生连声称赞:"孺子可教,孺子可教。"

开饭了,满满一桌香喷喷的菜,先生、师母、王振良、王稼句还有我围坐一起,品着黄酒,吃着先生亲手做的拿手菜:红烧大虾、煮花生、拌什锦、蒸香肠……热腾腾的饺子吃了一盘又一盘,热闹得就像过大年。先生忙了一天竟然不知疲倦,一晚上侃侃而谈,菜吃得津津有味,酒也喝得格外豪爽。

回苏后,我常常思念师母包的饺子和先生烧的佳肴,有一天忍不住给先生打电话,我说:"好思念家宴的味道。"先生说:"那好办啊,什么时候再来,我和师母做给你吃。"我说:"没想到先生不但学问做得好,菜也做得那么可口。"先生笑着说:"我是会做一些,美食是好东西。你不下厨房吧,你一定不馋。哈哈!"先生的言下之意是说自己因为馋了才下厨房的?真是位可爱的老人。

2011年初,我接到《桃花坞岁时风情》的写作任务,因年前已经出版过一本同类题材的《古新郭风俗》而顾虑重重。先生得知后,及时给予鼓励和建议,为了消除我的顾虑还首肯为我审稿,我自然满心欢喜,轻装上阵。稿成之时我却犹豫了,想到八十九岁的先生,每天仍要做大量的学术研究及文学创作,怎么也不忍心再增加先生的负担。

先生经常感叹没有教我什么,我明白先生是担心我们的师生关系徒有虚名。其实自认识先生起,数年来先生不断地予以谆谆教诲,还不时寄来著作供我学习,有幸忝列来门后,先生更是费心从古典目录学教起……即便真如先生所言没有教我什么,纵使我愚笨学不到什么,然而先生对待生活的淡泊明志,对待工作的兢兢业业,对待学问的一丝不苟,对待创作的满腔热忱以及为当今学界作出的巨大贡献等等,终当潜移默化,令我受益终身。

先生为我所做的一切,学生感恩于心。

(吴眉眉,作家、画家)

宏大深邃　粹然儒者

——记来新夏先生

伍立杨

"寿则多辱"语出庄子,然而刘绍铭撰文,提及 93 岁的西班牙大提琴家卡萨尔斯,"80 年来,每天早上必在钢琴前弹奏两首巴赫的赋格和前奏曲作为一天的开始",对这样的老人,我们只有感叹生命之神奇。神奇的生命,并非只有卡萨尔斯,鲐背之年的来新夏先生,有比这位提琴家更令人敬佩和叹服之处,这样的神奇,让我们报以敬重、景仰。

"余年登耄耋,自幸生活自在,尚能笔耕。"说这话时,来老已是望九之年,却不顾舟车劳顿,千里迢迢远赴内蒙古鄂尔多斯,参加全国民间读书年会,先生赞之为草根的读书会。他看重这样一个民间文化协会,"都是些什么人呢? 他们不是被其他各种各样的人间百态所左右的一些人物,而是作为书蠹、作为书虫,一天到晚在书里面讨生活,从里面求愉悦,从里面也能求到治国安邦的想法,等等等等"。提携晚辈,获取驳杂而年轻的信息,先生感到十分高兴。

将近九十年来,笔耕、读书,构成来新夏先生全部的人生,这种人生是快乐的,丰腴的。他在这个读书年会上说:"我记得幼时家人教育我的一句话,说'书山有路勤为径,学海无涯苦作舟',然而,事实并不如此,我觉得这副对联应该将下联改一个字,叫'学海无涯乐作舟'才对。"何以如此? 因为"每当祖父讲完一个历史掌故,我便会去查找书中的相关记载,'口碑与文献相结合'给我带来了无穷的快乐"。一个"乐",让来新夏先生毕生游泅在学术的海洋里。

今年6月8日,来新夏先生迎来了自己的米寿生日。同日,他的新书《书目答问汇补》《近三百年人物年谱知见录(增订本)》出版座谈会在北京举行。座谈会上,他回顾了自己数十年的治学经历,感慨道:"生前能够看到这两本书的出版,是人生最大的幸福。"他表示虽已年近九十,但春蚕之心不死,有生之年,誓不挂笔。正是这种坚韧与热忱,使他在治学上细致、专一、锲而不舍,又讲求"博观约取"。他认为"博观约取",并非什么书都要囫囵吞枣去读,而是让读书面开阔些,同时也善于提炼精华。因为任何书里都有水分,没有水分就不能成书。这就好比水泥不和水便黏不到一起……所谓约取就是应在博观基础上,大量筛取,然后把书中的水分挤掉,将厚厚的一本书挤成薄薄的一册小书。谁要有本事将书读薄,谁就掌握了学问。所以,来老的研究非常重视客观资料的收集、归纳、整理和研究,不以主观想象轻下判断。他的《北洋军阀史》在众多北洋著述中,非同寻常地扎实。涵泳文本,梳理史迹人事,深觉其汗漫而渊深,至于论叙得失正邪,观感愤而伤激,但见立论极有识力,检读一过,种种委曲是非,自然了然于胸中。诚可谓史学正宗:"善叙事理,辩而不华,质而不俚,其文直、其事核、不虚美、不隐恶,故谓实录。"仅绪论即达7万言,不特对北洋人物作了巨细靡遗令人吃惊的比较勘察,还比较细入骨髓的人物言行,使真相脱出,且对北洋研究史也同时加以论叙,指出其高下长短。纷杂的北洋人物,情态得以立体呈现,为任何同类著述不可代替,独在的价值尽显之。该著作的撰述,从百余麻袋杂乱无章的北洋人物藏档出发,这些积尘甚厚令人窒息的档案文件,几乎让人无从下手,但到了来新夏先生手中,经他萃取精华,妙手烹制,终成无上美妙的文史珍馐。

来新夏先生另一大著《近三百年人物年谱知见录》,更为先生治学履历中汗血精神之体现。年谱之于治学,其重要性、基础性,有似数学之于理工科学。年谱,谱主所处时代的社会历史、巨细材料都需掌握,为了广泛占有资料,上世纪中叶,有整整 10 年的时间,来先生埋头检读清人年谱 700 余种,1000 余卷,撰成 50 余万言大书。然而,心血之作竟在浩劫年月付之一炬,千年师道成仇敌,万卷缥缃付祝融。锥心之痛,久之不去。后来大气候稍有松动,先生即重理笔墨,孜孜矻矻,完成这嘉惠学林的大部头,初版本海内外学界多有庋藏,去年,中华书局增订本再问世,达 110 万言之巨。

来先生学问启蒙来自祖父来裕恂先生,裕公乃光复会革命家,书生本色,两袖清风,而学问研究则起步于北平辅仁大学。辅仁大学小而精,其史学力量则极为强劲,校长陈垣先生就是史学大家,目录学家余嘉锡也都亲自给学生授课,来老与目录学结缘,乃震于余嘉锡之隆名,"他虽已年逾花甲,但仍精神矍铄,了无老态。他讲课操湖南乡音,手不持片纸,侃侃而谈,如数家珍。使人如饮醇醪。陶醉于这形似枯燥而内涵丰富的学术领域之中。"来老治学的严谨与专诚,与陈垣、余嘉锡诸先生一脉相承。1946 年,来老毕业于辅仁大学历史学系,此后,以历史学、目录学、方志学分进合击各有重大成就,学界誉为"纵横三学"的著名学者;1979 年独力的创办图书馆学专业;1983 年秋,又在南开筹办图书馆学系,次年经教育部正式批准,并于 1984 年秋公开招生。

新夏先生毕生读书撰著,治学格局宏大深邃,成为国内研究北洋军阀的著名历史学家,也并非只是一个"乐"字涵括。他的研究,长时间保持牛牴角对阵一样的硬干苦功,绝无半点侥幸,来老的著述,近来又由中华书局推出两部具非凡重量的大书、好书。《书目答问汇补》达 120 万言,皇皇大哉。自 1943 年开启端绪,迄今已近 70 春秋,令人欷歔震慑。如此的皓首穷经,更别提尚有难捱的十年浩劫,先生尽力折冲,苦心经营,未尝稍变文化传灯之宿志,一派渊静正大之气。至于克服阻碍,谋道之诚,艰危不避,负责之勇,劳怨弗辞,令人肃然起敬。这也是先生对反智愚民专制的一种特殊反击。

来新夏先生著作等身,其为人却又极显低调,谦逊平和。在一次读书会上,某教授发言尊来先生为大师,先生接过话筒说:"称我是'大师',使我很不自在,这年头'大师'是骂人的话啊!这可是让我避之而又唯恐不及的呦!"出人意料的谐趣,赢得经久不息的笑声和掌声。年轻人尤喜欢与他相处,对先生的学问、文章、道德,毋宁都是由衷的钦佩者。而年轻人即有寸善片长,他也多所褒扬。对于当下读书环境之窘迫,他有着超乎寻常的焦急,这也是他不顾舟车劳顿参加民间读书会的原因。他认为民间读书刊物有两大贡献:一是数千年历史中保存文献的优良传统,即文献传递——在各个时代积存文献,应该是当务之急,特别是读书人的当务之急;二是众多读书刊物做成一个平台,苦心经营下去,不难增殖文化生命力。

学问是荒江野老屋中,二三素心人商量培养之事,在近日颓败的学风下,或许人们会觉得老先生太不懂得趋利避害了,殊不知国家的文化传承,最需要的就是攘利不先,赴义恐后的傻子,在乡愿充斥的世间,如何抱朴守素做学问于牝牡骊黄之外,这正是世间第一等学问。从这点看来,来新夏先生真正"乐"在其中。

（伍立杨,作家,《海南日报》副刊主编）

纵横三学——来新夏

肖跃华

当代著名历史学家、目录学家、方志学家来新夏先生,年近九旬仍身板硬朗、笔耕不辍,不时一篇随笔,一年一本新著,名震士林,人所共钦。知生莫若师。故先生八秩华诞,恩师启功先生赠硬笔书法"难得人生老更忙",预示出门人耄耋之年事业上的繁忙景象。

我是认真拜读中华书局《皓首学术随笔·来新夏卷》后,经吴小如先生绍介,慕名修书求先生赐墨宝的。2007 年国庆长假,我专程登门拜访,先生满头银发,仁蔼可亲,逐一给我解释所赐题跋、词稿、条幅、对联内涵,心中倍添无限敬仰。

先生 1923 年 6 月出生于浙江萧山,其祖父裕恂公乃清末秀才、经学大师俞樾弟子,1905 年负笈东瀛,与鲁迅先生同窗(日本弘文书院),曾任孙中山先生创立的横滨中华学校教务长。裕恂公读到日人所著汉语语法大受刺激,回国后弃荣华如敝屣,潜心四年撰写了《汉文典》、《中国文学史》等著作。

俗话说:"爷爷痛长孙。"先生幼随祖父开蒙读书,按《三字经》、《百家姓》、《千字文》顺序颂诵背记。七岁北上天津后祖父还不时来信,修改先生习作,指导先生读书,受到了非常严格的传统文化教育。中学时代,先生得著名史学家谢国桢先生六弟谢国捷先生指点。谢氏家富藏书,慷慨倜傥,经常与先生谈治学门径,鼓励动手作文,先生撰写的第一篇史学论文《汉唐改元释例》初稿就完成于此时。1942年初,先生考入北平辅仁大学历史系,师从陈垣、余嘉锡、张星烺、朱师辙、柴德赓、启功等名师大家,打下了从事文史研究的入门基础。

先生自称一生主要干了三件事。

第一件事:研究北洋军阀史。

先生大学毕业后先在天津新学中学当教师,随后被选送入华北大学第二部学习,分配到副校长范文澜先生主持的历史研究室(中国社会科学院近代史研究所前身)当研究生,主攻中国近代史,一个偶然机会与北洋军阀结下了不解之缘。

当时,历史研究室刚刚接收一批和政府部门移交的北洋军阀藏档。范先生安排七个研究生承担整理任务,先生名列其中。这100余麻袋档案杂乱无章,几乎无从下手。每次从库房运来几麻袋往地上一倒,尘土飞扬,鼠屎乱滚,呛人几近窒息。先生一袭旧紫花布制服,戴着口罩蹲在地上抖净尘土,然后按私人信札、公文批件、电报密报、图片和杂类等检放好。每天下班,不仅外衣一身尘土,连眼镜片都被灰尘蒙得模糊不清,白口罩变成了黑口罩。

档案整理的第二步工作轻松愉悦。七个研究生逐捆认真阅读,分政治、军事、经济、文化四大类,写上文件名、成件时间、编号及内容摘要,最后签上整理者姓名归档。这些珍贵材料引起先生极大兴趣,他有时第二天还去追踪查档,了解具体内容,这样利用空闲抄录相关材料足足两大册黄草纸本。处处留心皆学问。半年多的整档工作,先生不知不觉进入了一个从未涉足的学术领域。

先生到南开大学任教的第二年,陆续在《历史教学》杂志发表《北洋军阀统治时期》的讲课记录,不及而立之年就进入《中国近代史资料丛刊》"北洋军阀专题"编委会,受史学大家荣孟源、谢国桢先生委托搜集资料。不久人事变换,编辑工作陷于停顿,然先生颇有斩获,为日后筚路蓝缕、以启山林做了充分准备。1957年,先生应湖北人民出版社邀请,出版了新中国第一部《北洋军阀史略》,引起了国内外学者的广泛关注。日本明治大学教授岩崎富久男翻译此书,并增加随文插图,易名为《中国の军阀》,先后由两个出版社出版,成为日本相关学者案头的参考用书。

改革开放前后,先生翻阅了大量的文献著述、历史档案、报纸杂志、方志笔记和文集传记等资料,对北洋军阀的研究对象、阶段划分、地位影响、阶级基础等重大问题进行再研究,重新拟订编写方案,完成了 36 万字的《北洋军阀史稿》,以满足新知旧雨的期盼与需要。新著较原著不仅篇幅大为增加,而且条理更加清晰,论证更加缜密,论述范围也大为扩展,对学术界深入研究北洋军阀史、民国史起到了积极的推动作用。

《北洋军阀史稿》的付梓,勾起了先生三十年前参与编纂"北洋军阀专题"的情结,他希望《中国近代史资料丛书》终成完璧,上海人民出版社也适时派出叶亚廉编审亲临南开大学,订立编辑出版协议。先生全面策划,周密设计,发凡起例,焚膏继晷,拾遗补阙。这套涉及档案、传记、专集、报刊和汇编等内容的丛书共 5 册计 300 余万字,与《北洋军阀史稿》相匹配,既有专著又有资料,这一领域的研究已基本完备。

然而,先生追求尽善尽美,又着手撰写真正意义上的通史性著作《北洋军阀史》。他重新草拟提要,编写篇章要点,协调分撰者截稿时间,历时五年多终成100 余万字初稿。先生通读全稿,审定内容,划一体例,润色文字,2000 年夏交付出版社。这部著作不仅受到学术界同仁们的充分肯定,还荣获教育部颁发的"第三届中国高校人文社会科学研究优秀成果"二等奖。人们常说十年磨一剑,先生五十年痴迷北洋军阀史,体现了老辈学人严谨沉稳、坚毅执著的治学精神。先生于历史学方面还有《林则徐年谱新编》、《中国近代史述丛》、《结网录》等专著,为学林留下了一道道亮丽的风景。

第二件事:研究古典目录学。

辅仁大学校长陈垣先生、中文系主任兼文学院院长余嘉锡先生目录学功底深厚,又善于启迪后学。先生得名师亲炙,大学时代深读《书目答问补正》,遍读与此相关著作,编写《书目答问补正》人名、书名、姓名略人物著作三套索引,并用毛笔写成一册。"书读百遍,其义自见。"这本书经过三个回合的编排搜检,

2000 多部书名和作者信息输入大脑。先生祛除迷雾,登堂窥视古典目录学领域,找到了曲径通幽的乐趣。

上世纪 60 年代初,先生处于无事可做的闲散境地。长日无聊,难以排遣,于是重理旧业,温故知新,仿《四库全书总目标注》之例,搜求叶德辉、邵瑞彭、刘明扬、高熙曾诸藏书家所标注内容,一字不漏过录于《书目答问补正》。久之,天头地角满目疮痍,字里行间充盈毛笔小字,书中更有夹纸黏条,外人不忍卒读。先生却视其为私藏中之瑰宝,反复修改完善,倍加珍惜爱护,不料"文化大革命"中籍没归公,先生为此伤心不已。皇天不负苦心人。几年后先生认领抄家物资,这两本涂写得乱七八糟的破书物归故主,先生失而复得,欣喜若狂。

《近三百年人物年谱知见录》乃先生目录学中的扛鼎之作,海内外图书馆多有珍藏,学术界亦时予佳评。然而其成书曲折,却充满艰辛。先生从教学与科研实践中发现,人们从浩如烟海的史籍中搜集资料,往往各自为战,孜孜不倦地翻检爬梳。为什么不分门别类查清底数、编纂目录备用,免去人人从头做起之劳?先生选择清人年谱这一门类试探。他一边检读,一边根据目录学要求,每读一谱写一篇书录,少则二三百字,多则千字左右。书录除记谱名、编者、卷数、版本、著录情况、谱主事略、编纂缘起和藏者外,还增补谱内哪些史料可供采择。共检读年谱 800 余种,约 1200 余卷,历时六年完成 50 余万字的定稿。先生十分重视这份劳动成果,亲自用毛笔誊清,装订成 12 册,不幸"文化大革命"初被毁 10 册,仅剩残稿 2 册归赵,先生终得抱断简而自喜。不久,先生下放津郊学农,携残稿、原始记录及零星卡片下乡。四年耕读生活和三年回城候差,先生忘却纷扰,重新完成《近三百年人物年谱知见录》定稿,历尽二十余年沧桑劫难,终由上海人民出版社付梓,第 1 次印刷 32000 册,成为中外学者、藏家案头的必备工具书。先生兴奋之余循读再三,自感仍有缺漏,于是定意增补。故先生为余藏初版本题跋云:"此书早已绝迹,肖君自网上书店购得亦为难得,近年又增补一倍,已交中华书局出版。"

上世纪 80 年代,先生迎来了人生第二春,一两年内荣获校务委员、图书馆馆长、出版社社长兼总编辑、图书馆学系主任、地方文献研究室主任等诸多头衔,校外虚衔也如落英缤纷般洒落到头上。先生不负重托,亲手创办了图书馆学专业、图书馆学系,先后主编了《中国古代图书事业史》、《中国近代图书事业史》、《理论图书馆学教程》等10多部教材,并将中国书史、中国目录学史、中国图书馆史"三史合一",得到了兄弟院校同行首肯,为图书馆学教育做出了开创性贡献,他的业绩使他荣获2002年度美国图书馆员协会"杰出贡献奖"。

历史系开设目录学,先生衷心窃喜,上天佑我,历年积累,可牛刀小试。于是翻箱倒箧,倾其所有,捡原农隙所撰《古典目录学浅说》草稿为据,仅月余而成目录学讲义10余万字。目录学系"辨章学术,考镜源流",先生深思苦虑,定名为"古典目录学",遂为学界所接受。这门课深受青年朋友和学生们的欢迎,国家教委决定将《古典目录学浅说》修改稿列入"七五"教材规划。先生调整章节、补充内容、厘定文字,易书名为《古典目录学》,油印成册广泛征求学者意见。八六高龄的目录学家顾廷龙先生亲加审阅,赐写叙言:"此作广征博引,深入浅出,叙述简要,议论平实,颇多创见,足为研究古典文献及传统目录学者入门之阶梯。"

1991年初,《古典目录学》由中华书局正式出版,古稀之年的先生或可急流勇退,然先生审时度势,逆水行舟,选定《中国历代目录提要》、《古典目录学研究》两个课题发起新的攻坚。新成果《清代目录提要》、《古典目录学研究》付梓之日,正是先生离开教坛、退归林下之时。先生企盼有生之年完成两大夙愿。其一,期以十年,续编《近三百年人物年谱知见录》;其二,天假以年,当续编《清人笔记随录》。2011年6月8日,先生迎来米寿生日。同一天,先生新著《书目答问汇补》、《近三百年人物年谱知见录(增订本)》出版座谈会在北京隆重举行。增订本增录版本、重分卷次、增补订正、指引史料,新增叙录803篇、谱主572人、字数50万余,鸿篇巨制,洋洋洒洒。先生念及我这个大兵,特惠书一部,扉页书繁体字:"萧跃华同志存正,来新夏,二〇一一年十月"先生于此领域还出版了《古籍整理散论》,主编了《清代经世文全编》(170册)、《清代科举人物家传资料汇编》（101 册）等，无负于恩师厚望矣。

第三件事：研究方志学。

我自孔夫子旧书网淘得《方志学概论》，先生题跋曰："八十年代全面推展修志培育，修志人才为当时要务，余奉命司其事，乃集多人成此教材。"

盛世兴林，盛世修志。上世纪 60 年代前后，新中国编修新方志主要推动者梁寒冰先生力邀先生参与其事。先生一则盛情难却，再则祖父裕恂公独力修成 70 余万字的《萧山县志稿》，克绍箕裘，理所必然。先生在梁先生领导下愉快地开始筹备修志，并以河北丰润、霸县等地为试点全面展开修志工作。

正当各项工作顺利推进之际，"文化大革命"风波陡起，先生被扣上"举逸民"罪状，抄走了家中所有修志文件和资料作为罪证。但先生修志宏愿并未因此稍减，反而越挫越勇，被批斗之余和被监管日子里，想方设法弄到方志学方面的著作学习研究，随时等待东山再起，重为冯妇。

"四人帮"垮台后，各行各业拨乱反正，百废待举，先生和梁先生以极大的热情重新发动全国性修志工作。1981 年 8 月，中国地方史志协会成立，会议决定委托南开大学、安徽大学、苏州大学等 8 所院校主编一部方志学方面的教材，用于院校历史系开设方志学课程和培训全国各地史志编写人员，与会高校代表一致推定先生担当主编。新中国第一本修志教材《方志学概论》出版后，先生承担了全国业务培训和组织修志队伍工作，按华北、西北、中南、东南四个大区先后举办培训班。与此同时，先生对方志学进行了深入扎实的研究，写出了一批颇有分量的学术论文，应邀到全国各地演讲教学。日本独协大学慕名邀请先生赴日，与该校教授齐藤博合作完成了日本文部省科研项目，其研究成果《中日地方史志比较研究》分别以中、日文出版面世。先生七十大寿，南开大学出版社隆重推出《志域探步》。该书集中体现了先生对地方志编纂与研究的见解，对当时正在兴起的新修志热发挥了辅导参考作用。台湾商务印书馆力邀先生对《志域初探》作全面增补和修订，撰成《中国地方志》，成为先生方志学领域的代表性著作。先生还主编了《中国地方志综览》、《中国地方志历史文献专辑·灾异志》

（90册）等，并为数十部地方志撰写序言，是方志学领域名副其实的领军人物。

先生三件事做得有声有色，可谓独领风骚。其散文随笔亦后来居上，蜚声文坛。这是他"衰年变法"结出的丰硕成果。白石老人"衰年变法"，天马行空，卓成大师；邃谷老人"衰年变法"，另辟蹊径，卓成大家，冠以当代著名散文家实不为过矣。

"流水不回休叹息，白云无迹莫追寻。闲身自有闲消处，黄叶清风蝉一林。"先生晚年突然醒悟："原来学术圈子里所做之事知者甚寡、影响有限，不如用散文随笔形式把自己所学的知识反馈社会大众，尽'人以载道'的历史责任。"先生通古今之变，以史学为根柢发而为文，如春蚕吐丝，说古谈今、寓意深刻，文史交融、独树一帜，旁征博引、新见迭出，"自是年必成一册……不其然而然地跻身于学者随笔之列"。《冷眼热心》、《依然集》、《枫林唱晚》、《邃谷谈往》、《一苇争流》、《学不厌集》、《交融集》、《来新夏谈书》、《谈史说戏》、《砚边馀墨》等10余部随笔文集徐徐释放，在读者中影响越来越大。

我藏有郑孝胥伪满国歌手迹，先生题跋曰："郑孝胥早岁浪得文名，兼擅书法，晚年靦颜事敌，大节有失，不仅立身伪国，更制作滥言，辱我民族，灾及文字，神人共愤，罪不可逭。"半年后，先生来信："前数日曾就你所赠郑孝胥'满洲国歌'为文，读者反响甚大。有十几位老人在东北读小学，曾唱过'国歌'，但一致否定你复印件内容，而共同回忆出当年流传的歌词，现附上有关资料供参考。"这些参考资料包括《满洲国歌》歌词、曲谱，先生刊发于今晚报副刊的《郑孝胥与〈满洲国歌〉》、《再说郑孝胥与〈满洲国歌〉》、《令人感动》。同一话题连写3篇文章，而且时间相隔不远，先生笔耕之勤于此可见一斑，晚生自叹弗如。

先生渡尽劫波才如泉涌，关心后学细大不捐，待人接物古道热肠。我从网上淘得先生早年大作寄往南开，书中夹资100元，先生回函："信中所附百元不知何意，特璧还。如作邮资，以后千万不要如此。"2010年春节前夕，我由拉萨返京途经成都间隙，唐突拜访流沙河先生不遇。流沙河先生可能被突访者欺骗过，特打电话求证，先生曰："确有此人，好与老辈学人交往，我们认识，可资信任。"小女肖瑶春节寄明信片问候爷爷,先生亲笔回执。"祝快快长大,学好本领,报效祖国,孝敬父母。爷爷祝福。""肖瑶:你又长一岁,更乖更好,努力学习,心存祖国。爷爷。"即使给晚生回信,先生也不忘问"小瑶有无进步,祝她成长。""肖瑶所需小联请稍宽时日,待能写毛笔字时一定满足其要求。"这是先生爱屋及乌,惠下之道也。

食无禁忌、睡眠香甜的先生"很不满意自己的身体表现",却羡煞了20后的同道中人。我曾亲眼目睹有人请益先生健康高寿的秘诀,他赠以"八个字"——"绝不窝火,顺其自然"。

"绝不窝火"乃是即是,非即非,心直口快,特立独行。先生爱憎分明、有棱有角的做派颇遭时议,是南开大学鼎鼎有名的争议性人物。改革开放后,先生作为优秀知识分子代表入党,校党委书记亲上一线做介绍人,才平息了舆论纷争。

"顺其自然"就是宠辱不惊,理乱不闻,天塌下来该吃还吃,该睡还睡,该做学问还做学问。"文化大革命"中,先生是南开大学第一批剃阴阳头游街示众的教师,受尽了坐喷气式飞机、扫厕所、刷游泳池、劳动改造等羞辱和折磨。他白天"接受教育"、下地劳动,夜晚安心读书、闭门写作,既学会了压地、打场、掐高粱、掰棒子、赶大车等所有农活,挨斗和劳动空隙还整理出三部旧稿,写了一本目录学方面的著述。先生十年浩劫尚且随遇而安,孜孜矻矻著书立说,天下太平而纵横三学、名扬四海就不足为怪矣!

(肖跃华,人民武警报社副社长)

邃谷谈往学不厌　枫林唱晚且填词

——由邃谷老人随笔说来新夏先生

徐　雁

　　每当收到来新夏先生寄自天津南开园的新著,总有种该立马提笔写一写这个勤奋笔耕的老头儿的冲动。可冲动了好几年就是没有付诸行动,以至于雁斋书橱里积累下来的来自邃谷老人的赠书,眼见着已是书脊挨着书脊地排成班列成队了——积重难返的结果,是连通读一遍的决心都不敢有,遑论开笔评书了。偶然在外场邂逅鹤发童颜的老人家,只是在心中暗唤惭愧,连话都不敢朝那书事上多说。何以故?先生长我约四十岁,怕他出口那诙谐的话把自己给"挤"着了:"老朽我把整本书都写出来了,你这'少壮'连篇文章都写不出来?"

　　不过存着一分心、欠着一份情也好,这不多年前的一个暑假到合肥访书,居然就在旧书堆里找出了一册宋毓培先生的随笔集《文史杂笔》。毫不犹豫地把它收入书囊的原因,是因为其中有一篇千字文《心中敬仰的来先生》,它为我提供了来自另一个视角的"形象"。作者回忆说:"1962 年至 1964 年来先生担任我班的'历史文选'和'写作'两门课程的教学任务,是我在南开五年学期中任课时间最长的教师之一。先生是浙江萧山人,身材魁梧,善于言谈,而且声音洪亮。他为人谦和,治学严谨,勤于教学,在同学们的心目中是最受尊敬的老师之一。"宋先生总结说:

他授课的重点突出,给我的印象最深,启示亦大。

首先在于他具有极渊博的知识,在课堂上总是旁征博引,给人以丰富的知识享受。有时为了解释一句话或者一个典故的出处,他花去的时间比讲正文要多几倍。我们总是越听越爱听,不停地记录……他的讲授不仅课堂上的学生爱听,连外系的学生有时也被吸引过来,在教室门口的走廊过道上常常挤满了物理系、数学系喜爱文科的学生,他们同样在倾听着先生滔滔不绝的讲授。

先生授课的另一个特点是勤于板书,善于板书,学生们对传授的知识能领会和吸收。他的粉笔字写得极好极快,在我所见到的老师中,还没有一个人能比得上他。他的字体遒劲、美观,看到它是一种很好的艺术享受。粉笔在他手里就像使用毛笔那样得心应手,要重则重,要轻则轻。我记得我班有好几个同学常常课后学着来先生练习粉笔字。

宋先生说,还有一点也是他至今所不能忘怀的,那就是来先生当年的表情,"虽然显得有点威严,对同学却很和气,和同学们总是打成一片"。

如今推算上去,那时候的来先生其实并不老,不过是我现在这个才过不惑的年龄,可是他就已被学生那样推重了。到上世纪 80 年代中期,我第一次在北京的国家机关办公室见到来先生时,相比较我北大系里的那些个教过我们课的老师,似乎显得他要"老"上个一辈半辈的样子,不过步履中威仪犹在,说话时中气十足。

记得他进得门来,便声称找的是我们"办公室"(我当时工作的"国家教育委员会文科教材办公室",是一个司、厅级单位,我在其下辖的编审一处做一名科员)的主管领导,这话直率得让热情好客的湖南籍女处长好不尴尬,而我们这些处长手下的"小萝卜头",更在此"声威"之下面面相觑,不敢向前接谈一语。只在心里琢磨着,究竟是何方神仙驾临我们这个"小庙"。午间处长的领导来闲话,方知他就是南开大学的图书馆馆长、知名历史学家来新夏教授。

深入一些地认识到来先生的"和气",是在我次年初夏奉差南开大学以后。

也许我此行叙起了在大学读书时,曾经投书请教他目录学问题的"旧",十分讲究师道之尊严的来先生,便从此以"小友"相视了——不过这是在时隔近廿年后才得知的讯息。因为今年初春,他为我的一个随笔集《苍茫书城》(河北教育出版社 2005 年 5 月版)所写的序言中,提到了这件往事。而我记忆深刻的却是,那天下午他热情地邀我到其邃谷观书,顺带在其家便饭小酌的那番情意,以及他自书的"邃谷楼记"和两边的联语:"旧学商量加邃密,新知探求转深沉"。经过半天的面对面交谈,才知他其实是很善于应酬人安排事的,尤其难得的好处是腹笥丰富,谈吐儒雅,让人如坐春风,或如聆秋籁。

与来先生交往就此多了一些起来。

不过我在国家教育机关人微职低,并没有帮过他的什么忙,有时受人事牵制,甚至连一点排忧解难的作用都发挥不了。但他却不以为忤,曾经提醒我不要身在机关,把自己的那点专业研究"放"了。对一个小公务员来说,这良言告诫,不啻是汪洋人生中的导航灯塔。且以来先生当时的学术地位和社会阅历,对于后生作此谆谆寄语,我确是心存感激并将之转化为读写动力的。记得他还曾在他当时主持的《津图学刊》上发过我几篇习作,那些东西有的就编进了我的第一部读书随笔集《秋禾书话》之中。

邀请同行专家出席教材编审会,并发表对所评审的教科书初稿的意见,是当年我们机关的主要业务内容。我在机关的几年间,走过多少大学校园,见过多少同行和不同行的学者前辈,由于当日懵懂,不知通过每日记来记录人生的经历和感悟,所以至今已是说不清楚那些细节了。

不过还记得当年的一个灵感:1986 年 7 月,我到苏州大学主持由潘树广教授承办的《社会科学文献检索》教材讨论会,忽然就想写一篇《万里寻师问学记》了,写一下我大学毕业两年多来转学多师,并向社会大课堂求知进学的收获。当年那文章若终能写成,那么来先生和潘先生两位正是我心目中要写的对象。换言之,也许正是我从他们那里学到了在课堂上和校园里学不到的东西,才萌生了写那篇文章的想法。可惜苏州会后便道回乡，一番行色匆匆，灵感也就化为泡沫了。

下决心离开国家机关，调动到南京大学搞业务，也曾征询来先生的意见，他对此是坚决支持的，这当然也添加了我南行的几分毅力，几分决心。1989 年 10 月我调入南京大学出版社工作以后，打拼在岗位，埋首于书堆，向先生请益得少了。直至三年前我回归到专业以后，才在南京、宁波、海宁、嘉兴，尤其是 2006 年 5 月中旬的天津，有了不少侍座追随并从容问学的机会。

先生虽然离休了好多年，可是文章一篇接一篇地见报，著作一本复一本地上市，尤其是那学问一层摞一层地在腹，文教界岂能把他忘了！于是，他仍时常应邀在学术的江湖上走动走动，开开会，讲讲学，看一看，说一说。虽然走路蹒跚起来了，但这两年有新师母焦静宜老师扶持着，也就让人比较放得下心。至于"来老来老，您要老来老来"的热情乡谈，让旁人听了都感到热乎，更不必说他自己心里的那番受用了。

自从来新夏先生的第一部随笔集《冷眼热心》(东方出版中心 1997 年 1 月版)问世以后，近十年间他的随笔文章已近千篇，先后出版了《路与书》(中国青年出版社 1997 年 7 月版)、《依然集》(山西古籍、山西教育出版社 1998 年 2 月版)、《枫林唱晚》(南开大学出版社 1998 年 10 月版)、《邃谷谈往》(百花文艺出版社 1999 年 3 月版)、《且去填词》(天津古籍出版社 2001 年 12 月版)、《出枥集》(新世界出版社 2001 年 5 月版)、《学不厌集》(海峡文艺出版社 2004 年 7 月版)、《邃谷书缘》(河北教育出版社 2005 年 5 月版)等。其中《一苇争流》(广西人民出版社 1999 年 5 月版)、《来新夏书话》(台北学生书店 2000 年 10 月版)是他历年随笔作品的自选本，《只眼看人》(东方出版社 2004 年 10 月版)则是一部专门的历史人物随笔选。他是珍惜自己的文字如同儿女的，曾经真情流露道："面对这些如亲生儿女般的篇什，我似乎回归到依然故我的纯真境界。"

在 1999 年春所写的《衰年变法》一文中，来先生说：

　　我随着共和国走过了整整半个世纪的漫长路程。这五十年,我经历了两个阶段。前三十来年,从"忠诚老实"、"三大革命"、"整风"、"反右"、"大跃进"、"四清",直至"十年动乱","运动"不少,我不是当运动员,就是当啦啦队,紧张得透不过气来。特别是1957年"反右",不少人原本是应邀随便说说,哪知道一言既出,驷马难追,招来了几十年的灾难。于是慎于言而敏于行,近三十年的大部分光阴就这么度过去了⋯⋯

　　80年代,我以花甲之年,进入第二个青春期,看到人们多从心有余悸的状态中逐渐苏醒过来,说自己的话,写自己的文章⋯⋯经过摸索探求,我找到了随笔这样一种表达形式,于是我开始学写随笔,我要写自己走过的路,读过的书——我读的书不仅是用文字写的书,还读大千世界芸芸众生的无字书;我走的路不仅指地理概念的路,也包含拖着沉重脚步、跌跌撞撞走过的人生道路。我将以动乱纷扰后的冷静,写观书、阅世、知人之作。

　　而上述随笔书目正是其"变法"后的一系列成果,也是一个学人把自己的笔墨回归到知识本体以后,对社会的文化反哺。

　　2002年春,在来先生八十华诞庆祝之际,以"邃谷弟子敬贺"的名义问世了《邃谷文录》(南开大学出版社2002年6月版),这是作者的自选文集,卷首冠以《烟雨平生——我的八十自述》,插图有历年生活和学术活动照片、著述书影选。书分四卷,装订为上、下册。第一卷为"历史学";第二卷为"方志学";第三卷为"图书文献学";第四卷为"杂著",编为《邃谷书话》(分藏书、读书、论书、书序、书评、读书笔记六类)和《叕盦随笔》(含心境、世情、益智、人物、萍踪屐痕五辑)两种。附录有《自订学术简谱》。

　　本书集中展示了来先生此前在上述各领域的代表性成果。他在卷首说明中表示:

　　　　《邃谷文录》是我从事历史学、方志学、图书文献学诸方面研究的成果

和另一些杂著的自选集。时间跨度是从 1941 至 2000 年的 60 年间（其中
60 至 80 年代由于众所周知的原因，学术研究几近停顿，形成 20 年空白，应
说是 40 年间）……所收论文和专著是从我全部 700 余万字著述中，由自己
亲加选辑的。自选文集既可以对已往学术工作做一总检阅，又能在一定程
度上体现个人思想与观点，或胜于无所不收的"全集"和由他人代选的文
集……如果有人指出我的瑕疵，那是让我在垂暮之年获得改正错误的机
会，我将非常感谢。

读来先生的随笔，总是能够给人以知识的享受、学识的诱导和见识的启迪。
就知识性而言，仅仅其集名就多含典故，破译其书名寓意即为开卷求知一乐，更
不必说流淌在全书正文篇章间的真知了；他的文章选题或论史或道今，或评事
或品人，总是依托着其丰厚的史学积累，往往言从史出，食古而化，述往足以讽
今；更有一层好处，他在笔墨言论间，常常熔铸着自己人生的历练、阅世的心得，
因此思路活泼，文风诙谐，出口多莲花，落笔成锦绣。因此，读他的随笔集，不能
放过了这种领略汉语言文字丰富魅力的机遇。

读来先生的随笔，必须洞悉作者知识的背景、学识的源泉和见识的根由。
凡此，他不乏夫子自道，有关文章中也时有交代之笔。除了讲述家学渊源的《我
的祖父》诸篇以外，回忆学府授受、春风化雨的《多谢良师》、《难忘师恩》等文，
以及以"一颗种子"、"三点一线"和"十分之八"为小题的一组《书山路忆》，无不
显示出他惜缘惜福的情怀。他在《书山路忆》的文末真诚地写道：

如果说，我能从学术上向社会作出微薄的贡献，那是离不开图书馆和
馆员朋友们不计功利的帮助的。我应该感谢这种真挚的友情。如果忽视，
甚至轻视这点，那是对真挚友情的背弃，是对文化输送渠道的重要意义缺
乏足够的认识。愿从事学术工作的人们首先来爱护图书馆，敬重图书馆
员，努力转变社会偏见，公允地评价图书资料工作。

　　当客观上"三美"并具,则参差整合其间的主观因素,则是勤奋和坚韧的个人品质了。来先生在《多谢良师》中说过"勤是治学的不二法门……与勤相连还必须有点坚韧性"之类的话,因为"人生一世,不可能永远是康衢;挫折、逆境往往会使人消沉、颓废、懒散、嗟叹。这样,一二十年的岁月会无形中蹉跎、荒废掉。一旦有所需用,只能瞠目以对,追悔莫及"。他回忆自己从 60 年代起,连续十多年被投闲置散,"但我仍然以一种韧性坚持读和写,即使在'牛棚'也尽量读点书,写点札记"——这是一个过来人对在路上的新生代的劝勉和忠告,更是诚挚的仁者之言和忠厚的长者之论。因此,读他的随笔集,不能略过了关于作者的人生经历史,尤其是他的"三识"养成史。

　　读来先生的随笔,还须知"出入法"。他在《读书十法》中说过:"读书是为积累知识,但却不能只入不出",应该"像蚕那样,吃桑叶吐丝,要为人类文化添砖加瓦……无论什么人都应该把咀嚼汲取到的知识酿成香甜的蜂蜜,发之于言论文章来奉献给当代人或哺育下一代人"。假如说,前述求知求识是"入"的话,那么,从他的勤奋笔耕中汲取到作者博观好学、学以致用的人文精神,便是一种"出"了。再说作者是目录学家,特别重视一部书部类的安排,著述的章法,因此,读他的随笔集,务必先要细观默察其前言后记和目次编排,以便获得通读的纲领,知识的钥匙,此亦是另一种"出"了。

　　读过了来先生的随笔集,我更相信,自从 1946 年辅仁大学历史系毕业以后,他从来就不是一个只在书斋里的经史子集中做蠹鱼的书生,而是一个把书里天地、书外世界同等关心着的学人。此外我还相信,自到南开大学执教起,他就有可能被人认为是一个气骨俱傲的人了。

　　有人说,人生在世,"傲气不可有,傲骨不可无"。真的要推敲起来,那完全是个伪命题,伪教条。因为"傲气"假如能够被自己的五官束缚住,那所谓的"傲骨"必然是缺钙的。"傲气不可有,傲骨不可无",愚人骗己之语耳!通今博古的来先生大概是不相信这种鬼话的。

　　然而,不信却是有代价的,是要你自己来埋单的,那单上写明了"货名"就是

"人际关系"。"人际关系"是把双刃剑,但气骨俱傲最是使自己成为社会组织里有争议人物的捷径。"有争议"使人要在一个高度体制化的单位里,往往被压抑遭打击。不过,"气骨俱傲"在人事上的负面影响,完全可能随人在职业岗位上的退下而快速淡出。还其初服,对于一个气骨俱傲者来说,未尝不是好事。于其个人或有壮志未酬、出师不捷之憾,但若能退而治学,愤而著书,却也是文化学术之幸。

有所不信乃是因为有所信。不过此"信"非彼"信"也,乃是学问上的自信。自信亦来自对学术的诚信:刻刻苦苦地研书,严严谨谨地治学,规规矩矩地作文。这样的好习惯,来先生一直坚持着保持下来了,无论是在岗位上忙于公务,还是休致林下邃谷读写,治学成为他生存着的愉悦状态,生命中的有机成分。你看他如何好强? 自己悄悄地"学不厌"也就罢了,却还要"一苇争流"于学海!

来先生离休后不久,曾经写过一篇《要耐得美好的寂寞》,不过从那文章里还能够读出"火气",怎么读都觉得"要耐得"三字中的劝人意味还不如劝己的成分多。林下邃谷的岁月不以人的意志流逝着,终于读到了他在去年早春二月新写的《享受寂寞》,文章已被来先生写成一篇论"寂寞"的智慧美文了,难怪他要用来作为《学不厌集的》"代序"! 来先生文章的一大关节点,便是从来都有他这个"我"在里头:

> 我这一生中曾有过两次寂寞:一次是四十多年前,那是我被排除在"群众队伍"之外的岁月里……在漫漫的多年禁锢日子里,我学而不厌地读了几十种书,恢复和撰写了三部著作。这是我平生第一次不自觉地感到寂寞的美好,真正享受了寂寞。
>
> 十多年前,我又遇到再一次的寂寞。上世纪90年代初,我以古稀之年离休家居,刚从热闹场中退出,寂寞真的又来临了。但是,这次的面对,比第一次自觉多多。我并不再感到难耐,而是喜悦。因为寂寞给我腾出了自由的余年,从而我可以回翔于较大的空间,学而不厌地诵读满壁的藏书,也

可以在窗前灯下纵笔写作。我可以不被俗务打断而聚神凝思,悠闲地完成那些"半截子工程",了平生未了之愿,做自己想做的任何事。我更能把一生学而不厌的所得,用随笔的形式,回归民众,反哺民众,这难道不是最幸运的享受?

……如果遇到寂寞,肯走学而不厌的路,会让人感到寂寞并不难耐,寂寞会给人多么美好的享受!

总之,来先生不是那种"百无一用"型的书生,而该是"人情练达"兼"世事洞明"型的,用当下时髦的话来说,就是学者群里的那种"复合型人才"。他是古典的,更是现代的,他在晚年专注于文史随笔的写作,不过是施其才力之余绪焉。旁人是学不来的,也是想学也学不会的。吾于邃谷老人系列随笔作如是观。

(徐雁,南京大学教授)

来新老与天一阁

虞浩旭

　　来新夏先生是我国著名的学者,在文献学、历史学、方志学方面均作出了开创性的贡献,如在历史学方面有《林则徐年谱长编》、《北洋军阀史》、《天津近代史》、《中国近代史述从》等;在方志学方面有《方志学概论》、《志域探步》、《中国地方志》、《中日地方史志比较研究》等;在图书文献方面有《近三百年人物年谱知见录》、《古典目录学》、《中国古代图书事业史》、《古籍整理讲义》等,都是相关领域的奠基之作或必读之书。我作为一名大学历史学专业的人,先生如雷之名早已灌耳,先生扛鼎之书早已拜读,只是无缘当面请教,引以为憾。我与先生相识并深得先生教益,缘于书,缘于我到天一阁工作以后。

　　1994 年底,为了应付某种检查,我原来谋稻粱的单位宁波市博物馆并入天一阁文保所,成立天一阁博物馆,从此我便在著名的藏书楼里讨生活了。其时,四百多年天一阁有了少当家,思想解放,敢作敢为,牵住了天一阁的牛鼻子,欲在藏书文化研究领域有所作为。天一阁建于何年何月,无人知晓,大约在 1561 年至 1566 间。1996 年且逢天一阁建阁 430 周年的最后一年,领导大胆决策,定其为天一阁建阁纪念之年,举办系列活动,其中一项学术研讨活动就落在了我的肩上。说实话,在此之前,天一阁稍嫌封闭,除个别学者闭门研究外,与学术界尚未接轨,而我进入藏书文化研究领域才一年多,两眼墨黑,所知甚少,倍感压力。于是我就惴惴然冒昧给一些著名学者写信讨教,一方面诚邀专家与会,一方面希望推荐其他代表,其中就包括德高望重的来老。来老不仅允诺参加会议,提交了《天一明珠话沧桑》的论文,还积极推荐其他专家学者参加。有了来老这面大旗,会议组织得相当顺利,中国有史以来第一次关于藏书文化的专题研讨会取得了圆满成功,为中国新一轮藏书文化研究高潮的出现起了推波助澜的作用,也使天一阁中国藏书文化研究中心的建设有了良好的开端。来老虽然因身体原因未能与会,但他平易近人对待后学,支持藏书文化研究、支持天一阁给人留下了深刻的印象,我也由此攀上了这位"高亲"。

我与来老的第一次见面是在 1998 年由杭州大学举办的"中国古代藏书楼研究国际学术研讨会"上。以前虽然读过不少来老的书,看过不少来老的文章,知其自幼熟读《三字经》、《百家姓》、《千字文》、《千家诗》,及长,谈史论事,文笔优美,亲切自然,"不论何时何地都能出口成章,谈吐不俗",但毕竟未曾亲历。研讨会上,来老作为学术权威致辞,妙语如珠,精彩绝伦,遂五体投地,拜服不已。会后,主办方组织大家赴南浔参访,来老邀我坐其身边。然总是初见,难免拘束。也许来老知我心意,为活跃气氛,来老出一谜让大家猜,谜面曰:"来新夏和虞浩旭坐在一起,打一个城市名",其时我俩身材都稍嫌丰满,有人答曰"合肥",随即引来一阵欢笑,顷刻拉近了我与这位大家的距离。

此后,天一阁的学术活动,来老都给了不遗余力的支持,可以说有求必应。2003 年,天一阁举办"中国藏书文化研讨会",来老提交了《藏书家文化心态的共识与分野》,2006 年,天一阁举办"中外藏书文化国际学术学术研讨会",来老又提交了《综论天一阁的历史地位》,且都亲自赴会演讲。特别是来老关于"天一阁的走向与定位"的论述,更加坚定了天一阁的发展信心。他说:

> 尤其是近几年来,天一阁高举藏书文化旗帜。团结各方有识之士,群策群力,藏书日增,园址日扩,变化日新,但其变化并未依照古越藏书楼那样由旧式藏书楼走向近代图书馆;也不像嘉业堂那样,归属于地方公共图书馆。那么天一阁的定位走向究竟在哪里?有人主张走向图书馆,有人主

张走向博物馆,结果是定向于博物馆。我认为这是一种明智的选择。因为图书馆不仅藏书,而且还要具有流通的功能,是普及文化的公益机构。而博物馆则是属于收藏、维护、展示文化精品,供人参观的景点。天一阁之所以定位于博物馆,还因为它不仅有享誉学林的藏书外,还收藏有一定价值的文物。……经过二十余年的拓展经营,天一阁定位于博物馆,当能得世人认同,而其走向必将沿着较快速度发展的道路,增厚文化积淀,美化休闲游憩的氛围,弘扬传统文化精品的展示,建成一个为国际所瞩目以藏书文化为中心的园林景区。海内外人士于此寄以厚望焉。

天一阁这几年在博物馆和中国藏书文化研究基地建设上取得了一点成绩,是与来老等学术界专家学者的肯定与支持分不开的。

2004 年,天一阁创办《天一阁文丛》,成为我国第一本关于藏书文化研究的专门刊物。来老欣然应邀出任顾问,并作为《文丛》第一期"访谈"栏目的嘉宾,纵论中国藏书文化研究,为《文丛》的开篇之作。以后来老几乎每期都为《文丛》提供稿子,提高了《文丛》的品质,提升了《文丛》的档次,扩大了文丛的影响。《文丛》能有今天这样的影响和地位,来老的贡献是有目共睹的。

来老对我个人也是关怀备至,多加提携。当我拟出版论文集《浙东历史文化散论》时,来老欣然为我题词:"仁人爱物,润泽全民",对我研究藏书文化加以鼓励。当我在藏书文化研究中取得一点成绩时,来老又在相关文章中加以肯定:"韦力和虞浩旭二君正值盛年,我藏书文化研究领域中极具实力的后起之秀。……虞浩旭则以研究藏书文化为一生职志,供职天一阁,不慕荣利,默默耕耘,所著有关藏书文化著作多种,并以天一阁为基地,积极推动藏书文化的研究,厥功甚伟。"来老的褒奖使我既感惭愧,又备受鼓舞。来老还经常推荐我参加各种活动。天津出版"大户人家"丛书,来老推荐我撰写藏书人家天一阁范氏;天津市评选私人藏书家,来老推荐我去当顾问;在萧山召开地方文献国际学术讨论会时,来老又推荐我上台去发言。每当来老有新的著作出版,他总是在扉页写上"浩旭兄存正"赠我一本,令我惶恐而倍加珍视。

到现在为止,之所以我还坚守着,愿意为藏书文化的研究、愿意为天一阁的学术研究做一些组织、推进工作,来老的鼓励是我最大的精神源泉。

（虞浩旭,天一阁博物馆馆长）

来日方长

袁　逸

很自得于这个题目，也觉得唯有现今的来先生尤契合这题目。记得，2011年 8 月 14 日，来先生随赠书附有一简函，函曰：

> 逸兄：《萧山地理集》耗时半月读完，又酝酿多日，参考刘杭说撰成一序，现寄去，请斧正。如有不当处请定夺改订。虽已立秋仍未退热，望自我珍重。我尚好。保证闯过九十关。
>
> 新夏　8/14
>
> 附上小作《砚边余墨》一册。

按，上述《萧山地理集》当为《萧山地图集》之误，系来先生应请为家乡第一部大型三维地图集作序。且不说先生于盛暑时节伏案半月研读斟酌的负责精神，让我印象尤其深刻的是其中的"我尚好。保证闯过九十关"这句话。这是先生度过八十九岁生日后首次信心满满的闯关宣言，堪与歌词"我真的还想再活五百年"比试。亦足见先生对生活的热爱。其实，又何尝不是我们这些长期来承蒙先生垂顾关爱、多所提携的后学晚辈的由衷祈愿！"来日方长"，来先生安康快乐的好日子正长着呢。"雄关漫道真如铁，而今迈步从头越。"2012 年，俺刚好跨进六十的门槛，得伴随先生一起再出发，重抖擞，争取多多享受几次政府提高薪金的好处。

虽是无缘成为先生的正式入室弟子,但俺始终自恋地以为先生是将俺看作忘年交的,有所请托烦劳从无顾忌。其缘由,或可解释为性相近,言相投,还有,冥冥之中说不清道不白的缘。结识先生已有十来个年头,以先生的学识声望,后学晚辈多谦恭崇敬、彬彬执礼,唯俺浑然不觉,多所放肆,却反而,撕去了那一层薄薄的却又重重的隔阂;即使是初次见面,已俨然老友再会,很快便打成一片,益发肆无忌惮。乃至在某大型学术研讨会上当着先生的面大放厥词,众人皆惊骇失色,先生仍淡定如初,一笑置之。他是了解俺这口无遮拦、没心没肺、不知收敛的德性。

多年前,闺女咪咪欲报考南开大学研究生,先生大包大揽又奔走安排,慨然承担了我们父女俩在南开期间的住宿,并好吃好喝的张罗招待,遂使闺女的读研生涯有了个十分美好的开端。也于是,咪咪从此有了个在天津的"爷爷"——慈祥体贴、善解人意的爷爷。万分巧合的是,咪咪与爷爷正好相差60年,都是生于癸亥的猪;以至俺曾多次开玩笑,问爷爷是否刻有"癸亥"的印章日后传承给闺女。其后两年,来爷爷在南开北村10幢2单元的宅所便毫无悬念地成了闺女改善生活、调剂心情的后勤保障基地,让闺女的整个读研生涯平添了许多家居的温馨,亲情的慰藉。有爷爷,还有焦阿姨的悉心呵护与关照,远在千里之外的俺没法不放心,不欣慰。再后来,咪咪虽毕业后离开天津,不再有啃老撒娇的机会,但爷爷与焦阿姨仍是一如既往地操心与过问,包括她的工作安排、她的婚恋进展,不厌其烦地给予点评指导。自然,爷爷也有有失厚道之处。俺父女俩一口一个"爷爷",鞍前马后巴巴的腻味,却没有投桃报李的收获,他老人家分别授予俺父女俩"大忽悠"、"小忽悠"的光荣称号,让俺俩倍感委屈沮丧。

冀来日方长,老树常青。于我,还有一个很自私的念头,就是想多多获得先生的赠书。这些年来,先生年年有新出的著述见赐,总计已不下四五十册;而观其势头,犹拔节精进,正未有穷期,能不期盼深望?

"劳生九十漫随缘,老病支离幸自全。百岁几人登耄耋? 一身五世见曾玄。

只将去日占来日,谁谓增年是减年?次第梅花春满目,可容愁到酒樽前?"这是文徵明九十初度时所作的《己未元旦》诗。梅开峥嵘,老当益壮。期待,年年岁岁,伴四季花香,青山绿水,或临湘湖,或倚吴山,长与先生把盏话家常,几杯绍兴老酒,一盘咸鱼毛豆,吴语乡音,常聆教诲。

（袁逸,浙江省图书馆学会秘书长）

我们的"老头儿"

袁密密

我和我爹私底下叫来先生"老头儿"。我们时常彼此催促着给"老头儿"打电话，我们乐意在电话这端听着那端八十多岁的顽童撒赖，然后再撒回去。我们惦记着他的每一个纪念日，我爹忙成千手观音的时候，我就代行问候，"狠狠"地祝爷爷今年八十明年十八；又或者乐颠颠地选购江南零嘴再千山万水地寄给"老头儿"解馋，或者在他"南巡"的时候，献宝一般的争宠。在心底里，我们早已经把这个"老头儿"当做亲人来对待，而他是早已把我们当子、孙辈来娇宠。我常常感慨这段缘分太难得，而自己运气真好。

我曾在南开求学两年，期间常以超龄儿童的名义到爷爷家蹭吃、蹭澡、蹭读书，也得以有机会近距离的观察爷爷家的日常生活。爷爷爱书，整个居所最敞亮的两间房作为书房，其他目之所及密密匝匝尽是书；也爱读，任是新鲜的、出奇的，各种什锦口味他都愿意看；爷爷爱臭美，穿双排扣呢大衣，蹬时髦皮鞋，打领带，出门的派头好似《时尚先生》的封面；爷爷幽默又是洞悉人情世故的，与岁月互为表里的他将自己的一生总结为或轻松或尖刻的幽默历程，被他轻轻一抖，便满地生花；爷爷少小离家，骨子里藏着江南男子温润的小性情，为焦姨手制的阿胶膏年年不落；也有小霸道的时候，焦姨的厚道在于总是笑盈盈地兜着，相伴左右，谦让笃定。他们夫妻间貌似朴实却韵味无穷的生活情趣真是羡煞人也。

　　回想在南开的日子,漫步北村,然后在饭点的时候到爷爷家才是正经事。北村的沿街是充满了人情又渐渐被遗落的小天地,到爷爷家的路上会经过迷你的邮政局和储蓄所,也能碰到黄昏出街的馒头摊和架满了花花绿绿被单的铺子。有时候刚到楼下,就能看见爷爷探着头等我,或者是焦姨绽放的笑脸,那样的笑通常意味着,"饺子好啦,等你上桌。"爷爷和焦姨有着既古典又洋派的生活态度,对吃亦是朴素但不简单。我们仨在百年起士林里用过西餐,也在狗不理的包子铺大快朵颐,更寻常的是在北村 318 号的小厨房里热热闹闹的烹煮"来府菜"。大概没有哪个晚辈能如我这般有福,能够完完整整的拥有在爷爷膝下备受呵护的两年。那些时光伴着窗外掠过的鸽子、暖片上晾着的鞋垫儿、开得正盛的君子兰,厨房里飘香的肉卤让人记忆……这样世俗寻常却满满地溢出爱的四季,轻轻一嗅,便是家的味道。

　　没能够陪伴爷爷身边快四年,偶尔有机会相见总是因为我的懒惰显得格外匆匆。这个鹤发"老头儿"是我认识最大的腕儿,却给了我最深的情谊——整七年,不痒。

（袁密密,浙江理工大学图书馆馆员）

来新夏先生的恩泽

曾主陶

1984 年,我报考来新夏先生的研究生,方向是中国古典目录学。考试结果名落孙山,无缘于来先生的门墙。当时心有未甘,加上对来先生仰慕心切,于是特地从长沙跑到天津,只求见一见梦想中的导师。在南开大学图书馆馆长办公室,来先生很客气地接待了我这位千里迢迢风尘仆仆却又十分唐突的门外汉,并给了不少安慰和鼓励。这位慈祥、深邃的长者那里,我得到了一份长久的收益。此后近三十年的时间,我享受了编外弟子的待遇。每当我收到先生寄自邃谷的新著,我就当是先生给我发讲义了。私淑弟子,虽然没有时常耳提面命的机会,但来先生对我的关注,未必稍逊于那些登堂入室的徒儿。

遗憾的是我在中国古典目录学领域无所建树,写了几篇论文后就半途而废。原本是学书不成去学剑,1992 年开始我进入了编辑出版行业。其时,来先生执掌南开大学出版社已有多年,是行内公认的老前辈。真是孙悟空最有想法,筋斗总是翻不出如来佛的手掌。

2007 年 5 月间,我作为岳麓书社社长去拜访天津读书界的几位知名学者,并约同天津古籍出版社的刘文君社长一同去拜访来先生。来先生案头有来裕恂先生《中国文学史稿》,正待寻找合适的出版商。来裕恂先生是来新夏先生的祖父、晚清大学者俞樾的门生。1903 年,来裕恂先生留学日本,就读于弘文书院师范科,经蔡元培介绍加盟于光复会。辛亥革命后,来裕恂先生敝屣荣华,以教书为职业,并潜心著述,有《汉文典》、《匏园诗集》和《续集》、《萧山县志稿》、《易学通论》、《中国文学史稿》等多部著作传世或遗稿待梓。百年遗稿天留在,抱向深山掩泪看。谨守先人手泽,并使之刊刻流传,是中国文人的情结。看得出来,这种情结在来先生身上至深至笃,且愈老弥坚。多年来,来新夏先生对祖父的著作加以细心整理,先后有《汉文典》、《匏园诗集》和《萧山县志稿》正式出版。来裕恂先生《中国文学史稿》的初撰年代是 1907 年,正值中国新撰文学史的第一次高潮,是中国文学史体裁转型期的代表作品之一,具有整理出版的价值。就岳麓书社的经济实力和出版水平来说,将《中国文学史稿》出版好,倒不是一件难事,于是我就慨然承诺。来先生深为出版社着想,坚持免去稿费和整理费。

2008 年,岳麓书社想约请国内知名学者,撰写一套具有一定文化深度的旅游文丛,于是我想请来先生担纲。来先生很快就邀请到葛剑雄、邵燕祥和林非三先生加盟。要知道葛、邵、林三先生名满天下,都是"稿务"缠身之人,有年高德劭的来先生帮我组稿,诸公不得不拨冗完卷。这套书最后定名为《学人履痕文丛》,于 2009 年 5 月按时出版。

2006 年,湖南省政府出资 6000 万元编辑出版《湖湘文库》,这是一套体现湖南历史文化的大型文献丛书,多达 700 册。2008 年,湖南出版投资控股集团为加强对《湖湘文库》编辑出版的协调工作,调我担任集团文库协调办公室主任,并且主持《陶澍全集》的编辑工作。陶澍和林则徐是至交,二人在江苏督、抚任上合作共事五年之久,魏源称赞陶、林"志同道合、相得无间"。因此,编纂《陶澍全集》,很有必要参考已经出版的《林则徐全集》。来先生是研究林则徐的专家,有《林则徐年谱》最具权威,又是《林则徐全集》的首席主编,对陶澍的著述和相关文献早在余目所及之中。为此,我于 2009 年 9 月底专程赴南开向来先生请教。来先生告诉我,收入《林则徐全集》的奏折,其中有数篇虽然是林则徐主稿,但确实是陶、林二人经过反复磋商后形成的,且二人共同署名,而这些奏折为清刻本《陶文毅公全集》所遗漏。来先生建议我们参考《林则徐全集》,做好补遗工作。更为令我感动的是来先生将珍藏多年的油印本《陶文毅公年谱》赠送与我，希望我潜下心来做好陶澍这篇文章。书上有来先生的收藏题记，《题记》云：

> 近几年，因撰《近三百年人物年谱知见录》，广收清人年谱，日前于旧书摊偶得王焕镳先生所编《陶文毅公年谱》二卷，油印本一册，喜不自胜，归舍尽十日之劳通读全谱，为《知见录》写书录一条，略述陶公生平并事功。是谱始撰于一九二八年，，至一九四九年方成书。征引资料较多，惟大多为习见易得之书，便于检求而已。一九六二年三月中旬题于邃谷，萧山来新夏。

这些年，来先生陆续将自己的藏书捐赠给社会，在他的家乡建立了"来新夏民众读书室"，而这部珍藏了四十六年的线装油印本《陶文毅公年谱》一直等待着"传之其人"。先生以珍藏相赠，令我这位三十年来的编外弟子喜出望外。临别之际，来先生特意再作一题记，表达殷切期望。《题记》云：

> 四十多年前余曾得《陶文毅年谱》一册二卷，王焕镳先生述湘贤陶澍生平事功之作。文革幸免于火，庋藏至今。客岁吾友曾君主陶主持《湖湘文库》编撰事，与余时有商榷。窃思宝剑赠烈士，余乃出旧藏举赠主陶。一以存其乡贤事迹；一以助主陶编撰事业之毫末。旧藏临行颇有流连，因缀数语以志文字之因缘耳，主陶其善藏之！二〇〇九年国庆前夕，来新夏题于南开大学邃谷，行年八十七岁。

主陶何德何能，受来先生恩惠至深且巨。而且来先生恩泽所及，远不止我本人，我曾经担任社长的岳麓书社，以及我现在从事的《湖湘文库》编辑出版工作，受益于先生者亦非浅鲜。先生九十华诞，从教六五年，桃李天下，泽及衡湘，今有小诗一首遥祝先生健康长寿。

颂来师

六十五载桃李风，

九十高龄不老松。

仁者爱人仁者寿，

三千鹤算拟遐龄。

（曾主陶，《湖湘文库》编辑出版委员会副主任，原岳麓书社社长）

"我以自己是新中国第一批档案工作者为荣"

——著名历史学家来新夏的档案缘

张殿成

日前来师过境,欣喜之余,曾聆晤先生一番长谈,始知来师与档案有过很深的缘契。

三十年前笔者在南开大学历史系求学时,适逢来师文革后"解禁",为我们讲授历代文选。那时来师已年过六旬,在我们眼里鹤发英姿,目光深邃,一副学者风范,更兼博学强记,口才辩给,语言生动,极受学生敬重。彼时虽职称只是讲师,但他的课成为我们的最爱,受欢迎程度超过许多名教授。当时,我们便一如尊称教授为先生"成例"称来师为来先生,而这在那时讲师中来师是唯一的一位。

来师知我在档案系统工作多年,便欣欣然笑道:那我们要算是同行喽!

在我的错愕中,来师讲起了自己早年曾从事过档案工作的一段难忘经历。

先生建国前夕以全优的成绩毕业于辅仁大学历史系,曾师从陈垣、余嘉锡、启功等大家。1949 年初,被选送到华北大学学习,后被分配到由该校副校长范文澜教授主持的历史研究室,做研究生,直接受教于史学大师范文澜先生。并在范老的指导下,发表了第一篇以马列主义为指导的史学论文。

这时作为研究生的来师在研究之余,一项主要工作是对入城后从一些北洋军阀人物家中和某些单位收缴移送来的藏档进行清理和分类。

来师说:这是我第一次接触到原始的档案材料。这批档案有百余麻袋,杂乱无章,几乎无从下手。整理的场所先是在东厂胡同旧黎元洪府第花园的八角亭,一间面积很大的房间里,有七个人参加整理工作,整理组组长是后来任中国第二历史档案馆副馆长的唐彪。每次从库房运来几袋就往地上一倒,尘土飞扬,呛人几近窒息。当时条件很差,只能穿一身旧紫花布制服,戴着口罩,蹲在地上按档案形式如私人信札、公文批件、电报电稿、密报、图片和杂类等分别检放到书架上。因为每件档案都有脏污之物,要抖干净就扬起尘土,整天都在爆土扬尘中过日子,直到下班,不仅外衣一层土,连眼镜片都被灰尘蒙得模糊不清,鼻孔下面一条黑杠,往往彼此相视而笑,但从没有什么抱怨。在整理过程中,因为急于闯过这个尘土飞扬的环境关,进行速度较快,所以除了知道不同形式的档案和记住一些军阀名字外,几乎很难停下来仔细看看内容,只能说这是接触北洋军阀档案的开始而已,谈不上什么研究——但无疑,这为日后研究北洋军阀史打下了基础。

大约经过两个多月的整理,袋装档案全部清理上架,分别成捆。为了进入正规的整理工作,集中十来天进行有关这段历史资料的学习,读了若干种有关北洋军阀的旧著,如丁文江、文公直、陶菊隐等人的著作。我们也从东厂胡同搬到有四五间宽敞工作问的乾面胡同,开始整档工作。我们将档案分成政治、经济、军事、文化四大类,每个人把一捆捆档案放在面前,认真阅读后,分类上架,所以看得比较仔细,并在特制的卡片上写上文件名、成件时间、编号及内容摘要,最后签上整理者的名字。这次因为已经经过第一轮清理,不再有太多尘土,环境又比较宽敞幽静,所以大家心情舒畅,休息时和在宿舍里常常交谈阅档所了解到的珍贵或有趣的材料。这些都能引起大家的很大兴趣,有时我还在第二天去追踪查档,了解具体内容。我曾利用空闲时间,把自认为有用的材料抄录下来。积少成多,慢慢地我已经积累有两册黄草纸本。同时为了查对档案中的事实和加深拓宽这一领域的知识,我又读了大量有关北洋军阀的著作,眼界逐渐开阔,钻研这方面问题的信心也增强了不少。我也了解到当时这方面的研究还没有很好的展开,以往的一些著作过于陈旧,而且数量也不大,而新著作几乎没有,相关论文也只有零星短篇,所以感到这确是一块颇有价值的用武之地。从某种意义上说,如果没有这段整理档案的经历,可能就没有今天研究北洋军阀的这些成绩了。

"我以我是新中国第一批档案工作者为荣!"年近九旬的来新夏先生如是说。

(张殿成,天津市宝坻区档案局办公室主任)

问学邃谷十七年

张继红

我认识来新夏先生是在 1995 年,算来已过十七个年头。由而立,跨不惑,至知天命,学问无多少长进,自感愧对先生;而先生银发红颜,风度依然,诚我辈之福矣。近闻先生从教六十五年,又岁登九秩,乃欣然命笔,以记邃谷问学之零星记忆,作为恭贺先生之心语。

1994 年,我由部队转业,进山西古籍出版社(现易名为三晋出版社),次年,与原晋兄策划整理出版民国笔记。承社领导信任,此事由我担纲。我先前的专业是古典文学,研究戏曲文物,对晚清至民国年间史事不甚熟悉。受命以后,全身心扑在搜集资料上,不久即搜集了李孟符《春冰室野乘》、许指严《十叶野闻》等十余部,加以点校,拟于付梓。然此系在国内首次成批量整理出版民国笔记,心中忐忑,乃请教总编辑孙安邦先生。孙先生说,可向南开大学的来新夏先生请教,并请他作个总序。那时,虽久闻来先生大名,然未曾得缘请教,因思南开宁宗一先生与吾师黄竹三先生相交甚好,给我们代过《金瓶梅》研究的专业课,即与宁先生联系,讲清意图。宁先生欣然答应引荐。乃知来先生不仅研究北洋军阀史,而且精通目录学、方志学,撰有《林则徐年谱》,于清代笔记体著作颇为熟悉。不仅如此,来先生一度兼任南开大学出版社社长,精通出版,因自喜来先生实为作《民国笔记小说大观》总序之不二人选。那时交通不便,通信是最常用的方式,我将请教的问题并请先生作总序的意图托宁先生转呈。

不久,来先生即将总序寄来,且附一函云:"尽三日之力,闭门造车,三易其稿,亦请宁教授过目,以为尚能入目。乃以快邮寄上裁定。如有不妥或与创意不合之处,请加斧正。如不适用,弃之可也。"其序有云:"我好读杂书,尤沉浸于清人笔记,二十余年以三余之暇,读清人笔记近四百种……撰《清人笔记随录》手稿若干卷……设天假我年,当继《清人笔记随录》之后而有《民国笔记随录》之撰。不意山西古籍出版社先我著鞭,有《民国笔记小说大观》之辑。际此出版低谷,此不仅为盛举,亦可称壮举。"

先生的奖誉固不敢当,而先生赐序确为本书增色不少。犹忆 1996 年初北京图书订货会,一次订出 1200 余套,心甚释然,以其不负先生之忧。然有关《民国笔记随录》一事,先生曾嘱我做,只因手懒,仅积得若干资料,迄未成卷,有愧先生嘱托。

民国笔记出版,经历三年之久,其间多承先生指教,不敢有忘。及至 1996 年,国内有出版随笔之热,文史专家在 80 年代出版其专著之后,于年迈之时,忆及旧事,摘其美文,往往吸引读者,也起出版此类图书之意。于是北方请来先生约涂宗涛、宁宗一、王春瑜三位先生,南方请邓云乡先生(吾晋灵丘人,《民国笔记小说大观》第二总序之作者),邀周劭、金性尧、谢兴尧、陈诏诸先生,又加本省林鹏先生,成一套《当代学者文史丛谈》。当时拟邀先生任丛书主编,先生于1996 年 11 月 20 日来信:

近日想已去沪,未通电话,写信给你。(一)对于丛书名称经咨询各方,均告与社方推销市场有关,要我不要干预。但我总感到用名家太刺目,是否可改用《学者自选文史随笔丛书》,下面各取集名,副题可加《×××随笔集》。(二)主编最好由贵社领导人当,我可备咨询,因我精力不济,如当主编,怕出差错,也担心不孚众望。(三)我已代联络数人(连我共四人)均为学者型,作家不入。①来新夏:南开大学教授;②宁宗一:南开大学教授;③王春瑜:中国社科院教授;④涂宗涛:天津社科院研究员。总人数最好在 5

至10人间。此四人手头均有成作，自选一集尚不难，都表示四五月间可交16万字左右的文稿。（四）作者普遍希望不搞豪华，但要精品，封面典雅点（最好请作者自题书名再配以美术加工），纸张好点、装帧像样点。（五）王春瑜先生推荐舒芜，虽资望甚老，但我考虑舒老属于作家型，未同意，同时也考虑作者群不要过分重复组合，舒老是我上海那套丛书中的作者之一，王春瑜、邓云乡虽也是那套书作者之一，但王、邓仍属学者型，故可列入。（六）我尽十日之力，搜求文稿，现编一目录约18万字，请提意见尽快寄还。（七）望来津面谈一次。

往事模糊如云烟，然读先生此信，忽忆当时情形，且知先生于丛书实当了主编的角色，而固辞不任，更觉品德高尚，感铭至今。而那套书也就以不设主编作罢。

之后，与先生请教处甚多，且在90年代末得赴天津，拜见先生于邃谷。犹忆那是一个夏天，先生约了宁先生，在南开的饭馆请我用餐。之后，每到天津，必看先生，相知之下，聆教于谈笑之间，受益如此，实感幸运。尤其先生每次出版新作，必亲自题了字并盖章惠赐，计有《北洋军阀史》、《中日地方史志比较研究》、《清代目录学提要》、《古典目录学》、《清人笔记随录》、《林则徐年谱》及《来新夏书话》等学术随笔集若干，这些厚重的著作虽不能一一尽读，然每一拜读，不禁感受先生爱我之心，总想尽力为先生新著出版做些小贡献。

2000年过后，约请先生续修其《近三百年人物年谱知见录》。先生颇以为然，后以中华书局李岩兄有出版之意，先生乃商之于我，我欣然同意。之后，于2006年为先生出版《书文化的传承》，2009年出版《书前书后》，受益颇多。其《书文化的传承》尤感兴趣，包括"口传与纪事"、"简牍与帛书"、"纸和纸书"、"雕版·活字·套印"、"典藏与整理"、"流通与传播"、"幼学教育"、"经史子集"、"图书的再编纂"、"结语"。先生序言云："各篇内容，皆有所据，而语言则出之以浅近，以便初学入门者阅读。所述虽未能概括完整，但对一般读者，大致可以满足需要了。"颇能概括其出版意图。尤其"典藏与整理"、"流通与传播"、"经史子集"、"图书的再编纂"诸章,皆为深入浅出,是大家所做的学术普及图书,于我辈从事图书出版者而言,更是别开生面。在当今学术浮躁之下,大家云集之时,先生肯作如此普及性小书,使书香永传,实为感佩,而读者应为有幸。关于《书前书后》一书,是经苏州王稼句兄组织的一套小丛书,也是以书话为主,作者为徐雁等当代文坛俊彦为主,而以来先生压阵,恰如先生常言之"八〇后",与中青年学者相处无间,驰骋文场,而不知老之将至。

作为出版人,近年来,多从事管理工作,与学界渐远,然深知来先生实为当代史学界大家,决非过誉,其一,先生少时长于萧山文化世家,青年时期,师从陈垣、范文澜、启功等名师,国学功底极其扎实,学术训练极为正规;其二,先生近五十年来,无论运动、动乱,皆咬定讲台,严谨治学,未曾轻易荒废治学,即使在下放农村时,仍然勤做笔记,勤于思考,故动乱结束,大作连续出版;其三,先生交流广泛,思路活跃,尤能与时俱进,与年青学者交流,熟知学术前沿情况。八十岁后,精通电脑,让我辈汗颜。然而,我以为,先生之所以终为学界大家,实为睿智与恒心所致,而所致之由,又因了乐观向上。一次,中夜拜读先生大作,其中说到下放津郊农村,于泥尘道上赶着大车,扬鞭奋进,不禁中心乐之。由此,深深被先生乐观向上的心态感染。我想,向先生问学虽无止境,而学习先生之胸怀博大、乐观向上,已可终身受益了。因此,在先生九十初度之时,谨致深深的谢意,并祝愿先生身健如不老之松,学术之树长青。

（张继红,山西三晋出版社社长）

著述专藏馆内管窥来新夏先生

张　萍

历经八千年历史沿革的萧山,文脉相承,人文荟萃,涌现出了无数志士仁人,正是在他们的引领下,萧山逐渐成为一方有着深厚的文化底蕴与人文传统的宝地。许多萧山籍名人在国内外都享有较高的声誉及威望,他们创作了大量凝结着毕生心血的著作,这些作品默默地向后人传扬着作者为事业无私奉献的精神。

来新夏先生就是萧山当代名人中的一位。鉴于他对家乡文化事业的关心以及他所热衷的多个学术方面的建树,萧山图书馆专门为他设立了一个著述专藏馆。专藏馆内陈列了他捐赠的手稿、照片、字画、书房用具以及所有著述的正式出版物等物品共3000多件。

读者可通过参观来新夏著述专藏馆,对来先生作一番管窥蠡测。

环视来新夏著述专藏馆,最引人注目的便是书,这包括来先生自己创作的50多部著作及他搞研究时使用过的2000余种文献。来先生向来治学勤奋,虽过耄耋依然笔耕不辍。他学术成果丰硕,著述遍及历史学、方志学、文献目录学等多个领域,其中《近三百年人物年谱知见录》获天津市社科优秀成果二等奖,《中日地方史志比较研究》获日本文部省国际交流基金奖和天津市社科优秀成果荣誉奖,《北洋军阀史》获第三届中国高校人文社会科学研究优秀成果二等奖。

来新夏先生还曾撰写大量随笔散文,已汇编成十余种散文集。其散文幽默风趣、文采华美、字字珠玑,令人读来口齿生香,余味不绝。

来先生非常注重图书馆学教育和人才培养的工作。他曾于1979年在南开大学分校创办图书馆学专业,1983年又在南开大学筹办图书馆学系,亲自编写了《理论图书馆学教程》等近十部教材和工具书,被同行们纷纷采用,这些教材还多次获奖;他创新构想实施"三史合一"的课程,对书史、目录学史和图书馆史进行重新编排和整合,不仅使课程设置更趋科学合理,而且减轻了学生的学习负担。来新夏著述专藏馆的展厅里所挂中国政法大学杨玉圣教授题的"纵横三学,自成一家"正是对他极强开拓精神的赞誉。为此,来新夏先生还受到美国华人图书馆协会授予的2002年度"杰出贡献奖"嘉奖。

题有启功先生"邃谷"二字的专藏馆书房内陈设颇显简陋,仅有的几件办公家具——一套桌椅和两只书架是从来先生南开大学的家里搬来的。它们伴随来新夏先生度过了几十年的学术生涯,早已磨得不见了原来的颜色,来先生简陋的生活条件与他严谨的治学态度恰恰形成了鲜明的对比。专藏馆内著名书画家傅耕野先生所题的"宠辱不惊,看庭前花开花落;去留无意,望天空云卷云舒",正是对来先生生活态度的最好写照。

面积为130平方米的专藏馆总体格调高雅、素净、精致,尤其是门口的几杆修竹葱翠欲滴,劲直地表现出强大的生命力,点缀得整个专藏馆充满生机,见之仿佛看到了鹤发而矍铄的、严肃而慈祥的来先生,脑海里油然浮现那首关于竹子的诗:

虚怀千秋功过,

笑傲严冬霜雪。

一生宁静淡泊,

一世高风亮节。

这说的不正是来新夏先生儒雅淡泊的人生?

(张萍,萧山图书馆馆员)

348

难得人生老更忙

张铁荣

近日一位友人打来电话要我陪同他拜访来新夏先生。我知道他正在为人民文学出版社修订《鲁迅全集》，是为了解决鲁迅作品注释中的疑难问题而要请教来先生。修订和出版新版《鲁迅全集》，是新世纪的国家重点文化工程，其中涉及古今中外多方面的知识。来先生是当代文史大家，向他请教，当然最为合适。但我不免踌躇，来先生八十高龄，手头又有很多写作任务，轻易打扰怕有不便，但是来先生一听说是为了修订《鲁迅全集》，便慨然应允。于是我们按约定时间来到来先生的家。

今年对于来新夏先生可谓喜事连连，美国华人图书馆员协会刚刚授予他"杰出贡献奖"，全球华人中间，大陆仅有两人获此殊荣；6 月又欣逢来先生八十华诞，南开大学隆重召开了"来新夏教授八十寿辰暨来新夏教授学术研讨会"，天津市邮政局为此特别制作发行了一枚纪念封。来先生亲切地接待了我们，并很快帮助友人解决了困扰多日的问题。我们感到特别满足和欣喜。

同来先生闲谈时得知，近来外地也有鲁迅研究专家来信询问有关《鲁迅全集》注释的问题，他都一一作了回答。这几位专家也是这次《鲁迅全集》的修订者。由此我们又谈到 1981 年版《鲁迅全集》的注释和注释者，来先生提起包子衍——即我们的同行熟悉和尊敬的鲁迅研究专家"老包"。来先生说二十余年前在上海图书馆查资料时与包子衍邂逅相遇，当时老包正为注释《鲁迅日记》而忙碌，鲁迅曾四次提到"来裕恂"的名字，老包却始终不得其详。既然碰到来先生这样的文史专家，于是就试问道："姓来的人不多，您知道来裕恂这个人吗？"来先生笑了，说："这个人是我的祖父……"老包真是喜出望外，得来全不费工夫。于是我们就从注释中看到了："来雨生，名裕恂，字雨生。浙江萧山人，与鲁迅同时留学日本，1914 年时在北京教育界任职。"据来先生说，雨生先生现有多部著作传世，如《萧山县志稿》、《汉文典》、《匏园诗集》等。所有这一切，为今天我们阅读《鲁迅全集》和研究鲁迅与同时代人的关系，都提供了方便。当年来裕恂与鲁迅是友人，今天来新夏为《鲁迅全集》的注释工作默默地做着贡献，来氏祖孙与鲁迅都有着直接或间接的关系，这可是鲜为人知的文坛逸事。

更叫人喜出望外的，是我们在来先生家无意中还欣赏到启功先生的墨宝：启功亲笔书写的致来新夏先生贺寿诗条幅。早就知道启功先生因眼疾久不动笔墨了，这幅字可谓启功先生近期难得的作品，虽是硬笔书法，但字体依然是遒劲而秀丽，一派大家气象。启功先生的诗是这样写的：

> 难得人生老更忙，新翁八十不寻常。
>
> 鸿文浙水千秋胜，大著匏园世代长。
>
> 往事崎岖成一笑，今朝典籍满堆床。
>
> 拙诗再作如期颐，句里高吟应举觞。

诗后还有这样一段话：

> 壬午三春拈句奉祝来新夏教授八十大庆，启功再拜时年九十目疾未瘳书不成字。

这首贺诗由衷地赞颂了来先生祖孙两代人的业绩，更褒扬了"老更忙"的新夏先生老骥伏枥，笔耕不辍的治学精神，所以虽届耄耋之年，却是新作迭出，取得了"不寻常"的成就。面对着"老更忙"的来先生,拜读着这首贺寿诗,我们从中得到的是奋进的力量。坐拥在来先生身边,我们有如沐春风之感;离开来先生家时,我们精神上丰知足识,满是收获。

（张铁荣,南开大学教授）

印象"来老"

赵　刚

我与来新夏老师

新馆开放伊始,我参与了新馆导引词的创作。此时,来新夏先生的专藏馆进入了我的视野,对于来先生的情况我开始有所了解。1946年毕业于北平辅仁大学历史学系?难道是老校友?陈垣、范文澜,这些大家的名字先后在对来新夏先生的介绍中出现,让我的这个想法更加笃定!汗颜!确实是老校友。别人可能不知道,但是我这个北京师范大学毕业的学生却对这些名称再熟悉不过。北平辅仁大学是1952年并入我校的,陈垣则是北京师范大学历史上鼎鼎大名的校长!一代大师范文澜教授更是曾在我校弘文励教的名师先贤。

不知来先生愿否承认,不过在我心里,已经把他当成是我的校友了。有了这层关系,我对来新夏著述专藏馆兴趣更浓。这之后,我知道了,启功先生是来先生的国文老师,跟来先生的关系可以用"亦师亦友"四字来形容,在来先生八十大寿时,他还拖着病体,给来新夏先生题字"难得人生老更忙"。我对启功先生的唯一记忆来自大一新生典礼上,启功先生的即兴训导对我们很多人都可谓受益终生,他说道:"曾经有人说,知识越多就越反动,但是我不这样看,大家都知道,毛主席知识可谓渊博,谁又敢妄言他老人家反动呢?所以说,反动不反动和知识多寡是没有关系的。我希望你们能够好好把握在校的四年时光,让自己变成一个知识渊博的人!"想必启功先生＜文革加引号＞时有所遭遇,才会有此感慨。而来新夏先生对那段时光的回忆却是充满调侃的,在南开大学做清扫的工作是来先生的遭遇之一,谈起往事,来新夏先生却说:"我们扫地那些年,南开是最干净的。"

9月30日,来新夏先生偕夫人再次来到专藏馆,是我第一次与来先生见面,相貌慈祥、和蔼可亲是来先生给我的第一印象,听说我是新任的中心主任,来先生更是主动跟我握手,邀我合影,还嘱咐我:"我的东西就交给你来保管了!"一时让我受宠若惊……

专藏馆再添一宝

此次来访,来新夏先生又赠一宝,是好友林公武先生的墨迹。说到这副对联,还颇有来历,对联是专门为祝贺来新夏著述专藏馆开馆而书,只因路途遥远,到最近才由来先生的弟子徐建华教授从福建带回天津,又由来先生从天津带到萧山,如此辗转,更显珍贵。而对联的创作者林公武先生也是一位书法大家,系福州市文联副主席,福建省书法家协会常务理事,福建省书法家协会学术委员会副主任,福州市印社社长,福州市书画研究院院长。

近观对联,上书:

南开大学邃谷主人撰文谓读书藏书之要在于治学做学问是乃关乎人文素养之大事

立足于勤持之以韧

植根于博专务乎精

萧山图书馆来新夏教授捐赠藏书室

上下两联写的是来新夏先生治学的格言,只因不知专藏馆称谓,所以有"来新夏教授捐赠藏书室"字样。

关于宝贝的趣事

（1）"我是萧山人"

杭州图书馆馆长褚树青曾和来新夏先生打趣："来先生,您的手稿被萧山馆抢先一步拿了去,本来我新馆开放是想收藏您的手稿的!"来新夏先生说："那不行,我是萧山人!""萧山现在也是杭州的呀,再说您的老家长河现在已经并入滨江区,是彻彻底底在杭州了呢!"褚馆长说道。来新夏先生又说："那不行,我是萧山人!"虽然这段话不知是否为人杜撰,可它还是在专藏馆工作人员中间口口相传,让大家感受到了一位桑梓情深的老人对家乡的眷恋之情。

（2）"我不要什么羊皮"

在专藏馆的展柜里,有一张珍贵的证书,是英国剑桥国际名人传记中心评选出的1991—1992年度国际名人证书,获此殊荣的,就是来新夏先生。来先生的夫人焦静宜女士跟我们说,当时剑桥方面还发来一封信函,上面说如果来新夏先生将若干美元寄过去,就会获得一张羊皮做的证书,来先生只说了一句"我不要什么羊皮",就没再理会。后来,荣誉证书还是寄了过来,是一张印着羊皮花纹的纸质证书,英国人的严谨可见一斑。而来先生对获此荣誉从不张扬,他淡泊名利的举动更加让人敬佩。在这一来一去的执拗之中,我们的展柜里就多出了这样一个有故事的展品。

（3）"我说我最近怎么这么冷呢？原来你把我放到铁盒子里了!"

要说来新夏著述专藏馆里,宝贝还真不少,启功先生的墨迹、范增先生的画作……数不胜数,难保没人觊觎。所以,馆里精心制作了仿制品挂在专藏馆内,而把原品收藏了起来。

来新夏先生来访,孙勤馆长说："看看您的画像,有什么不一样吗？"

来先生用手抬起眼镜仔细观察："没发现有什么不同啊!"

"再看看,是假的!"孙馆长说。

"假的? 可不是吗? ……差点叫孙馆长给骗了……那这个是假的,真的放哪儿去了?"来先生询问道。

"我们买了个很大的保险柜,把您的宝贝都放进铁箱子里去了! 这样就没人偷得着了,您看的这幅画是我们制作的第五版,和真的简直是一模一样。"孙馆长解释说。

"我说我最近怎么这么冷呢? 原来你把我放到铁盒子里了!"来先生调侃道。

"您冷可跟我们没关系,您的宝贝我们都是用绸布包好才放进保险柜的!"孙馆长接过话茬也调侃了起来。

大家者,真性情也。一件件藏品,一桩桩趣事,都让我们看到一个真性情的来新夏先生。

特撰此文,谨祝来新夏先生身体健康,万事如意。

（赵刚,萧山图书馆馆员）

片羽情深

赵 胥

来新夏先生是我国著名的文献学、图书馆学、版本目录学方面的大家。先生的成就绝对不是只言片语可以概括的,对于我这样的外行也更难置喙。适值先生九十华诞之际,谨回忆与先生交往中的点滴,以表我钦仰之情。

收集整理近现代文人学者墨迹是我的一大爱好,这些年零零散散也收集了一些。2009年,有幸从徐州友人手中易得饶宗颐先生1944年在广西瑶山"无锡国专"时期所作长诗诗稿一件。对于这样一件难得的藏品如果只是随便装裱起来,镶个镜框,实在体现不出作品的魅力,也缺乏文化价值。所以我便萌生了一个想法,就是邀请国内外一些与饶先生有交往的大学者为这件诗稿题跋,以增加这件藏品的分量。

来先生自然是最理想的人选,但当时我与先生素未谋面,又无中间人介绍,只好冒冒失失的写封信去试试。写信时真是担心,像来先生这样的大学者,会不会搭理我这样一个无名小辈呢?这封信会不会就这样石沉大海了呢?可是没过多久,便接到了先生的回信,笼罩在脑中的疑云随即一扫而光,信里写道:

　　赵胥先生:

　　来函并诗卷收到,并嘱为饶诗书件题跋,实不敢当。我本不善书法,加以年高(87岁)体衰,目眊手颤,毛笔字写来甚难看,附于饶公诗后不啻佛头着粪,至祈免于出丑。如实需作此。硬笔是否当意?尚希函告,以便应命。耑此,顺颂近佳!

来新夏

09.11.7

　　收到来信,心里既有喜悦又有遗憾。喜悦是因为得到了先生的回信,遗憾的是可能会缺少一段相当重要的题跋。但我从信中感受到了先生的儒雅及谦和,所以便又壮着胆子写了第二封信,有了第一封信的机缘,我的心里也就不那么紧张了,但结果如何只能听天由命了。

　　信寄出去了,一直未有回音。大概十天左右,我正因感冒在家休息,下午三点多,便接到天津打来的电话,电话那头的人一口标准的北京话:"赵先生您好!我是来新夏。题跋已写好了,只是不知您是否满意。"后来还说了什么记不清了,只记得接电话时我感动得快哭了,也不知说什么好了,一个劲地说谢谢。

　　几天后我便接到了先生寄来的快递,打开一看,更是激动不已!原以为先生只是应付的写几个字而已,没想到寄去的宣纸几乎写满了,字迹清晰,笔力十足,绝不似八十几岁老人写出的。题跋内容如下:

　　饶公学识优长,士林共钦,诗词尤称名家。余钦慕既久而缘悭识荆。近北京赵胥君见惠饶公赠石渠先生诗手迹印件,命题其尾。二老共事国专,同历艰辛。饶诗写于甲申岁暮,即民国三十二年十二月,当为公历一九四五年一、二月间。至今殆逾周甲,读之犹若面对,亦以补未获一面之憾。周、冯二公书文并佳,书跋为原诗增色。余不善书,近年体衰目眊,春蚓秋蛇,更难当贤者之目。婉辞再三,赵胥君执意命题,情意难遣,率而作续貂之笔,聊志与饶公之书缘尔。

　　己丑嘉平题,应赵胥先生雅属

　　八七叟萧山来新夏题

　　读过之后，不觉面赤，这样长的题跋真不知当时已八十七岁的来先生是耗费了多少精力和体力才完成的，真是辛苦先生了！

　　老一辈学人的特点在来先生身上都得到了完美地体现，同时还融入了不少小说里"大侠"的范儿，可谓"儒侠"。这样的风骨在今天浮躁的社会里是很难寻觅的。

　　去年，由于要编辑《杨仁恺先生书信集》的原因，需要与启功先生的后人取得联系，而我与启先生素无交往，只好向来先生求助。来先生与启先生有师生之谊，上世纪40年代来先生便师从于启先生门下，除了学习国文以外兼习书画。启先生曾将与来先生合作的山水扇面悬挂在自己的画展里，竟被有心人买走，连张照片都没能留下。不知此扇现在何处，只能希望有心人好好地保存了。

　　老先生们一般遇到这样的事都不会轻易介绍的，原因是他们都怕担"责任"。来先生则不然，所谓"信人不疑"正是这个道理。先生听完了我的想法和要求后，便立即起身到里屋，不一会儿功夫，先生拿着个信封出来了，说："这是给启先生内侄章景怀先生的介绍信，你直接去找他，就说是我介绍的，他应该会帮你的。"同时还将启先生秘书侯刚先生的电话也告诉了我，这为我征集杨老的书信帮助巨大，也为我增添了不少的信心。给章景怀先生的信里写道：

景怀先生：

　　您好！

　　中央美院赵骥先生系杨仁恺先生入室弟子，为弟多年交往小友。生性好学，极重师道，素知杨先生与元白师颇多交往，友谊甚笃，往来信函较多。赵先生为汇集杨先生致启先生函，如您手头有此类资料望能允其复印保存，不情之请至祈

　　亮詧，即颂

　　夏祺！

弟来新夏拜上

2010 年 6 月 8 日

　　"多年交往的小友"这是对我多么大的褒奖啊！读完这封信真是百感交集，原来先生对我是如此信任，真是惭愧万分。虽然在启先生的遗物里没能找到杨老的书信，但若没有来先生的支持帮助也是无法探知到这个消息的。

　　在与来先生交往的过程中，得到的教诲与提携太多太多了，这种感激之情是无法用一两篇文章能表达清楚地。在先生米寿时我曾绘制了一幅油画肖像作为贺礼，今值先生九十华诞我将以更精心之作为先生庆贺。在此谨依启功先生所作《贺来新夏教授八十寿辰》原韵呈小诗一首，恭祝来先生身体康健！吉祥万福！

未减雄心志更忙，鲲鹏万里若寻常。

岱宗俯瞰千峰盛，椽笔飞书万卷长。

无声润物滋吾辈，慧眼识才育栋梁。

佳年妙景贺公寿，南极星辉共举觞。

（赵胥，中央美术学院壁画系教授）

敬写来新夏先生

周金冠

值此来先生九十初度暨从教六十五年之际,以思慕、思念之情,把我知道的一鳞半爪写叙于下,兼示情谊云。

原与来先生为故乡世交,他祖父来雨生先生和我祖父周铭慎先生是莫逆至友,多有诗文往还,且先祖《龙潭百首》诗作时得雨生先生之指教。我与先生各自工作繁忙,故见面极少,但也多有通信联系,并蒙大作赐读,使我多获教益,不敢忘也。

来新夏先生是我国当代著名和杰出的历史学家、文献学家、教育家与图书馆学专家、方志学专家。他一生"立足于勤,持之以韧,植根于博,专务于精",故而著作等身,为国家的文化与教育事业作出了巨大的贡献。

作为历史学家,他成果多多,但他尤其重视我国近代史方面的研究,为什么当时民不聊生、战乱不止,应使中国近代之祸因得以晓示于天下。他前后花了数十年之力,终于完成了《北洋军阀史》,洋洋百万字,系统而精当,是全面反映这一历史时期军事、政治及社会变化的通史性著述,故人们赞誉来先生为新中国北洋军阀史研究的开拓者和奠基人。

作为文献学家,他编撰的《近三百年人物年谱知见录》,二十多年前由上海人民出版社出版,首印三万二千册,一面世即在学术界轰动一时。这部书由于体例完备、考证精深、查用方便,一直被人称道,并为后学指点方向,此书被认为将年谱研究推向一个新阶段。最近此书又经增订,从原800多年谱增加至千数,特别是"谱主事略"与"史料"均为其体例上之自创,故学者们称之为"年谱研究的一个辉煌里程碑"。这里再多说一句,来先生对家谱、宗谱也很重视,他在《继续加强清史研究》一文中提出:谱牒研究是很值得注意的一种史源。仅国家档案局就存有四千多种,有的宗谱还很完整,其中有许多资料为一般记述所未及,应该加强整理,也可见其远见卓识。

再说说他的平易近人与急人所急、助人为乐的故事:作为当代德高望重的著名专家、教授,他毫无架子,且对所求总是有求必应,乐于帮助。我的几位好朋友都有这种亲身经历:吉林省文史馆员、原吉林省图书馆馆长金恩晖先生的数种著作都请来先生为序,后来又写了《寻根集》,再请来先生写序,又蒙概允,并在序中表扬其为地方志的努力:"体大思精,嘉惠学林,其功至伟"。金先生至今仍念念不忘,感激不尽。又如天津市图书馆原副馆长刘尚恒先生,他为安徽籍学者,故写徽籍著作、专论甚多。最近他著的《鲍廷博年谱》正式出版,也请来先生为序,来先生认认真真为之写序,还对著作中记述谱主一百年后行事之评述予以赞扬云:"记谱主身后行事,颇具创意。"可见来先生对人、对友、对待学术、对待事业之敬业精神。一丝不苟也是不断积累与成功之道。

要说来先生之事很多,只说一件小事情(对我来说算是大事情):2002年的9月,来先生的自选文集《邃谷文录》(上、下册精装)已正式出版,他让学生给我寄来全套,因为未写清我住的宿舍名称,书给退了回去,来先生为此专门打来电话问清情况后,再次寄来,时为2002年9月19日,实在令我终身不忘也。2005年来先生又寄赠我《清人笔记随录》,此书戴逸先生亲为作序,内容之富,我在反复阅读,有许多的收获,待今后专门述之。文后借用北宋范仲淹的名句以颂先生:

云山苍苍,

江水泱泱;

先生之风，

山高水长。

（周金冠，中国纺织工程学会学术委员、教授级高工）

因谱结缘　仰止高山

朱炳国

去年 5 月 23 日与来新夏教授在苏州拙政园相聚的情景还历历在目,转眼之间,寒暑即逝,又到了红叶烂漫的秋季。再过一年,便是来先生九十初度暨从教六十五周年纪念日。作为当代学术大家,来先生勤于撰述,著作等身,我能恭逢其盛,诚感荣幸焉!想起近年来与先生的频频交往,不禁心潮澎湃,而诸多感触却一时难以言表,谨以此小文略表敬意。

2002 年,中华书局曾经出版《三学集》,内容涵盖了代表来先生治学成就的历史学、方志学和文献学三个领域,是对先生学术精华最准确的总结。本人并非学界中人,无力对来先生的学术成果妄加评述。只是多年来我个人热衷于收藏和研究家谱,而来先生治学领域之一便是方志、年谱与家谱研究,曾先后出版了《中国的年谱与家谱》等著作,并有多篇极有分量的文章问世,可见来先生在谱学上的造诣早已闻名遐迩。早在 80 年代,我初涉谱学,便非常关注来先生的文章。直到近年来,看到来先生以近九十高龄仍从事学术研究,并且开拓了家谱研究的新领域,尤其是读到《文献》、《文汇读书报》等一流学术期刊上来先生的研究心得,更加钦佩不已,只恨无缘与来先生相识。

2008 年 8 月,常州市谱牒文化研究会编纂《中国家谱文化》一书,希望来先生题写书名,辗转得悉来先生的电话后便冒昧干谒。电话那头,来先生听说是常州市谱牒文化研究会的,不以为唐突,而是热情地表示欢迎,将所托之事满口答应,并对我们的工作大加鼓励,认为我们的工作做得好,能收藏和利用大量家谱文献,有利于学术研究。9 月 8 日,在收到研究会寄赠的《常州家谱提要》等书后,来先生又专门来函奖掖,信中称赞我"多年留心,收藏了一大批家谱,保存了珍贵的民间文献,又主编《常州家谱提要》出版,供研究者参考利用,对谱牒学的贡献很大";并表示愿和我交友,"共同开垦家谱资料这块处女地"。来先生不嫌我才疏学浅,与一个普通的谱学爱好者交友,尤显其心胸宽广,颇有大家风范。2009 年 10 月 2 日,我们谱牒文化研究会一行 3 人到浙江萧山拜访来先生,顺便赠与研究会新出版的《谱牒文化》期刊。此后还经常与来先生通电话,老人家热情健谈且体格康健,给人留下深刻的印象;尤其是敏捷的思维、丰富的学养、儒雅的谈吐,总让人有如沐春风、似聆秋籁之感。

2010 年 5 月 2 日,来先生来信说,苏州市邀请他于 5 月 22 日、23 日去参观,于是我们得以再次相逢。见面后,来先生除鼓励我们继续办好《谱牒文化》外,还为谱牒文化研究会题字:"源远流长,血脉绵延。魏晋以还,谱牒之学大兴,中原文化弥火弥香,可供史证。炳国热心谱牒,已见成效。期能共联同好,弘扬谱学!"不仅对研究会出版《中国家谱文化》一书表示关心和支持,答应撰稿并作序。分别时,来先生还将两本刚出版新书相赠。学界泰斗,谦恭如此,实在令人敬佩!

与来先生的交往虽然不多,但仍然给我留下非常深刻的印象:

一、勤于治学、眼光独到、见解深刻的专长使人难忘

来先生曾和我们说,家谱在过去没有人重视,明清以来几乎家家有谱,不足珍视。《四库全书》便不收一般的家谱,只收如孔家等圣人的家谱。但是历朝以来的名人名谱不同,多能补充正史、方志之不足。来先生对谱学的研究并非停留在理论层面,而是身体力行,不断有佳作问世。如来先生利用《来氏家谱》中芜杂的传记资料,梳理出来氏各房支在读书科举和工商谋生这两个不同领域的

人物事迹,反映了别样的生活轨迹,揭示出特殊的家族传统,从而清晰地再现了一个家族在传统社会的发展历史,发人所未发。

来先生曾书一联:"旧学商量加邃密,新知探求转深沉。"其独到的学术眼光和卓越的学术成就,其实是建立在"邃密"与"深沉"的严谨治学的态度和"立足于勤,持之以韧"的刻苦治学基础上。以我所遇到的一件小事便可管中窥豹。我们办《谱牒文化》期刊,来先生推荐浙江家谱爱好者孙伟良的文稿转寄给我,并将文稿一一仔细阅读后,提出修改建议,以免差错。我想,正是这种认真负责的态度,使他的学术生涯不断地勃发生机。

二、胸怀宽广、开拓进取、提携后学的高风令人敬佩

来先生早已过古稀之年,桃李满园,硕果累累,无论从哪个角度说,都属超凡脱俗,正应安享晚年,但他依然席不暇暖,致力治学。著作等身却从来没有以学术泰斗自居,也从未以名气大小来作为他与人交往的标准。只要来人学有所得,不管是属于什么圈子,不管是后辈还是前辈,便毫不吝惜付出拳拳之忱,而对于学生或后辈更是关爱有加,不惜赞美之词。我们创办的《谱牒文化》虽然是全国为数不多的研究家谱专刊,但作为一个地级市学术社团,毕竟人微言轻。而来先生却毫不介意,把自己的文章投给我们这个小刊物,鼓励我们把刊物办好。

三、恭敬谦和、平易近人、与人为善的品格感人心怀

我与来先生既非师生,也非故交,只是因为热爱家谱收藏研究,来先生与我便一见如故,无论是谈话还是来信,语气和蔼可亲。我为了家谱研究,向来先生请教或征文,总是有求必应。有时看到一位近九十岁高龄的老人,为了学术操劳不已,我们心里也觉得过意不去。但是看到老人家只争朝夕的精神和全身心

的投入,作为后辈,我们既极为动容,又十分汗颜。区区小事,终于使我明白,来先生是用平等谦和的态度来做学问,来做人,这正是来先生取得如此成就的原因所在。

我不敢在学术的层面妄言短长,只是在与来先生交往的一点一滴中,感受着他自然而然流露出的大家气质和学人情怀。今天,来先生仍然"老骥伏枥,志在千里",认真地朝着自己的科研方向,从事着艰苦的探索研究,继续着自己的耕耘及收获。我愿先生克享高年,永葆青春,更多地为学界增光添彩。而我们也将铭记先生的教诲,能将家谱研究这一新的学术园地开垦好,做更多对学林有益的事情。

(朱炳国,江苏常州市谱牒文化研究会会长)

陪来老漫游历下

自　牧

大概是二〇〇六年春天吧,来老打来电话,说他将到泉城历下参加全国修纂清史的一个会议,想让我和明祥陪他在城内转转,而且特别嘱咐不吃宾馆大餐,只想品尝一下历下风味小吃。第二天,当他的在省委宣传部工作的得意门生派车把他从津门接来后,遂把下午和晚上的时间交由我们安排了。为了表示敬意,我和明祥把给省委领导开道的警车协调了过来为之服务。从玉泉森信大酒店接他出来,选定游览的第一站是"天下第一泉"——趵突泉。我们把车子直接开进园内后,一行四人在泉边柳下走走停停,说说笑笑,观三股水涌翻若轮,赏漱玉泉清流淙溢,寻金线泉池中金线游荡,逗无忧泉中金鲤喋食;在李清照纪念堂前,读竹影摇曳间的郭沫若题字,在李攀龙的白雪楼后,聆京剧票友们的素嗓清唱;在清代诗人王苹的二十四泉草堂——万竹园,徜徉于杏花院、石榴院,信步于木瓜院、兰花院,观看李苦禅纪念馆的藏画展览,小歇于望水泉边的古亭廊下,说古论今,合影留念……此时此刻的来老,除了略显疲倦之外,兴致一直十分高涨,并不时开个玩笑,幽它一默,他给我们的印象,已不是什么著名学者、知名教授,而是一个朴素平易而又和善可亲的长者、智者了。

在趵突泉公园游览之后,我们驱车沿泉城广场转了一圈,让来老远观了由陈毅元帅题字的"解放阁"和日夜"咆哮"长流水的黑虎泉,又漫步走了一段用石条铺筑的泉城路,以感受济南"金街"的时尚与现代……

夕阳西下时分,我们特意选了省府前街玉环泉边的玉泉酒家以传统鲁菜来招待来老,滑炒里脊丝、葱烧蹄筋、爆三样、姜汁黄河藕、糟溜鱼片、莼菜汤,来老尝后均感到十分可口,但当服务员端上来一盘烂熟的酱猪手时,来老的兴致就更高了。我问他:"喝点酒不?""喝!"我又问:"白的,啤的?"来老竟说:"当然是白的。"我们要了一瓶趵突泉白酒,来老在喝酒之前,先掏出药瓶吃了几粒药片,我们问他是治什么病的,他说是降糖的。按理说,糖尿病人是不能喝白酒的,可来老说曾问过保健医生,医生说你这么大年纪了,若为之忌口,便少了许多口福,还是一边吃点降糖的药,一边也喝点小酒,自己"安慰"自己吧。才开始,来老戴着薄膜手套吃猪手,可能不大得劲,后来干脆扔了手套,用手拿着啃上了。一个大猪手,一大杯"白趵",来老吃得喝得津津有味。受来老的感染,我们三个作陪的也放开肚皮吃喝起来。席间,来老不时地说笑着,说这老济南人家的饭菜比大酒店的饭菜有滋味多了。此时此刻,我们再看来老,他留给我们的印象又多了一种"老顽童"或平民百姓式的感觉。

一个驰名享誉全国的大学者、名教授,能够葆有一份平民意识和布衣本色,这是十分可贵的,也是很不容易的。

（自牧,山东作家）

著述提要

附录

来新夏著述提要

孙伟良

编撰缘起

来新夏先生在《藏书的聚散》一文中写道："绍兴有位失地农民,志在普及农村文化,向我求助,我也承诺赠书"。(见《中华读书报》2007 年 9 月 19 日第 7 版)文中言及之求助者即笔者。

我居绍兴羊山,以灌煤气为生,劳作之余研治地方文史,自辟书斋"羊石山房"。尝拜读南开大学教授来新夏先生著述,受益匪浅,虔心求教,书信往来,遂成忘年之交。来先生祖籍萧山长河,1923 年生。历任南开大学历史系教授、校务委员、图书馆学系主任、图书馆馆长、南开大学出版社社长兼总编辑等职。现任教育部全国高等院校古籍整理研究工作委员会所属地方文献研究室主任,北京大学中国古文献研究中心兼职教授。先生主要从事古典目录学、历史学、方志学、文献学诸方面的教学与研究,在图书馆学领域之贡献尤为同行所首肯,2002 年获美国图书馆员协会年度"杰出贡献奖"。自 1957 年出版第一部专著《北洋军阀史略》迄今,来先生早已著述等身。现虽年届九秩,依然笔耕不辍。所撰学术随笔散文,俊逸飘洒,更是享誉文坛。

2006 年春,来先生应绍兴市政府之邀,出席祭禹大典后莅临寒舍,并将所著

《邃谷文录》相赠。是年冬,数次寄赠书籍逾千册,嘱予在寒舍辟建阅览室,让文化浸及大众。可见先生在提携后辈之馀,尚怀史学普及之志也。2007 年 2 月 3 日,"来新夏民众读书室"开室,读书室所藏来新夏著述内容涉及历史、方志、目录、古籍整理、谱牒、文学、艺术等诸多门类,达九十馀种。今不揣浅陋,将收藏的来公著述编成提要,庶几有裨于乡邦文献之整理,又或许能为读者了解来公毕生著述提供管窥之助。限目力所及,尚有数册未能入之庋藏,容他日搜求予以缀补。

001 美帝侵略台湾简纪(1951)

来新夏编著。2.5 万字。天津历史教学月刊社 1951 年 8 月出版,知识书店发行,印行 5000 册。

1950 年 12 月,时在中国科学院工作的来新夏有感于抗美援朝战争的爆发,遂撰成《美帝侵略台湾简纪》一稿,经范文澜先生月馀的审阅后发还,同意出版。该书的材料,起自 1945 年日寇投降,下迄 1950 年止。5 个章节的标题均摘自伍修权在安理会控诉美国武装侵略台湾的发言中的语句。

本室所藏该书扉页跋曰:"此为我第一本史学著述,久已绝版,我亦未入藏,伟良以他书于北京李晓静君相易得之,特识其事,以见伟良搜求之情。来新夏
   二〇〇九年三月"。

002　第二次鸦片战争(1956)

来新夏编。1.1 万字。通俗读物出版社 1956 年 1 月第 1 版,印行 35000 册。1955 年 9 月,北京通俗读物出版社为农村读者编写中国近代史丛书,每册万字左右。

003　中国近代史参考资料(1957)

来新夏编。油印稿。线装,上、下册。纵 25.3 厘米,横 18.4 厘米,309 页。南开大学历史系中国史第三教研组 1957 年 1 月刊印。

1946 年 5 月底,来新夏毕业于北平辅仁大学历史学系,获文学士学位。1950 年冬在北京中国科学院历史研究所第三所(近代史所前身)工作,师从范文澜教授,专攻中国近代史。1951 年春,来新夏应南开大学历史系主任吴廷璆之邀,经范老同意到南开大学任教。不久,吴廷璆先生奉命赴朝鲜慰问志愿军,于是将所授的"中国近代史"课程交来先生代授。吴先生回校后经考察,认为这门课的教学效果很好,十分赞赏来先生的教学方法。

"中国近代史"本是由于系内无人承担,才由吴先生放下自己的专业来讲这门课程。既然来先生能承担,吴先生遂正式决定将所授的"中国近代史"这门课全部由来新夏先生承担。来先生在南开大学执教整整超过半个世纪,从助教做起,循阶晋升至教授。教过中国近代史、中国历史文选、中国通史、古典目录学、历史档案学、鸦片战争史专题和北洋军阀史专题等。油印稿《中国近代史参考资料》,是当时的教学用书。

2007 年 2 月 3 日,来新夏先生莅临寒斋,在本室所藏该稿题跋云:"此稿成于上世纪五十年代中期,余斋中已无此书。伟良得之网上,特志数语,以志世纪书缘。伟良小友雅藏。来新夏 二〇〇七年二月于羊石山房"。

004 北洋军阀史略(1957)

来新夏编著。11.2 万字。湖北人民出版社 1957 年 5 月第 1 版,印行 25000 册。

1952 年 8 月至 10 月,来先生在《历史教学》杂志上连续发表了题为《北洋军阀统治时期》的讲课记录。后在此基础上撰成《北洋军阀史略》。

这是建国后第一本系统论述北洋军阀的学术专著。该书的特点是提纲挈领,论而有据,对北洋军阀集团的形成、发展、更迭、派系混战及覆灭作了简明的勾画。日本明治大学岩崎富久男教授曾译此书,增加了随文插图,易名为《中国の军阀》,并于 1969 年由日本桃源社出版,1989 年又由光风社再版,成为日本学者研究中国军阀的一部重要参考用书。

来先生在本室所藏《北洋军阀史略》扉页的跋言:"史略一书,为余涉足北洋史研究之第一部专著。久未见此书流传。伟良于网上购存,亦称难得。来新夏 2007. 2"。

005　第一次国内革命战争史论集(1957)

来新夏、魏宏运编。10.8 万字。湖北人民出版社 1957 年 12 月第 1 版,印行 11500 册。

是书论述第一次国内革命战争的文章十篇,有一部分是从报刊上所已发表的文章中选辑的,另一部分则是从苏联的历史期刊中选辑的。

006　程克日记摘抄(1958)

来新夏辑注。现存天津历史博物馆的程克日记三册,系 1956 年从程克

(1878—1936)在天津的家属所捐出的函电文档中发现的。日记从民国十三年
(1924)11 月 6 日起到十五年阳历元旦止。程克在民国十三年任北洋政府内务
总长,是年 9 月辞职,隐居天津。10 年后一度出任天津市长。日记中所记是第
二次直奉战争以后,直、皖、奉、国民军之间的复杂关系,有助于了解北洋军阀间
之关系和北京政变后京津一带的情况。

《程克日记摘抄》刊登于中国社会科学院近代史所编辑的《近代史资料》杂
志(1954 年创刊)1958 年第 3 期、总第 20 号,科学出版社 1958 年 6 月出版。本
室所藏该期杂志来先生题跋:"辑注为 50 年前旧作,余未保存。绍兴伟良自网上
购得,送余一读,如晤故友。特缀数语以还。来新夏 2009.3 时年八十七岁"。

007　美国是武装干涉苏俄的积极组织者与参与者(1958)

苏·别辽兹金著。来新夏、魏宏运、吴琼译。15.5 万字。三联书店 1958 年
3 月第 1 版北京第 1 次印刷,印行 2600 册。

008　中国农民起义论集(1958)

李光璧、钱君晔、来新夏编。34.5 万字。三联书店 1958 年 7 月第 1 版,印

行 6000 册。论集共收录有关学者论文 26 篇,所涉及的时间跨度上起秦末,下迄民国初年。

009　火烧望海楼(京剧)(1960)

河北戏曲丛书之一。来新夏、张文轩编剧。5.9万字。百花文艺出版社 1960 年 2 月第 1 版,印行5000 册。

来新夏先生对京剧情有独钟。1959 年 6 月至 7月,应天津市京剧团之邀,为国庆十周年献礼,以1870 年"天津教案"为根据,来先生与张文轩合作编剧反映中国人民反洋教斗争的《火烧望海楼》京剧案头本。后由厉慧良、张文轩等制演出本。由厉慧良主演,在津上演月余,上座不衰。10 月,"火烧望海楼"赴京献演,获文化部优秀作品二等奖。

对于"天津教案",《辞海》(1979 年版)列有条目。先生曾撰《论"天津教案"》一文,刊登在《天津师院学报》1980 年第 4 期。后将此文收载于其著《中国近代史述丛》(齐鲁书社 1983 年出版)。

来先生书于本室所藏《火烧望海楼》扉页的跋:"此为我第一次试作京剧案头本,后由演员厉慧良、张文轩等制演出本。来新夏 二〇〇七年十月"。

010 清人年谱的初步研究(1979)

来新夏撰。油印稿。纵27厘米,横19.5厘米,24页。天津图书馆学会1979年5月印。

来先生在本室所藏该稿题跋曰:"此为我经'文革'落实政策后的第一篇论文。曾以此参加中国图书馆学会年会(在太原召开)。后以此文作《近三百年人物年谱知见录》之代序。久已无存。今伟良得之,因识数语,籍忆往事。二〇〇七年四月中 来新夏识于邃谷"。

《清人年谱的初步研究》一文,最初刊登于《南开大学学报》(哲学社会科学版)1979年第3期。

011 古典目录学浅说(征求意见稿)(1980、2003)

古典目录学浅说(1981、

《古典目录学浅说》(征求意见稿),来新夏著。油印稿。纵25.3厘米,横18.8厘米,303页。1980年8月南开大学历史系印。

本室所藏该稿封面来先生的题跋为:"二十余年前,余初授古典目录学于南开大学,撰成此征求意见稿印发诸生参读,而余斋中已无此稿,今于绍兴县伟良小友斋中得见此本,若晤故友,不胜感慨,缀此数语,以志书缘。二〇〇七年二月 来新夏于羊石山房"。

中华书局 1981 年出版《中华史学丛书》，计有《唐末农民战争》（胡如雷）、《历代笔记概述》（刘叶秋）、《袁世凯传》（李宗一）、《古典目录学浅说》（来新夏）、《史部要籍解题》（王树民）及《中国古代医学》（赵璞珊）。

《古典目录学浅说》，15.6 万字。1981 年 10 月第 1 版北京第 1 次印刷，印行 13000 册。

《古典目录学浅说》全书共分四章，第一章为目录学概说，对目录学的界定、类别、体制和作用等进行较全面的阐述；第二章为古典目录学著作和目录学家，对自两汉至明清的重要目录学著作和著名目录学家进行评述；第三章为古典目录学家的相关学科如分类学、版本校勘学等专门学科做了较详尽而具体的论述；第四章为古典目录学的研究趋势，提示对古典目录学领域的前瞻设想。

来先生根据在南开大学、天津师范大学等校历史系、图书馆学系等专业讲授《目录学》纲要的基础上经多次修订扩充为《古典目录学浅说》。这是建国后正式出版的第一本今人的目录学专著。该书 1984 年获天津哲学社会科学优秀成果三等奖。

2003 年 10 月，中华书局对《古典目录学浅说》再版，是为北京新 1 版第 1 次印刷，印行 4000 册，列《国学入门丛书》第二辑。该辑其他书是：陈垣《史讳举例》、《校勘学释例》，李学勤《古文字初阶》，刘叶秋《中国字典史略》，齐珮瑢《训诂学概论》，李宗为《唐人传奇》，文史知识编辑部《经书浅谈》。

2008 年 7 月，南京大学中文系韩籍博士朴贞淑致函来新夏先生，要求韩译《古典目录学浅说》。8 月 4 日，其导师张伯伟教授发推荐书致来新夏先生，

略云："韩国留学生朴贞淑同学,毕业于韩国启明大学校中国文学系,并获得文学硕士学位。2005 年负笈来宁,就读于南京大学中文系中国古代文学专业,苦读三年,以《〈文选〉东传韩国之研究》为题,撰写博士学位论文,已顺利通过论文答辩。该生对文献学有浓厚的兴趣。也有较好的基础,她针对韩国学术界对文献学不够重视的现状,拟翻译中国学者的相关著述以药之,其意可嘉,用敢推荐,盼能遂其美意,以光大吾华学术。"来先生感朴贞淑女士为中韩文献学领域之沟通交流有所贡献,慨然赠序,时在 2009 年 2 月 10 日(见岳麓书社 2010 年 1 月出版之来新夏《交融集》)。

012　清代目录学成就浅述(1980)

来新夏撰。油印稿。纵 27.3 厘米,横 19.8 厘米,12 页。南开大学 1980 年 10 月印。

此为来先生参加中国图书馆学会第二次科学讨论会的论文。经修订后,刊登于《历史研究》1981 年第 2 期。

013　阅世编(1981、2007)

清·叶梦珠撰,来新夏点校。《明清笔记丛书》之一。16.1 万字。上海古

籍出版社 1981 年 6 月第 1 版,印行 8100 册。

《阅世编》的作者叶梦珠(1623—?),上海人。书中涉及明清之际以松江为中心的这一地区的自然、政治、经济、文化、风俗、人事等方面情况。全书共 10 卷,分为水利、田产、学校、科举、士风、赋税、食货、交际、纪闻等 28 门,记述颇称详备,亦有资料价值。本书据 1934 年《上海掌故丛书》本点校出版。本室所藏《阅世编》扉页来先生的题跋:"此为点校旧籍之第一种。久不见市场。近已由中华书局重出。来新夏 二〇〇七年十月"。

先生曾撰"从《阅世编》看明清之际的物价"一文,载《价格理论与实践》1981 年第 5 期。又将此论文收载于其著《结网录》(南开大学出版社 1984 年出版)。

2007 年 9 月中华书局出版了来先生点校的《阅世编》,印刷发行 4000 册。是书列入《清代史料笔记丛刊》。

014 林则徐年谱(1981) 林则徐年谱(增订本)(1985)

《林则徐年谱》,来新夏编著。34.6 万字。上海人民出版社 1981 年 10 月第 1 版,印行 7150 册。

上世纪 50 年代初,来先生在魏应麒所撰《林文忠公年谱》的基础上进行补订。60 年代初,应中华书局赵守俨之邀,审读广东中山大学历史系所编《林则徐集》全稿后,遂编纂成《林则徐年谱》稿。"文革"中,原稿被毁。70 年代中期重加纂辑,于 1980 年冬定稿,翌年正式出版。

1982 年冬"鸦片战争与林则徐学术讨论会"在福州召开,《林则徐年谱》被列入 1985 年召开的"林则徐诞辰二百年纪念学术讨论会"的出版规划。于是来先生又进行了修订:其一是增补了新资料。其次是扩大征引范围,在原有参考文献资料的基础上,增多 60 种,总计达 220 馀种。其三是订正部分失误。再是增写了大事年表索引。增订本《林则徐年谱》45.6 万字。上海人民出版社 1985 年 7 月第 1 版,印行精、平装本 5000 册,连初印本计 12000 馀册。

015 河北地方志提要(示例六则)(1982) 河北省地方志提要示例(1985)

《河北地方志提要(示例六则)》,来新夏主编。油印稿。纵 26.5 厘米,横

19.5 厘米,14 页。南开大学 1982 年 5 月印。

此为编写《河北省地方志提要——附天津市地方志提要》的计划,并作为"中国地方志整理出版规划座谈会"参考资料。

《河北省地方志提要示例》,来新夏主编。油印稿。纵 25.8 厘米,横 18.5 厘米,69 页。南开大学地方文献研究室 1985 年 3 月印。

本室所藏该稿来先生的题跋:"此稿为我策划编写河北省地方志提要之示例稿,迄今二十馀年,久无存稿,为伟良得之,亦一幸会也。来新夏　二○○七年十二月"。该稿的提要示例共 40 则,所据资料利用了南开大学图书馆的 33 种藏书和故宫博物院的 7 种藏书。南开大学图书馆所藏的天津旧志甚为丰富,南开大学出版社 1999 年和 2001 年分别出版的《天津通志·旧志点校卷》中,康熙《天津卫志》、乾隆《天津府志》、光绪《重修天津府志》、乾隆《天津县志》、同治《续天津县志》、民国《天津县新志》、《天津政俗沿革记》以及《天津志略》的提要,均作为示例入编该油印稿。利用故宫博物院藏书撰写示例的是傅振伦(1906—1999)先生。

016 近年来北洋军阀史的研究状况（1982）

焦静宜、来新夏编。油印稿。纵 26.3 厘米，横 18.8 厘米，27 页。封面署有"南开大学，一九八二年八月"等字样。此为编者参加西南军阀史研究会第二次学术讨论会的论文。

017 清代前期的商业（1982）

来新夏撰。油印稿。纵 26 厘米，横 18.5 厘米，27 页。南开大学历史系 1982 年 9 月印。此为来先生参加清史学术讨论会的论文。该论文末附参考书目达 57 种。

018 近三百年人物年谱知见录（1983） 增订本（2010）

来新夏著。56 万字。上海人民出版社 1983 年 4 月第 1 版，印行精、平装本 32000 册。

该书收录了自明清之际至生于清而卒于辛亥革命之后的人物年谱 800 馀种，包括自谱、子孙友生编谱、后人著谱，以及校书谱、诗谱、图谱、纪年诗、年表、合谱、专谱等。每一年谱著录谱名、撰者、刊本，并注明各年谱专目中著录情况，记载谱主事略（即谱主姓名、字号、籍贯、生卒年、科分、仕历、荣哀及主要事迹与特长），还增录相关史料，简述年谱编著原由、材料根据及编者与谱主关系等。南开大学教授冯尔康在其著《清代人物传记史料研究》（商务印书馆 2000 年版）中说："《知见录》是一部研究性的著作，全面分析了近 300 年人物年谱的总体特色和每一部年谱的具体特点，又是一部信息量很大的工具书。需了解清人年谱必须很好利用这部书。"《近三百年人物年谱知见录》1984 年被评为天津哲学社会科学优秀成果二等奖。1989 年获中国图书馆学会优秀科研成果特别奖。2005 年 1 月 8 日,来新夏先生在南开大学新闻中心答"缘为书来"网友问,有问:"来先生最满意的个人著作是哪一部?"答曰:"是《近三百年人物年谱知见录》,它给了很多人方便。"

笔者庋藏的平装本《近三百年人物年谱知见录》之扉页来先生的题跋为:"伟良小友,知见录问世二十馀年,久已绝版。伟良求诸书肆。余丙戌初夏过其居,属缀数语,以志书缘。八四叟萧山来新夏题识 二○○六年四月三日于羊山"。

《近三百年人物年谱知见录(增订本)》,110 万字,中华书局 2010 年 12 月北京第 1 版,印行精装本 3000 册。全书分为十卷,前八卷为书录,按年代编次,卷九为知而未见录,卷十谱主、谱名、编者、谱主别号索引。所著录者,除卷九,均为编著者经眼。增订本较之原编有五大优点:其一,扩展内容。原书收叙录778 篇、谱主 680 人,新增 803 篇、572 人。增加了谱主别名和字号索引。其二,增添版本著录多家;一些稀见稿本、抄本多注其藏家,以便用者求书。其三,重分卷次,改六卷为十卷,完善了编纂体例。其四,增补订正,内容不独增加,而且有许多重要订正。其五,指引史料,以省却研究者翻检之劳,亦增加了此书的资料价值。

　　《近三百年人物年谱知见录》的增订工作,颇得众多友好相助,参与撰写者的十馀人名单刊载卷首。天津图书馆李国庆先生、南开大学图书馆江晓敏女士、山东夏津县县志办潘友林主任、上海图书馆王世伟教授等出力尤多。

　　本室所藏《近三百年人物年谱知见录》增订本,有来先生题曰:"民众读书室惠存　来新夏　二〇一一年三月"。

　　该书的出版获全国高等院校古籍整理研究工作委员会资助。

019　唐代图书事业史资料(1983)

　　来新夏主编,郑伟章、赵永东编。油印稿复印本,16开纸,160页。1983年5月印。

　　此稿署"《中国古代图书事业史》资料丛刊之五"。按,《中国古代图书事业史》一书由上海人民出版社1990年4月出版,则该稿是《中国古代图书事业史》成书前的前期资料准备工作。

020　方志学概论(1983)

高等院校教学用书。来新夏主编。33 万字。福建人民出版社 1983 年 8 月第 1 版,首印 3800 册。1984 年 3 月再次印刷,总计 14350 册。

该书由南开大学、安徽大学、宁夏大学、福建师范大学、苏州大学、辽宁师范大学、贵阳师范学院、杭州师范学院等 8 所院校教师参与编写。是书较系统地论述了方志的起源、发展,介绍了古、近代学者对方志学的研究情况,并论及了新方志的编写要求和方法。书后附有自民国时期以来至 1982 年 7 月为止的方志学重要书目与部分论文目录。

该书是建国以来第一本通论性的方志学著述,供高等学校历史系开设方志学课程和培训全国各地史志编写人员使用。顾廷龙题写了书签。

021　中国近代史述丛(1983)

来新夏著。31.2 万字。齐鲁书社 1983 年 9 月第 1 版,印行 5200 册。

该书收录了来先生从 20 世纪 50 年代至 80 年

代在中国近代史方面的论文和一组读书笔记。其中 60 年代至 70 年代处于动乱，无法从事学术撰述活动，因而"述丛"是来先生 50 年代十年间的学术研究留痕。书法家王颂余教授题写书名。《中国近代史述丛》中的大部分文章，收载于南开大学出版社 2002 年 6 月出版的来新夏自选集《邃谷文录》之"历史学卷"。

022　北洋军阀史稿(1983)

来新夏主编。36.4 万字。湖北人民出版社 1983 年 11 月第 1 版，印行 7300 册。

《北洋军阀史稿》是在《北洋军阀史略》的基础上，更补充和运用了已刊和未刊的图书、档案、译稿、及报刊等新资料，比较集中地体现了当时北洋军阀史研究的水平。民国史专家孙思白先生(1913—2002)认为该书是"民国史研究领域中一个良好的开端"，"它将为后来的研究者起着提携与带头的作用"。

023　中国古典目录学(油印稿)(1984)

来新夏著。纵 26.5 厘米，横 18.5 厘米，56 页。1984 年 3 月印。是稿分八个部分加以阐述：一、学点目录学；二、谈谈目录书；三、官修目录和史志目录的创始——两汉；四、四分与七分——魏晋南北朝；五、官修目录和史志目录的发展——隋唐；六、私家目录的勃兴和目录学研究的开展——宋元；七、古典目录学的昌盛——明清；八、近代以来对古典目录学的研究。来先生在 1996 年 1 月将此旧稿略作修改，改题为《中国古典目录学简说》。后入编

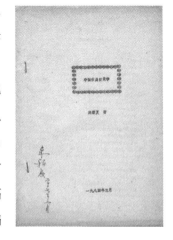

中华书局 2002 年 9 月出版的《三学集》(《南开史学家论丛·来新夏卷》)。

024　中国古代图书事业史纲要(1984)

来新夏编著。油印稿。纵 26 厘米,横 18.5 厘米,88 页。南开大学图书馆学系 1984 年 6 月印。

此稿"供专业干部进修班参考用"。稿末附"中国古代图书事业史论文参考要目",涉及图书保护、图书分类、特种图书工作、图书学、目录学以及图书馆事业史的 322 篇论文要目。

025　中国图书文献选读(1984)

图书专业试用教材。来新夏、张文桂编。油印稿。纵 25.3 厘米,横 18.5 厘米,上、下册。上册 212 页,下册 113 页。南开大学图书馆学系 1984 年 6 月印。

来先生于本室所藏此稿之题跋云:"上世纪八十年代初,我创办南开大学图书馆学系,规划设此课程,以补诸生图书文献之缺。久已无存。今见伟良得此本,犹忆当年创业之维艰。来新夏识于天津二○○七年四月"。

026　结网录(1984)

来新夏著。21.7 万字。南开大学出版社 1984 年 10 月第 1 版,印行 7000 册。

该书是来先生 1980 年至 1983 年间所写有关清史方面论文和札记的选集。论文包括《清代考据学述论》、《清代前期的商业、商人与社会风尚》、《清语汉解

拾零》等。在收入《邃谷文录》时,个别文章略有改写。书名《结网录》,乃源自《汉书·董仲舒传》所引古人格言:"临渊羡鱼,不如退而结网。"

027　闽小纪　闽杂记(1985)

来新夏校点。21.9 万字。福建人民出版社《八闽文献丛刊》之一,1985 年 8 月第 1 版,印行 2150 册。

《闽小纪》四卷,清初周亮工撰。《闽小纪》是清代较早记述福建地方风土、人情、物产、工艺、掌故的杂著。是书原有四卷本、二卷本和一卷本。此点校本以康熙间赖古堂刊四卷本为底本,并参读了两种二卷本,作了一些校补。《闽杂记》十二卷,清施鸿保撰。鸿保乃浙江钱塘人。道光四年(1824)中秀才后,屡试不第,遂去江西、福建等地作幕,而在福建为时尤久。施氏于作幕谋食之余还勤于著述,《闽杂记》则是他记在闽见闻的杂著。

028　清嘉录（1986、2008）

清·顾禄撰。来新夏校点。14.1万字。上海古籍出版社《明清笔记丛书》之一，1986年5月第1版，印行6000册。

《清嘉录》是一部记载苏州地区风俗、节令、掌故的清人笔记。全书按十二月各为一卷。该书初刊于道光十年（1830），次年即传布海外，受到日本学人的重视。本室所藏《清嘉录》有来先生的题跋："此书点校匆促，颇多不洽，心存愧疚。近又订正，交中华书局重版，年内或可问世，借以补过。来新夏　二〇〇七年十月"。中华书局2008年6月版清代史料笔记之《清嘉录》，与顾禄另一著作《桐桥倚棹录》合为一书出版，印行4000册，《桐桥倚棹录》的点校者是王稼句。

029　社会科学文献检索与利用（1986）

来新夏、惠世荣、王荣授编著。23.1万字。南开大学出版社1986年8月第1版，至1988年11月第4次印刷，印数达14000册。

1979年，来新夏先生创办了南开大学分校的图书馆学专业，1983年又组建

了校本部的图书馆学系。为了建立图书馆学的基本框架,来先生组织编写了一套专业课教材——《图书馆学情报学系列教程》。这套教材共出版11种,为全国10余所大学所采用,并获得南开大学优秀教材建设奖。1986年,教育部通知高校开设"文献检索与利用"课,来先生等编著的《社会科学文献检索与利用》作为"图书馆学情报学系列教程"之一首先推出,该书被全国多所高校作为公共课的通用教材,并获得国家科委颁发的科技情报集体成果三等奖。

笔者知而未见《图书馆学情报学系列教程》之其他书目为:《文献编目教程》、《比较图书馆学引论》、《理论图书馆学教程》、《目标管理与图书情报工作》、《外国图书馆史简编》、《科技文献检索与利用》及《国际联机检索概论》等。

030 天津风土丛书(1986)

来新夏主编,副主编张宪春、张格。1985年4月,来先生主编天津风土丛书。翌年5月,"丛书"各种相继完稿,交由天津古籍出版社陆续出版。

　　本室所藏有:《津门杂记》,清·张焘撰,丁棉孙、王黎雅点校。《天津事迹纪
实闻见录》,佚名撰,罗澍伟点校;《敬乡笔述》,徐士銮著,张守谦点校;《梓里联
珠集》,华鼎元辑,张仲点校;《天津皇会考》,徐肇琼撰,张格点校。《天津皇会
考纪》,望云居士、津沽主人撰,张格点校。《津门纪略》,羊城旧客撰,张守谦点
校;《沽水旧闻》,戴愚庵著,张宪春点校;《津门诗钞》,梅成栋纂,卞僧慧、濮文
起校点。来先生撰有总序一篇,置于各册之首。

031　天津近代史(征求意见稿)(1986)　天津近代史(1987)

《天津近代史》(征求意见稿),来新夏主编。铅印本。纵 20.2 厘米,横 14 厘米,336 页。1986 年 12 月印制。

征求意见稿分十三章。本室所藏该稿扉页的题跋是:"此为十余年前主编《天津近代史》时的蓝本,曾向各方征求意见,流传不广。伟良自网上邮购得之,亦可备版本之一格。二〇〇七年四月中旬识于天津　来新夏"。

《天津近代史》,来新夏主编。28.9 万字。南开大学出版社 1987 年 3 月第 1 版,印行精、平装本计 50000 册。本室各藏一册。

1985 年冬,万里同志视察天津时,向李瑞环市长建议:"天津近代史是中国近代史的一个缩影",可组织人员编写一部《天津近代史》。尔后中共天津市委、市政府选定南开大学图书馆馆长和出版社社长兼总编辑来新夏任《天津近代

史》主编。该书参考了近 200 种图书资料,对自 1840 年至 1919 年间天津近代历史中政治、经济、文化诸方面进行具体分析和系统阐述,并对若干重要史事和历史人物作出较恰当的评论。参与《天津近代史》编写的人员还有林开明、张树勇、黄小同、娄向哲、林文军和王德恒。书法家启功先生为该书题签。《天津老年时报》2003 年 2 月 26 日有"编写《天津近代史》的前前后后"一文,此文收载

于来新夏学术随笔自选集《学不厌集》(海峡文艺出版社 2004 年出版)。

032　文献整理十论(1987)

来新夏著。油印稿。纵 25.5 厘米,横 18 厘米,174 页。南开大学图书馆学系 1987 年 1 月印。

"十论"者:论分类、论正史、论目录、论版本、论工具、论句读、论校勘、论考据、论传注、论类书与丛书。

033　谈史说戏(1987、2007)

来新夏、姜纬堂、马铁汉、李凤祥、商传等著。22.1 万字。北京出版社 1987 年 10 月第 1 版,印行2000 册。

这是一本通过经典京剧而介绍历史的通俗读物,在介绍剧情和具体内容的同时,运用丰富的历史知识,详细考证了整个剧目的人物、情节和背景知识,在肯定其艺术真实的同时,也指出了其中的以戏为实、牵强附会之处。全书 57 篇文章,来先生撰《文昭关》、《赠绨袍》、《萧何月下追韩信》、《王昭君》、《战宛城》、《长坂坡》、《群英会》、《定军山》、

《刮骨疗毒》、《空城计》、《汾河湾》、《贵妃醉酒》、《贺后骂殿》等13篇。来先生在本室所藏《谈史说戏》一书的题跋："此为谈史说戏之初版本。二〇〇六年末又有增订，由山东画报出版社重出,惜原有作者中之姜纬堂君英年早逝,未及见再版。来新夏 二〇〇七年十月"。

山东画报出版社2007年1月出版的《谈史说戏》,印刷发行6000册。再版主编来新夏,马铁汉,姜纬堂、李凤祥、商传参与撰稿,美术家邓元昌先生手绘插图。所述62出京剧,来先生撰文15篇,较初版又增写了《哭秦廷》和《连营寨》。

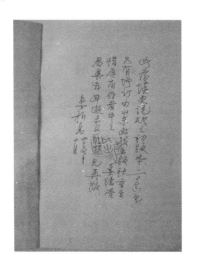

034 中国古代图书事业史概要（1987）

来新夏著。4.9万字。天津古籍出版1987年10月第1版,印行3000册。

来先生将中国古代图书事业史划分为五个阶段:周秦的创始阶段,两汉、魏、晋、南北朝时期的兴起阶段,隋、唐、五代时期的发展阶段,宋、辽、夏、金、元时期的兴盛阶段,以及明、清时期的全盛阶段。书前置图31幅,以达"左图右史之效"。版本目录学家顾廷龙先生题书名。《中国古代图书事业史概要》,收载于《邃谷文录》之"图书文献学卷"。本室所藏《概要》扉页的题跋:"此书为《中

国古代图书事业史》蓝本,印数甚少。伟良搜求得之,实为难得。来新夏　二
〇〇七年十月"。

035　中国地方志综览(1988)

来新夏主编。76.16 万字。黄山书社 1988 年
10 月第 1 版,印行 5000 册。

这是一部全国性地方志资料的综合汇编与著
述,兼有工具书作用。对自 1949 年至 1987 年间所
编纂新志的历年大事、成果、理论研究现状、旧志整
理情况、社会服务、台港方志动态以及建国以来地
方志各种研究参考资料,大体完备。

本书编纂工作的筹划与实施,主要由黑龙江省
地方志研究所和南开大学地方文献研究室主持。

036　北洋军阀(1988—1993)

《中国近代史资料丛刊》之一种。来新夏主编。共五册。第一册 77.5 万
字,1988 年 8 月出版。第二册 58.9 万字,1993 年 3 月出版。第三册 74.3 万字,

1993 年 3 月出版。第四册 62.6 万字,1993 年 4 月出版。第五册 63.6 万字,1993 年 4 月出版。均由上海人民出版社出版发行,印行 1500 套。第一至四册系按北洋军阀的兴亡历程分四个阶段,并围绕各阶段中的几个重要问题分别选编,第五册则包括军阀人物传志、大事记、书目提要、论文摘要与附表等。

建国后,在范文澜、翦伯赞等史学家的倡导和主持下,由中国史学会主编《中国近代史资料丛刊》,包括从鸦片战争到北洋军阀等十一种专题,分别组织专家编选资料。《北洋军阀》是最后出版的一种。这部大型史料集,反映 1912 年至 1928 年北洋军阀统治时期的历史,内容包括北洋军阀建军、袁世凯的统治与洪宪帝制、皖系军阀与直皖战争、两次直奉战争与直奉军阀。所选录的范围,涉及档案、传记、专集、杂著、报刊等。并尽可能选录一部分具有史料价值的原始资料和流行较稀的成书。如从中国第一历史档案馆藏档中选录清末北洋新军活动的资料;从中国第二历史档案馆选录的第一次直奉战争资料,比较完备地反映了战前的舆论准备、战争中直系的财政支出状况等;从天津历史博物馆收藏的黎元洪函电稿中选抄了新旧约法之争、中德断交和军阀虐政等内容。又从《德宗实录》和《宣统政纪》中辑录北洋新军资料。入选的资料均经编者严格筛选和整理校订,可供研究者直接利用。全书主编来新夏,负责编辑体例、选材取舍和审定全稿,并编选第一册、第四册。焦静宜编选第二册、第五册。第三册的编选者是张树勇。由来新夏、焦静宜编,载于《中学历史》1982 年第 2 期的《关于北洋军阀史的文献》一文,是编撰《北洋军阀》的细纲。《北洋军阀》书名为郭沫若所题。

037　史记选（1990、2009）

来新夏主编。26.2 万字。中华书局 1990 年 2 月第 1 版,印行 2500 册。

　　是书为《中国史学名著选》(郑天挺主编)之一种。《中国史学名著选》是为高等学校历史专业课程"史学名著选读"编选的,拟编选《左传》、《史记》、《汉书》、《后汉书》、《三国志》、《资治通鉴》六种选本。先后由中华书局出版的是:冉昭德、陈直主编的《汉书选》(1962 年),缪钺编选的《三国志选》(1962 年),徐中舒编注的《左传选》(1963 年),王仲荦等编注的《资治通鉴》(1965 年),束世澂编注的《后汉书选》(1966 年)。1983 年 9 月,中华书局邀约来新夏先生点校注释《史记选》,南开大学历史系孙香兰、王连升等参与编选。1990 年由中华书局出版。本室所藏《史记选》扉页的题跋:"此书今已难得,伟良得友人相赠,望善加庋藏。新夏　二○○七年十月"。《史记选》由中华书局 2009 年 4 月重版,印行 6000 册。此版将原直排改横排,由繁体改简体,注释改为页下注,以方便阅读。

　　刊载于《文汇报》2009 年 8 月 13 日来新夏的《〈史记选〉今昔琐议》一文,使读者对《史记选》书里书外的掌故一览无遗。

　　038　中国古代图书事业史(1990)

　　来新夏等著。26 万字。上海人民出版社 1990 年 4 月第 1 版,印行 3500 册(内含精装 1000 册)。

　　这是一本合中国图书史、中国目录学史和中国图书馆史三史合为一体的学术著作。来先生发表于《学术月刊》1980年8月号《试论"中国古代图书事业史"的研究对象与划阶段问题》一文，是《中国古代图书事业史》的最原始提纲。后以这篇论文为基础，撰写了近4万字的提纲，在《津图学刊》1985年第1至第2期上连载。1986年经删订增补，是为《中国古代图书事业史概要》，再在《概要》的基础上成为本书。《中国古代图书事业史》为周谷城主编之《中国文化史丛书》之一种。《中国古代图书事业史》扉页的跋为："图书馆学教育原设图书馆史、目录学史及书史，以致向歆父子多次见于课堂。余病其繁复，乃创三史合一之说，定'图书事业史'之名，以概括三史而祛重出之弊，并著为一书，由上海人民出版社印行。问世后颇得佳评，至今近二十年，肆间久未获见。伟良自网上求得，因缀数语以记其事。来新夏识于天津　二〇〇八年五月　时年八十六岁"。本室藏平、精装本各一册。

　　039　图书馆学情报学档案学简明辞典(1991)

　　来新夏主编。89万字。南开大学出版社1991年1月第1版，印行精、平装本共8000册。

这是国内第一部融图书、情报、档案三个学科于一书的中型工具书。辞典收录内容包括图书馆学、情报学、档案学的名词、术语、著名人物、重要著作、事件和组织机构等方面的条目共 4222 条。国内在世人物及其著作一般不收。

1986 年初,"图书馆学情报学系列教程"之一的《理论图书馆学教程》审稿会于广州中山大学召开,与会者南京大学、南京工学院、兰州大学、中山大学、内蒙古大学、内蒙古电视大学、华中师范大学、中国人民解放军空军政治学院、湘潭大学、湖南大学、湖北省高校图书情报工作委员会并南开大学等 12 家单位,议及当今辞书之不足,乃有合力编纂图书馆学情报学档案学辞典之创议。南开大学图书馆学情报学系是《图书馆学情报学档案学简明辞典》的主编单位,时任系主任的来先生,对辞典自确定体例、选录词条、审定书稿以致成书问世,一直亲与其事,并为辞典作了序。

040 古典目录学(1991)

高等学校文科教材。来新夏著。19.6 万字。中华书局 1991 年 3 月第 1 版,印行 2000 册。

这是一部系统论述中国古典目录学源流、发展和基本方法,以论证性为特点的学术专著。1986 年,来先生依据国家教委"七五"教材规划的要求,在《古典目录学浅说》的基础上,重新撰写《古典目录学》,供高等院校历史系、汉语言文学、文献学、图书馆学等系科使用。资深图书馆学专家顾廷龙先生评定说:"此作广征博引,深入浅出,叙述简要,议论平实,颇多创见,足为研究古典文献及传统目录学者入门之阶梯。"《文汇读书周报》2005 年 1 月 7 日《顾老为我写书序》一文中,先生有言:"我写了几十本书,只有两本书请人写序。一位是中国近现代史专家、中国社科院近代史所研究员,与我情同手足的孙思白教授。他为我的《北洋军阀史稿》写了一篇较长的序。……另一位是我的前辈顾廷龙先生,顾老是学术界耆年硕德的长者,他博涉群籍,精于鉴赏版本,娴熟文献掌故,是备受学人尊敬的著名学者。他曾应请为我的《古典目录学》写了序。"

本室所藏《古典目录学》扉页来先生所书跋言是:"余少时从余季豫先生攻目录学。后又在南开大学讲授目录学课次多遍,成此讲义,或有裨于后来。来新夏　二〇〇七年十月"。

041　萧山县志稿(1991)

来裕恂著,来新夏点校。80万字。天津古籍出版社1991年10月第1版第1次印刷。

上世纪80年代,《萧山县志》(浙江人民出版社1987年出版)的编辑人员于浙江图书馆发现来裕恂先生解放前个人所修《萧山县志稿》的未刊手稿,计14卷及志馀1卷。萧山修志自明永乐始,后凡十数修。末次官方修志为民国二年(1913)至二十四年(1935)修成刊行之《萧山县志稿》,其下限在清宣统末年

(1911)。而裕恂先生之稿本,下限是民国三十七年(1948),民国期间萧山阙史由此得全。尤其值得称道的是,在解放前所修的旧县志中,其下限在 1948 年者,全国廖廖无几。此稿之珍贵,可见一斑。鉴于裕恂先生此手稿系海内孤本,由萧山市地方志编委会与南开大学来新夏教授共同商定整理出版,由来裕恂长孙来新夏整理校点。来先生自资印行 500 册,分赠修志单位。来裕恂(1873—1962),字雨生,号匏园老人,萧山长河人。光绪十六年(1890)治学于杭州诂经精舍,受教于俞樾。两年后任教于杭州崇文、紫阳书院。二十五年,任教求是书院。二十九年,东渡日本,就读弘文书院,获文学士学位。1927 年出任绍兴县长,因不满官场恶习,愤而去官。抗战胜利后,任浙江省政府咨议。建国后,受聘为浙江省文史馆馆员。一生著述宏富,有《汉文典》、《春秋通义》、《中国文学史》、《易学通论》、《古今姓氏考》、《萧山县志》、《杭州玉皇山志》及《匏园诗集》初、续编等多种。

本室所藏《萧山县志》扉页来先生的题跋:"先祖遗著,当年历尽艰苦,思之涟然,幸得剞劂传世,于心方安。伟良入藏,特缀数言,以纪缘由。来新夏 二〇〇七年二月于羊石山房"。

042　中国的年谱与家谱(1991、1997、2010)

来新夏、徐建华著。中国文化史知识丛书(任
继愈主编)之一。来新夏撰年谱部分。5 万字。山
东教育出版社 1991 年 10 月第 1 版,印行 14700 册。

该丛书涉及历史、地理、思想、文化等 12 个方
面,分 110 个专题;1996 年,中国文化史知识丛书编
辑委员会对类目重新加以调整,确定了考古、史地
等 10 个门类共 100 个专题,进行再版。

增订本《中国的年谱与家谱》,8.3 万字,商务印
书馆 1997 年 12 月第 1 版,印行 3000 册;至 2007 年
7 月第 5 次印刷。来先生所撰的年谱部分,以"中国
的年谱"为题,收载于《邃谷文录》之"图书文献学卷"。

是书由中国国际广播出版社于 2010 年 7 月又再版,列"中国读本丛书"之
一,文字增至 11 万。

043　薪传篇(1991、1993)

来新夏著。中华文化集粹丛书之一。12.6 万字。中国青年出版社 1991 年第 1 版,1995 年 2 月第 5 次印刷。

中国青年出版社编辑部约请海内外的著名学者专家共同撰写的《中华文化集粹丛书》共 15 篇,计 19 册。是为《风云篇》、《山川篇》、《哲人篇》(上、下)、《先贤篇》、《英烈篇》、《睿智篇》、《神异篇》、《诗馨篇》(上、下)、《文馨篇》(上、下)、《艺苑篇》(上、下)、《工巧篇》、《薪传篇》、《恪守篇》、《明耻篇》及《砥砺篇》。《薪传篇》分两部分阐述,上篇:从图书产生前的口传记事和图书产生后的简帛纸书说到图书的收藏、分类与流通等环节,以使人们了解中国传统文化传递的一条主干道;下篇:从启蒙读物和经史子集说到类书、丛书、方志、佛藏、道藏以及兄弟民族文献,以使人们了解中国传统文化的几个主要汇聚点。是书由台湾书泉出版社于 1993 年 9 月出版繁体字本,并在书前置文学博士龚鹏程的推荐序及台湾版序。

044 明耻篇（1991、2001）

来新夏著。中华文化集粹丛书之一。14万字。中国青年出版社1991年10月第1版，印行10000册。

"耻"，一直是我国文化中流传久远、并倍受重视的行为准则之一，历代都继承着"重耻"的传统，把"明耻"视作知人论世的准则，而"无耻"则是使人羞愧的唾弃之辞。《明耻篇》收录了古代"无耻"与"明耻"人物的故事。天津新蕾出版社的郭占魁先生承担了该书的插图任务。是书由台湾文字复兴有限公司于2001年1月出版繁体字本，易名为《千年不灭的荣光》，书前置有文学博士龚鹏程的推荐序及台湾版序。

本室所藏《千年不灭的荣光》，来先生题有跋："上世纪九十年代初，我曾撰《明耻篇》，备世人参读，台湾前曾有一版，今又易名再出，亦可见为人所重视。余初不知有此本，伟良自网店得之，请缀数言以记其事云尔。萧山来新夏题岁在己丑行年八十七岁年"。

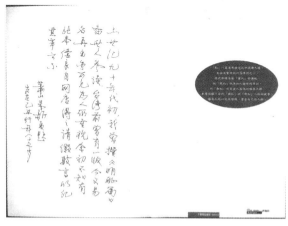

045 河北地方志提要（1992）

来新夏主编。河北省地方志编委会办公室、南开大学地方文献研究室编。45.5 万字。天津大学出版社 1992 年 12 月第 1 版，印行 1500 册。

本书体例一依古典目录之成规，记书名、作者、卷数、版本、作者生平、编纂缘起及著述意旨。提要收录河北省编纂年代截至 1949 年的现存方志 563 种及天津现存地方志 28 种、佚志 14 种。

046 志域探步（1993）

来新夏著。15.8 万字。南开大学出版社 1993 年 9 月第 1 版，印行 2000 册。

该书是著者 80 年代初以来参与地方志编纂与研究活动中所写的文章与发言稿。1993 年是来新夏先生七十初度，也是先生曾供职的南开大学出版社十年社庆。来先生以文字自寿，乃以《志域探步》作纪念。

047 古籍整理散论（1994）

来新夏著。13.5 万字。书目文献出版社 1994 年 6 月第 1 版，仅印 800 册。

此书是在《文献整理十论》稿上进行增删出版的，取八篇，调整为《论分类》、《论目录》、《论版本》、《论句读》、《论工具》、《论校勘》、《论考据》及《论传注》。来先生在本室所藏是书跋言："此书印数甚少，伟良搜求非易，心甚感念。新夏 〇七年十月"。

048　中华幼学文库(第一辑)(1995)

　　来新夏主编。70 余万字。南开大学出版社 1995 年 9 月第 1 版,印行 4000 套。

　　第一辑收录的为《三字经》6 种(涂宗涛编校)、《百家姓》5 种(陈作仪编校)、《千字文》11 种(张格编校)、《千家诗》4 种(马光琅编校)、《杂字》4 种(高

维国编校),均为不同历史时期、不同内容代表作的最佳版本。该书还以简繁字体对照为其特色,使其适应当前"用简识繁"的社会需求,同时为海外侨胞和港澳同胞认识简体字提供了方便。来先生为《中华幼学文库》撰了总序。该序收载于《邃谷文录》之"杂著卷"。

049　中国地方志(1995)

来新夏著。20余万字。台湾商务印书馆出版发行,1995年9月初版,第1次印刷。

全书共分六章,对方志与方志学的源流、类别特征,历代方志的编纂,方志学的发展与现状,地方志之整理与利用以及新方志的编纂诸方面,均有专章论述,并展望了今后的发展趋势。

《中国地方志》是来先生在方志学领域中一部有代表性的著作。该书收载于《邃谷文录》之"方志学卷"。

050 中日地方史志比较研究(1996)

来新夏、齐藤博主编。27.1 万字。南开大学出版社 1996 年 1 月第 1 版,印行 1200 册。

该书是我国出版的中外学者比较研究地方史志的第一部论著,"它既标识着中日地方史志学者学术合作研究的开端,也反映了当代两国地方史志的研究水平"。

是书收入中方论文 9 篇,日方 5 篇。中方的作者有:中国地方志指导小组成员兼秘书长郦家驹,南开大学教授来新夏,复旦大学教授谭其骧,陕西师范大学教授史念海,中国历史博物馆研究员傅振伦,安徽大学副教授林衍经,河南省地方志编纂委员会编审杨静琦,浙江省萧山市地方志编纂委员会顾问费黑以及杭州大学教授陈桥驿。日方论文的中译者是天津外国语学院修刚教授。来教授与日本独协大学经济部部长齐藤博教授的这个国际合作项目,获日本文部省国际交流基金奖和天津市社科优秀成果奖荣誉奖。

051 冷眼热心(1997)

来新夏著。《当代中国学者随笔》之一种。来先生第一本结集成书之随笔集。20 万字。东方出版中心 1997 年 1 月第 1 版,印行 10000 册。

是书辑录来先生的随笔作品 83 篇,主要内容包括三个方面:其一,为有关传统文化与治学之道的申说。其二,辑录作者有关社会人生、世态、世情以及当今世界流弊的所思所感。再是对中国历史上一些人物、史事以及与作者有关的师友的记述。

《冷眼热心》序,收载于《邃谷文录》之"杂著卷"。该随笔集中《中国的私人藏书家》一文,入编重庆出版社 1998 年 7 月出版的《中外名家书话经典》之《书林佳话》(黎先耀主编)。

052　清代目录提要(1997、2007)

来新夏主编,副主编朱天俊、罗友松。37 万字。齐鲁书社 1997 年 1 月第 1 版,印行 1700 册。

该书资料来源主要是北京图书馆、北京大学图书馆、中国科学院图书馆、南开大学图书馆、天津市图书馆、上海图书馆、复旦大学图书馆、华东师范大学图书馆、苏州市图书馆、南京图书馆以及南京大学图书馆等。共收录清人所编目录 380 馀种,包括经、史、子、集、佛、道、金石等门类。目录提要详于篇卷、版本、流传、编辑缘起、编撰经过、收录特点、类目沿革、后世影响及后人续补等。书末附著者索引与书名索引。本书于 2007 年 1 月再版,增徐建华为副主编。

053　古典目录学研究(1997)

来新夏、徐建华主编。22.8 万字。天津古籍出版社 1997 年 3 月第 1 版,印行 1000 册。

该书为国家教委人文社会科学规划项目,是有关古典目录学若干专题的论文专集。撰稿者尚有南炳文、黄立新、谢灼华、罗友松、白化文等。本室所藏是书的扉页钤有"来新夏藏书章"印,并题"伟良存 来新夏 二〇〇七年十二月"。2008 年 3 月 16 日,笔者出席在浙江萧山召开的地方文献国际学术研讨会,约请南开大学徐建华教授在本书签名。此签赠本实在难得,伟良心甚感念。

054 林则徐年谱新编(1997)

来新夏编著。67.9 万字。南开大学出版社 1997 年 6 月第 1 版,印行精、平装本 3000 册。

该书的出版,以纪念一代伟人林则徐,庆祝香港回归祖国。自 1985 年《林则徐年谱》增订本出版以来,有关谱主的奏牍、日记、信札、诗文、题字不时被发现,其他诗文集、笔记、方志及民间收藏的有关资料也时有所见。于是来先生重编《林则徐年谱》。《新编》的附录中,收录了林则徐的逸文、逸事,为林则徐所写的诗文,对林则徐的评论,以及鸦片战争有关文献和林则徐手札史料摘要。《林则徐年谱新编》由林则徐基金会赞助出版。启功先生为书名题签。

来先生发表于《文汇读书周报》2006 年 12 月 22 日《启功老师题书签》一文

述说:过去人们常为自己的著述求著名学者兼擅书法的前辈题书名,当时最为人所赞赏的题签者是"南有顾廷龙、北有启功"。顾廷龙为来先生题写过《近三百年人物年谱知见录》、《方志学概论》和《中国古代图书事业史概要》。启功先生是来新夏在北平辅仁大学读书时的老师。启功先生为来先生的著作题写书名的有《林则徐年谱》、《天津近代史》、《古典目录学》、《林则徐年谱新编》、《邃谷文录》,以及来先生祖父的遗著《萧山县志稿》。

《林则徐年谱新编》经作者再次增订,易名为《林则徐年谱长编》,共86万余字,于2011年9月由上海交通大学出版社出版。

本室庋藏《林则徐年谱新编》精、平装本各一册。

055 路与书(1997)

来新夏随笔集。《老人河丛书》之一。16万字。中国青年出版社1997年7月第1版,印行5000册。是书分四卷,收录来先生的随笔51篇。《路与书》序,收载于《邃谷文录》之"杂著卷"。

056 依然集(1998、2010)

来新夏著。21万字。山西古籍出版社与山西教育出版社联名出版,1998年2月第1版,印行5000册。

该书为《当代学者文史丛谈》之一种。其馀是:金性尧《一盏录》、邓云乡《皇城根寻梦》、周劭《一管集》、陈诏《文史拾穗》、涂宗涛《苹楼夕照集》、宁宗一《走进困惑》、王春瑜《老牛堂三记》、黄裳《书林一枝》、林鹏《蒙斋读书记》和谢兴尧《堪隐斋杂著》。来先生以"江山依然风月,人生依然故我"为题的《依然集》分为四卷:卷一"蜗居寻墨",为治学宏观之见;卷二"寒斋积土",专论笔记与志书;卷三"流风余韵",致力品评历史人物,怀念先贤;卷四"随看云起",为随意所作,心得之言。《依然集》中《三国戏史证》一文,被王子今先生编入《趣味考据》(云南人民出版社 2003 年 10 月第 1 版)。

山西出版集团·三晋出版社(原山西古籍出版社)对《依然集》作了重印,是为 2010 年 12 月第 2 版、2011 年 2 月第 1 次印刷,印数 5000 册。

057　史记选注(1998)

来新夏、王连升主编。37.9 万字。齐鲁书社 1998 年 4 月第 1 版,印行 5000 册。

该书为《中国古典名著普及丛书》之一种。齐鲁书社中国古典名著普及丛书已出书目有:《史记选注》、《老子说解》、《庄子说解》、《周易大传今注》、《孙子兵法全译》、《资治通鉴选》、《唐诗三百首选注》和《宋词三百首评注》。

058　枫林唱晚（1998）

来新夏著。17.2 万字。南开大学出版社 1998 年 10 月第 1 版，印行 2000 册。

该书为《学识走笔·大学生文库》之一种。其馀四种是程路《光海弄波》、胡久稔《数林掠影》、赵万里《特殊群体》及王振东、武久可合著的《力学诗趣》。《枫林唱晚》全书分五卷，计 50 馀篇。是一部抒发人生感悟、环境忧思，讲述治学之道的哲理性文集。《枫林唱晚》序，收载于《邃谷文录》之"杂著卷"。

059　邃谷谈往（1999）

来新夏著。17.5 万字。百花文艺出版社 1999 年 3 月第 1 版，印行 5000 册。

该书为《说文谈史丛书》第二辑之一种。《邃谷谈往》收来先生的随笔 75 篇，分六卷。

060　一苇争流（1999）

来新夏著。20 万字。广西人民出版社 1999 年 5 月第 1 版，印行 5000 册。

该书为戴逸主编的《历史学家随笔丛书》之一种。来先生的《一苇争流》共 59 篇文章，以"管窥蠡测"、"往事如新"、"还看今朝"、"激扬文字"大体分类。《一苇争流》序，收载于《邃谷文录》"杂著卷"。

集团的兴起（1895—1912）；三、北洋军阀集团的发展及其统治地位的确立
（1912—1916）；四、北洋军阀集团的派系纷争（1916—1920）；五、北洋军阀集团
的派系纷争（1920—1924）；六、北洋军阀集团的衰落（1924—1926）；七、北洋军
阀集团的覆灭（1926—1928）。书后有附录一"大事年表"、附录二"北洋军阀人
物志"（478 人）及附录三"参考书目提要"（177 种）。来先生承担了这部书的序
言和第一章、第二章、第五章部分的撰写工作，并通审、定稿。焦静宜撰第三章、
第六章部分及附录二。莫建来撰第四章、第六章部分、第七章及附录一、附录
三。张树勇撰第五章。刘本军撰第六章。《北洋军阀史》一书问世后，"得到史
学界的好评，有人作了保守性的估计，认为在二十年内不会有类似的著作来代
替它"。

　　《北洋军阀史》一书在 2003 年获教育部颁发的第三届全国高校人文社会科
学研究优秀成果奖历史学二等奖。本室藏平、精装本各一套。
　　《北洋军阀史》由东方出版中心重版，是为 2011 年 5 月第 1 版第 1 次印刷。
本室亦庋藏一套。

065　天津大辞典(2001)

天津市地方志编修委员会办公室编,来新夏、郭凤岐主编。285.1万字。天津社会科学院出版社2001年3月第1版,印行2000册。

全书辞条1万馀,记载了天津自明朝永乐二年(1404)至2000年近600年的历史和现状,囊括了天津的地理、社会、经济、政治、文化、科技、政法、军事、民情、风俗等方面的内容。

066　清文(2001)

历代文选丛书之一。来新夏、江晓敏选注。22.1万字。河北教育出版社2001年5月第1版第2次印刷。

河北教育出版社出版的历代文选共八种,是为《先秦文》、《两汉文》、《魏晋南北朝文》、《唐文》、《宋辽金文》、《明文》及《清文》。《清文》序,收载于中华书局2006年10月出版的《皓首学术随笔·来新夏卷》。先生曾撰《选读点清文》,编入《邃谷文录》之"杂著卷"。又撰《读古书当读清人著作》,收载于海峡文艺出版社2004年7月出版的《学不厌集》。

067　且去填词(2002)

来新夏著。《学人随笔丛书》之一种。18.2万字。天津古籍出版社2002年1月第1版,印行3000册。

《且去填词》是来先生1999年至2001年所写随笔的结集。是书的序和后记,收载于《学不厌集》。"且去填词",是宋朝柳永的故事。先生在《且去填词》

的后记中说:我认为宋仁宗要柳永"且去填词"是看中了柳永的长处,让他扬长避短,是善用人才。我真期望各行各业的精华,各尽各力,发挥有特长的一面,"且去从政"、"且去写小说"、"且去建造"、"且去发明"、"且去教书"、"且去这个"、"且去那个"……那就都有可能像"且去填词"的柳永那样,成为一代词宗。我也总想让"且去填词"一语有一个浅显通俗的诠释,让更多人理解。想来想去都不恰当。忽然有一天清晨楼下有人为争早点摊位争

吵起来,有位天津老乡陡地发出响亮的一声:"该干嘛,干嘛去!"击退了对方。这不正是对"且去填词"最准确、最贴切的诠释吗?

068　名人文化游记(国内卷、国外卷)(2002)

来新夏、韩小蕙主编。41 万字。新世界出版社 2002 年 1 月第 1 版,印行5000 册。

是书收季羡林、吴冠中、戴逸、冯骥才、葛剑雄、余秋雨等 33 位名人的 77 篇

游记。来先生以《议论文化游记》一文作代序,并撰文 6 篇:《钱江潮》、《太鲁阁留踪》、《吐鲁番纪行》、《黔行纪游》、《娘子关揽胜》及《平遥古城》。

作为《名人文化游记》"国内卷"姊妹篇的"国外卷",收 29 位名人的 59 篇游记。字数 38.8 万字。2002 年 1 月第 1 版,印行 5000 册。是书中收录来先生所撰 3 篇:《美国两瞥》、《五月的温哥华》及《走进日本》。另一主编韩小蕙,毕业于南开大学中文系,现为《光明日报》"文荟"版主编。

069　来——南迁萧山的来姓(1999、2002)

《百家姓书系》之一。来新夏、来丽英著。3.5 万字。新蕾出版社 1999 年 4 月出版,印行 3000 册。

浙江人民出版社 1987 年版《萧山县志》载,"全县有来姓 16000 余人,长河一地即达 5000 馀人"。始迁祖来廷绍(1150—1203),河南开封府鄢陵人,宋绍熙四年(1193)陈亮榜进士,历任朝散郎直龙图阁学士。嘉泰二年(1202)以宣奉大夫出知绍兴府,未到府治而卒于萧山祇园寺僧舍,其子遂居萧山长河,繁衍生息,汇为长河大姓。来氏家族世代耕读,甲第繁盛。据现藏杭州市萧山区档案馆的《萧山来氏家谱》载,明清两朝出过进士 21 人,武进士 3 人,举人 39 人,武举人 18 人,庠生 97 人,故有"无来不发榜"之谚。明、清及民国初期,来氏一族前后出仕 387 人,在 22 个省任职,长河"三石六斗芝麻官"之说即源于此。

《来》书由陕西人民出版社、新加坡远东出版公司 2002 年 4 月再版,列入《百家姓书库》,字数增至 5.2 万,印行 10000 册。

070 邃谷文录(上、下)(2002)

来新夏自选文集。175.4 万字。南开大学出版社 2002 年 6 月第 1 版,印行 1000 册。

《邃谷文录》所收论文和专著,是来先生自 1940 年至 2000 年的六十年间(由于众所周知的原因,60 至 80 年代的学术研究工作几近停顿,形成二十年空白,实际是四十年)全部 700 馀万字著述中选辑的。全书分四卷,即历史学卷、方志学卷、图书文献学卷和杂著卷。书前以"烟雨平生"为题,叙述先生八十岁以前的人生历程。书后编制有《自订学术年谱》,以使读者了解来公的学术经历。《邃谷文录》封二以"白头宏业图"为背景,署"恭祝恩师来新夏教授八十华诞 邃谷弟子敬贺"。

071　出枥集（2002）

来新夏自选集——《出枥集》，列新世界出版社周奎杰女士和张世林先生策划的《名家心语丛书》第三辑。该辑共五册，余为季羡林自选集《新纪元文存》，吴宗济自选集《补听集》，王仲翰自选集《清心集》，张允和、张兆和姊妹自选集《浪花集》。《出枥集》荟萃了来先生 2000 年至 2002 年所写的随笔，是先生的心路历程，人生感悟。19 万字。2002 年 6 月第 1 版，印行 6000 册。新世界出版社署"谨以此书献给来新夏先生八十华诞"。

先生撰文《五星连珠》，载于《中华读书报》2002 年 2 月 13 日"书评"，述说《出枥集》成书的因果。

072　三学集（2002）

来新夏著。列《南开史学家论丛》第一辑。43 万字。中华书局 2002 年 9 月第 1 版第 1 次印刷，印行 1500 册。

列《南开史学家论丛》第一辑的还有郑天挺《及时学人谈丛》、雷海宗《伯伦史学集》、杨志玖《陋室文存》、王玉哲《古史集林》、杨生茂《探径集》、杨翼骧《学忍堂文集》以及魏宏运《契斋文录》。

《三学集》的著者来新夏先生一生主要致力于学术的三个方面，即历史学、方志学与图书文献学，此为"三学"；一生治学则持一种"学习、学习、再学习"的态度，至老不辍，也可概括为"三学"，故名之为《三学集》。

《人民日报》2003 年 4 月 25 日第 9 版"学术交

流"栏目《摒弃浮躁 做真学问》一文载:"4 月 12 日,南开大学历史文化学院在
京举行《南开史学家丛书》研讨会。来自国家图书馆、中国社会科学院、北京大
学、清华大学、中国人民大学、北京师范大学、南开大学等单位的 50 多位专家学
者参加了研讨会。与会者认为,这套丛书体现了 20 世纪我国新史学的学术渊
源和发展历程,展示了老一辈史学家的杰出成就与贡献。与会者提出,学风问
题至关重要,良好的学风是学术得以健康发展的必不可少的重要条件。在这一
点上,老一辈史学家为我们树立了榜样。我们应该向老一辈史学家学习。摒弃
浮躁,做真学问。为促进学术的发展和繁荣作出自己的贡献。"郑天挺、雷海宗、
杨志玖、来新夏等,"并为史界巨子,南开名师"。读书室对《南开史学家论丛》
第一辑八种,均作庋藏。

073　古籍整理讲义(2003)

来新夏著。《名师讲义丛书》之一种。28.9 万字。鹭江出版社 2003 年 11
月第 1 版,2006 年 2 月第 2 次印刷。

收入于来新夏自选集《邃谷文录》中的《古籍整
理讲义》为十章,在收入《名师讲义丛书》时,来先生
增至 15 篇:将原《论正史》易为《论"二十四史"》,新
撰《论"十三经"》、《论诸子百家》、《论总集与别
集》、《论地方志》、《论佛藏与道藏》。书末附先生在
日本独协大学开设《中华传统文化的传递》讲座时
的讲义。

《名师讲义丛书》已出的书目有:卞孝萱《唐人
小说与政治》,林庚《中国文学史》,何兹全《中国古
代及中世纪史》,张岱年《中国哲学史研究法》,黄永年《古文献学四讲》,林幹
《中国古代北方民族通史》,费孝通《社会学初探》,林耀华《社会人类学讲义》,
张晋藩《薪火集—中国法制史学通论》,佟柱臣《中国考古学要论》。

074　明刻历代列女传(2004)

　　《老资料书》之一种。来新夏主编。是书原为《列女传》,八册十六卷。明代木版刻印作品。改版后名为《明刻历代列女传》,将原书一文一图顺序改为图置原卷前,文字四页合为一页置原卷后,合为四卷。天津人民美术出版社 2004 年 1 月第 1 版,印行 3000 册。

　　原载 2004 年 2 月 17 日《天津日报》上《旧貌新颜传书香》一文,是来先生为《老资料书》所作的序。此序收载于河北教育出版社 2005 年 5 月出版的来新夏随笔集《邃谷书缘》。

075　清版点石斋丛画(2004)

　　《老资料书》之一种。来新夏主编。是书原为《点石斋丛画》,八册十卷,清光绪十年(1884)石版印刷版本。改版后名为《清版点石斋丛画》,将原书二页合为一页,横三十二开四卷。天津人民美术出版社 2004 年 1 月第 1 版,印行 3000 册。

076　清拓五百罗汉像（2004）

《老资料书》之一种。来新夏主编。是书原为《罗汉图》五卷,清嘉庆年间（1796—1820）拓片。改版后名为《清拓五百罗汉像》,合为两卷。天津人民美术出版社 2004 年 1 月第 1 版,印行 3000 册。

077　清刻历代画像传（2004）

《老资料书》之一种。来新夏主编。是书原为《历代画像传》四卷,清光绪木版刻印版本。改版后名为《清刻历代画像传》,文图左右对应,合为两卷。天津人民美术出版社 2004 年 1 月第 1 版,印行 3000 册。

078　学不厌集（2004）

来新夏著。来新夏学术随笔自选集之《问学篇》。24 万字。海峡文艺出版社 2004 年 7 月第 1 版,印行 3000 册。

是书 68 篇文章,分五卷:卷一"学术管窥",卷二"书山有径",卷三"撮其指要",卷四"书海徜徉",卷五"儒林观风"。并以《享受寂寞》一文作为代序。该文曾载见《绍兴日报》2003 年 12 月 25 日"山阴道"文学副刊。

079　天津建卫六百周年丛书(2004)

来新夏主编。2004 年 12 月 23 日是天津设卫筑城 600 年的纪念日。2003
年春,来先生邀约津沽名流学者,相与咨谋,共同编撰《天津建卫六百周年丛
书》,以为文献积存之祝,共立八题(每题一部)。目次是:《天津的城市发展》
(郭凤岐编著)、《天津的人口变迁》(陈卫民编著)、《天津的方言俚语》(李世
瑜编著)、《天津的邮驿与邮政》(仇润喜、阎文启编著)、《天津的名门世家》
(罗澍伟编著)、《天津的园林古迹》(章用秀编著)、《天津早年的衣食住行》

（张仲编著）、《天津的九国租界》（杨大辛编著），计近百万字。各册均有随文插图。来先生撰总序一篇，置于各册之首。天津古籍出版社 2004 年 8 月第 1 版，印行 3000 套。《天津建卫六百周年丛书》序言，收载于先生的随笔集《邃谷书缘》。

080　只眼看人（2004）

来新夏著。来新夏随笔选之《人物编》。15.5 万字。东方出版社 2004 年

10 月第 1 版,印行 5000 册。

2003 年 4 月,"非典"肆虐,先生乃闭门书斋"邃谷",就历年所作,选三十馀人分近代和近当代人物,厘定成稿。翌年正式出版。《只眼看人》中,有一篇《徐树兰与古越藏书楼》。由徐树兰(1837—1902)个人创办的古越藏书楼,为国内最早的公共图书馆,其卓行可谓前无古人。古越藏书楼,即今绍兴图书馆的前身。

081　清人笔记随录(2005)

来新夏著。《国家清史编纂委员会·研究丛刊》之一。50.2 万字。中华书局 2005 年 1 月第 1 版,印行精、平装本 3000 册。

国家清史编纂委员会为完成清史编纂工作而出版了四种丛刊,即研究丛刊、文献丛刊、档案丛刊和译著丛刊,其任务是及时编辑出版清史专题研究的最新学术成果。清代笔记为研究清史极重要的资料。早在 1991 年 4 月,来先生撰文《清人笔记的史料价值》,刊登于《九州学刊》4 卷 1 期上。该论文收载于

《南开史学家论丛·来新夏卷》。《清人笔记随录》
是来先生札录所经眼清人笔记二百馀种之成果。
所收140馀人笔记作者，上起生于明而卒于清
者，下止生于清而卒于民国者，每种一文，记述撰
者生平、内容大要、有关序跋、备参资料和版本异
同等。书后附《清人笔记中社会经济史料辑录》。
本室所藏精装本《清人笔记随录》扉页："伟良小
友雅藏　来新夏　二〇〇七年正月"。本室又藏
平装本一册。

082　邃谷书缘（2005）

来新夏著。23万字。河北教育出版社2005年5月第1版第1次
印刷。

该书列傅璇琮、徐雁主编的《书林清话文库》
第二辑。是辑共有六种，其馀五种是：徐雁《苍茫
书城》、虎闱《旧书鬼闲话》、林公武《夜趣斋读书
录》、胡应麟《旧书业的郁闷》及范笑我《笑我贩
书续编》。《邃谷书缘》60篇文章，以读书、读志、
读人列为三卷，卷一是读一般书所写书序、书评
以及一些感受；卷二是有关方志的序评；卷三是
一些读书人与书的逸闻佚事。实为书林增掌故、
益见闻。原载2003年3月5日《绍兴日报》文学
副刊"山阴道"上的《李慈铭和他的游记》，亦入
编《邃谷书缘》。

083　清刻观音变相图(2005)

《老资料书》之一种。来新夏主编。是书原为清代两个木版本。改版后名为《清刻观音变相图》,合为一卷。天津人民美术出版社 2005 年 6 月第 1 版,印行 3000 册。

084　清刻红楼梦图咏(2005)

《老资料书》之一种。来新夏主编。是书

原为《红楼梦图咏》四卷,清光绪十年(1884)木版刻印版本,清代著名画家改琦绘图。改版后名为《清刻红楼梦图咏》,合为一卷。天津人民美术出版社 2005 年 6 月第 1 版,印行 3000 册。

085　民国版雀巢人物画稿三千法(2005)

《老资料书》之一种。来新夏主编。是书原为《雀巢人物画稿三千法》二册六卷,民国十八年(1929)版本。改版后名为《民国版雀巢人物画稿三千法》,将原书四页合为一页,十六开,一卷。天津人民美术出版社 2005 年 6 月第 1 版,印行 3000 册。

086　书文化的传承(插图本)(2006)

来新夏著。15 万字,彩图 137 幅。山西古籍出版社 2006 年 6 月第 1 版,印行 2500 册。

　　为揭示中华传统文化薪火相传的途径,来新夏先生把历年谈话记录分篇整理,1991 年由中国青年出版社以《薪传篇》出版。同年到日本讲学,以"中华传统文化的传递"为题,向日本几所大学的大学院生作了连续性的讲座。2004 年春,向天津图书馆古籍研究生班再一次讲授这一专题。2005 年春,应天津电视台之邀,在该台的科学教育栏目,参用这份讲义,作了连续性播讲,获得好评。不久,山西古籍出版社总编辑张继红欲将这份讲义出版。于是来先生重加修订,增加了插图,乃取书名为"书文化的传承"。

　　是书荣获 2006 年《中华读书报》百佳图书奖。

087　皓首学术随笔·来新夏卷(2006)

　　来新夏著。25 万字。中华书局 2006 年 10 月北京第 1 版,印行 4000 册。

　　本室所藏该随笔集来先生所题的跋:"伟良:此书所选皆我认为可称学术随笔者,借此以证学术随笔之定义。来新夏识　二〇〇七年十月 "。《皓首学术

随笔·来新夏卷》中有一篇《挑水还是倒水》,是文略云"挑水者,用桶从源源不断的河里挑水,用完再挑,永无穷尽;倒水者则由别人从河里挑来的水桶中倒水,虽云轻而易举,但倒水时泼洒一些,势所难免,一如资料之一转再转而走样。一旦桶空,则不知桶中水从何而来,只能望桶兴叹;继而环顾四周,是否有挑好之水桶在等人去倒。如一生中只倒别人桶内的现成水喝,而不论清水混水,只要是水就行,其后果实不忍设想。"来先生以《挑水与倒水》来传授治学的方法,是将他在北平辅仁大学读书时的老师陈垣先生(1880—1971)开创的史源学,作了一个浅显易懂的阐述。研究历史须对史料进行审订,找出原始根据,然后才能稽考史事,订其讹误。最古的版本、原始资料、第一手材料等,都是史源学追寻的目标。笔者在平时的治学当中,把史源学奉为圭臬,受益匪浅。我将继续"挑水喝"。

《皓首学术随笔》共八卷,其馀是季羡林卷、任继愈卷、何满子卷、黄裳卷、吴冠中卷、吴小如卷和戴逸卷。

088　邃谷师友(2007)

来新夏著。《远东瞭望丛书》之一。22.8 万字。上海远东出版社 2007 年 8 月第 1 版,印行 5100 册。

复旦大学教授葛剑雄《梦想与现实》、中国社会科学院历史研究所王春瑜《老牛堂四记》等书,也在《远东瞭望丛书》之列。"邃谷"是来先生的书斋,由顾廷龙先生题额。《邃谷谈往》、《邃谷文录》、《邃谷书缘》等,已经用扎实的学问和洋溢的才情展露了邃谷楼的独特风情。而今,《邃谷师友》又带来了谷底桃园的最新景色。来公乃史学大家,已至耄耋之年,却依然诺守"师道既尊,学风自善"。是书追思怀念陈垣、余嘉锡、张星烺、范文澜、柴德赓、启功、顾廷龙、郑天挺、孙思白、吴廷璆等十余位已逝的师友;该书还附录"友人眼中的我",有南开大学教授刘泽华《从往事说来公的学术韧性》、中国社会科学院文学研究所研究员张梦阳《晚景能否来新夏》、《光明日报》史学版主编危兆盖《从东厂胡同开始的故事——来新夏与北洋军阀史 研究》以及 中华书局编审崔文印《匠心独具——读来新夏〈古籍整理讲义〉》等 7 篇。

089　80 后(2008)

来新夏著。《老橡树文丛》之一。15 万字。北方文艺出版社 2008 年 9 月第 1 版。

由祝勇主编的《老橡树文丛》共 5 册,其馀 4 册是方成《中国人的幽默》、汪曾祺《宋朝人的吃喝》、高莽《墨痕》及傅璇琮《书林漫步》。《80 后》,是来先生八十岁以来 5 年内所写文章选辑之随笔集,刊载于《文汇读书周报》2008 年 6 月 20 日第 7 版"我的《80 后》"一文云:"书初名《八十以后》,但颇想追求时尚,所以又借用时下年轻人计算出生年代的方法,改题书名为《80 后》。"是书几十篇随笔,类分五卷。卷一是先生口述历史简编;卷二是对古人及已故师友的评说;卷三,从藏书楼谈到图书馆;卷四的"序评书话",有自序、他序和评论;卷五中,谈及先生的书房、笔名、闲章等等。《80 后》扉页先生书有"民众读书室惠存　来新夏赠　二〇〇八年十月 "。顺便提及,刊载于《中华读书报》上《藏书的聚散》一文,收载于《80 后》卷三。

090　天津历史与文化(2008)

天津广播电视大学教材。来新夏主编,副主编刘卫国、姚军。27 万字。天津人民出版社 2008 年 11 月第 1 版,印行 4000 册。

在天津广播电视大学 50 周年校庆之际,学校编纂《天津历史与文化》一书,此为天津市高校编辑的第一部乡土教材。该书涉猎天津历史变迁、社会变革、工业经济、商贸金融、教育科学、文化艺术等各个领域,全面反映了天津灿烂辉煌的历史文化。本书题有"来新夏赠书　二〇〇九年三月"。

091　来新夏说北洋(2009)

来新夏、焦静宜著。17 万字。上海科学技术文献出版社 2009 年 1 月出版,印行 5000 册。该书为《大家说历史》之一种。

《来新夏说北洋》内容包括:释"北洋"、"军阀"与"北洋军阀"、北洋军阀的特点、北洋军阀集团历史作用的估计、20 世纪前后的政治风云等。书末附录有 63 种参考书目提要。书的扉页题有"读书室惠存　来新夏　二〇〇九年二月"。

上海科学技术文献出版社《大家说历史》丛书已出的另有:《李学勤说先秦》、《张传玺说秦汉》、《朱大渭说魏晋南北朝》、《王永兴说隋唐》、《王曾瑜说辽宋夏金》、《陈高华说元朝》、《王春瑜说明史》、《王钟翰说清朝》等。

书肆又现上海科学技术文献出版社 2011 年 2 月第 1 版、第 1 次印刷的《来新夏说北洋》，署"中国版本图书馆 CIP 数据核字（2011）第 009519 号"，我从"当当网"网购一册。2011 年 6 月 16 日，来先生有绍兴之行，下榻鲁迅故里之咸亨酒店，因以有缘得先生签名，是为"伟良存　来新夏　二〇一一年六月"。

092　中国图书事业史(2009)

《专题史系列丛书》之一。来新夏等著。39 万字。上海人民出版社 2009 年 4 月出版，印行 3250 册。

2006 年秋，上海人民出版社拟将来新夏等著、在该社出版的《中国古代图书事业史》（1990 年）和《中国近代图书事业史》（2000 年）两书合一为《中国图书事业史》，列入该社的《专题史系列丛书》中。在征得来先生的同意后，又由原两书责任编辑虞信棠约请另一编辑毛志辉，共同对原两书进行重组合一。经删订整合，成为《中国图书事业史》，用以反映自古代至建国以前中国图书事业悠久历史进程的一部通史。

093　访景寻情(2009)

《学人屐痕文丛》之一。来新夏著。16.8 万字。岳麓书社 2009 年 5 月出版,印行 5000 册。"文丛"之他书为葛剑雄《读不尽的有形历史》、林非《看山观景情未了》及邵燕祥《出远门》。

"读万卷书,行万里路",一直是自古以来熔铸文人学者的两大途径。出自文人学者之游记,使人广其见闻,亦能起到发挥人们追索知识和开拓思路的效能。《访景寻情》是 20 世纪 80 年代以来先生在国内学术研讨、甚且越洋交流所到之地见闻的随笔集。是书题有"民众读书室惠存　来新夏　二〇〇九年五月"。

094　书前书后(2009)

《花园文丛》之一。来新夏著。是书为《来新夏书话》续编。14 万字。山西出版集团·三晋出版社 2009 年 8 月出版。是书 36 篇文章,分四部分:"藏书与读书"、"为自己的书写序"、"为朋友的书写序"及"书评"。

专与博、冷与热、学与用是我们在治学中经常面临的问题。作为一位横跨历史学、方志学、图书文献学的学术大家,来新夏先生研究领域之广泛、成就之突出,在学术界中是很少见的。《书前书后》的序言,是刊载于华东师范大学历史系学术刊物《历史教学问题》2008年第1期上的《纵横"三学"求真知》一文，是南开大学历史学院博士生夏柯、厦门大学历史学系教师刁培俊博士对来先生的访谈录。近万字的来先生的读书经历以作《书前书后》代序，显得极为厚重，而对于后学敬仰前贤的严谨治学方法，又显得颇为实用。

本室所藏《书前书后》之扉页署有："伟良暨读书室惠存　来新夏　二〇〇九年十一月"。

《花园文丛》尚收有王稼句《看云小集》、徐雁《秋禾话书》、伍立杨《幽微处的亮光》、刘绪源《翻书偶记》及苏华《书边芦苇》。

095　交融集（2010）

《观澜文丛》之一。来新夏著。20万字。岳麓书社2010年1月第1版第1次印刷，印行5000册。

《交融集》分七卷：卷一《管窥》，是来先生对学术和现实生活中的见解和与他人对一些学术问题的商榷；卷二《访谈》，是先生接受媒体对学术和现实生活的答问，应答颇多随意；卷三《个案》前缀以"林则徐"的8篇文章，是先生编写学术专著《林则徐年谱新编》的"副产品"，读罢，会对这位伟大的历史人物有文化血脉上的亲近感,也更直接、更强烈地触摸到林则徐的一颗深邃伟岸而又高贵的灵魂;卷四《述往》是先生对古今先贤的亮点用随笔的形式展示;卷五《谈故》,顾名思义,当是谈说历史掌故;卷六《点评》和卷七《序跋》,则是对书的评论,或言谓之读书笔记。

2010 年 1 月 9 日下午,《观澜文丛》首发品评沙龙在北京大学图书馆举行。北京大学教授白化文、首都图书馆馆长倪晓健等专家表示,尽管目前古籍类图书受到了市场化图书运营的强烈竞争,但岳麓书社出的这套《观澜文丛》,论述深入、格调高雅,一定会受到广大读者的欢迎。作家马嘶则认为,现在社会上高雅文化与低俗文化同时存在,但他觉得随着人文类学术图书逐渐走向大众,这样的图书将营造出书香社会的全民阅读氛围。

《观澜文丛》的另六册书是:徐雁《江淮雁斋读书志》、刘蔷《清华园里读旧书》、马嘶《学人书情随录》、林怡《榕城治学记》、姚伯岳《燕北书城困学集》以及袁逸《书色斑斓》。

096　来新夏谈书(2010)

来新夏著。21.3 万字。南开大学出版社 2010 年 8 月出版。

年届九秩的来公，为向公众表达对读书的思考
和实践，从所写数百篇关乎藏书、读书的散文随笔
中，选出 50 馀篇成《来新夏谈书》。是书记述著者
对藏书文化的认识和对藏书楼、藏书家的评论，并
谈读书的理念和方法，以及对读过的书所写的序评。

清代大学问家张金吾曾说："欲致力于学者，必
先读书；欲读书者，必先藏书；藏书者，诵读之资而
学问之本也。"张金吾制定了"藏书—读书—治学"
这条学术链。藏书、读书是手段，是途径，而治学则
是学人的必然归结。《来新夏谈书》的代序——《藏书·读书·治学》一文，值
得细细品读。

南开大学出版社组编与是书并列者尚有《范曾谈美》和《叶嘉莹谈词》。

097　书目答问汇补（2011）

来新夏、韦力、李国庆汇补。120 万字。中华书局 2011 年 4 月出版，印行精
装 3000 册。

《书目答问》初刻于清光绪二年（1876），列举重要古籍二千馀种，是张之洞
（1837—1909）任四川学政时，为回答诸生来问"应读何书，书以何本为善"而撰。
其书刊行不久，风行海内，士林书林奉为枕中鸿宝，几於家置一部，乃至出现洛
阳纸贵之盛况。鲁迅先生尝云："我以为要弄旧的呢，倒不如姑且靠着张之洞的
《书目答问》去摸门径去。"

上世纪 40 年代初，来新夏先生就读北平辅仁大学历史学系，师从余嘉锡
（季豫）先生治目录学，深感"书目是研究学问的起跑线"，即着手为《书目答问》
编制人名、书名和姓名略人物著作三套索引。60 年代初，仿《四库简明目录标
注》之例，搜求各家批注，为《书目答问》做汇补工作。嗣后，来先生历数十年之
功，访求当世诸家批校稿本及清季以来刊印之本，遵照各家成果取得之先后，于

同一条目之下，一一胪列，复加按语，始成《书目答问汇补》一书。《书目答问汇补》共收录了十三家补正成果，多为民国时期和当代名家。包括王秉恩贵阳刻本、江人度笺补本、叶德辉斠补本、伦明批校本、孙人和批校本、范希曾补正本、蒙文通按语、刘明阳批校本、韦力批校稿本、赵祖铭校勘记、邵瑞彭批校本、高熙曾批校本及张振佩批校本，勘称是一部结集性的书目成果。

　　清代学者章学诚说，研究目录学的目的，在于"辨章学术，考镜源流，即类求书，因书究学"，《书目答问》做到了这一点。《书目答问汇补》则更进一步，将清代学术成果进行了增补、品评和总结。书中亦收有韦力写的《存私藏古籍著录成稿》。李国庆对该书亦作了整理增补。

　　《书目答问汇补》一书是全国高等院校古籍整理研究工作委员会资助项目。